公路交通科技新论

SMA Pavement Construction and Disease Control Technology

SMA 路面施工与病害防治技术

李爱国　郭　平　郝培文　编著

人民交通出版社

内 容 提 要

本书针对我国SMA路面施工管理现状，介绍了SMA路面的发展与应用，论述了SMA路面结构组成与强度形成机理、SMA路面混合料设计方法与选择，总结了SMA路面施工管理与技术质量控制；针对原材料采购与加工、工艺工序管理、质量控制等方面存在的问题，对正在建设和运营不久的SMA路面出现的泛油、渗水等病害进行了系统分析，并对其预防和处治技术进行了总结。

本书可供公路与城市道路工程建设、设计、施工、监理、科研、试验、检测等单位的工程技术人员学习使用，也可作为高等院校有关专业师生的参考用书。

图书在版编目(CIP)数据

SMA路面施工与病害防治技术/李爱国，郭平，郝培文编著. --北京：人民交通出版社，2012.8

ISBN 978-7-114-09920-5

I. ①S… II. ①李…②郭…③郝… III. ①改性沥青—沥青路面 IV. ①U416.217

中国版本图书馆CIP数据核字(2012)第148092号

公路交通科技新论

书　　名：SMA路面施工与病害防治技术

著 作 者：李爱国　郭　平　郝培文

责任编辑：丁润铎　贾秀珍

出版发行：人民交通出版社

地　　址：(100011)北京市朝阳区安定门外外馆斜街3号

网　　址：http://www.ccpress.com.cn

销售电话：(010)59757969，59757973

总 经 销：人民交通出版社发行部

经　　销：各地新华书店

印　　刷：北京市密东印刷有限公司

开　　本：787×1092　1/16

印　　张：19.75

字　　数：496千

版　　次：2012年8月　第1版

印　　次：2012年8月　第1次印刷

书　　号：ISBN 978-7-114-09920-5

定　　价：50.00元

序

高速公路被誉为一个国家走向现代化的标志之一，是发展现代交通业的必经之路。1988 年沪嘉高速公路的建成通车，标志着我国大陆高速公路从无到有，从此进入了高速公路快速发展时期。到"十一五"末，我国高速公路网发展到 7.4 万 km，居世界第二位。这些高速公路的建成，有力地促进了我国社会经济的全面发展，同时也积累了建设管理、设计、施工、监理和运营等经验。

SMA 是"沥青玛蹄脂碎石混合料"的简称，是一种可全面提高沥青混合料的抗滑性、耐久性以及高低温性能，从而减少维修养护费用，延长使用寿命的新型沥青混合料，目前已被世界上许多国家的高速公路所采用。在我国高速公路通车里程中，SMA 路面已超过 2 万 km。

近年来，我国不仅建成了一批质量优良的高速公路 SMA 路面工程，而且在其理论研究方面也有所突破。交通运输部在 2004 年出台了《公路沥青路面施工技术规范》(JTG F40—2004)，对 SMA 组成材料、施工设备、配合比设计、施工工艺与质量控制措施、质量评定标准等进行了全面、系统和严格地规定。各省、市、自治区在实施过程中也积累了许多 SMA 路面施工经验，这些不懈的努力有力地促进了 SMA 技术的不断发展。然而，目前我国的 SMA 路面还存在建设期或建成不久就发生不同程度的泛油、车辙、坑槽等早期病害，这些病害与 SMA 混合料材料组成与设计不当、施工质量不高等有着直接关系。如何提高 SMA 路面的设计、施工与质量控制水平是当前我国道路工作者的重点研究课题。

针对 SMA 路面建设或运营期存在的问题，本书全面总结了 SMA 路面施工技术，分析了 SMA 路面产生病害的原因，并提出预防与处治技术，为我国今后类似工程提供借鉴意义重大。

本书的特点是紧密联系工程实际，着重介绍适用技术，内容丰富，信息量大，重点对关键施工工艺中许多容易忽视的细节进行了详细论述。

相信本书的出版是一个利国利民之举，也为道路工作者解决工程实际问题找到了一把钥匙。它的问世，对 SMA 路面的施工与质量控制将起到积极的推动作用。

張登良

二〇一二年四月

前　言

20世纪60年代,世界上第一条沥青玛蹄脂碎石混合料(SMA)路面建于德国。因其优良的抗车辙性能和抗滑性能,在国际上迅速成为一种引人注目的新型沥青混合料。自20世纪90年代该技术引入我国后,SMA路面已先后在北京等省区的高速公路上开始推广应用,并取得了一系列经验和成果。

2002年,中国工程建设标准化协会公路工程委员会发布了《公路沥青玛蹄脂碎石路面技术指南》(SHC F40-01—2002),对SMA路面材料、配合比设计、混合料生产工艺、铺筑技术、施工质量管理等提出了明确要求,极大地推动了我国SMA路面的发展。

2005年起实施的《公路沥青路面施工技术规范》(JTG F40—2004),在原《公路沥青路面施工技术规范》(JTJ 032—94)的基础上,合并了《公路沥青玛蹄脂碎石路面技术指南》相关内容,并对SMA路面的一些特殊要求进行了补充完善,系统地对SMA路面的施工技术提出了更为明确的要求。据统计,在我国已建成的高速公路中,采用SMA结构的公路里程超过2万km。目前运营的SMA路面,绝大多数路面质量耐久,充分体现了SMA耐久性的特点,取得了良好的社会、经济效益。

但在SMA路面推广过程中,一些使用者未考虑不同地区气候和交通条件的影响,加之在原材料采购与加工、工艺工序管理、质量控制等方面存在诸多问题,正在建设和运营不久的SMA路面也不同程度出现了泛油、渗水等病害,严重影响了路面的使用性能。为此,作者通过总结SMA施工管理和发展过程中的经验教训,全面分析了SMA路面病害产生的原因,并提出预防和处治技术措施,为我国今后类似工程建设和路面养护提供借鉴。

本书共分为六章:第一章简述了SMA路面的发展与应用概况;第二章介绍了SMA结构组成与强度形成机理;第三章论述和分析了SMA混合料设计方法与选择;第四章介绍了SMA路面施工管理与技术质量控制;第五章重点分析了SMA路面常见病害成因及防治技术;第六章对SMA路面日常养护技术进行了总结。本书由郭平编写第一、二、六章及附录内容,由郝培文编写第三章,由李爱国编写第四章,由郭平、李爱国编写第五章。全书由长安大学郝培文教授审稿。

本书的编写得到了马庆伟、张娟、李瑞霞、张冬莉等人的大力支持,在此谨向相关人员表示衷心地感谢。

由于笔者水平有限,真诚地欢迎广大同行批评指正,对使用过程中发现的错漏和修改意见请与作者联系(邮箱:lag315@163.com),以便更好地修改与完善。

编著者

二〇一二年四月

目　录

第一章　SMA 路面发展与应用概况

改革开放以来，我国国民经济持续快速发展，人民生活水平不断提高，对交通基础设施的需求也不断增长，交通渐渐成了制约国民经济发展的瓶颈。为了改变落后的交通状况，从 20 世纪 80 年代末开始，我国加快了发展交通运输业的步伐。1988 年我国大陆首条高速公路——沪（上海）嘉（嘉定）高速公路建成通车，拉开了我国高速公路建设的序幕，1990 年沈（沈阳）大（大连）高速公路全线建成通车，1993 年我国第一条利用世界银行贷款建设的高速公路——京（北京）津（天津）塘（塘沽）高速公路建成，见证了我国高等级公路建设的发展历程。

在其后的 20 多年里，我国高速公路发展迅猛，截至目前，全国除西藏自治区外，其余省份均已修建了高速公路。据 2012 年全国交通工作会议上公布的数据，到“十一五”末，我国公路网总里程达到 398.4 万 km，5 年新增 63.9 万 km。其中，高速公路由“十五”末的 4.1 万 km 发展到目前的 7.4 万 km，居世界第二位。2011 年底全国各地高速公路通车里程一览表见表 1-1。

2011 年底全国各地高速公路通车里程一览表　　表 1-1

省（区、市）	里程（km）	省（区、市）	里程（km）
北京	900	湖南	2 649
天津	1 100	广东	5 049
河北	4 756	广西	2 574
山西	4 010	海南	659
内蒙古	1 879	重庆	2 000（2010 年底）
辽宁	3 300	四川	3 000
吉林	2 250	贵州	2 030
黑龙江	3 811	云南	2 500
上海	778	西藏	0
江苏	4 185	陕西	3 800
浙江	3 382	甘肃	2 000
安徽	3 500	青海	1 400
福建	2 702	宁夏	1 300
江西	3 642	新疆	1 000
山东	4 350	香港	略
河南	5 196	澳门	略
湖北	4 009	台湾	略

我国高速公路蓬勃发展的时期，也是公路新技术、新工艺快速发展应用的时期。在这些新技术、新工艺中，SMA 路面以其良好的高温稳定性、低温抗裂性、抗滑性能、低噪声、使用耐久

等特点在高速公路建设中得以广泛的应用。据了解,在全国高速公路通车里程中,SMA 路面已超过 2 万 km。

SMA 沥青混合料发源于 20 世纪 60 年代中期的联邦德国,最初称“沥青玛蹄脂石屑混合料”,德文为“Splittmastix Asphalt”。70 年代在欧洲得到发展,英文称为“Stone Mastic Asphalt”,SMA 为其缩写。美国将 SMA 命名为“Stone Matrix Asphalt”,意为以石料为骨架结构的沥青混合料,其含义更加确切地体现了 SMA 的特性。虽然在详细的称谓上尚有差异,但都可缩写为 SMA。SMA 沥青混合料的级配类型为间断级配骨架密实型沥青混合料。其中由粗集料构建的骨架结构具有优异的抵抗永久变形的能力,而填充粗集料骨架空隙的丰富沥青玛蹄脂则赋予 SMA 优良的耐久性,其粗糙的表面构造使路面具有优良的抗滑性和较低的交通噪声。虽然 SMA 对材料和施工工艺要求较高,初期建设费用比传统 AC 沥青混合料要高一些,但使用寿命较长,养护工作量小,路面全寿命成本较低,且具有可持续的环境效益。据 1996 年美国对 100 多个 SMA 工程的调查,有 90% 的路段车辙小于 4mm,25% 的路段基本上没有车辙,没有裂缝和反射缝,没有松散掉粒,只有少量的油斑,从而证实 SMA 的巨大生命力。

由于 SMA 路面具有优良的使用性能,在我国的高速公路、城市道路、大跨径钢桥桥面铺装、机场跑道都得到了广泛的应用。然而,在我国铺筑的部分 SMA 路面试验路段及个别 SMA 道路过早出现了油斑、泛油、透水、裂缝、坑槽、车辙及推移等病害,因此,我们既不能盲目迷信 SMA 路面,又不能走进“只要铺筑 SMA 面层就能够解决沥青路面病害”的误区。SMA 路面对于原材料选择、配合比设计及施工工艺等环节要求很高,如在某一环节疏忽,就会导致 SMA 路面出现病害。

为了吸取教训,总结经验,铺筑更好的 SMA 路面,确保 SMA 路面质量,发挥 SMA 路面良好的使用性能,本书结合诸多工程实例,总结了 SMA 原材料组成与配合比设计方法、施工质量控制技术,对 SMA 路面病害成因进行系统分析,为 SMA 路面病害防治提供技术支持。

第一节　国外发展概况

一、欧洲

20 世纪 60 年代中期,联邦德国为了减轻大量带钉轮胎汽车对路面表层磨耗而造成的破损,尝试增加浇注式沥青混合料中的碎石用量,以期高质量耐磨损的碎石能直接与带钉轮胎接触,减少和防止带钉轮胎对沥青与细集料胶泥的磨耗。碎石的增加必然导致细集料的减少,细集料减少又会造成矿料吸持沥青能力削弱,同时德国传统的浇注式沥青混合料的沥青含量很大(6% ~10%),所以,细集料的减少极容易造成运输和摊铺温度下沥青的流淌。为了防止沥青流淌,道路工程师又在混合料中加入了纤维。增加高质量碎石用量确实大大延缓了带钉轮胎对表面层的磨耗,纤维的加入也完全阻止了沥青的析漏和流淌。这就是最初的“沥青玛蹄脂石屑混合料”。70 年代初欧洲经历两个炎热的夏季,后来人们发现许多沥青路面都出现了严重的车辙,而使用了沥青玛蹄脂碎石混合料(SMA)的路面几乎没有车辙变形。从此,道路工程师对 SMA 路面的抗磨损、抗车辙、抗开裂、防水耐久等优良路用性能有了全面的认识,随后在欧洲很多国家应用发展起来,成为风靡欧洲的高等级沥青路面结构形式。

到 1994 年,SMA 被德国国家标准 ZTV Asphalt-StB1994 收录,标准中规定沥青结合料用 B65。到了 1996 年增加了 PmB45,但规定仅在高速公路、桥面、机场跑道等特殊情况下使用。

到了 1998 年,在修改后的国家标准中则把特殊情况下才使用 PmB45 的附注取消了,这表明德国在 SMA 混合料中使用沥青类型观念的转变,即越来越倾向于使用高黏度、高质量的沥青和改性沥青。同时也间接说明在现代重交通的作用下,在气候温和的德国也开始意识到以前的 SMA 标准的胶泥劲度显得过小,已不能完全适应现代的交通状况,所以在气候炎热的地区倾向于把 SMA 的最小沥青用量做较大幅度降低也是情理中事。这也表明了对于 SMA 的最小沥青用量应针对具体情况经过试验确定,不应限制其最小沥青用量。

由于德国的 SMA 沥青用量很大,路面施工后刚开始通车时要求撒布石屑抗滑。从德国的 SMA 路面施工后需撒布石屑抗滑的措施上也可看出,德国标准的 SMA 胶泥含量过大,SMA 的抗滑优越性需要经过行车的磨耗作用,把 SMA 路表面的胶泥浮层磨掉以后才能显现出来。如果在气候炎热地区,由于胶泥过多且劲度较小,路表面胶泥浮层的磨耗困难,而胶泥的上浮倒反而更容易,这就容易使 SMA 路面形成泛油病害。

在施工工艺方面,联邦德国最初的 SMA 路面结构是分层铺筑的,先摊铺沥青玛蹄脂(Mastic Asphalt),然后在沥青玛蹄脂上嵌压粗集料碎石,但是这种施工工艺太麻烦,施工质量管理困难,而且造价很高;后来改进发展成为现在的沥青玛蹄脂和粗集料一起拌和、一起摊铺压实的铺筑方式。

因 SMA 具有的优越性能,从 20 世纪 80 年代起,SMA 开始在北欧的瑞典、芬兰等国家广泛应用,并很快推广到全欧洲,使用数量逐年增长,各国均根据自己的实际情况制定出 SMA 规格及施工要求。仅 1990 年欧洲生产的 SMA 就达 300 万 t。部分国家应用 SMA 的统计数据见表 1-2。

部分国家应用 SMA 的统计数据 表 1-2

国　家	总面积(100 万 m^2)	占沥青产品百分数(%)	1996 年的应用面积(100 万 m^2)
比利时	4.0	8	
捷克		6	
丹麦	14.0		1.1
芬兰	6.0		
德国	100.0	8	
匈牙利	6.5	8	2.6
荷兰	32.0	3	
挪威	12.0		
葡萄牙	3.0		1.0

英国在干线公路上使用 SMA 是从 1994 年开始的,打破了原来千篇一律的嵌压式沥青混合料结构,在一般公路上也有逐渐增加使用 SMA 的趋势。英国目前一般执行德国的规范,在 TRL 的报告中,在级配和沥青用量方面提出了一些不同的规定。丹麦自 1982 年以来开始在重载道路、厂矿道路、机场道路中应用 SMA 结构。丹麦哥本哈根机场跑道是世界上有名的最早使用 SMA 道面的机场,获得了优良的使用性能。挪威从 1985 年起在交通量 ADT > 5 000 的重交通道路和机场跑道上使用 SMA。瑞典自 1974 年起首先在支线道路上应用 SMA,从 1988 年起 SMA 成为高速公路和干线公路的标准结构类型。荷兰自 1987 年起使用 SMA,仅 1996 年就使用了 60 万 t,相当于全国总量的 8%,表面层材料的 20%。意大利自 1991 年起将 SMA 使用于高等级公路的磨耗层。意大利与其他欧洲国家不同的是规定 SMA 必须使用聚合物改性沥

青。在葡萄牙,SMA 的应用开始于 1994 年,主要应用于高速公路和干线公路,因与意大利一样,处于欧洲最南端,夏季炎热,沥青结合料规定要用改性沥青,而且仅使用 SBS 或 EVA 作为改性剂,结合料用量也明显比北方各国的少得多。在欧洲,南部与北部对 SMA 各种规定的差别,值得我国在应用 SMA 时注意。捷克从 1991 年起 SMA 的使用开始增长,仅 1995 年就生产了 23 万 t。至 20 世纪末,欧洲铺筑的 SMA 超过 320 万 m^2。

意大利在对 SMA 混合料进行配合比设计时采用马歇尔设计方法,但要求马歇尔稳定度不小于 13kN,劲度不小于 2 000N/mm。意大利规定 SMA 必须使用聚合物改性沥青 PmB50,最小油石比也降低为 5.5%,对 SMA 使用的改性沥青结合料还提出了较高的技术要求,比如要求 25℃针入度为 45 ~ 55(0.1mm),环球法软化点 $T_{R\&B}$ 高达 75 ~ 85℃,针入度指数为 +1 ~ +1.5 等。另外,意大利规定的 SMA 粒径较德国大(为 SMA0/10 和 SMA0/15),而 SMA 铺筑层相对厚度较德国的小(SMA0/10 的铺筑层厚度仅 2.0 ~ 3.0cm,即铺筑层厚度小于最大粒径的 3 ~ 4 倍)。研究表明,SMA 粒径大、铺筑厚度薄有利于发挥 SMA 混合料的骨架作用,提高高温抗车辙能力。

欧洲在 SMA 路面设计和施工方面都积累了极其丰富的经验,但是对其力学性能所作研究却不多,只是笼统地说其寿命延长了 20% ~ 40%,永久变形小。现在德国等国也有一些项目通过蠕变、重复荷载和轮辙试验研究 SMA 混合料抵抗永久变形能力,用三点弯曲梁试验和轮辙试验研究抗开裂能力。同时瑞典也开始进行 SMA 混合料的重复荷载和拉力试验研究。

二、美国

SMA 沥青混合料在美国引进发展,是从 1990 年 9 月美国 AASTO、FHWA、NANA、SHRP、TAI 和 TRB 联合派出了大型代表团到欧洲考察沥青路面应用技术后开始的。代表团对欧洲的 SMA 沥青混合料印象很深,因此,1991 年美国开始铺设 SMA 试验路,研究推广 SMA 在美国的应用。1994 年 FHWA 提出了 SMA 设计施工指南并继续研究,以期进一步修改完善。从美国对 SMA 进行的不断研究、逐年修改规范的过程可发现,美国道路工程师对 SMA 的理解逐渐加深。

因美国和德国的气候条件不同,欧洲位于北纬 38° ~ 68°之间,气温终年均衡,年温差最南端为 10℃,最北端二十几度,西欧很少超过 25℃;而美国的地理位置比欧洲南移了 20°,气温年温差从南方的 15℃变化到北方的 45℃,且夏天气温远远高于欧洲,所以美国在以下一些方面也就有了相应的改变。

(1)集料:最大粒径变大,粗集料含量增加,并且对集料的性质(磨耗值、压碎值等)和集料的生产(用锤式破碎机生产而不能用颚式破碎机生产)等提出了严格的要求。

(2)沥青:SMA 的沥青用量较普通的热拌沥青混凝土为高,且一般用聚合物改性沥青。但从总体而言,美国 SMA 的沥青用量均比欧洲的少,这也是考虑温差的影响。

(3)稳定剂:由于 SMA 的沥青用量较高,通常需要掺加稳定剂或特殊的掺加剂防止沥青滴漏,在美国所有工程都使用了稳定剂或掺加剂。

(4)设计标准:SMA 一般沿用马歇尔试验方法,击实次数大部分为双面 50 次。在美国 SHRP 计划的研究成果中,提出用搓揉压实机压实,但是暂不作为评估标准。而在设计空隙率和矿料间隙率这两个指标上,美国在 1993 年以前,设计空隙率采用 3.5% 以下,但 1994 年以后采用接近 4%。而在有关规范中,建议 SMA 的矿料间隙率 VMA 不小于 17%。

(5)级配:美国 FHWA、NCAT、NAPA 及一些州运输部和沥青路面协会于 1993 年和 1994

年两次修订 SMA 指南。

通过对美国和欧洲的 SMA 路面不同点进行比较后发现，美国在制定本国的 SMA 技术规范时，更加重视 SMA 的高温性能，即比欧洲更加强调粗集料骨架的重要性，增大了集料最大粒径，增加了粗集料含量，减小了沥青用量，并提出了自己的 SMA 设计指标，比如 VV、VMA 等，以及符合本国国情的建议级配。表 1-3 为美国 SMA 建议级配。这说明在对 SMA 进行设计时，一定要考虑本地区的气候环境条件，一种设计方法、一种新结构在人们认识它的通用性后，在应用的时候还要顾及它与具体特殊气候、环境条件下的适宜性。

美国 SMA 建议级配(%) 表 1-3

筛孔径(mm)		25	19	12.5	9.5	4.75	2.36	1.18	0.6	0.3	0.15	0.075	沥青用量(%)
美国 SMA 指南			100	85 ~ 95	<75	20 ~ 28	16 ~ 24	—	12 ~ 16	12 ~ 15	—	8 ~ 10	不少于 6
乔治亚理工学院	细型		100	80 ~ 100	60 ~ 80	25 ~ 32	18 ~ 24	—	—	10 ~ 20	—	8 ~ 12	5.9 ~ 7.1
	粗型	100	90 ~ 100	45 ~ 70	25 ~ 40	22 ~ 30	18 ~ 22	—	—	10 ~ 20	—	8 ~ 12	5.7 ~ 6.5

1997 年美国已广泛应用这种路面，之所以能够得到工程界的青睐，主要是由于 SMA 在抗车辙、抗裂和耐久性方面具有优良性能，在雨天行车产生水雾和溅水的幅度降低，路面的噪声可以降低 3 ~ 5dB，这些都是其他路面不可比拟的。美国国家沥青技术中心(NCAT)还承担了 SMA 混合料设计方法的研究开发任务。根据美国气候条件的变化、集料筛孔尺寸标准的不同，以及施工机具的特点，NCAT 对 SMA 的材料特性、级配组成与混合料体积设计标准，胶泥的高、中、低温性能进行了系统深入研究，得出了系列研究试验成果，并于 1999 年提出了比较完整的 SMA 混合料设计方法、施工指南、质量控制与质量保证方法草案，把 SMA 路面技术提高到一个崭新水平。美国对 SMA 的最大贡献不仅是迅速推广，而且在德国的基础上根据本国气候的差异进行了许多改进和发展。

三、日本

日本近年来主要针对桥面铺装 SMA 路面进行了研究。中西弘光曾对 SMA 和树脂改性沥青混合料应用于钢桥面层作了比较，发现 SMA 弯拉强度较低，低温抗裂应变高，作用时间短时二者复数回弹模量大致相当，但作用时间为 10^{-2}s 以上时(实际汽车作用时间)，SMA 的复数回弹模量为树脂改性沥青混合料的 1/5，拥有良好的可挠性，适于作钢桥面层；当分别以三种混合料作基层，SMA 作面层时对断裂应力进行比较，发现 SMA 作基层使得断裂应力减小，表面应变最大，进一步改善了路用性能。黑川勤等分析 VCA(粗集料骨架间隙率)对 SMA 性能影响时，通过车辙试验对 SMA 进行评价，表明 VCA 在 38% 附近时动稳定度最大，同时使用改性沥青大大增加了动稳定度。

第二节　国内发展概况

我国对 SMA 技术的研究是从 1991 年引进奥地利 RF 集团的 NOVOPHALT 改性沥青技术时逐渐展开的，后来许多省市铺筑了大量的 SMA 试验路。

我国在首都机场高速公路、北京长安街、首都机场东跑道等大型工程中使用了 SMA 结构材料，并初步制订了我国的 SMA 设计指南。由于我国的气候不同于欧洲，而与美国相似，故我国 SMA 指南规定的级配较德国的 SMA 粗，沥青用量较德国的少。

从 1993 年起，我国先后在北京、河北、山东、辽宁、吉林、江苏、广东、四川、福建等省市的高速公路与重交通道路上应用了 SMA 路面，同时在北京、厦门、桂林、广州等机场跑道上铺筑了 SMA 道面。不仅如此，SMA 技术还应用于许多桥面工程，尤其是要求很高的钢桥面铺装工程，如广东虎门大桥、厦门海沧大桥和武汉白沙洲大桥等桥面铺装。

1993 年，原交通部公路科学研究所结合欧美的研究和使用情况，采用了 NOVOPHALT（PE、SBS 改性）技术，研究了由改性沥青所组成的 SMA 混合料的高温稳定性和低温抗裂性，同时还对施工工艺进行了探讨，并应用于首都机场高速公路的建设。

1994 年，吉林省交通科学研究所对未改性沥青 SMA 混合料进行了室内室外研究，着重研究了 SMA 的热稳性和抗冻性，并于 1994 年 9 月在 202 线上梅河口市出口处铺筑了长 200m、宽 12m 的试验路。

1995 年 10 月，江苏省连云港市高速公路指挥部在南京至连云港的一级公路上使用德国木质素纤维铺筑了长 300m、宽 11.2m 的 SMA 试验路，同时对 SMA 混合料施工工艺进行了探讨。南通市于 1996 和 1997 年在宁通高速公路和南通市区先后铺筑了 30 多公里的 SMA 试验路。

1996 年 9 月，辽宁省交通科学研究所在沈阳至本溪高速公路小堡段铺筑了单幅 2km 的试验段。

1997 年，原交通部公路司将"沥青玛蹄脂碎石混合料 SMA 性能及指标的研究"项目列为重点科研课题。1998 年又将"SMA 路面推广应用"项目列为"九五"部行业联合攻关项目，由北京、辽宁、吉林、黑龙江、河北、山东、山西、江苏、广东、四川、青海 11 个省（市）共同承担。随后湖北、上海、内蒙等省市也相继推广应用 SMA 路面，许多重要的高速公路，如京（北京）哈（哈尔滨）、京（北京）沪（上海）、京（北京）珠（珠海）三大干线高速公路沿线的一些省份也考虑采用 SMA 结构。

1998 年，山东省在泰安、上海市在浦北、湖北省在宜（宜昌）黄（黄石）高速公路分别铺筑了 SMA 试验路。

原交通部公路科学研究所等单位结合我国国情及工程实践，对 SMA 的材料性能指标及施工工艺进行了相关研究，于 2002 年 7 月发布了《公路沥青玛蹄脂碎石路面技术指南》，该指南对于我国推广应用 SMA 路面起到很好的规范与指导作用。2004 年 9 月，为了适应我国交通快速发展的新形势要求，原交通部公路科学研究所等单位再次修订了《公路沥青路面施工技术规范》（JTG F40—2004），该规范合并了《公路改性沥青路面施工技术规范》及《公路沥青玛蹄脂碎石路面技术指南》的相关内容，针对改性沥青和 SMA 方面的一些特殊要求进行了补充完善。

国内部分省份 SMA 路面概况见表 1-4。

从 2004 年初开始，陕西省交通厅组织西安公路研究所、长安大学等科研单位围绕如何提高沥青路面的耐久性能，对 SMA 路面技术进行了研究。

2007 年，由陕西省交通建设集团公司负责建设、西安公路研究所等研究机构负责技术咨询的全长 65km 的永寿至咸阳高速公路（简称永咸高速）中首次全路段、大面积铺筑了 5cm 厚的 SMA-16 路面。经过 5 年来的观测，路面使用效果良好。SMA 路面在永咸高速公路中的成功铺筑，为陕西省推广应用 SMA 路面积累了宝贵的实践经验。永寿至咸阳高速公路见图 1-1。

国内部分省份 SMA 路面概况 表 1-4

地区	名　称	长度(km)	路面面层结构	通车时间
北京	首都国际机场高速	18.7	5cm SMA-16 6cm LH-30 Ⅰ 8cm LH-35 Ⅱ	1996 年 6 月
	八达岭高速	69.9	4cm SMA-16 6cm AC-25 Ⅰ 8cm AC-25 Ⅱ	1998 年 9 月
	京(北京)沈(沈阳)高速	27	4cm SMA-16 5cm AC-20 Ⅰ 6cm AC-30 Ⅰ	1999 年 9 月
	京(北京)沈(沈阳)高速(廊坊段)	21.3	4cm SMA-16 5cm AC-20 Ⅰ 6cm AC-25 Ⅰ	1999 年 10 月
	京(北京)沪(上海)高速	1 262	4cm SMA-16 5cm AC-20 Ⅰ 6cm AC-30 Ⅱ	2006 年 11 月
河北	石(石家庄)黄(黄骅港)高速公路	40.4	4cm SMA-16 5cm SAC-25 6cm SAC-25	1998 年 12 月
	津(天津)保(保定)高速	129	4cm SMA-16 5cm AC-25 6cm AC-30	1999 年 2 月
吉林	长(长春)余(拉林河)高速	160.8	4cm SMA-16 5cm AC-20 Ⅰ 6cm AC-25 Ⅰ	2002 年 9 月
河南	济(济源)焦(焦作)高速	54.4	4cm SMA-13 13cm ATB-30	2005 年 9 月
江苏	宿(宿迁)淮(淮安)高速(淮安段)	55.6	4cm SMA-16 6cm AC-20 8cm AC-25	2005 年 12 月
	济(济宁)徐(徐州)高速(江苏段)	79.5	4cm SMA-13 6cm Superpave-20 8cm Superpave-25	2010 年 10 月

在对永咸高速 SMA 路面成功经验及存在问题进行充分研究总结后,陕西省又先后在宝鸡至牛背梁高速、凤翔路口至永寿高速、老机场高速改建、十堰至天水高速陕西境、西安至铜川高速、西安至商州高速(第二通道)及西安至宝鸡高速改扩建、潼关至西安高速改扩建等项目中大面积应用了 SMA 路面。经目前使用及检测结果来看,路面使用效果良好。

图 1-1　2007 年通车的陕西省第一条 SMA 路面——永寿至咸阳高速公路

截至 2012 年年底，陕西省高速公路通车里程将突破 4 000km，其中，铺筑 SMA 路面的超过 1 400km，占陕西省高速公路总里程的 35% 以上。陕西省 SMA 路面概况见表 1-5，潼关至临潼高速见图 1-2。

陕西省 SMA 路面概况表　　表 1-5

项目名称	长度（km）	规模（车道数）	路面结构	通车时间	备注
永寿至咸阳高速	65	6	5cm 厚 SMA-16 7cm 厚 AC-25C 10cm 厚 ATB-30 沥青稳定碎石 42cm 厚二灰碎石基层 20cm 厚二灰土底基层	2007 年 12 月	新建
凤翔路口至永寿高速	98.7	4	5cm 厚 SMA-16 7cm 厚 AC-25C 10cm 厚 ATB-30 沥青稳定碎石 42cm 厚二灰碎石基层 20cm 厚二灰土底基层	2008 年 12 月	新建
宝鸡至牛背梁高速	40.2	4	4cm 厚 SMA-13 6cm 厚 AC-25C 10cm 厚 ATB-30 沥青稳定碎石 36cm 厚二灰稳定碎石基层 18cm 厚二灰稳定砂砾底基层	2009 年 10 月	新建
十堰至天水高速陕西境	480	4	4cm 厚 SMA-13 6cm 厚 AC-20 12cm 厚 ATB-30 沥青稳定碎石 36cm 厚水泥稳定碎石基层 18cm 厚水泥稳定碎石底基层	汉中至安康段 2010 年 12 月通车； 汉中至略阳段 2011 年 12 月通车； 安康至白河段 2011 年 12 月通车	新建

续上表

项 目 名 称	长度（km）	规模（车道数）	路 面 结 构	通 车 时 间	备注
西安至商州高速（第二通道）	117	6	4cm 厚 SMA-13 6cm 厚 AC-20 12cm 厚 ATB-30 沥青稳定碎石 36cm 厚水泥稳定碎石基层 18cm 厚水泥稳定碎石底基层	2012 年 5 月	新建
西安至铜川高速（第二通道）	62	6	4cm 厚 SMA-13 6cm 厚 AC-20 12cm 厚 ATB-30 沥青稳定碎石 40cm 厚水泥稳定碎石基层 20cm 厚水泥稳定碎石底基层	2011 年 12 月	新建
榆林至绥德高速	119	4	4cm 厚 SMA-13 6cm 厚 AC-20 12cm 厚 ATB-30 沥青稳定碎石 40cm 厚水泥稳定碎石基层 18cm 厚水泥稳定碎石底基层	计划 2012 年 10 月建成	新建
西安咸阳机场高速	18.2	6	5cm 厚 SMA-16 5cm 厚 AC-20 6cm 厚 AC-20 33cm 厚二灰稳定碎石基层 20cm 厚二灰土底基层	2009 年 10 月	旧路大修
铜川至黄陵高速	93.9	4	4cm 厚 SMA-13 6cm 厚 AC-20 8cm 厚 AC-25 36cm 厚水泥稳定碎石基层 20cm 厚水泥稳定碎石底基层	2009 年 10 月	旧路大修
西安至宝鸡高速	203	4 改 8	4cm 厚 SMA-13 6cm 厚 AC-20 12cm 厚 ATB-30 沥青稳定碎石 40cm 厚水泥稳定碎石基层 20cm 厚水泥稳定碎石底基层	2011 年 11 月	改扩建
潼关至临潼高速	130.8	4 改 8	4cm 厚 SMA-13 上面层 6cm 厚 AC-20 中面层 12cm 厚 ATB-30 下面层 42cm 厚水稳碎石基层 21cm 厚水稳碎石底基层	2010 年 11 月	改扩建
合计	1 427.8km				

图 1-3 ~ 图 1-6 为某高速公路工程 SMA 路面从施工到通车 2 年、通车 9 年的路面效果。从图中可以看出，在这 9 年时间里，SMA 路面构造深度基本不变，表面没有明显路面病害，说明 SMA 路面确实具有良好的高温稳定性、低温抗裂性、抗滑性能、低噪声、使用耐久等特点，高速公路建设中应予以大力推广应用。目前，我国已建成通车的 SMA 路面已超过 2 万 km（图1-7）。

图 1-2　陕西第一条 4 车道改 8 车道 SMA 路面——潼关至临潼高速

图 1-3　正在摊铺的 SMA 路面

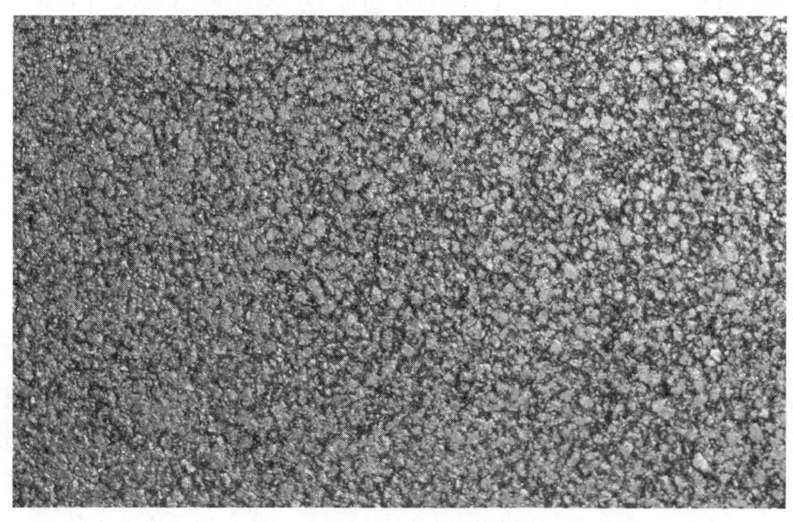

图 1-4　新碾压成型的 SMA 路面

图 1-5　已通车 2 年的高速公路 SMA 路面

图 1-6　已通车 9 年的高速公路 SMA 路面

图 1-7　我国已建成通车的 SMA 路面已超过 2 万 km

在 SMA 路面大幅推广的过程中，由于对 SMA 技术的理解不深入、不全面，许多试验工程都出现了这样或那样的问题，也有个别路段产生了一些路面病害。如，矿粉用量不足或级配控制不当，个别路段有泛油问题；因为夜间施工或施工条件没有严格控制，导致个别路段没有达到预期压实效果等。这些病害严重影响了 SMA 路面的使用寿命，这就需要我们在工程实践中，从配合比设计、原材料选择、施工管理及后期养护方面不断总结经验，减缓病害的产生，为 SMA 路面的推广应用提供技术保障。由此可见，在引进 SMA 技术时，不能照抄照搬国外的成功经验，必须结合我国实际进行研究、消化、改进，才能推动 SMA 在我国的发展应用。

第二章　SMA 结构组成与强度形成机理

第一节　SMA 结构组成

一、SMA 基本概念与性能

1. SMA 基本概念

SMA 是由沥青结合料与少量的纤维稳定剂、细集料以及较多量的填料（矿粉）组成的沥青玛蹄脂填充于间断级配的粗集料骨架的间隙，组成一体的沥青混合料。沥青玛蹄脂碎石混合料的构成见图 2-1。

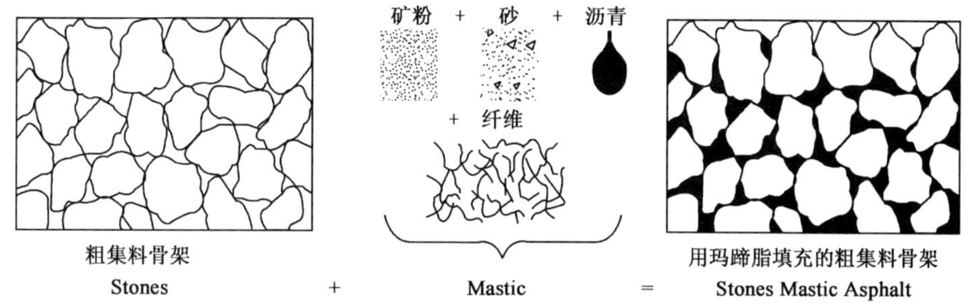

图 2-1　沥青玛蹄脂碎石混合料的构成

2. SMA 与其他沥青混合料在结构组成上的主要区别

(1) SMA 是由粗集料构成的空间骨架结构。

(2) SMA 由沥青、矿粉及纤维等材料所组成的玛蹄脂填充在 SMA 混合料骨架空隙中，形成密实骨架结构。它充分考虑了现在普遍使用的 AC、AM 和 OGFC 等级配的缺点，又力求利用他们的优点，达到更为完善的组合。

3. SMA 结构性能

SMA 结构与普通 AC 密级配沥青混合料、排水沥青混合料 OGFC，半开级配沥青混合料 AM 等不同类型沥青混合料各项指标及路用性能比较见表 2-1。

不同类型沥青混合料各项指标及路用性能比较　　表 2-1

混合料类型		AC-16	OGFC-16	AM-16	SMA-16
级配类型		连续级配密实结构	开级配骨架型空隙结构	半开级配骨架型空隙结构	间断级配骨架型密实结构
混合料指标	空隙率 VV(%)	3~5	18~25	6~10	3~4.5
	油石比(%)	中等	很小	很小	很大
	4.75mm 通过率(%)	34~62	12~30	18~40	20~32
	0.075mm 通过率(%)	4~8	2~6	0~5	8~12

续上表

混合料类型		AC-16	OGFC-16	AM-16	SMA-16
混合料路用性能	高温稳定性能	较差	很好	好	很好
	低温抗裂性能	好	差	很差	很好
	疲劳耐久性能	好	差	很差	很好
	水稳定性能	好	很差	很差	很好
	渗水性能	小	很大	很大	小
	抗老化性能	很好	很差	很差	很好
	抗磨损性能	很好	很差	很差	很好
	抗滑性能	差	很好	—	好
	抗噪性能	差	很好	—	好

二、SMA 结构组成特点

1. SMA 矿料属于间断级配

不同类型沥青混合料矿料级配的比较(规范规定范围中值)见表 2-2,不同类型沥青混合料级配对比见图 2-2。

不同类型沥青混合料矿料级配的比较(规范规定范围中值)　　表 2-2

沥青混合料类型	通过下列筛孔(mm)百分率(%)										
	19	16	13.2	9.5	4.75	2.36	1.18	0.6	0.3	0.15	0.075
AC-16	100	95	84	70	48	34	24.5	17.5	12.5	9.5	6
OGFC-16	100	95	80	57.5	21	16	12	9.5	7.5	5.5	4
AM-16	100	95	72.5	56.5	29	15.5	10.5	7.5	5	4	2.5
SMA-16	100	95	75	55	26	19.5	18	15	12.5	11.5	10

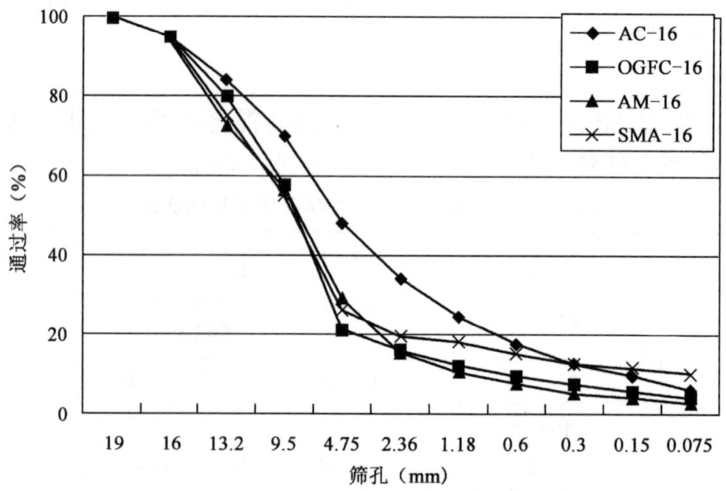

图 2-2　不同类型沥青混合料级配对比图

由表 2-2 和图 2-2 可知，粗集料含量最少的是 AC-16，然后依次是 AM-16、SMA-16、OGFC-16。矿粉含量最多的是 SMA-16，依次是 AC-16、OGFC-16、AM-16。其中，SMA-16 的 4.75mm以上的粗集料含量介于 OGFC-16 沥青碎石和 AM-16 沥青碎石混合料之间，可 0.075mm的通过量比 AC-16 沥青混合料还高出 1 倍，是 AM-16 沥青碎石混合料的 4 倍。仅由不同类型沥青混合料级配分析可见，SMA 级配具有“两多一少”的特征，即粗集料多、矿粉多和细集料少。

图 2-3 给出了 AC 沥青混合料、OGFC 沥青混合料与 SMA 沥青混合料剖面的比较。

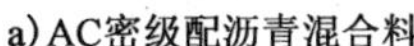

a）AC密级配沥青混合料

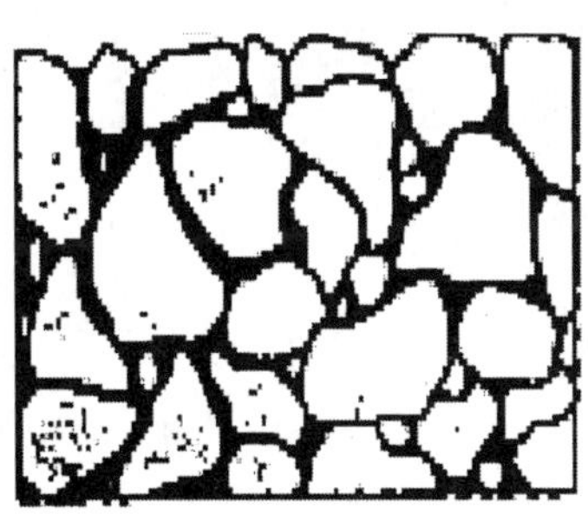

b）SMA沥青混合料

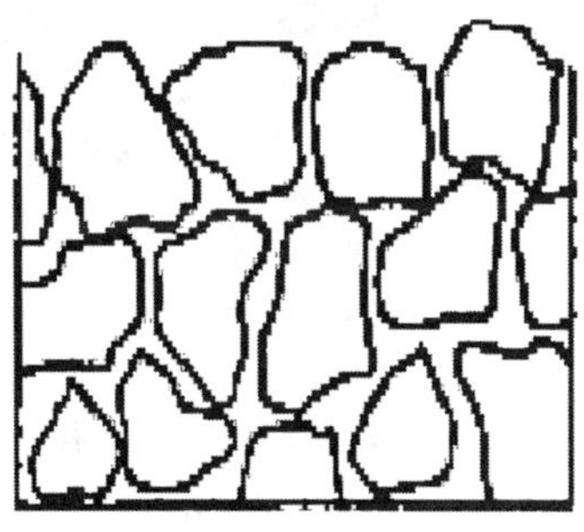

c）OGFC开级配沥青混合料

图 2-3　不同类型沥青混合料剖面比较

从图 2-3 中可看出，传统的密级配沥青混合料中，细集料较多，粗集料较少，粗集料基本是悬浮于沥青胶砂混合料中的。OGFC 开级配沥青混合料中，粗集料多，细集料少，混合料内部的接触状态大部分为粗集料的石—石接触状态，内部空隙率较大。而 SMA 混合料具有大量的粗集料，而且粗集料颗粒之间紧密接触形成骨架，粗集料骨架间隙填充着沥青玛蹄脂。

AC 密级配沥青混合料属于悬浮密实结构，这种混合料密实度较好，主要靠沥青胶砂的黏结力来提供强度，耐久性、低温抗裂性较好，但高温稳定性不足，容易产生车辙等病害，其表面构造深度也较小，作为表面层时抗滑性能较差。

OGFC 沥青混合料属于骨架空隙结构，其结构主要靠较多的粗集料颗粒彼此接触，形成互相嵌挤的骨架，但较细粒料数量较少，不足以充分填充骨架空隙，压实后混合料中的空隙较大，所以其高温稳定性和抗噪性较好，但低温抗裂性、水稳定性和疲劳耐久性较差。

SMA 沥青混合料属于骨架密实结构，见图 2-4。其设计理念在于，粗集料形成石—石接触的骨架，粗集料骨架间隙中填充足够的沥青玛蹄脂。由于较多的粗集料形成骨架，在高温条件下，虽然沥青玛蹄脂的黏度下降，但交通荷载主要由粗集料骨架承受，所以 SMA 路面的高温抗车辙能力很好。SMA 集料间填充了相当数量的沥青玛蹄脂，在低温条件下，混合料收缩变形迫使集料被拉开时，沥青玛蹄脂具有较好的黏结作用。它的韧性和柔性使 SMA 有较好的低温变形性能，因而 SMA 混合料也具有较好的低温抗裂性能。SMA 混合料的密实程度较好，空隙率很小，沥青膜较厚，玛蹄脂与集料的黏结力也很强，所以 SMA 混合料具有较好的抗疲劳耐久性及水稳定性。SMA 混合料采用坚硬、粗糙、耐磨的优质石料，矿料采用间断级配，粗集料含量高，所以表面构造深度较大，增加了抗滑能力和高速行车的安全性，在雨天交通行车还不会产生大的水雾和溅水。

2. 粗集料含量多

SMA 主要是依靠粗集料之间石—石接触和紧密嵌接而形成骨架结构，粗集料含量较多。以 SMA-16 为例，4.75mm 以上粗集料的比例高达 70% ~80%，其中 9.5mm 以上的占一半。

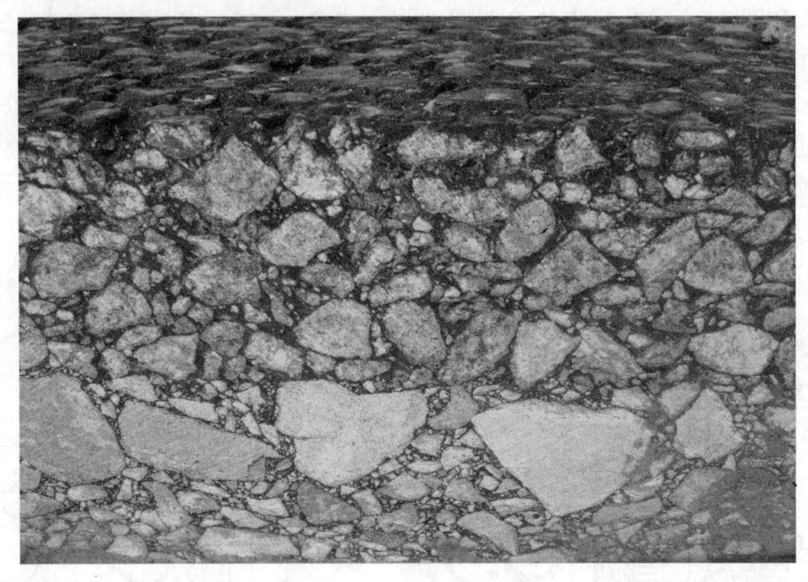

图 2-4 桥面沥青铺装层(上面层 SMA-13 + 下面层 AC-20)横剖面

3. 矿粉含量多

SMA 矿粉用量达 8% ~12%,0.075mm 筛的通过率一般高达 10%,与添加的沥青和纤维组成的沥青玛蹄脂,填充在粗集料中,可大大提高混合料的低温抗裂性能。

4. 沥青结合料含量多

沥青在 SMA 混合料中所占比例比普通混合料要高 1% ~1.5% 以上,因 SMA 属于间断级配,其对所用沥青的黏结性要求较高,在工程中应选用针入度小、软化点高、温度敏感性小的沥青,最好采用改性沥青,以改善高低温变形性能及与矿料的黏附性。

5. 细集料含量少

细集料在 SMA 中占的比例很小,但其对 SMA 性能的影响却不小。细集料一般采用机制砂,主要控制棱角性、砂当量和含泥量等技术指标。

6. 使用纤维作为稳定剂

因 SMA 中沥青含量较多,为防止沥青析漏,混合料中通常都加入纤维。纤维种类有木质素纤维、矿物纤维等,其用量一般为沥青混合料的 0.3% ~0.4%。

7. 对原材料要求高

粗集料必须特别坚硬,表面粗糙,针片状颗粒少,以便嵌挤良好;细集料同样要求石质坚硬,富有棱角,一般不用天然砂,宜采用机制砂;矿粉必须是磨细的石灰石粉,不得使用回收粉。

8. 空隙率较小

空隙率一般在 3% ~4.5% 范围内,几乎不透水,水稳定性好,耐久性提高。

9. 构造深度大

构造深度一般在 0.8 ~1.2mm 之间,抗滑性能提高。

综上所述,SMA 在结构上具有“三多一少”的特点,“三多”是指粗集料多、矿粉多、沥青多,“一少”是指细集料少。因 SMA 结构组成特点,其对原材料的技术指标要求很高,性能也比普通沥青混合料有明显的提高,主要是高温稳定性好、低温抗裂性好、较强的抗老化能力和抗疲劳性能等优点。

第二节　SMA强度形成机理及特性

一、SMA强度形成机理

对于沥青混合料在高温和常温时的破坏机理，一般采用库仑摩尔理论来分析其强度，对于圆柱试件采用三轴剪切试验。根据库仑定律，外力作用下材料不发生剪切滑动应该具备下列条件：

$$\tau \leqslant c + \sigma \tan\varphi$$

式中：τ——剪应力；

c——黏聚力；

σ——正应力；

φ——内摩擦角。

剪切试验示意图见图2-5。

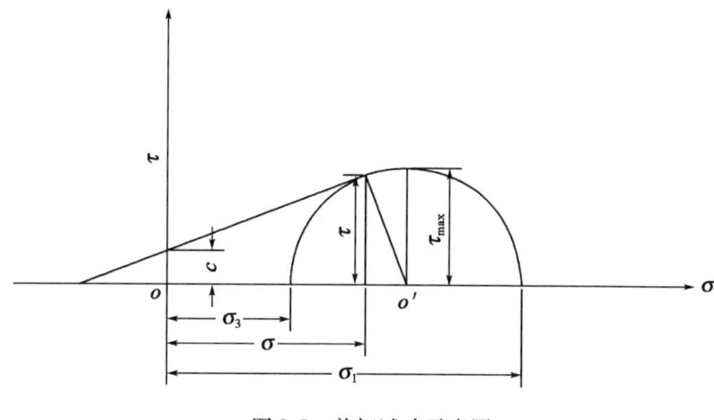

图2-5　剪切试验示意图

也可以由无侧限抗压和轴向拉伸强度计算，由 $R = 2\cot\left(\frac{\pi}{2} + \frac{\varphi}{2}\right)$，$r = \dfrac{2c}{\tan\left(\frac{\pi}{4} + \frac{\varphi}{2}\right)}$ 可以得出：$\varphi = \sin^{-1}\left(\frac{R-r}{R+r}\right)$，$c = 0.5\sqrt{Rr}$。

根据压杆失稳理论，为增加构件的抗压强度和稳定性，在材料已经选定的前提下，最主要的措施是增强对构件的约束。约束越强，构件的长度系数值就越小，临界压力、抗压强度就越大。而在沥青混合料结构组成中，对粗集料骨架的约束作用主要源自于沥青、胶泥的黏结力。由此可见，增大沥青、胶泥的黏结力，不但可以增强混合料的强度参数——黏聚力 c，还可大大增加粗集料的骨架作用，增强骨架传递压力的效率，从而大大提高SMA混合料的高温动稳定度。

在SMA混合料结构中，如果仅有粗集料的骨架存在而没有胶泥的约束作用，粗集料骨架是很容易发生“失稳”破坏的。因此，在SMA混合料组成中必须有适量的细集料用量、较高的胶泥劲度，才能使SMA充分发挥其结构特点，得到强度较高的SMA混合料。当然，细集料的用量也不能过多，否则将不能形成骨架结构。沥青混合料中的骨架结构能分担传递压力，减少颗粒间的剪切应力，增强抵抗外力作用能力。

由于SMA沥青混合料属于非均质材料，在材料内部的某截面上，应力分布是不均匀的，混合料中由于粗集料颗粒的模量远大于胶泥劲度，在变形相同条件下（$\sigma = \varepsilon \cdot E$），粗集料所受的应力也会远大于胶泥（前提是粗集料相互接触形成了骨架）；另外，粗集料接触点、面上，力的方向与接触状况有关，而与截面方向无关。

SMA 粗集料骨架在下列情况下会发生失稳：粗集料结构层太厚；外力作用过大；粗集料排列稳定性差。一旦粗集料骨架失稳，将大大削弱骨架的支撑作用，SMA 混合料的传力受力作用将不再主要由固体颗粒本身担当，而是由固体颗粒之间的摩擦联系来完成，此时，SMA 混合料的力学强度与粗集料颗粒间摩擦力大小和沥青胶结料对集料的约束程度直接相关。

即使对于形成了骨架的 SMA 混合料，最可能的破坏形式也不是粗集料骨架的压缩变形，而是骨架颗粒之间的相对位移、滑动，且破坏变形不是突然的大变形，而是长期的骨架结构相对位移调整。粗集料颗粒间发生相对滑移与骨架颗粒之间的抗剪强度较小有关。

在考察粗集料的力学行为时，可把沥青胶泥对粗集料的约束作用看做是施加在粗集料上的外力。因此，对无内聚力的纯粹粗集料而言，颗粒抗剪强度 $\tau = \sigma \cdot \tan\theta$，其中，$\theta$ 反映颗粒间摩擦性质，垂直应力 σ 则主要与沥青胶泥的约束能力相联系。因为在散体材料中，颗粒间最危险的地方不是受垂直压力 N 最大的接触面，而是那些受垂直压力 N 很小（即该面上的正应力 σ 过小），又会产生较大剪切应力的接触面。这种接触面上的垂直应力 σ 主要与沥青胶泥的约束能力相联系（在这种截面上所能提供的垂直应力 σ 与胶泥的黏聚力 c 成正比）。因此，随着粗集料层数的增加，粗集料骨架的抗剪强度不仅仅只依靠粗骨架的内部摩擦力，还在相当程度上依赖沥青材料的胶结力大小。

对于 SMA 沥青混合料而言，要想大幅度增加混合料的摩阻角 θ 值并不现实，尤其对于选定的集料。所以对 SMA 来说，为增加混合料强度，增强结构抗变形能力，在优选了集料品种基础上，使粗集料形成骨架以后，应该主要考虑如何增加 SMA 混合料的黏聚力 c 值（比如使用改性沥青、增加矿粉用量、提高纤维含量、适当减少沥青比例等）。同时，由于 SMA 沥青混合料常用于路面表面层，表面层在路面上的受力特点是垂直压力 σ_1 较大，侧面约束围压 σ_3 较小。此时混合料的黏聚力 c 值对 σ_3 的大小有较大影响，而沥青混合料的强度随围压 σ_3 增加呈线性增加，所以增加 SMA 混合料的 c 值将大大增强结构的抗压强度$[\sigma]$和抗变形能力。增加 SMA 混合料的摩阻角 θ 值对表面层结构的抗压强度$[\sigma]$的影响以及增加混合料的 c 值对表面层结构的抗压强度$[\sigma]$影响对比见图 2-6。

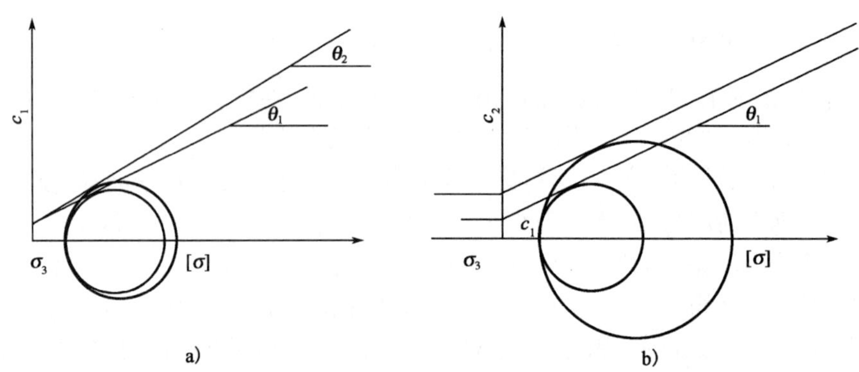

图 2-6　在 SMA 混合料中增加 θ 和 c 值对抗压强度$[\sigma]$的影响对比示意图

参数 c、θ 基本上反映了沥青混合料的黏性性质和非黏性性质。对于具有明显黏弹塑性性质的 SMA 沥青混合料而言，永久变形车辙和低温开裂都主要由材料的黏性性质引起（车辙主要是由于高温条件下 SMA 混合料的蠕变速率过快，导致变形积累；低温开裂则是因为 SMA 混合料在低温环境中蠕变速率太小，造成材料变形能力小，应力松弛速率慢，温度应力积累过大而开裂)。因此，应该针对要解决的混合料主要病害，对 SMA 的黏性性质参数 c 进行改善：对车辙病害应主要致力于增加混合料高温条件下的 c 值，对开裂病害则着重降低材料低温的 c 值。

SMA 的粗集料骨架在混合料强度组成中有重要作用，同时沥青胶泥的黏聚力对 SMA 的强度发挥也起着同样重要的作用，两者相辅相成，互相增强，缺一不可。沥青胶泥的黏聚力约束增强了粗集料在 SMA 中的骨架支撑作用，也增强了骨架的抗剪切能力；粗集料骨架的存在则增加了混合料的剪切面迂回面积，使胶泥的黏聚力发挥了更大作用。

根据以上分析可知，SMA 因具有较高的内摩擦角和黏聚力，可极大地提高沥青路面的抗车辙性能和抗开裂性能，减轻路面推移、拥包等剪切破坏，延长路面使用寿命。

二、高温稳定性能

沥青混合料是松散矿料颗粒由沥青胶结作用以及矿料颗粒自身相互嵌挤的骨架作用共同组成的混合体系。从微观来看，车辙的形成机理可解释为在外荷载作用下，微观结构应力克服了某些黏结较弱的团粒间沥青膜黏滞力作用而促使某些团粒发生错动。荷载不断重复作用，这种相互错动将在更深入范围内不断重复产生，逐步积累而形成宏观的车辙变形。

从宏观来看，沥青混合料是一种抗拉压力学性能不同的混合材料，矿料颗粒之间的内摩擦力在整个变形过程中都存在。因此，沥青混合料的剪切变形既取决于剪应力强度，又取决于平均法向应力。车辙主要来源于剪切变形，它不仅与沥青混合料层内剪应力强度有关，而且还与平均法向应力有关；剪切变形与剪应力成正比，而与平均法向应力成反比。沥青混合料在剪切应力的作用下，其颗粒重新排列，在剪切过程中，无序结构过渡到有序结构。当平均法向应力为负时，这种重新排列将使混合料更为密实；而平均法向应力为正时，这种重新排列将使混合料变得松散。

根据三轴剪切试验，通过采用不同加载速率 $\mathrm{d}\varepsilon/\mathrm{d}t$，得到一组平行包络线，斜率均为 φ，这表明混合料集料内摩擦角与试验加载速度无关，但是截距，即黏聚力随着应变速率的增加而增加。SMA 多用于高等级公路，根据时—温法则，由于荷载作用时间短，相当于沥青硬度提高了等级。这一结论对于沥青混合料设计是非常重要的。

当前用于设计沥青混合料高温稳定性的标准有：①马歇尔稳定度和维姆稳定度标准；②抗剪强度参数设计标准；③蠕变模量设计标准；④车辙试验标准。从目前设计规范内容来看，我国现在主要是采用①、④标准来控制 SMA 混合料的高温稳定性。

三轴试验中沥青混合料在不同应变速率下的法向应力和剪应力的关系见图 2-7。

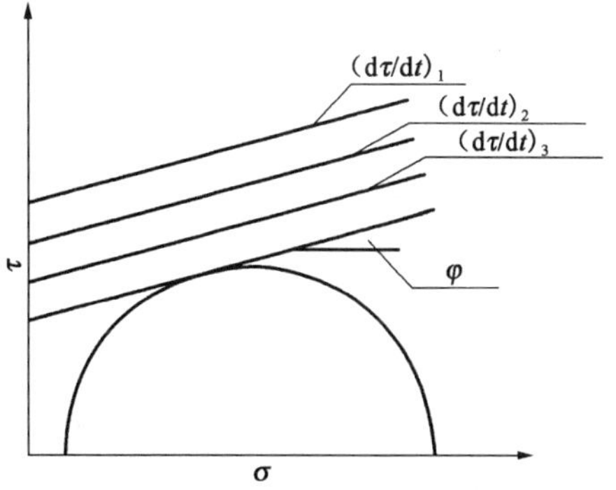

图 2-7 三轴试验中沥青混合料在不同应变速率下的法向应力和剪应力的关系

SMA 具有较好的抗车辙能力，这主要是因为其粗集料含量高，在混合料中粗集料是石对石(stone-to-stone)接触，相互嵌锁形成的骨架直接承受了荷载的作用，这样形成的骨架对高温敏感性较小。含量较高的矿粉与沥青形成黏结力很高的玛蹄脂，使混合料的整体力学性能提高。这两方面的作用提高了混合料竖向和侧向约束，导致在车辆荷载作用下其仅产生相对较微小的变化。

三、低温抗裂性能

沥青混合料的低温抗裂性能是指沥青路面在低温条件下抵抗温度应力引起开裂的能力。沥青面层的优点之一，在于它具有一定的变形能力，但是随着温度的降低而发脆，以至柔性逐渐损失，导致裂缝出现。目前对路面低温病害的形成机理主要有以下看法。

(1)低温开裂与材料自身的低温抗裂性能以及环境、路面结构设计、交通荷载等综合因素有关，比如沥青胶结料的黏度、集料的破碎面、沥青混合料的劲度等。

(2)从低温状态下材料力学性能分析入手，普遍认为温度的骤然下降会使得沥青混合料内产生温度应力，同时与材料在温度下降时体积发生收缩相互联系。如果一种材料没有受到约束，当温度下降时要缩短，但是当这种材料的收缩受到约束时，路面结构的这种收缩趋势就会在结构内部产生温度收缩应力。当这种温度应力大于或等于材料的极限抗拉强度时，结构将产生裂缝。由于沥青混合料在高温或常温时被视为一种黏弹性的材料物质，因此，在一定的、温和的环境当中，沥青混合料因降低温度而产生的应力要被应力松弛而削减。然而，在低温状态下沥青混合料被视为一种弹性材料，而温度应力不能被为对等的削减，从而将产生收缩裂缝。

(3)路面内产生的温度应力远远低于低温状态下沥青混合料的极限抗拉强度，因此，破损不会立即发生。但是随着日夜温差和交通荷载的循环作用，将使得结构内部不断积累能量，最后当累计的能量足以达到裂纹扩展为裂缝所需的能量时，裂缝就形成了。

沥青混合料开裂，主要与温度、沥青混合料的低温劲度及矿料级配有关。沥青混合料劲度，主要与沥青含量和沥青的性质有关，增加沥青含量、改善低温性能都能有效改善沥青混合料的低温劲度模量。当前在沥青混合料组成设计中，结合料常采用各种改性沥青，矿料级配常采用嵌挤密实型，以提高材料的低温抗裂性，其中比较典型的是改性沥青 SMA 路面。SMA 由于沥青含量较高，而且在一般情况下还要使用品质优良的改性沥青，因此其会有很好的低温抗裂性能。

四、抗滑性能

在众多路用性能要求中，路面抗滑性能一直是一个比较重要的指标。随着汽车性能的提高、高速公路里程的延长，提高道路表面抗滑能力已经是一个重要的课题。很多高速公路路面维修不是因为结构的破坏，而是由于使用功能的丧失，其中抗滑功能因素占有相当大的比例。行车滑移主要是因为轮胎与路面的摩擦系数减小，摩擦系数不仅与二者的材料性质有关，而且受表面性态、气候条件以及行驶速度等多方面因素影响。具体影响因素如下。

(1)车辆条件：对路面的单位压力、制动器的好坏。

(2)轮胎条件：橡胶材料性质、橡胶硬度、胎面形状、磨损程度。

(3)路表面情况：宏观构造(最大粒径、级配、形状)、微观情况(集料种类)、表面附着物(尘埃、泥污等)。

(4)气候条件：路面温度、干湿情况。

(5)行驶条件：行驶速度。

当车辆条件、轮胎条件和胎面形状一定时，摩擦系数取决于路面干湿情况和车辆行驶速度。路面潮湿容易引起滑动，但是滑动情况主要依其路面性状与行驶速度确定。

在车辆行驶速度较低时(40km/h 左右),主要是路面微观性状,即集料的石质对滑移有影响。在行驶速度较高时(大于 60km/h),路面宏观性状即轮胎与路面间的排水性好坏对滑移有影响。由此可知,道路使用目的不同,抗滑侧重点也不同。车辆行驶速度较高时,从防止水膜滑溜现象出发,应该侧重考虑加强路面排水。路面构造、行车速度、摩擦系数关系如图 2-8 所示。

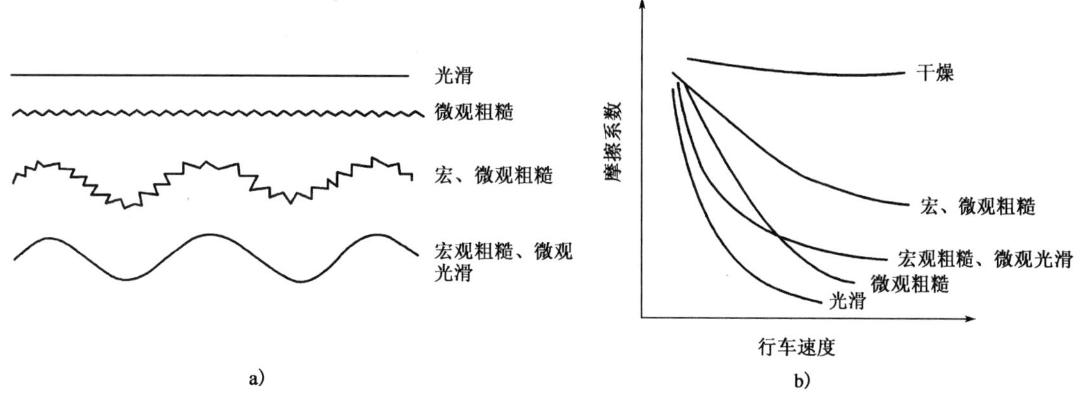

图 2-8 路面构造、行车速度与摩擦系数关系图

由于 SMA 中粗集料含量多且表面粗糙,路面构造深度大,决定了其路面构造为宏观、微观均粗糙的形式,所以 SMA 有着优良的路面排水性能和良好的抗滑特性。

除了集料品种外,SMA 的构造深度取决于粗集料尺寸和玛蹄脂的填充程度,集料尺寸越大,构造深度也越大。所以为了保证抗滑性能,要特别注意防止玛蹄脂过量和通车后逐步泛油使构造深度丧失。

五、水稳定性能

提高沥青混合料水稳性的主要措施是防止水的侵蚀,提高沥青和集料的黏附性。SMA 混合料的空隙率很小,几乎不透水,混合料受水的影响很小,再加上玛蹄脂与集料的黏结力好,混合料的水稳定性也有较大改善。

六、表面性能

SMA 路面由于表面具有开式构造,构造深度较大,因而同表面相对平滑的沥青混凝土路面相比,防噪效果较好;同时,在雨天行车不会产生大的水雾和溅水,提高能见度,从而可以全面提高路面的表面功能。

为了使 SMA 的表面功能获得成功,必须注意以下几点:

(1)SMA 集料之间的接触力大,石料磨损快,必须使用高质量的集料。碾压时要避免过碾压,防止振动压路机压碎石料。

(2)铺装层厚度要合适,在重载路段,铺装层厚度与集料公称最大粒径相匹配。

(3)SMA 层与下面层之间必须有充分的摩擦,无光滑的滑动面。

(4)集料之间不能填充过满,最好使用高黏度的改性沥青。

(5)综合考虑施工性能和高温稳定度后选择细集料品种,确定机制砂的比例。

七、抗老化性能

SMA路面的耐久性、抗裂性,特别是抗疲劳裂缝的性能比沥青混凝土路面要高,这主要是因具有较高的沥青含量与较多的矿粉,SMA混合料内部被沥青玛蹄脂充分充填,空隙率小、沥青膜较厚,沥青与空气接触少,因此,沥青抗老化能力较强。

八、抗疲劳耐久性能

因为SMA混合料的空隙率小,沥青与空气的接触面小,因此受到水损坏的可能性降低。其次是微裂缝减少、柔韧性提高,使应力集中程度降低,变形特性改善。延长路面寿命需要沥青混合料有良好的耐久性。试验证明,SMA混合料的抗疲劳性能大大优于密级配沥青混凝土,因此有良好的耐久性。另外,由于SMA基本上是不透水的,对下面的沥青层和基层有较强的保护作用和隔水作用,使路面能保持较高的整体强度和稳定性。

第三章　SMA 混合料设计方法与选择

第一节　SMA 混合料级配范围及厚度要求

一、层厚与公称最大粒径的关系

按照《公路工程集料试验规程》(JTG E42—2005)中的定义,集料的公称最大粒径(Nominal Maximum Size of Aggregate)是指集料可能全部通过或允许有少量不通过(一般容许筛余不超过 10%)的最小标准筛筛孔尺寸。集料的公称最大粒径通常比集料最大粒径小一个粒级。影响公称最大粒径选择的最主要因素是粒径和压实层厚度的匹配。

我国对集料粒径与压实层厚度的关系做了不少试验研究。规范参照了这些经验,根据我国的具体情况和实践经验,对压实层厚度与公称最大粒径的关系作出了新的规定。

我国《公路沥青路面施工技术规范》(JTG F40—2004)按照公称最大粒径的大小及压实层的厚度,将 SMA 分为 SMA-20、SMA-16、SMA-13、SMA-10 等 4 种类型。《公路沥青路面设计规范》(JTG D50—2006)中对不同规格 SMA 的压实最小厚度和适宜厚度的规定见表 3-1。

不同规格 SMA 压实最小厚度和适宜厚度　　表 3-1

SMA 类型	SMA-20	SMA-16	SMA-13	SMA-10
压实最小厚度(cm)	5	4	3	2.5
适宜厚度(cm)	8 ~ 5	7 ~ 4	6 ~ 3.5	5 ~ 2.5

我国现行《公路沥青路面施工技术规范》(JTG F40—2004)规定,对热拌热铺密级配沥青混合料,沥青层一层的压实厚度不宜小于集料公称最大粒径的 2.5 ~ 3 倍,对 SMA 和 OGFC 等嵌挤型混合料不宜小于公称最大粒径的 2 ~ 2.5 倍,以减少离析,便于压实。1994 年规范规定,对于上面层混合料,其层厚宜大于集料公称最大粒径的 2 倍,中下面层的层厚宜大于集料公称最大粒径的 1.5 倍。2004 年规范增大了沥青层压实厚度与集料公称最大粒径的比例。

对粒径与层厚关系的认识,国外也在不断发展中。以前美国一般规定沥青层的最小厚度不小于最大集料粒径的 2 倍。后来 Superpave 提出沥青层厚度宜为公称最大粒径的 3 倍。这个变化主要考虑特别容易离析的粗粒式和特粗式沥青混合料,而且主要是针对连续级配的密级配沥青混合料。对 SMA、OGFC 等以嵌挤为主的沥青混合料,由于其相对来说容易碾压,且不容易造成离析,此标准都作了放宽。澳大利亚规定沥青层厚度宜为公称最大粒径的 2.5 倍。对 SMA,公称最大粒径为 7mm、10mm、14mm 的适宜层厚分别定为 20 ~ 30mm、25 ~ 35mm、35 ~ 50mm。

在美国,2001 年结构设计指南推荐的重交通道路的结构及厚度中,SMA 的适宜厚度与公称最大粒径的比例明显要小于 DCG 密级配沥青混合料(表 3-2)。根据我国的实践经验,按公称最大粒径的 2.5 倍确定最小压实层厚度是合理的。近年来,我国一般采用 50mm 或 40mm 沥青路面的表面层,照此比例,宜采用 SMA-16 或 SMA-13 结构。

美国 2001 年结构设计指南推荐的重交通道路的结构及厚度(mm)　表 3-2

结构层类型			DCG	SMA	OGFC
表面层	公称最大粒径(mm)	9.5	30~50	25~37.5	19~25
		12.5	37.5~75	37.5~50	25~37.5
		19	57~75	50~62.5	—
结构层类型			DFG	DCG	SMA
中间层	公称最大粒径(mm)	19	50~70	57~75	50~62.5
		25	75~100	75~100	—
结构层类型			DFG	DCG	ATPB
基层	公称最大粒径(mm)	19	50~70	57~75	37.5~75
		25	75~100	75~100	50~100
		37.5	100~150	100~150	—

在表 3-2 中,美国用于表面层的 SMA 也有 3 种类型,用于中面层时只推荐 SMA-20。从施工的角度看,SMA-13 比 SMA-16 明显要均匀得多,即离析的情况要轻得多。这一点是非常重要的。因为沥青路面的早期破坏往往发生在局部,离析则通常是导致早期破坏的祸根。SMA-13 的表面也比 SMA-16 要好看。而且如果同样是 40mm 的厚度,SMA-13 比 SMA-16 肯定要容易压实一些。因此在有条件的时候,对 40mm 的表面层,应该尽可能选用 SMA-13。

从以上对比可以看出,虽然各国在该领域开展了大量研究,但规范仍然是相当宽泛的,这就给集料公称最大粒径的选择带来了相当大的随意性。同时可以看出,世界各国在这方面的研究并不成熟,对适宜比例的认识还没有达到共识。与此同时,我国现行规范所规定的沥青混凝土路面结构层压实厚度与集料公称最大粒径较之以前的规定已有所增大,从与各国的这一规定值比较以及数值计算结果来看,这一修改更趋合理。

总的来说,集料公称最大粒径不同,取得最佳压实效果的压实层厚与集料公称最大粒径之比值有较大差异,我国现行规范只规定了对热拌热铺密级配沥青混合料,沥青混合料一层的压实厚度不宜小于集料公称最大粒径的 2.5~3 倍,对 SMA 和 OGFC 等嵌挤型混合料不宜小于公称最大粒径的 2~2.5 倍,而未给出各级公称粒径的层厚与公称最大粒径的关系。

二、级配范围

对任何一种混合料,矿料级配都是最重要的因素。我国在 SMA 的发展过程中,矿料级配也发生了不少变化。

我国早期铺筑 SMA 试验路的矿料级配基本上是参照国外级配使用的。后来发现不同国家的级配是不同的,归根结底是气候条件和交通条件不同的缘故。总的说来,欧洲的级配要比美国的细。

我国在修建北京地区不同 SMA 表面层时,根据当时国外的规范或建议级配,同时根据现有实际材料的情况,确定了各自的级配范围要求,并据此进行配合比设计。我国部分高速公路 SMA 工程采用的级配范围和油石比,如表 3-3 所示。

从交通运输部公路科学研究所设计的我国部分 SMA 工程使用的级配表中可以看出,开始阶段级配较细,后来逐步变粗。

表 3-3

我国部分 SMA 工程采用的级配范围和油石比

工程项目		通过下列筛孔(mm)的百分率(%)											油石比(%)
		19	16	13.2	9.5	4.75	2.36	1.18	0.6	0.3	0.15	0.075	
首都机场高速公路 SMA-16	级配范围	100	95 ~ 100	82 ~ 95	63 ~ 75	12 ~ 35	20 ~ 26	15 ~ 21	12 ~ 18	11 ~ 16	10 ~ 15	8 ~ 12	
	设计级配 g	100	99.3	85.2	56.4	25.5	21.4	15.9	12.3	10.4	9.6	8.4	6
八达岭高速公路京吕段 SMA-16	级配范围	100	90 ~ 100	72 ~ 92	54 ~ 72	25 ~ 40	17 ~ 31	14 ~ 26	10 ~ 22	8 ~ 17	7 ~ 15	7 ~ 11	
	设计级配 g	100	98.1	81.5	66.7	38.3	23	18.6	12.8	10.3	8.8	7.1	6
首都机场东跑道 SMA-16	级配范围	100	90 ~ 100	72 ~ 92	54 ~ 72	25 ~ 40	17 ~ 31	14 ~ 26	10 ~ 22	8 ~ 17	8 ~ 15	8 ~ 11	
	设计级配 g	100	98.5	88.9	61.5	33.7	23.9	20.3	19.5	14	11.5	10.2	6.2
北京市东西长安街 SMA-10	级配范围			100	90 ~ 100	35 ~ 55	20 ~ 40	15 ~ 30	12 ~ 16	11 ~ 22	9 ~ 18	8 ~ 12	
	设计级配 g			100	95	45	30	22.5	19.0	16.5	13.5	10	6.2
湖北黄黄高速公路 SMA-16	级配范围	100	90 ~ 100	65 ~ 85	45 ~ 65	20 ~ 30	15 ~ 24	14 ~ 22	12 ~ 18	10 ~ 15	7 ~ 14	7 ~ 12	
	设计级配 g	100	97	81	51.5	25.2	21.6	17.4	15.4	13	11.4	9.6	5.8
山东京沪高速化临段 SMA-16	级配范围	100	90 ~ 100	65 ~ 85	45 ~ 65	20 ~ 30	15 ~ 24	14 ~ 22	12 ~ 18	10 ~ 15	7 ~ 14	7 ~ 12	
	设计级配 g	100	92	77.4	56.6	25.1	16.7	15.4	14.8	13.4	13.1	9.9	5.8
首都机场西跑道 SMA-16	级配范围	100	90 ~ 100	65 ~ 85	45 ~ 65	20 ~ 32	15 ~ 24	14 ~ 22	12 ~ 18	10 ~ 15	9 ~ 14	8 ~ 12	
	设计级配 g	100	98.9	82.4	57.5	28.7	18.7	16.6	14.7	12.6	11.5	10.2	6
1999 年黑龙江机场高速公路 SMA-16	级配范围	100	90 ~ 100	65 ~ 85	45 ~ 65	20 ~ 32	15 ~ 24	14 ~ 22	12 ~ 18	10 ~ 15	9 ~ 14	8 ~ 12	
	设计级配 g1	100	97.4	79.6	49.3	25.6	19.2	16.3	14.9	11.9	11.1	9.4	6.4
	设计级配 g2	95.9	89.4	77.8	52.4	24.2	17.8	16	14.7	11.8	11	9.4	
1999 年黑龙江机场高速公路 SMA-16	级配范围	100	90 ~ 100	65 ~ 85	45 ~ 65	20 ~ 32	15 ~ 24	14 ~ 22	12 ~ 18	10 ~ 15	9 ~ 14	8 ~ 12	
	设计级配	99.3	92.5	82.8	51.1	25.4	19.5	16.3	15.6	10.3	9.8	9.8	6.3
	设计级配 s	99.3	92.6	82.9	51.4	25.9	20.2	17.3	16.6	11.3	10.5	10.5	

续上表

工程项目		通过下列筛孔(mm)的百分率(%)											油石比(%)
		19	16	13.2	9.5	4.75	2.36	1.18	0.6	0.3	0.15	0.075	
江苏省淮江高速公路淮阴段 SMA-16 级配 1	级配范围	100	90 ~ 100	65 ~ 85	45 ~ 66	20 ~ 32	15 ~ 24	14 ~ 22	12 ~ 18	10 ~ 15	9 ~ 14	8 ~ 12	
	设计级配 g	100	91.7	78.5	53.3	29.1	23.3	18.6	15.8	14	12.9	9.8	6
	设计级配 s	100	91.7	78.5	53.3	29.1	23.4	18.4	15.7	14.2	13.4	10.5	
江苏省淮江高速公路淮阴段 SMA-16 级配 2	级配范围	100	90 ~ 100	65 ~ 85	45 ~ 65	20 ~ 32	15 ~ 24	14 ~ 22	12 ~ 18	10 ~ 15	9 ~ 14	8 ~ 12	
	设计级配 g	100	91.9	73.7	55.9	26.2	19.7	15.7	13.7	12.7	12.1	10	5.8
	设计级配 s	100	91.9	73.7	55.9	26.6	19.7	15.9	13.8	12.8	12.3	10.3	
安徽合安高速公路 SMA-16	级配范围	100	90 ~ 100	65 ~ 85	45 ~ 65	20 ~ 32	15 ~ 24	14 ~ 22	12 ~ 18	10 ~ 15	9 ~ 14	8 ~ 12	
	设计级配 s	100	94.2	72.2	58.5	26.1	21.7	17.7	16.9	13.6	12.4	10.5	6.1
京沈高速公路 SMA-16	级配范围	100	90 ~ 100	65 ~ 85	45 ~ 65	20 ~ 30	15 ~ 24	14 ~ 22	12 ~ 18	10 ~ 15	7 ~ 14	7 ~ 12	
	设计级配 s	100	90.1	70.3	55.4	28.8	19.1	16.2	14.4	11.3	9.6	8.5	6
京开高速公路 SMA-16	级配范围	100	90 ~ 100	65 ~ 85	45 ~ 65	20 ~ 32	15 ~ 24	14 ~ 22	12 ~ 18	10 ~ 15	9 ~ 14	8 ~ 12	
	设计级配 s	100	98.1	78.5	54.8	26.1	20.4	15.4	13.4	12.2	11.3	10.3	5.9
乍嘉苏高速公路 SMA-13	级配范围		100	90 ~ 100	50 ~ 75	20 ~ 34	15 ~ 26	14 ~ 24	12 ~ 20	10 ~ 16	9 ~ 15	8 ~ 12	
	设计级配 s		100	96.4	62.4	26	23.4	18.2	15.5	12.6	11.7	9.4	5.9
成南高速公路 SMA-13	级配范围		100	90 ~ 100	50 ~ 75	20 ~ 34	15 ~ 26	14 ~ 24	12 ~ 20	10 ~ 16	9 ~ 15	8 ~ 12	
	设计级配 s		100	94.5	73.9	28.9	24.9	20.3	17.1	14.7	12.9	10.5	6.4
成南高速公路 SMA-10	级配范围			100	80 ~ 100	28 ~ 50	20 ~ 32	14 ~ 26	12 ~ 22	10 ~ 18	9 ~ 16	8 ~ 13	
	设计级配 s			100	98	39.5	29.3	20.5	17.0	14.9	13.4	11.1	6.6
绥中机场道面 SMA-10	级配范围			100	80 ~ 100	28 ~ 50	20 ~ 32	14 ~ 26	12 ~ 22	10 ~ 18	9 ~ 16	8 ~ 13	
	设计级配			100	99.9	43.5	26	18.7	17.4	13.9	12.4	11.1	7

注:表中设计级配 g 为干筛,s 为水筛。1999 年黑龙江机场高速公路采用了两种石料,设计级配 1 为吉林省玄武岩,2 为本地辉绿岩。油石比中未标明者均为改性沥青。标准级配范围是指当时选用的范围。

SMA 虽然发源于德国,但未见有关配合比设计的完整理论。然而,由于 SMA 起源于德国的一种新型沥青路面结构材料,因此德国的 SMA 设计方对其他各国的方法形成、发展有重要影响。德国的现行 SMA 技术标准见表 3-4。

德国 ZTV Asphalt-8tB 1998 规范的 SPZA 技术指标 表 3-4

SMA	0/11S	0/8S
矿料通过下列筛孔(mm)的百分率(%)	矿石,机制砂,机制矿粉	碎石,机制砂,机制矿粉
11.2	>90	—
8	≤90	>90
5	30~40	30~45
2	20~25	20~25
0.09	9~13	10~13
沥青结合料	B65(PmB45)	B65(PmB45)
沥青结合料用量(%)(油石比)	≥6.5(6.95)	≥7.0(7.53)
马歇尔试验配合比设计空隙率(%)	3.0~4.0	3.0~4.0
铺筑层层厚(cm)	3.5~4.0	3.0~4.0

德国是以浇注式沥青混凝土为传统沥青路面结构形式的国家,流动态的沥青混合料必然要求较高的沥青含量,但这是与德国的夏季气温不高(7 月份平均气温为 14~19℃)的特点相适应的,由此德国的 SMA 规定了较高的最小沥青用量(油石比大于 6.95%)。

意大利规定的 SMA 粒径较德国的大(为 SMA0/10 和 SMA0/15),而 SMA 铺筑层相对厚度较德国的小(SMA0/10 的铺筑层厚度仅仅 2.0~3.0cm,即铺筑层厚度小于最大粒径的 3~4 倍)。研究表明,SMA 粒径大、铺筑厚度薄,有利于发挥 SMA 混合料的骨架作用,提高高温抗车辙能力。意大利对 SMA 的技术要求见表 3-5。

意大利对 SMA 的技术要求 表 3-5

矿料通过下列筛孔(mm)的百分率(%)	0/10	0/15
15	100	80~100
10	50~100	46~66
5	47~64	30~44
2	30~45	20~36
0.42	12~20	10~17
0.18	10~16	9~15
0.075	9~14	8~13
沥青结合料类型	聚合物改性沥青 PmB50	聚合物改性沥青 PmB50
沥青结合料用量(%)(油石比)	5.2~6.55(5.5~7.0)	5.2~6.55(5.5~7.0)
空隙率(%)	1.0~4.0	1.0~4.0
铺筑层层厚(cm)	2.0~3.0	4.0~5.0

现在比较完整、系统地提出 SMA 配合比设计方法的当属美国联邦公路总署(FHWA)和国家沥青路面协会(NAPA)技术工作集团(TWG)提出的“SMA 混合料”配合比设计方法。美国

SMA 配合比是明确分成粗集料骨架和沥青玛蹄脂填充料两个部分设计的。美国部分 SMA 建议级配如表 3-6 所示。

美国部分 SMA 建议级配(%) 表 3-6

筛孔径(mm)	美国 SMA 指南	乔治亚理工大学	
		细　型	粗　型
25			100
19	100	100	90 ~ 100
12.5	85 ~ 95	80 ~ 100	45 ~ 70
9.5	<75	60 ~ 80	25 ~ 40
4.75	20 ~ 28	25 ~ 32	22 ~ 30
2.36	16 ~ 24	18 ~ 24	18 ~ 22
1.18	—	—	—
0.6	12 ~ 16	—	—
0.3	12 ~ 15	10 ~ 20	10 ~ 20
0.15	—	—	—
0.075	8 ~ 10	8 ~ 12	8 ~ 12
沥青用量(%)	不少于 6	5.9 ~ 7.1	5.7 ~ 6.5

但是,如果这些级配应用到我国后,是否能够适应我国的具体工程实际,达到满意的效果,这就需要我们结合我国的国情,针对我国不同的气候特点深入研究,使之不断改善。

对粗集料的组成要求是形成互相紧密嵌挤的粗集料骨架。由于 4.75mm 以上部分的粗集料是真正形成石—石嵌挤结构的集料,所以 4.75mm 通过率是 SMA 级配中最重要的参数。NCAT 的试验表明,4.75mm 通过率与混合料的 VMA 密切相关,决定了粗集料嵌挤作用的形成情况。图 3-1 清楚地表示了二者的相关关系。而且,随着 4.75mm 通过率即细集料的增加,矿料间隙率 VMA 将逐步趋于常数,只有当 4.75mm 通过率小于 30%,VMA 才开始增加,粗集料的嵌挤作用才能逐渐得以发挥,石—石嵌挤结构才能形成。

在图 3-2 中,VCA 随 4.75mm 通过率的减小而减小,当 4.75mm 通过率小于 30% 后,VCA 减小的幅度(直线斜率)也变小。对 SMA 混合料,矿料中通过 4.75mm 的百分率必须小于 30%,只有这样,粗集料的嵌挤作用才有可能开始发挥。

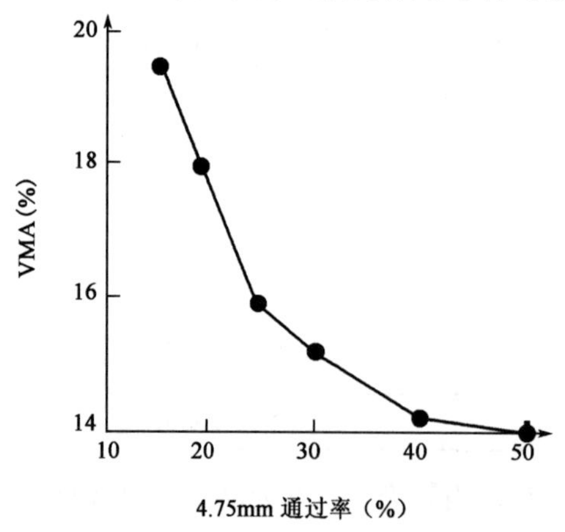

图 3-1　4.75mm 通过率与 VMA 的关系

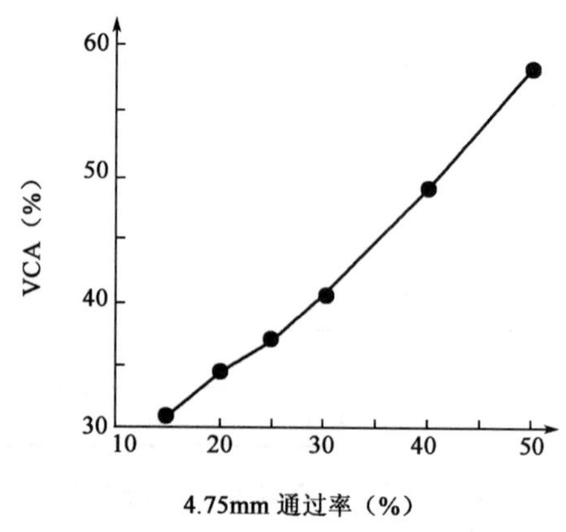

图 3-2　4.75mm 通过率与 VCA 的关系

所以在 SMA 混合料中，一般 4.75mm 的通过率都在 30% 以下。

关于矿粉用量，一般要求 0.075mm 通过率达到 8% ~12%。矿粉的用量与沥青用量密切相关，因为在沥青玛蹄脂中，除了纤维和少量细集料以外，沥青主要是用来填充矿粉的间隙的。就沥青玛蹄脂自身而言，除了用于裹覆其他集料或者被纤维吸附外，就不应该再有多余的自由沥青存在。

表 3-7 为我国《公路沥青路面施工技术规范》（JTG F40—2004）中规定的 SMA 混合料级配范围的建议值，SMA 混合料的最大粒径应与面层结构设计厚度相匹配，结构设计厚度为集料的公称最大粒径的 2 ~2.5 倍。

SMA 混合料矿料级配范围　　表 3-7

通过下列筛孔（mm）的百分率（%）	规格（按公称最大粒径分）			
	SMA-20	SMA-16	SMA-13	SMA-10
26.5	100		—	—
19	90 ~100	100	—	—
16	72 ~92	90 ~100	100	—
13.2	62 ~82	65 ~85	90 ~100	100
9.5	40 ~55	45 ~65	50 ~75	90 ~100
4.75	18 ~30	20 ~32	20 ~34	28 ~60
2.36	13 ~22	15 ~24	15 ~26	20 ~32
1.18	12 ~20	14 ~22	14 ~24	14 ~26
0.6	10 ~16	12 ~18	12 ~20	12 ~22
0.3	9 ~14	10 ~15	10 ~16	10 ~18
0.15	8 ~13	9 ~14	9 ~15	9 ~16
0.075	8 ~12	8 ~12	8 ~12	8 ~13

第二节　SMA 材料组成与性能特点

一、沥青结合料

世界上大多数国家，包括我国、欧洲各国、日本均采用 25℃针入度指标进行沥青结合料分级。但按针入度或黏度分级的沥青规范，有可能把具有不同温度敏感性与性能特征的沥青划为同一等级，从而给工程应用带来问题。

澳大利亚以 60℃黏度（Pa·s）为指标进行沥青结合料分级。美国在 1993 年以前是按针入度或黏度进行沥青结合料分级的。无论是按针入度分级还是按黏度分级的沥青结合料规范，沥青的针入度、黏度与延度等指标都是在标准试验温度下完成的。这些指标都是经验性的，试验结果也具有局限性。针入度只说明中等温度（25℃）时沥青的稠度，无法直接衡量沥青的低温特性。黏度试验的标准温度为 60℃和 135℃，60℃时的黏度值可代表沥青路面高温时沥青的特性，而 135℃时的黏度值则代表施工时沥青的泵送特性，都不可能确定沥青在低温时的弹性性状。

美国战略研究公路计划（SHRP）沥青研究项目于 1993 年完成，提出了全新的既适用于非改性沥青,也适用于改性沥青的 Superpave 沥青结合料规范。其特点是结合料性能的规定值是固定的,而达到此规定值的试验温度是变化的。性能级(PG)结合料由诸如 PG64-22 的术语来定义,前面的数值“64”为“高温级”,意思是结合料具有适应至少达到 64℃ 温度的物理特性,即将适应结合料所期望的服务气候区的路面温度。同样,后面的数字“ -22”为“低温级”,意思是指结合料具有适应路面温度降至 -22℃ 的物理特性。

Superpave 结合料规范模拟结合料寿命的三个临界阶段进行结合料性能试验。第一阶段用原样沥青进行试验,代表施工前的运输、装卸和储存时期的沥青特性;第二阶段用旋转薄膜烘箱老化,模拟沥青在拌和与铺筑过程中的热老化;第三阶段用压力老化的方法,模拟热拌沥青路面在服务寿命中的长期老化。

Superpave 结合料规范全面考虑了结合料的高、中、低温性能,老化性能与施工特性,而且根据工程的交通荷载与气温条件来确定结合料的性能等级,是比较合理的。

SMA 混合料中沥青结合料的质量,必须满足沥青玛蹄脂的要求,要有较高的黏度,所以需采用比常规 AC 混合料稠度更大的沥青结合料。德国的 SMA 重载路面结合料针入度等级,沥青用 B65 级,改性沥青用 PmB45 级;北欧国家气候寒冷,采用较软结合料,如瑞典用 B85、B120、B180 或改性沥青;荷兰采用 B80 级;挪威则根据交通量选择沥青等级,随着交通量的增加,沥青等级从 B80-B180 到 B40-B85,直到采用改性沥青;南欧国家气候炎热,规定使用改性沥青,如意大利规定采用针入度 45 ~ 55(0.1mm),软化点 75 ~ 85℃,针入度指数 +1 ~ +5 的改性沥青。葡萄牙规定只许使用改性沥青,改性剂为 SBS 或 EVA。中欧国家,如捷克,SMA 结合料的针入度等级与德国相似,普通沥青 65 级,改性沥青 Pm45 级或 PmB65 级。美国 NCAT 在提出 SMA 研究成果时建议,SMA 按 Superpave 结合料规范确定结合料等级,在根据气候推算的 PG 分级的基础上,高温等级增加 2 级或 1 级。这样不仅使结合料黏度增加,而且 SMA 选择改性沥青的机会也大了。

我国 SMA 中的结合料质量,必须符合我国规范中的“道路石油沥青技术要求”(表 3-8),并采用比当地常用普通热拌沥青混合料所用沥青硬一级的沥青。南方炎热地区可以采用A-50 号沥青,中部及北方温暖地区采用 A-70 号沥青,寒冷地区用 A-70 或 A-90 号沥青。

道路石油沥青技术要求 表 3-8

项　目			A-130	A-110	A-90	A-70	A-50
针入度(25℃,100g,5s)(0.1mm)			120 ~ 140	100 ~ 120	80 ~ 100	60 ~ 80	40 ~ 60
延度(5cm/min,15℃)(cm)		不小于	100	100	100	100	80
延度(5cm/min,10℃)(cm)		不小于	50	40	20 ~ 45	15 ~ 20	15
软化点(环球法)(℃)		不小于	40	43	44 或 45	45 或 46	49
60℃动力黏度(Pa·s)		不小于	60	120	140 或 160	160 或 180	200
闪点(开口)(℃)		不小于	230		245	260	
蜡含量(蒸馏法)(%)		不大于	3				
密度(15℃)(g/cm³)			实测记录				
溶解度(三氯乙烯)(%)		不小于	99.5				
薄膜加热试验(163℃,5h)	质量变化(%)	不大于	±0.8				
	针入度比(%)	不小于	54	55	57	61	63
	延度(15℃)(cm)	不小于	12	10	8	6	4
	延度(10℃)(cm)	不小于	35	30	20	15	10

SMA 路面对沥青结合料的要求比普通的沥青混凝土要高，但是否一定要用改性沥青，国际上并无一致的定论；但是应根据工程的气候条件、交通荷载条件和经济实力，来选择最合适的沥青结合料。在我国，对于高速公路、承受繁重交通的重大工程道路、夏季特别炎热或冬季特别寒冷地区的道路，最好采用改性沥青配制 SMA 混合料。用于改性沥青的基质沥青质量必须符合我国规范中的“道路石油沥青技术要求”，所配制的聚合物改性沥青质量应符合《公路沥青路面施工技术规范》(JTG F40—2004)的技术要求(表 3-9)。当以提高沥青结合料的抗车辙能力作为主要目标时，改性沥青的软化点最好高于当地年最高路面温度。

聚合物改性沥青技术要求 表 3-9

指　　标	单位	SBS 类(I 类)				SBR 类(II 类)			EVA、PE 类(III 类)				试验方法
		I-A	I-B	I-C	I-D	II-A	II-B	II-C	III-A	III-B	III-C	III-D	
针入度(25℃,100g,5s)	0.1 mm	>100	80 ~ 100	60 ~ 80	30 ~ 60	>100	80 ~ 100	60 ~ 80	>80	60 ~ 80	40 ~ 60	30 ~ 40	T 0604
针入度指数 PI　不小于		-1.2	-0.8	-0.4	0	-1.0	-0.8	-0.6	-1.0	-0.8	-0.6	-0.4	T 0604
延度(5℃,5cm/min) 不小于	cm	50	40	30	20	60	50	40	—				T 0605
软化点 $T_{R\&B}$　不小于	℃	45	50	55	60	45	48	50	48	52	56	60	T 0606
运动黏度[①]135℃　不大于	Pa·s	3											T 0625 T 0619
闪点　不小于	℃	230				230			230				T 0611
溶解度　不小于	%	99				99			—				T 0607
弹性恢复 25℃　不小于	%	55	60	65	75	—			—				T 0662
黏韧性　不小于	N·m	—				5			—				T 0624
韧性　不小于	N·m	—				2.5			—				T 0624
储存稳定性[②]													
离析,48h 软化点差　不大于	℃	2.5				—			无改性剂明显析出、凝聚				T 0661
TFOT(或 RTFOT)后残留物													
质量变化　不大于	%	1.0											T 0610 或 T 0609
针入度比 25℃　不小于	%	50	55	60	65	50	55	60	50	55	58	60	T 0604
延度 5℃　不小于	cm	30	25	20	15	30	20	10	—				T 0605

注：①表中 135℃运动黏度可采用《公路工程沥青及沥青混合料试验规程》(JTJ 052—2000)中“沥青布氏旋转黏度试验方法(布洛克菲尔德黏度计法)”进行测定。若在不改变改性沥青物理力学性质并符合安全条件的温度下易于泵送和拌和，或经证明适当提高泵送和拌和温度时能保证改性沥青的质量，容易施工，可不要求测定。

②储存稳定性指标适用于工厂生产的成品改性沥青。现场制作的改性沥青对储存稳定性指标可不作要求，但必须在制作后，保持不间断的搅拌或泵送循环，保证使用前没有明显的离析。

二、粗集料

从 SMA 的形成机理可知，SMA 混合料较高的高温稳定性来源于粗集料之间的骨架嵌挤作用，而集料嵌挤作用的好坏取决于粗集料颗粒的形状和棱角性、集料的石质和坚韧性。因此，用于 SMA 的粗集料必须满足抗滑表层混合料的技术要求，同时对粗集料的抗压碎要求高，粗集料必须使用质地坚硬、表面粗糙、形状接近立方体的破碎石料。

由于 SMA 混合料在绝大多数情况下是用作磨耗层材料，所以要求集料具有优良的抗磨光性能。如德国规定用于 SMA 混合料的粗集料的石料磨光值 PSV≥50,对常年容易磨光的部位,如急弯、陡坡及重交通制动频繁的路段,要求 PSV≥53;葡萄牙和捷克都规定粗集料的洛杉矶磨耗率 LA≤20%,石料的磨光值 PSV≥55;美国对 SMA 粗集料作了较全面的考虑,其质量须符合表 3-10 的要求。

我国对 SMA 混合料使用的粗集料提出了较高的技术要求,严格限制了集料中扁平(针片状)颗粒的含量;要求所使用的碎石不能用颚板式轧石机破碎,要用锤击式或锥式碎石机破碎。对于粗集料的这些技术性能的要求,花岗岩、石英岩、砂岩等酸性岩石往往符合这些要求,但是它们与沥青的黏附性很差,必须采用掺加石灰、水泥等抗剥离剂等措施。不过,由于 SMA 往往采用聚合物改性沥青,即使是酸性岩,黏附性往往也能达到要求,这时也可不掺加抗剥离剂。

根据我国的具体情况,参考国外的标准要求,我国 SMA 表面层用粗集料质量技术要求见表 3-11。这些要求包括了粗集料特性的各个方面,是相当全面的。

美国 SMA 粗集料质量要求 表 3-10

试 验	单 位	方 法	规定最小	规定最大
洛杉矶磨耗值	%	AASHTO T96	—	<30
扁长颗粒 3:1 5:1	%	ASTM D4791	—	20 5
吸水率	%	AASHTO T 85	—	2
坚固性损失(5 个循环) 硫酸钠 硫酸镁	%	AASHTO T 104	—	15 20
棱角性 一个面以上 两个面以上	%	ASTM D5821	100 90	— —

注:洛杉矶磨耗损失超过 30% 时,在试验室或现场压实过程中集料可能发生过量破损。

我国 SMA 表面层用粗集料质量技术要求 表 3-11

技术指标		单 位	技术要求
石料压碎值	不大于	%	26
洛杉矶磨耗损失	不大于	%	28
表观相对密度	不小于		2.60
吸水率	不大于	%	2.0
坚固性	不大于	%	12
与沥青的黏附性	不小于	级	4
针片状颗粒含量	不大于	%	15
水洗法 <0.075mm 颗粒含量	不大于	%	1
软石含量	不大于	%	3
石料磨光值	不小于	BPN	42
具有一定破碎面颗粒的含量	不小于	%	一个面:100 两个面及以上:90

影响粗集料质量的一个主要指标是扁平状颗粒的含量。业界普遍认为扁平状颗粒会对混合料的性能产生不利影响。试验表明,采用一定数量的扁平状颗粒对混合料性能并无不利影响,但在达到一定界限点后负面影响就会加剧。值得注意的是,我国的一些 SMA 工程片面追求针片状颗粒含量小,提出小于 10% 的苛刻要求。为了满足这一要求,只好将集料进行过度反复破碎,其结果是针片状颗粒含量满足要求了,但集料的棱角由于反复破碎而被磨圆,在很大程度上丧失了棱角性,从而直接影响到 SMA 混合料的抗剪强度和体积特性。所以在使用过程中,应该做到正确合理地运用规范,避免发生以上的情况。

从我国及美国对粗集料的质量技术要求可以看出,我国对粗集料质量技术要求比较高,美国对 SMA 粗集料的物理力学特性并不很苛求,甚至对石料磨光值,LA 磨耗值都未提出明确要求。原因是以上特性都属于资源特性,受到地区资源限制,要求太高就会导致不能很好地利用当地资源,必须大量远途运输,这就会提高工程成本。作为约占混合料 85% 的集料贯彻就地取材的原则是非常正确的,所以我们在选择粗集料时也要兼顾经济性的原则。

三、细集料

细集料是指 2.36mm 筛孔以下的集料。细集料虽然在 SMA 中只占很少的比例,往往不超过 10%,但是细集料对混合料的性能影响也不小。各国对细集料的质量都有一定的要求。美国规定细集料应由 100% 的破碎机制砂构成,5 次循环的硫酸钠的坚固性损失不超过 15%。美国 1998 年 SMA 设计标准规范规定的细集料质量要求见表 3-12。在欧洲,采用 SMA 时,细集料一般要求用机制砂。在德国,ZTA Asphalt-StB 94 规范有关 SMA 级配规定,机制砂与天然砂的比例必须大于 1∶1,即机制砂必须多于天然砂。

美国 1998 年 SMA 设计标准对路面细集料的质量要求 表 3-12

试验	单位	规范规定值	试验方法
坚固性损失(5 个循环) 硫酸钠 硫酸镁	 % %	 <15 <20	AASHTO T104
棱角性	%	>45	AASHTO TP 33
液限	%	<25	AASHTO T89
塑性指数	%	无塑性	AASHTO T90

天然砂与机制砂、石屑在使用于沥青混合料时,使用性能有很大的差别。由于机制砂是采用坚硬岩石反复破碎制成,所以它有良好的棱角性和嵌挤性能,对提高混合料的高温稳定性有好处。我国建议细集料应采用机制砂。天然砂经过亿万年的风化、搬运,一般比较坚硬,尤其是海砂,大部分是石英颗粒,所以天然砂作为细集料往往有较好的耐久性;但与沥青的黏附等级较低,而且砂的颗粒形状基本上是球形的,所以对高温抗车辙不利。相反,石屑中扁平颗粒含量大,强度较低,这就是规范对石屑的使用有所限制的原因所在。

关于细集料的技术要求,可以采用《公路沥青路面施工技术规范》(JTG F40—2004)中规定的指标,如表 3-13。

SMA 路面用细集料质量技术要求 表 3-13

项　　目	单　　位	技 术 指 标	试 验 方 法
含泥量(小于 0.075mm 的含量)	%	≤3	T 0333
坚固性(>0.3mm 部分)	%	≤12	T 0340
视密度	t/m^3	≥2.50	T 0328
砂当量	%	≥60	T 0334
亚甲蓝值	g/kg	≤25	T 0349
棱角性(流动时间)	s	≥30	T 0345

四、填料

填料对 SMA 的性能有很重要的影响。适宜数量的矿粉—沥青胶浆体系是保证 SMA 混合料优良路用性能的重要条件。填料增加,玛蹄脂劲度增加。若劲度过高,将导致混合料的开裂和低的和易性;劲度过低,将导致混合料的泛油和推移。美国 TWG 指南规定:矿质填料应由岩石或石灰岩粉末或其他适合材料组成;使用时应干燥,能自由流动而不起团,不应含有机杂质,且塑性指数不大于 4,满足 AASHTO M17 的要求;用于 SMA 混合料的商品矿质填料中,细于 0.02mm 颗粒的重量应限制在 20%之内。

磨细天然石灰岩粉末,是各国混合料最常采用的填料,也是 SMA 混合料通用的填料。德国规范规定必须采用适宜的天然岩石石粉,不允许含有任何有机物质以及易于膨胀引起损坏的成分。捷克、匈牙利、荷兰与葡萄牙等国都规定 SMA 混合料的填料采用石灰岩石粉。我国 SMA 施工指南规定,填料必须采用由石灰石等碱性岩石磨细的矿粉。矿粉必须保持干燥,能从石粉仓自由流出,质量符合表 3-14 要求。

矿粉质量的技术要求 表 3-14

指　　标		单　　位	技 术 要 求	试 验 方 法
表观相对密度	不小于		2.50	T 0352
含水率	不大于	%	1	T 0103 烘干法
粒度范围	<0.6mm	%	100	T 0351
	<0.15mm		90 ~ 100	
	<0.075mm		75 ~ 100	
外观			无团粒结块	—
亲水系数	不大于	%	1	T 0353
塑性指数	不大于	%	4	T 0354
加热安定性			实测记录	T 0355

表 3-14 的规定与《公路沥青路面施工技术规范》(JTG F40—2004)的规定基本相同。矿粉在沥青混合料中的作用至关重要,这是因为沥青只有吸附在矿粉表面形成薄膜,才能对其他粗、细集料产生黏附作用。SMA 中矿粉的表面积远远大于其他矿料颗粒的总面积,因此矿粉能吸附绝大部分沥青,成为 SMA 的活性成分,所以沥青矿粉混合料才是真正的沥青混合料。石灰岩等碱性岩石的矿粉,能与沥青产生化学吸附,形成很好的不溶于水的胶结材料。若矿粉是非碱性的,或含有较多的水分及杂质,将显著降低 SMA 的强度、抗水性及耐热性能。矿粉的细度对其吸附沥青的能力的影响也较大,同时也影响混合料的性能。工程实践和室内试验均

证明,使用回收粉尘的混合料其性能降低很多,尤其 SMA 的矿粉用量又很大,回收粉尘将大大降低其路用性能,因此,高速公路应严禁使用回收粉尘。

在普通的沥青混合料中,矿粉的数量一般不会超过沥青用量的 1.2 倍,太多了不仅拌和困难,而且对混合料的性质也有影响。而 SMA 需要的填料数量远远超过此比例,一般达到1.8 ~ 2.0,这是由于纤维帮助矿粉沥青团粒起到了分散作用的缘故。

普通沥青混合料使用的填料,除了磨细的石灰石粉以外,有时还采用水泥、消石灰、粉煤灰代替矿粉。在这些填料中,玄武岩粉与沥青的黏附性较差,不宜用作 SMA 的填料。少量使用消石灰和水泥对改善混合料的水稳性有明显好处,且能减缓沥青的老化,提高混合料的耐久性。但由于使用消石灰粉和水泥后,其与水分、空气发生反应,变成极性氧化物,进而形成水泥石和碳酸钙;过度使用会使沥青混合料变脆,所以要限制使用消石灰粉和水泥。粉煤灰的质量因电厂不同及排放管理的原因,差别很大,需严加控制,特别是 SMA 混合料不宜使用。因此,SMA 的填料一般采用磨细的石灰石粉。填料不得用加工碎石的尾料,必须是纯加工的矿粉,不得含有泥土及杂物,要求干燥、洁净、无杂质、无结团。因为其用量不同于开级配的磨耗层混合料的矿粉量。一般地,SMA 中通过 200 目筛的集料总质量的范围在 10% ~13% 之间。表 3-15 中列出了几种填料的性质。

不同填料的性质 表 3-15

填料品质	来源	固体密度 (g/cm^3)	压实空隙率 (体积百分比%)	比表面 (m^2/kg)	在水中的溶解度 (质量百分比%)	活性 CaO 成分 (质量百分比%)
磨细石灰石粉	石灰岩	2.78	33.1	300	—	—
磨细玄武岩粉	玄武岩	2.92	38.6	390	—	—
粉煤灰	发电厂	2.05	50.0	540	<0.5	—
水泥厂熟料	水泥厂	2.74	44.0	500	12	13.7
消石灰	石灰岩	2.39	58.2	1 100	—	80.6
波特兰水泥	水泥厂	3.20	45.0	390	—	此指标不适用测定水泥

美国 E. R. Brown 与 JohnE. Haddock 对 SMA 的玛蹄脂性能进行了系统的试验研究,采用了 2 种石灰岩、2 种粉煤灰、大理岩、暗色岩、辉绿岩等 11 种填料。这些填料的相对密度、松方空隙率(表示填料颗粒的棱角性)、表面积与粒径大小均存在差别。试验结果表明:

(1)填料类型对玛蹄脂的高温性能与低温性能均无明显影响;

(2)填料数量对玛蹄脂的高、中、低温性能均有显著影响,填料由 8% 增至 12% 时,高温抗车辙能力增大,$G^*/\sin\delta$ 值约增大 30%。但填料含量太大时,中温与低温的抗裂性则下降。

(3)填料颗粒尺寸,对玛蹄脂高、中、低温性能均无明显影响。因此,美国 1994 年技术指南中曾规定,填料中小于 0.02mm 颗粒成分质量应限制在 20% 以内。这条规定在美国新的规范中被取消了。

(4)填料颗粒形状对玛蹄脂高温性能具有显著影响,表示填料颗粒棱角性的松方空隙率若超过 50%,则将使玛蹄脂过度硬化而失去柔韧性。因此,新的 SMA 规范草案建议,空隙率(按 IS101 试验方法)大于 50% 的填料不得用于 SMA。

对干法除尘的回收粉尘能否使用的问题,各国的拌和设备不太一样,所以同样是回收粉尘,质量也相差很大。德国规范并没有规定,AASHTO 在 SMA 规范建议稿中规定回收粉不能超过50%，过度使用回收粉将使玛蹄脂部分的劲度明显增大。原因是粉尘中含有不少尘土，同时粗细集料中的石粉经过明火燃烧，高温处理，会变得发脆。美国SMA施工规程允许使用集尘室回收粉尘，但用量不超过填料总量的50%。为了提高集料与沥青结合料的黏附性，比较通用的办法是在填料中掺加部分消石灰粉，其用量应为SMA混合料总质量的2%左右，或占填料总质量的20%左右。

五、纤维

SMA路面的耐久性来源于较高的沥青胶结料含量（一般比AC约高1%或更多），SMA混合料在运输及摊铺过程中保持高含量的沥青胶结料而不产生析漏，主要是稳定添加剂的作用。稳定添加剂一般分为两类：一类是纤维稳定剂。SMA结构常用的纤维有：木质素纤维、矿物纤维与聚合物纤维，其形状可分为松散纤维与粒状纤维。木质素纤维稳定剂表面柔曲而有绒毛，可吸附沥青的比表面较大，能较好地防止析漏现象，因此使用最多。另一类是聚合物稳定剂（与沥青胶结料形成改性沥青）。

美国用于SMA混合料的聚合物稳定剂通常有SBS和聚烯烃，实际上形成聚合物改性沥青。SBS改性沥青通常由工厂化生产。而粉状或粒状的聚烯烃在沥青拌和厂与沥青胶结料拌和之前，通常先与集料预拌，聚烯烃的剂量为总结合料质量的5%～8%，在温度100℃时熔化。聚合物改性沥青在SMA中的应用，应由制造商提供技术支持。用聚合物稳定的SMA，其结合料含量比用纤维稳定的SMA低一些。据美国乔治亚州和马里兰州所铺筑的试验路证明，不同稳定剂对混合料的车辙或低温性能无显著影响，就抗析漏能力而言，聚合物稳定沥青效果不如纤维，但前者使沥青抗老化性能更优。

1. 纤维的分类及特点

纤维的种类很多，用于SMA混合料的纤维稳定剂，一般有木质素纤维、矿物纤维和聚合物纤维三大类，玻璃纤维较少采用。应用于SMA混合料中的纤维属于短纤维，其长度一般为几毫米、直径在几微米左右。通过电子显微镜扫描的微观照片可以发现木质纤维质地疏松，分支较多，纤维相互缠绕，比表面积较大，且表面粗糙不平，纤维粗细不均；矿物纤维较细，分叉较多，粗细也不均匀，比表面积较小，且表面较光滑；而聚合物纤维略粗，纤维体粗细也不均匀，纤维端部有明显的"触角"状突起，这也是聚合物纤维特殊之处。

1）木质素纤维

木质素纤维（简称WC）是天然木材经过化学处理得到的棉絮状有机纤维。由于处理温度高达250℃以上，在通常状态下是化学上非常稳定的物质，不为一般的酸碱溶剂腐蚀，同时木质素纤维资源丰富、价格低廉，应用颇为广泛。

木质素纤维的表面粗糙，表面积大，吸油性能好。我国自20世纪90年代中期引进SMA技术以来，绝大多数SMA实体工程中都采用木质素纤维作稳定剂。我国的SMA技术中使用的木质素纤维起初完全依靠进口，品牌主要有德国JRS公司生产的VIATOP66粒状纤维、VIATOP80粒状纤维、ARBOCELZZ8/1松散絮状纤维，美国UIR公司生产的INTERFIBER松散絮状纤维，芬兰YO公司生产的EKI12絮状纤维。随着对SMA技术的不断消化理解以及实践经验的积累，目前，我国木质素纤维已成功实现国产化，如吉林省公路局宝恒科技发展有限责任公司生产的宝恒路用纤维、北京垦特莱技术有限责任公司的LOTUSFIBER纤维、辽宁省交通科研院所属的路通科技有限公司路用纤维。

2）矿物纤维

石棉纤维已经禁止使用,而改为其他矿物如玄武岩制作的纤维。除此之外,还有玻璃纤维、矿渣纤维等,但大都实际应用得较少。植物纤维呈曲线体,是空心结构;矿物纤维呈直线体,是实体结构。所以在相同用量下,植物纤维对沥青的稳定效果优于矿物纤维。矿质纤维技术要求见表3-16。

矿质纤维技术要求 表3-16

尺寸分析		细粒含量	
纤维长度	最大平均试验值6mm	通过250μm筛	95%(最小)
厚度	最大平均试验值5μm	通过63μm筛	65%(最小)

位于美国佛罗里达州迈阿密的费波兰德公司(Fiberand)是北美及南美最大的生产矿物纤维的公司,所使用的矿物是玄武岩。现在我国已有不少单位开始与有关纤维生产企业合作生产矿物纤维,相对于木质素纤维,矿物纤维的生产可能更快。

3)聚合物纤维

聚合物纤维(如聚酯纤维、腈纶纤维等)不仅具有防止沥青析漏的作用,而且还能使混合料得到加筋增强作用。根据宾夕法尼亚州立大学的研究和在公路中的应用实践,聚酯纤维使混合料性能得到了普遍的提高,疲劳寿命提高了25%~45%,车辙减少了45%~53%。聚酯纤维的主要技术指标见表3-17。

聚酯纤维的主要技术指标 表3-17

技术指标	标准	技术指标	标准
纤维直径	14.5μm	切断长度	4~6mm
截面形状	花生果状	颜色	淡黄
密度	1.18g/cm^3	抗拉强度	>910MPa
最大延伸率	8%~12%	初始模量	>17 100MPa

同木质素纤维相比,有机纤维其分子链更长,纤维截面呈花生果状,具有强度高、在溶液中不溶胀等优点,在路面中能增强吸收抵抗应力的能力,但其价格是木质素纤维的2~3倍,这也是制约它普遍应用的关键因素。Kapejo公司的聚酯纤维BoniFibers是1970年由DuPont公司的化学工程师Boni Philip Martinez研制的,已在很多地方使用。英国科特尔兹公司(FaserwerkKelheim GmbH)在德国赫斯特的工厂与一家大型道路公司合作开发了名为多兰尼特(DOLANIT AS)的专门用于沥青混合料改性的腈纶纤维(AcrylicFibers)。

纤维稳定剂的经济、技术、环境、施工可操作性等因素决定了其使用情况。其中,木质素纤维应用得最多,矿物纤维和聚合物纤维则相对较少。表3-18列出了这三种纤维使用方面的一些数据。

几种纤维的比较 表3-18

比较项目	纤维种类		
	木质素纤维	石棉纤维	聚合物纤维
掺量(%)	0.3	0.4	0.1
放大后状态	表明柔软且有毛	表明平直而光滑	表明均匀分散,高取向性
吸附沥青相对量	多,需多加沥青0.4%~0.7%	少,比木质素纤维少用0.5%	少

续上表

比较项目	纤维种类		
	木质素纤维	石棉纤维	聚合物纤维
施工可操作性	干拌 5~10s,湿拌 5s,集料加热温度 190~200℃	干拌 5~10s,湿拌超过 5s	干拌最少 30s,湿拌最少 60s,集料加热温度 210~235℃
价格	适中,7 000 元/t	便宜,3 000 元/t	昂贵,30 000 元/t
环境与健康	无害	有害	无害

从表 3-18 可以看出,木质素纤维的吸油性能优于其余两种纤维,而吸油能力与防止自由沥青析漏有关。价格上木质素纤维的单价比矿物纤维要贵,但矿物纤维相对密度大,所以用量多。聚合物纤维的单价最贵,但密度小,单位质量的纤维根数最多,用量较少。木质素纤维具有较好的综合性能,所以在 SMA 中的应用最为广泛,世界各国木质纤维占纤维稳定剂总市场份额的 80% 以上。

2. 纤维形状

纤维产品有颗粒纤维与松散絮状纤维两种。粒状纤维适于包装、运输,但其中有 1/3 或 1/5 的沥青等作黏结剂来充当纤维,价格上相对要高一些;另外,拌制 SMA 混合料时,纤维能否分散发挥其全部作用有待进一步验证。我国研究应用 SMA 之初,使用了一些进口的粒状纤维;松散状纤维体积庞大,不适宜长途运输,易受潮,包装要求严格。

1)不同纤维的拌和效果

目前,由于国内生产纤维的厂家少,且质量不稳定,施工所用的各种纤维主要依靠国外进口。使用纤维前必须鉴别比较,选择性能良好、价格优惠、施工方便的适宜的纤维材料。根据国内外经验,列举几种不同纤维的拌和效果,见表 3-19。

不同纤维的拌和效果 表 3-19

纤维品种	干拌时间(s)	干拌分散情况	加沥青湿拌情况	看法
国产矿物纤维 A	15	颜色与混合料相似,已基本分散	混合料显得富油	吸收沥青能力小,宜适当增加用量到 0.5%
国外玄武岩矿物纤维 B	25	拌和 25s 仍然有肉眼可见的纤维团存在	混合料显得富油	难分散,吸油能力较差
国外颗粒状木质素纤维 C	30	15s 后仍有整粒纤维存在,30s 后可见 1/2~1/3 原颗粒大小的纤维存在	混合料显得富油	吸油能力较差,不能确认颗粒是否分散
国外松散状木质素纤维 D	15	颜色与混合料接近,已基本分散,戴手套摁混合料粘有 1~3mm 小团	混合料显得干涩	纤维吸油较多
国外松散状木质素纤维 E	15	颜色与混合料接近,已基本分散,戴手套摁混合料粘有 1~3mm 小团	混合料显得干涩	纤维吸油较多

2)不同纤维的使用性能

利用上述纤维,进行了不同纤维的沥青混合料马歇尔试验及车辙试验,其结果汇总于表 3-20。

不同纤维的使用性能　　表 3-20

纤维品种	车辙试验动稳定度(次/mm)	马歇尔试验				
		稳定度(kN)	流值(mm)	空隙率(%)	VMA(%)	饱和度(%)
国产矿物纤维 A	2 333	7.97	4.47	3.7	17	78.2
国外玄武岩矿物纤维 B	2 141	9.8	4.4	1.9	15.2	84.2
国外颗粒状木质素纤维 C	2 591	8.05	3.63	4.3	17.3	75.1
国外松散状木质素纤维 D	2 888	7.83	4.57	5.5	18.3	69.9
国外松散状木质素纤维 E	3 250	8.34	3.5	5.4	18	70.3

由表 3-20 可得出以下结论:

(1)掺加松散木质素纤维的 SMA 混合料,动稳定度明显高于掺加矿物纤维的混合料。

(2)在木质素纤维中,使用松散状木质素纤维的动稳定度明显高于颗粒状木质素纤维的混合料。同样为木质素纤维,质量也不一样,此例中,木质素纤维 E 要比 D 好,既容易分散,动稳定度也高。

(3)松散的木质素纤维吸油能力最强,混合料的空隙率增大,VMA 也大,但沥青饱和度明显不足。

(4)国产矿物纤维 A 的效果和国外的玄武岩矿物纤维大体相当。如果增加纤维用量到混合料的 0.5%,可望取得较好的效果。

需要说明的是,这只是某一次样品试验结果,任何产品质量都是不稳定的,施工单位需在材料使用前通过试验确定使用与否,不能以此为据。目前,在我国发展 SMA 的技术关键主要是纤维的生产和选型,一般情况下 SMA 都必须使用纤维;有些地方曾使用石棉纤维,必须尽快用其他的纤维代替,使用进口纤维也不是长久之计。从生产方式上看,生产矿物纤维,例如玄武岩纤维应该并不困难,生产木质素纤维需要注意耐高温问题。只有国产纤维得到推广应用,且价格降下来,SMA 才有条件大规模使用。

3)最佳纤维用量的确定

纤维合理的用量可用下列方法确定:一是做谢伦堡沥青析漏试验,建立纤维用量与析漏量的关系;二是做肯塔堡飞散试验,建立纤维用量与飞散损失的关系;三是进行经济分析。三者综合考虑,确定最佳纤维用量。美国提出木质素纤维用量为混合料质量的 0.3%,矿物纤维为 0.4%;在捷克,木质素纤维用量通常为 0.3%;德国防漏剂用量为 0.3% ~1.5%,木质素纤维通常为 0.3%;法国的 BBC(薄层沥青混凝土),因结合料少(0.5% ~1.3%),而不用防漏剂。我国建议木质素纤维采用为 0.3% ~0.4%,矿物纤维为 0.4% ~0.5%。

4)纤维稳定剂在 SMA 混合料中的作用

(1)加筋作用。在 SMA 混合料中掺加的纤维,以一种三维的分散相存在,像各种钢纤维混凝土、土工格栅、土工布等加筋材料一样,可以起到加筋作用,从而减少沥青混凝土路面裂缝的出现,提高路面结构的整体性。

(2)分散作用。如果没有纤维,用量颇大的沥青矿粉很可能成为胶团,不能均匀地分散在集料之间,铺筑在路面上将清楚地看见油斑存在,纤维可以使胶团适当分散。

(3)吸附及吸收沥青的作用。纤维的直径一般小于 20μm,具有很大的比表面积,每克纤维提供的比表面积可达数平方米之多。分散在 SMA 混合料中的纤维与沥青之间发生物理化学作用,形成结合力牢固的结构沥青界面层,界面层内部的结构沥青比自由沥青的黏结性强。

此外，加入纤维使沥青用量增加，沥青油膜变厚，从而提高了 SMA 混合料的耐久性。

(4)稳定作用。纤维使沥青膜处于比较稳定的状态，尤其是在夏天高温季节，沥青受热膨胀时，纤维内部的空隙将成为缓冲的余地，减少自由沥青的存在，由此增加玛蹄脂的黏滞性，提高软化点(其提高的幅度比传统的沥青混凝土的软化点要高 20℃以上)，从而使 SMA 混合料温度稳定性提高。

(5)增黏作用。纤维将增加沥青与矿料的黏附性，通过油膜的黏结，提高集料之间的黏结力。

5)纤维在 SMA 混合料中的功能

(1)提高 SMA 沥青混合料的高温稳定性

纤维经搅拌后均匀分布在沥青混合料中。由于纤维的吸附、稳定及多向加筋作用，使混合料的高温稳定性能得到改善。

(2)提高 SMA 沥青混合料的低温抗裂性

纤维在低温中仍呈柔性，具有较强的抗折强度。纤维纵横交错地分布在混合料中，使混合料具有较高的弹性，能有效地抵抗应力，减少温缩裂缝的产生。各向同性的纤维也可以防止反向裂缝的发展。

(3)提高 SMA 沥青混合料的抗疲劳特性

由于数量巨大且均匀分布的纤维使沥青混合料的劲度模量增加，沥青与空气的接触少，混合料不容易发生松散、变形、脱粒等状况，故而沥青混合料疲劳耐久性得到改善，延长了沥青路面的使用寿命。

(4)提高 SMA 沥青混合料的柔韧性、抗剥落性、抗磨耗性和水稳性

提高沥青混合料水稳定性的主要措施，就是尽量防止水进入混合料中，或者提高沥青与集料之间的黏结力。加入了纤维的 SMA 沥青混合料的空隙率很小，几乎不透水，混合料受水的影响小，能够大幅度减少路表水对混合料的浸入。

通过网篮析出试验、沉锤试验和 DSR 试验结果表明，在 SMA 混合料中加入纤维能够有效地提高沥青胶浆的稳定性、增加沥青的黏附性，同时由于纤维具有的吸油性及加筋作用等特点，从而大幅度提高 SMA 混合料的各项路用指标。

第三节　SMA 混合料级配设计方法

一、马歇尔法

SMA 沥青混合料的配合比设计，国际上尚无公认的成熟方法，由于 SMA 发源于德国，德国的方法普遍受到重视。但德国的 SMA 来源于浇注式沥青混凝土，再加上德国的气候不同，夏天不太热，所以沥青用量普遍较大。照搬德国的方法必然会出问题。

美国在采用 SMA 技术后，做了大量的研究，提出了一系列改进做法，例如将粗集料粒径加大，适当减少沥青用量等。另外，由于拌和机的原因及生产率的关系，矿粉数量也不得不适当减少。

我国的气候情况更加不同，在配合比设计时还要考虑拌和机的不同，以及生产率、矿粉上料速度、纤维和材料品种的限制等。

现行通用的配合比设计方法仍然是马歇尔试验方法，其属于一种体积设计方法。它的最

初发明是借用土工试验中通过击实方法寻找最大密度确定最佳含水率的思想来确定沥青混合料的合理沥青用量。马歇尔设计方法对混合料的密度、空隙率、矿料间隙率等指标有明确的要求。下面具体介绍德国、美国和我国的SMA马歇尔设计方法。

1.德国SMA设计方法

针对设计方法而言,德国并没有对SMA研究开发特殊的、专门的混合料设计方法,而是沿用马歇尔试验设计SMA配合比,仅仅对SMA马歇尔试件的空隙率有较严格要求;对马歇尔稳定度、流值、密度、VCA、VMA等并没有规定,即不把这些指标作为SMA配合比取舍的标准。所以,德国的SMA设计与沥青混合料的路用性能设计还有很大差距,其主要是一种建立在实践经验基础上的混合料体积设计方法。德国SMA技术指标见表3-21。

德国ZTA Asphalt-StB 1998规范的SMA技术指标 表3-21

SMA	0/11S	0/8S
矿料通过下列筛孔(mm)的百分率(%)	碎石,机制砂,机制矿粉	碎石,机制砂,机制矿粉
11.2	>90	—
8	≤60	>90
5	30~40	30~45
2	20~25	20~25
0.09	9~13	10~13
沥青结合料	B65(PmB45)	B65(PmB45)
沥青结合料含量(%)(油石比)	≥6.5(6.95)	≥7.0(7.53)
马歇尔试验配合比设计空隙率(%)	3.0~4.0	3.0~4.0
铺筑层层厚(cm)	3.5~4.0	3.0~4.0

2.美国SMA设计方法

现在比较完整、系统地提出SMA配合比设计方法的当属美国联邦公路总署(FHWA)和国家沥青路面协会(NAPA)技术工作集团(TWG)提出的SMA混合料配合比设计方法。

美国的SMA设计方法分为Superpave旋转压实仪(Superpave Gyratory Compactor,简称SGC)的设计方法和马歇尔试验设计方法两种。两种设计方法中试件的压实方法虽然不同,但是混合料设计的体积分析原理是相同的。

SMA马歇尔试验设计方法基本上是基础性的体积设计方法,与SHRP的性能设计还有相当大的差距,它的目的仍然是确定矿料级配和沥青用量。美国SMA配合比设计分成粗集料骨架和沥青玛蹄脂填充料两个部分。

(1)对粗集料的组成要求,是形成互相紧密嵌挤的粗集料骨架。设计指出,虽然粗细集料的划分关键筛孔是2.36mm筛孔,但在SMA混合料中真正起嵌挤作用的是4.75mm以上部分,因而4.75mm通过率是个关键性指标。骨架设计规定SMA混合料必须有充分的矿料间隙率VMA、粗集料骨架间隙率VCA_{mix}等体积指标。

(2)对沥青玛蹄脂的设计要求,是必须含有足够的沥青结合料数量和具有相当劲度的沥青玛蹄脂胶浆。沥青玛蹄脂填充在粗集料骨架嵌挤成的石—石结构的间隙中。沥青玛蹄脂胶浆设计规定了最小沥青用量和空隙率这两个关键性技术指标。

因此,配合比设计的任务就是确定骨架和沥青玛蹄脂部分各种材料的规格和比例,以便保证真正形成粗集料骨架,骨架的间隙又恰到好处地填充玛蹄脂,玛蹄脂也能真正发挥使混合料成为坚强整体的胶结作用。

美国 SMA 配合比设计中，对沥青玛蹄脂(包括沥青结合料、小于 0.075mm 的矿粉及纤维稳定剂组成的沥青胶泥)的评价，是按照 SHRP 对沥青结合料的评价方法进行的。根据当地的气候条件，确定所需的性能等级 PG，使沥青玛蹄脂性能的高温、低温性能指标满足表 3-22 的要求。

SMA 的沥青玛蹄脂部分的性能要求 表 3-22

指　标	技术要求
未进行老化试验的玛蹄脂的 DSR，$G^*/\sin\delta$(kPa)	>5
进行 RTFOT 后的玛蹄脂的 DSR，$G^*/\sin\delta$(kPa)	>22
进行 PAV 后的玛蹄脂的 BBR，劲度模量(MPa)	<1 500

为保证 SMA 混合料的耐久性、抗老化能力、抗低温开裂能力，美国对 SMA 规定了最小沥青用量。AASHTO 对 SMA 的最小沥青用量的规定见表 3-23。

AASHTO 的 SMA 规范对沥青用量的规定 表 3-23

合成集料的毛体积相对密度	最小沥青用量(%)	最小油石比(%)	合成集料的毛体积相对密度	最小沥青用量(%)	最小油石比(%)
2.40	6.8	7.3	2.75	6.0	6.4
2.45	6.7	7.2	2.80	5.9	6.3
2.50	6.6	7.1	2.85	5.8	6.2
2.55	6.5	6.9	2.90	5.7	6.0
2.60	6.3	6.7	2.95	5.6	5.9
2.65	6.2	6.6	3.00	5.5	5.8
2.70	6.1	6.5			

NAPA 及 AASHTO 规范规定的 SMA 配合比设计具体步骤是：

(1)SMA 材料选择；

(2)根据粗集料骨架间隙率确定具有良好嵌挤的矿料级配；

(3)确认所选择级配的最小 VMA 及最小沥青用量；

(4)选择最佳沥青用量 OAC，确认混合料的空隙率；

(5)评价 SMA 的水稳定性和析漏情况。

美国对 SMA 级配的标准建议见表 3-24。

美国 SMA 标准级配建议范围(%) 表 3-24

筛孔(mm)	NAPA 建议	AASHTO 建议(1998 年 6 月)				
		25mm NMAS	19mm NMAS	12.5mm NMAS	9.5mm NMAS	4.75mm NMAS
37.5		100				
25		90 ~ 100	100			
19	100	30 ~ 86	90 ~ 100	100		
12.5	85 ~ 95	26 ~ 63	50 ~ 74	90 ~ 100	100	
9.5	<75	24 ~ 52	25 ~ 60	26 ~ 78	90 ~ 100	100
4.75	20 ~ 28	20 ~ 28	20 ~ 28	20 ~ 28	26 ~ 60	90 ~ 100

续上表

筛孔(mm)	NAPA 建议	AASHTO 建议(1998 年 6 月)				
		25mm NMAS	19mm NMAS	12.5mm NMAS	9.5mm NMAS	4.75mm NMAS
2.36	16~24	16~24	16~24	16~24	20~28	28~65
1.18		13~21	13~21	13~21	13~21	22~36
0.6	12~16	12~18	12~18	12~18	12~18	18~28
0.3	12~15	12~15	12~15	12~15	12~15	15~22
0.075	8~10	8~10	8~10	8~10	8~10	12~15

由此可看出,粗集料骨架设计是美国 SMA 马歇尔设计方法的核心部分。粗集料骨架性质决定了细集料含量的多少,决定了混合料的级配组成,在某种意义上也决定了沥青用量大小、沥青玛蹄脂的组成。

3. 我国 SMA 设计方法

由于我国的气候条件不同于欧洲,而与美国相似,另外我国同美国一样,习惯生产的沥青混合料形式为连续密级配沥青混凝土,所以我国的 SMA 设计方法(建议)在很多方面参照了美国的方法。归纳起来,我国 SMA 混合料的配合比设计的具体步骤是:

(1)选择材料。原材料技术指标应符合规范规定的技术要求。除已有成功经验证明使用非改性沥青的普通沥青能符合使用要求者外,SMA 宜采用改性石油沥青,且采用比当地常用沥青更硬标号的沥青。

(2)确定初试级配。在规范要求的级配范围内,以关键性筛孔 4.75mm(公称最大粒径等于或小于 9.5mm 时关键性筛孔为 2.36mm)通过率为标志,选用三个不同等级,一般为 24%、27%、30%;同时使 0.075mm 筛孔通过率在 10% 左右,其他筛孔通过率大致在要求范围的中值左右。

(3)按我国《公路工程集料试验规程》(JTG E42—2005)的方法测定 4.75mm 以上粗集料的插捣相对密度,计算粗集料骨架间隙率 VCA_{DRC}。

(4)选择一个初试沥青用量(一般可选 6.0%),成型 3 组马歇尔试件,采用表干法测定试件的毛体积相对密度,实测混合料的最大相对密度或通过计算得到混合料的理论密度,计算试件的空隙率 VV、矿料间隙率 VMA 及粗集料骨架间隙率 VCA_{mix},根据 VMA 大于 17% 及 VCA_{mix} 小于 VCA_{DRC} 的要求,确定设计级配。

SMA 体积组成结构,如图 3-3 所示。

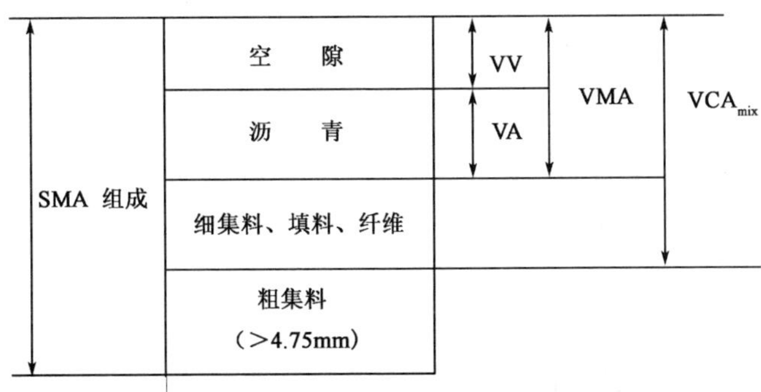

图 3-3　SMA 体积组成结构

(5)选用不同的沥青用量,进行马歇尔试验,根据空隙率 VV 确定设计最佳沥青用量 OAC。马歇尔试验的各项指标,应符合表 3-25 的技术要求。

我国 SMA 马歇尔试验配合比技术要求 表 3-25

试验项目	技术要求	
	非改性沥青	改性沥青
马歇尔试件击实数	两面击实 50 次	
空隙率 VV	3% ~4%	
粗集料骨架间隙率 VCA_{mix}	不大于 VCA_{DRC}	
矿料间隙率 VMA	不小于 17%	
沥青饱和度 VFA	75% ~85%	
马歇尔稳定度	不小于 5.5kN	不小于 6.0kN
马歇尔流值	2 ~5mm	—
谢伦堡沥青析漏试验	不大于 0.2%	不大于 0.1%
肯塔堡飞散试验的混合料损失	不大于 20%	不大于 15%

SMA 马歇尔试验配合比设计的重点是矿料各部分级配、各种体积指标和沥青用量，而不是马歇尔稳定度和流值。这是与普通密级配沥青混合料配合比设计的最大区别。

SMA 混合料在由马歇尔试验确定了矿料级配和沥青用量后，还必须进行下列试验确认和检验，步骤包括：

(1)用谢伦堡析漏试验检验沥青用量；

(2)用肯塔堡飞散试验检验沥青用量；

(3)用车辙试验进行高温稳定性检验；

(4)用浸水马歇尔试验和冻融劈裂试验进行水稳定性检验；

(5)透水性检验；

(6)表面构造深度检验。

4. 算例

下面以我国 SMA 设计方法为例，介绍 SMA-16 的具体设计步骤。

1)材料

(1)SBS 改性沥青

SBS 改性沥青样品的试验结果，如表 3-26。主要指标检验，均符合《公路沥青路面施工技术规范》(JTG F40—2004)规定的技术要求。

SBS 改性沥青性质表 表 3-26

指标	单位	原样沥青试验结果	+5% SBS 改性沥青试验结果	高速公路指挥部要求	改性沥青技术要求(Ⅰ类)			
					Ⅰ-A	Ⅰ-B	Ⅰ-C	Ⅰ-D
针入度(15℃)	0.1mm	—	26.5		—	—	—	—
(25℃)	0.1mm	84.2	58.3	>50	>100	80 ~100	60 ~80	40 ~60
(30℃)	0.1mm	—	88.1		—	—	—	—
针入度指数 PI		—	+0.97	> -0.2	> -1.2	> -0.8	> -0.4	0
延度(5℃,5cm/min)	cm	—	46	>30	>50	>40	>30	>20
软化点 $T_{R\&B}$	℃	44	74	>60	>45	>50	>55	>60
动力黏度(60℃)	Pa·s	—	>10 000	>500	—			
运动黏度(135℃)	Pa·s	—	1.027	<3	<3			

续上表

指　　标	单位	原样沥青试验结果	+5% SBS 改性沥青试验结果	高速公路指挥部要求	改性沥青技术要求(Ⅰ类)			
					Ⅰ-A	Ⅰ-B	Ⅰ-C	Ⅰ-D
闪点	℃	>230	>230	>230	>230			
溶解度	%	>99	>99	>99	>99			
离析,软化点差	℃	—	(现场生产)	<2.5	<2.5			
密度	g/cm³	—	1.028 1	—	—			
弹性恢复(25℃)	%	—	95	>70	>55	>60	>65	>70
TFOT 后残留物								
质量变化　不大于	%	—	0.08	±1.0	±1.0			
针入度比(25℃)	%	—	90.4	>60	>50	>55	>60	>65
延度(15℃)	cm	>150	—	—	—			
延度(5℃)	cm	—	42	>20	>30	>25	>20	>15

(2)矿料

生产 SMA-16 的 1 号料、2 号料和 3 号料均采用玄武岩,4 号料及矿粉采用石灰石。矿料各项指标均符合《公路沥青路面施工技术规范》(JTG F40—2004)的要求,矿料的筛分结果如表 3-27 所示。

SMA-16 矿料材料筛分结果(水筛法)　　表 3-27

材料	通过下列筛孔(mm)的百分率(%)										
	19	16	13.2	9.5	4.78	2.36	1.18	0.3	0.3	0.15	0.075
1 号料	100	75.5	20.4	1.9	1.9	1.9	1.9	1.9	1.9	1.9	1.9
2 号料	100	100	100	74.4	9.9	1.8	1.6	1.6	1.6	1.6	1.6
3 号料	100	100	100	100	100	33.7	10.2	6.7	5.0	3.9	2.7
4 号料	100	100	100	100	100	99.2	58.6	31.2	17.6	11.4	7.7
矿粉	100	100	100	100	100	100	100	100	100	100	82.7

各种矿料的密度测试结果如表 3-28 所示。按照《公路沥青路面施工技术规范》(JTG F40—2004)的要求,由于改性沥青 SMA 混合料分散困难,采用真空法实测最大相对密度误差较大,故计算 SMA 的空隙率时只能采用计算的理论最大相对密度,其中粗集料采用毛体积密度,但石屑和砂、矿粉可采用视密度代替。

矿料密度测试结果　　表 3-28

材　　料	玄　武　岩				矿　　粉
规格	1 号材料	2 号材料	3 号材料	4 号材料	
视密度(g/cm³)	2.944	2.955	2.886	2.880	2.701
毛体积密度(g/cm³)	2.915	2.900	—	—	—

(3)纤维

纤维在 SMA 中起重要作用,根据以往的实践经验,我国推荐采用松散的木质素纤维。国内各工程使用的松散木质素纤维有进口纤维,也有国产木质素纤维。从使用性能上都能采用,它们在外观上有差别,性能上的差别很小。本次配合比试验采用试验室现有的国产木质素纤维,用量为混合料总量的0.3%。

(4)抗剥落剂

考虑到工程所在地多雨潮湿的特点,采用抗剥落剂,用量为沥青结合料的0.4%。

2)矿料级配设计

(1)标准级配范围的选择

按照设计,工程确定的级配类型为SMA-16,标准级配范围根据交通运输部SMA的路用性能及指标研究,充分参考了美国等国的经验,采用所提出的《公路沥青路面施工技术规范》(JTG F40—2004)规定的矿料级配范围,如表3-29所示。

SMA-16 建议级配标准范围 表3-29

SMA-16 混合料	通过下列筛孔(mm)的百分率(%)										
	19	16	13.2	9.5	4.75	2.36	1.18	0.6	0.3	0.15	0.075
设计级配范围	100	90~100	65~85	45~65	20~32	15~24	14~22	12~18	10~15	9~14	8~12

(2)设计级配的确定

按照《公路沥青路面施工技术规范》(JTG F40—2004)的方法,配制级配甲、乙、丙3组沥青混合料,要求4.75mm通过率分别为22%、26%、30%左右,0.075mm通过率均为10%,得到的配合比计算结果列于表3-30。3组初试级配通过百分率见图3-4。

3组配合比分别为:

级配甲 1号料:2号料:3号料:4号料:矿粉=33:50:0:7:10

级配乙 1号料:2号料:3号料:4号料:矿粉=33:46:4:7:10

级配丙 1号料:2号料:3号料:4号料:矿粉=33:42:4:11:10

配合比设计计算结果 表3-30

材 料	通过下列筛孔(mm)的百分率(%)										
	19	16	13.2	9.5	4.78	2.36	1.18	0.3	0.3	0.15	0.075
1号料	100	75.5	20.4	1.9	1.9	1.9	1.9	1.9	1.9	1.9	1.9
2号料	100	100	100	74.4	9.9	1.8	1.6	1.6	1.6	1.6	1.6
3号料	100	100	100	100	100	33.7	10.2	6.7	5.0	3.9	2.7
4号料	100	100	100	100	100	99.2	58.6	31.2	17.6	11.4	7.7
矿粉	100	100	100	100	100	100	100	100	100	100	82.7
级配甲 1号料:2号料:3号料:4号料:矿粉=33:50:0:7:10											
合成	100	91.9	73.7	54.8	22.6	18.5	15.5	13.6	12.7	12.2	10.0
级配乙 1号料:2号料:3号料:4号料:矿粉=33:46:4:7:10											
合成	100	91.9	73.7	55.9	26.2	19.7	15.9	13.8	12.8	12.3	10.3
级配丙 1号料:2号料:3号料:4号料:矿粉=33:42:4:11:10											
合成	100	91.9	73.7	56.9	29.8	23.6	18.2	15.0	13.4	12.7	10.5
范围	100	90~100	65~85	45~65	20~32	15~24	14~22	12~18	10~15	9~14	8~12
中值	100	98	78	55	26	19.5	18	15	12.5	11.5	10

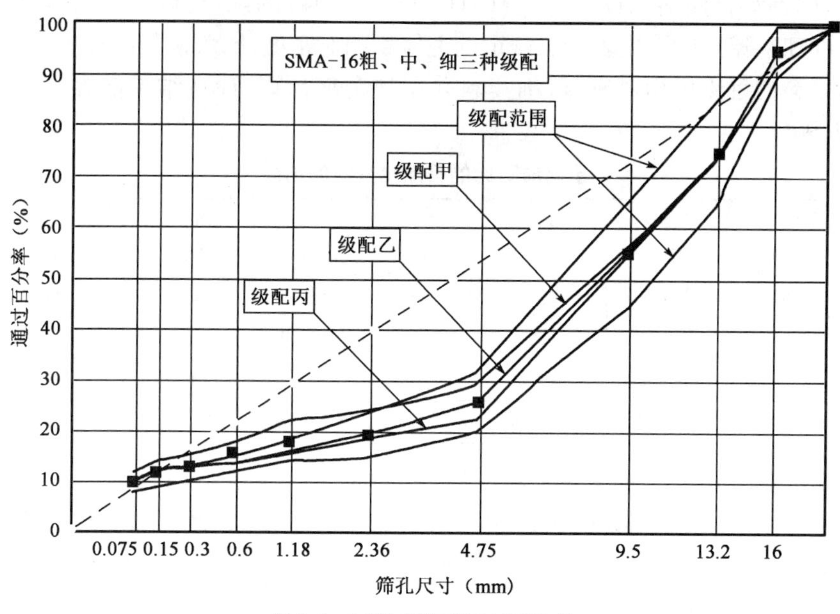

图 3-4　3 组初试级配通过百分率

3 组级配的粗集料(4.75mm 筛上部分)间隙率测定结果如表 3-31 所示。

3 种级配的粗集料间隙率测定结果　　表 3-31

级 配 类 别	松密度(g/cm^3)	4.75mm 筛通过率(%)	毛体积密度(g/cm^3)	VCA_{DRC}(%)
级配甲	1.652	22.6	2.906	43.09
级配乙	1.656	26.2	2.906	42.96
级配丙	1.685	29.8	2.907	41.97

根据以往的经验,选用油石比 6.0% 作为初试油石比,每组制作 4 个马歇尔试件,试件的击实次数为双面 50 次,测定试件的毛体积相对密度和各项体积指标,结果如表 3-32 所示。

初试级配的毛体积相对密度和各项体积指标　　表 3-32

级配类别	油石比(%)	理论相对密度	毛体积相对密度	空隙率(%)	VMA(%)	VFA(%)	VCA_{mix}(%)
级配甲	6.0	2.610	2.516	3.60	17.64	79.60	36.75
级配乙	6.0	2.610	2.522	3.38	17.45	80.64	39.58
级配丙	6.0	2.610	2.547	2.38	15.59	85.68	41.95

对比表 3-32,3 组级配的 VCA_{mix} 均小于 VCA_{DRC},其中级配甲和乙的 VMA 能够达到不小于 17%(或允许放宽的 16.5%)的要求。

(3)马歇尔试验确定最佳沥青用量

按照矿料级配设计的结果,采用湿筛筛分结果的配合比组成进行马歇尔试验。矿料配比采用级配乙,即:

1 号料:2 号料:3 号料:4 号料:矿粉 =33:46:4:7:10

根据大量施工实践经验,SMA-16 沥青混合料的最佳油石比一般在 5.6% ~6.5% 之间,故选择了 3 个油石比 5.7%、6.0%、6.3% 进行室内马歇尔试验。改性沥青采用室内小型高速剪切乳化机加工。

按照《公路沥青路面施工技术规范》(JTG F40—2004)的规定,对 SMA 沥青混合料,马歇尔试验的密度和空隙率应采用表干法测定的毛体积相对密度计算,矿料的最大理论相对密度,粗集料采用集料的毛体积相对密度,细集料采用视密度计算,计算结果如表 3-33 所示,表中 $VCA_{DRC}=42.96\%$。

不同油石比的马歇尔试验的结果 表 3-33

油石比(%)	理论相对密度	毛体积相对密度	空隙率(%)	VMA(%)	VCA_{mix}(%)	VFA(%)	稳定度(kN)	流值(mm)
5.7	2.621	2.513	4.14	17.51	39.62	76.36	8.84	2.83
6.0	26.10	2.517	3.55	17.60	39.69	79.82	7.68	3.84
6.3	2.598	2.513	3.29	17.96	39.95	81.69	6.90	3.96
指南要求	—	—	3~4(4.5)	>17(16.5)	<VCA_{DRC}	75~85	>6.0	2~5

马歇尔试验配合比设计曲线,如图 3-5 所示。根据试验结果,由目标空隙率 4% 确定的最佳油石比 OAC=5.8%。应该说明的是,由于试样代表性的关系,此油石比只能适合于与试样一致的材料,而工程上的实际材料肯定会有所差别,所以最终确定油石比还需经过生产配合比设计,尤其是通过试拌试铺确定。

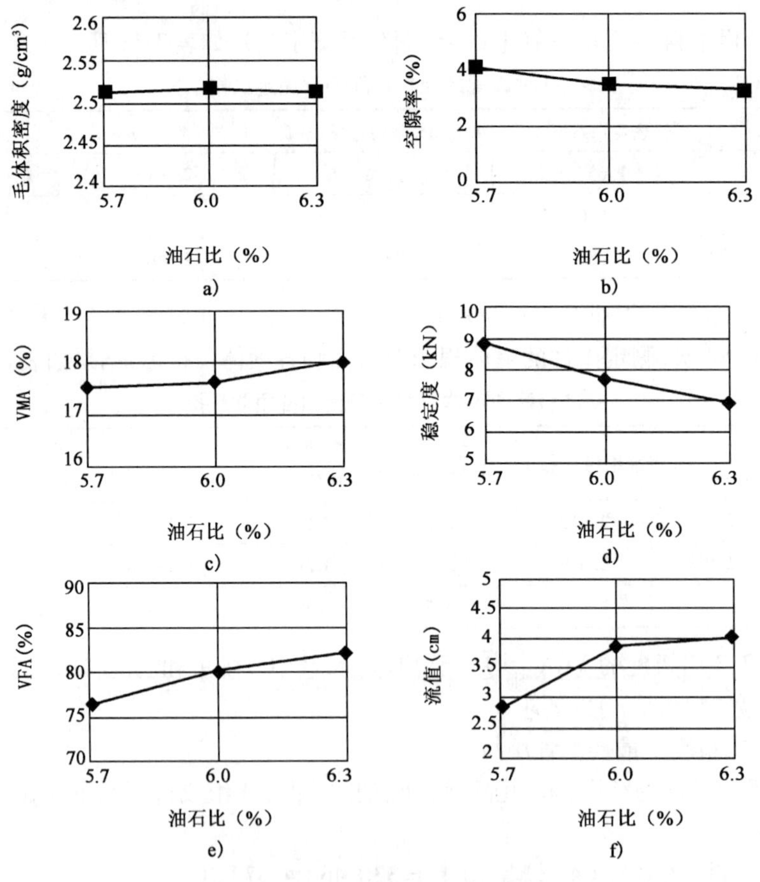

图 3-5 马歇尔试验配合比设计曲线

由图 3-5 可得出最佳油石比为 5.8%,相应于最佳油石比 5.8% 的马歇尔试验的结果如表 3-34 所示,全部符合施工技术规范的要求。

相应于 OAC 的马歇尔试验的结果　　表 3-34

试验项目	试验结果	规范要求
理论相对密度	2.617	—
毛体积相对密度	2.516	—
空隙率(%)	4.0	3～4(4.5)
VMA(%)	17.5	不小于 17.0(16.5)
VCA_{mix}(%)	39.6	不大于 VCA_{DRC}
沥青饱和度(%)	77.0	75～85
稳定度(kN)	8.5	不小于 6.0
流值(mm)	3.0	—

(4)配合比设计检验

按照《公路沥青路面施工技术规范》(JTG F40—2004),对 SMA 混合料的配合比设计必须按表 3-35 进行各种检验。

SMA 配合比设计检验指标技术要求　　表 3-35

检验项目	单位	技术要求		试验方法
		当不使用改性沥青时	当使用改性沥青时	
谢伦堡沥青析漏试验的结合料损失	%	不大于 0.2	不大于 0.1	T 0732
肯塔堡飞散试验的混合料损失(20℃)	%	不大于 20	不大于 15	T 0733
车辙试验动稳定度	次/mm	不小于 1 500	不小于 3 000	T 9719
水稳定性:残留马歇尔稳定度 冻融劈裂试验残留强度比	% %	不小于 75 不小于 75	不小于 80 不小于 80	T 0709 T 0729
渗水系数	mL/min	不大于 80	T 0730	

①谢伦堡沥青析漏试验

按照《公路沥青路面施工技术规范》(JTG F40—2004),对 SMA 混合料在施工温度 185℃情况下保温 1h 的沥青析漏情况进行测试,析漏损失为 0.08%,符合规定不大于 0.1% 的要求。

②肯塔堡沥青飞散试验

按照《公路沥青路面施工技术规范》(JTG F40—2004),将 SMA 混合料在 20℃情况下浸泡 20h,然后采用洛杉矶磨耗试验机旋转 300 次进行飞散情况测试,飞散损失为 8.9%,符合规定不大于 15% 的要求。

③高温稳定性检验

按照《公路沥青路面施工技术规范》(JTG F40—2004),改性沥青 SMA 应在 60℃,0.7MPa 条件下进行车辙试验,检验高温稳定性,其结果如表 3-36 所示。要求动稳定度不小于 3 000 次/mm,试验结果远大于规范要求,说明具有良好的高温稳定性。

高温稳定性检验结果　　表 3-36

试验项目	试验结果	要求
动稳定度(次/mm)	5 400	≥3 000

④低温抗裂性能检验

按照《公路沥青路面施工技术规范》(JTG F40—2004),应采用低温弯曲试验检验低温抗裂性能。试验温度为 -10℃,加载速率为 50mm/min。此高速公路属气候分区 1 ~ 3 区,要求弯曲试验的弯拉应变应不小于 2 500με。试验结果(表 3-37)表明,其性能已经达到了改性沥青规范规定的要求。

低温抗裂性能检验结果 表 3-37

试验项目	试验结果	规范要求
破坏强度(MPa)	7.40	—
破坏应变(με)	2 654	≥2 500
破坏劲度(MPa)	2 982	—

⑤水稳定性检验

按《公路沥青路面施工技术规范》(JTG F40—2004)的规定,应采用浸水马歇尔试验及冻融劈裂试验检验水稳定性。

浸水马歇尔试验结果如表 3-38 所示,其结果符合规范和指南规定不小于 80% 的要求。

浸水马歇尔试验结果 表 3-38

试验项目	试验条件		试验结果		规范要求
浸水马歇尔试验	浸水时间	0.5h	7.6	残留稳定度 88.2%	≥80%
		48h	6.7		

冻融劈裂试验结果如表 3-39 所示,其结果符合《公路改性沥青路面施工技术规范》(JTG F40—2004)规定不小于 80% 的要求。

冻融劈裂试验结果 表 3-39

试验项目	试验条件	试验结果			规范要求
		空隙率(%)	劈裂强度(MPa)	劈裂强度比(%)	
冻融劈裂试验	未冻融 冻融后	4.6 4.4	0.622 0.564	90.4	≥80%(改性沥青)

尽管试验所采用的玄武岩与沥青的黏附性只有 2 级,但由于采用了改性沥青和抗剥落剂的技术措施,水稳定性指标均能满足要求。

⑥SMA 试件渗水情况检测

按照《公路沥青路面施工技术规范》(JTG F40—2004),对采用轮碾成型机成型的 SMA 混合料试件进行表面渗水情况测试,几乎不渗水,渗水系数为 3.8mL/min,符合规定不大于 80mL/min 的要求。

按照《公路沥青路面施工技术规范》(JTG F40—2004),进行马歇尔试验目标配合比设计,采用最佳油石比 5.8%,试件空隙率接近 4%,粗集料形成了良好的嵌挤作用。各种检验结果表明,沥青混合料析漏少,不飞散,高温稳定性检验车辙试验的动稳定度达 5 400 次/min、低温抗裂性能检验(-10℃)弯曲试验的弯拉应变达 2 454με、水稳定性检验的浸水马歇尔试验残留稳定度为 88.2%、冻融劈裂试验残留强度比为 90.4%,各项指标均能满足要求,充分表明所设计的改性沥青 SMA 混合料具有良好的路用性能。

二、贝雷法

贝雷法是由美国伊利诺斯州交通部 RobertD. Bailey 发明的一套确定沥青混合料级配的方

法。它考虑了各组成集料的填充特性,并提供了一种可用来调整合成集料填充特性的方法。目前,贝雷法应用于各种最大粒径的密级配沥青混合料及 SMA 的设计,可用于 Superpave、马歇尔设计法、维姆设计法等设计方面。

1. 基本概念

1)粗细集料的划分

传统的划分粗细集料标准是以 4.75mm 筛孔为界限,并将 4.75mm 以上定义为粗集料,4.75mm以下定义为细集料。为了更好地理解不同粒径集料之间的嵌挤填充关系,贝雷法提出很有特色的粗细集料的定义。

粗集料——置于单位体积中产生空隙的大集料颗粒;

细集料——填充由粗集料产生的空隙的集料颗粒。

从上面的定义可以看出,粗细集料的分界点是随公称最大粒径变化的。

实际上,要搞清楚一堆不同粒径的混合集料,哪些是粗集料、哪些是细集料,按照贝雷法的划分标准,就是要搞清混合集料中那些大集料所产生空隙的特征直径是多少,何种粒径的小集料可以填入其中。

贝雷法从二维平面角度进行了详细的计算,考虑了下面四种情况:

(1)产生空隙的大集料界面都为圆形,此时直径为 $0.15D$;

(2)产生空隙的大集料界面两个为圆形,一个为平面,此时直径为 $0.20D$;

(3)产生空隙的大集料界面一个为圆形,两个为平面,此时直径为 $0.24D$;

(4)产生空隙的大集料界面都为平面,此时直径为 $0.29D$。

0.22 是上面四个值的平均值,被认为很好地代表了普遍的情况。

从三维角度分析,在一个填充系统中,空隙的特征直径一般介于四面体堆积 0.15 到立方体堆积的 0.42 之间,而更接近于四面体一些。这样,从三维角度看,0.22 也是合理的。0.22 只是一个典型值,虽然不能完全准确地反映所有沥青混合料的情况,但分析表明这个比例因子在 0.18 ~ 0.28 这个范围对级配影响不大。我们在根据公称最大粒径(NMPS)确定粗细料分界线时,首先计算 NMPS ×0.22 的值,然后根据标准筛孔寻找最接近的筛孔值,即为贝雷法的粗细料分界线。同济大学林秀贤认为 0.25 更适合。其实无论是 0.22 还是 0.25,对最后分界筛孔的选择并无大的影响,只是 0.25 更符合筛孔尺寸按 1/2 递减的规律。

按上述方法确定的粗细料分界筛孔[贝雷法称之为基本控制筛孔(PCS)],贝雷法对基本控制筛孔以下的细集料进行进一步的划分,将其分为较粗的细集料和较细的细集料,分界标准为 PCS ×0.22,称之为第二控制筛孔(SCS);再进一步划分,就得到第三控制筛孔(TCS)。它们的计算公式如下。

(1)
$$\mathrm{PCS} = \mathrm{NMPS} \times 0.22 \tag{3-1}$$

式中:PCS——基本控制筛孔尺寸(Primary Control Sieve);

NMPS——公称最大粒径(同 Superpave 中的定义)。

(2)
$$\mathrm{SCS} = \mathrm{PCS} \times 0.22 \tag{3-2}$$

式中:SCS——第二控制筛孔尺寸(Secondary Control Sieve);

PCS——基本控制筛孔尺寸(Primary Control Sieve)。

(3)
$$\mathrm{TCS} = \mathrm{SCS} \times 0.22 \tag{3-3}$$

式中:TCS——第三控制筛孔尺寸(Tertiary Control Sieve);

SCS——第二控制筛孔尺寸(Secondary Control Sieve)。

结合我国的级配类型提出沥青混合料的控制筛孔见表3-40。

沥青混合料的控制筛孔 表3-40

控制筛孔	最大公称尺寸 D(mm)						
	37.5	25(26.5)	19	16	12.5(13.2)	9.5	4.75
$D/2$	19	12.5(13.2)	9.5	8	6.25(6.6)	4.75	2.36
PCS	9.5	4.75	4.75	4.75	2.36	2.36	1.18
SCS	2.36	1.18	1.18	1.18	0.6	0.6	0.3
TCS	0.6	0.3	0.3	0.3	0.15	0.15	0.075

从上面可以看出,贝雷法对粗、细集料的划分标准更加科学,而且不再像过去那样对混合集料简单地分为粗的部分和细的部分,而是对粗的部分和细的部分作更进一步的划分,真正体现了“多级”的含义。

2)设计密度

(1)粗、细集料的三个密度

①粗集料松装密度:在不受任何压实功的作用下单位体积的粗集料质量,按照AASHTO-T19测得,见图3-6。这种未受任何压实的状态代表了粗集料骨架(颗粒间互相接触)的最初状态,在此状态下的粗集料空隙率被称为粗集料松装空隙率,简称为VCADLC,由粗集料毛体积密度和松装密度求得。

②粗集料干捣密度:在承受压实功的作用下单位体积的粗集料质量,按照AASHTO-T19测得,见图3-7。这种状态代表了粗集料在承受一定压实功后集料间更进一步紧密接触的骨架状态。在此状态下的粗集料空隙率被称为粗集料干捣空隙率,简称为VCA_{DRC},由粗集料毛体积密度和干捣密度求得。

图3-6 粗集料松装状态图

图3-7 粗集料干捣状态

③细集料捣实密度:在受到一定压实功的作用下单位体积的细集料质量,按照AASHTO-T19测得。一般认为,对于密级配沥青混合料而言,处于某种紧密状态下的粗集料形成的空隙由同等体积的捣实状态下的细集料来填充。

(2)粗集料骨架

一般可将骨架分为两种:一是粗集料形成的骨架,主要用来表征沥青混合料的高温性能;二是整个集料(包括细集料)骨架,用来评价沥青混合料的压实性能。本书所讲的粗集料骨架是指与公称最大粒径(NMPS)的0.22倍最接近的筛孔以上集料形成的骨架。

关于粗集料形成骨架，按其形成紧密程度，可分为两种：一是紧排骨架，用 VCA_{mix}（沥青混合料中的粗集料间隙率）< VCA_{DRC}（粗集料干捣空隙率）来验证，常适用于沥青码蹄脂碎石混合料（SMA）和大孔隙排水沥青混合料（OGFC）；二是松排骨架，贝雷法提出用 VCA_{mix} < VCA_{DLC}（粗集料松装空隙率）来验证，适用于密级配沥青混合料。

（3）粗、细级配沥青混合料

将沥青混合料分为粗级配和细级配，以前的分法一般是下面两种：

①Superpave 里面有个禁区，一般将级配从禁区下方通过的称为粗级配，从禁区上方通过的称为细级配。

②我国规范中划分粗级配和细级配的指标见表 3-41。

我国沥青路面施工技术规范粗、细级配分界 表 3-41

公称最大粒径（mm）	粗、细级配分界筛孔尺寸（mm）	粗级配（DCG）	细级配（DFG）
		分界筛孔通过率（%）	分界筛孔通过率（%）
37.5	4.75	<35	>35
31.5	4.75	<38	>38
26.5	4.75	<40	>40
19	2.36	<35	>35
16	2.36	<38	>38
13.2	2.36	<40	>40
9.5	2.36	<45	>45

从表 3-41 可以看出，我国的划分标准基本是套用国外的标准，然后根据我国的筛孔情况再作相应的插入调整得到的。

贝雷法提出自己的粗、细级配划分标准。在贝雷法中，粗级配被定义为沥青混合料中粗集料形成骨架的级配；细级配被定义为沥青混合料中没有足够粗集料形成骨架因而所受荷载主要由细集料承担的级配。

（4）设计密度

为了得到期望的集料骨架结构，设计者应选取粗集料的适宜密度，从而确定粗集料的用量。确定粗集料选取密度时，必须考虑混合料是细级配还是粗级配。理论上，松装密度是粗集料形成骨架结构的下限，是粗级配混合料与细级配混合料的分界点；而干捣密度通常被看做是密级配沥青混合料中粗集料形成骨架嵌挤结构的上限，其值约为松装密度的 110% 以上。两者的关系见图 3-8。

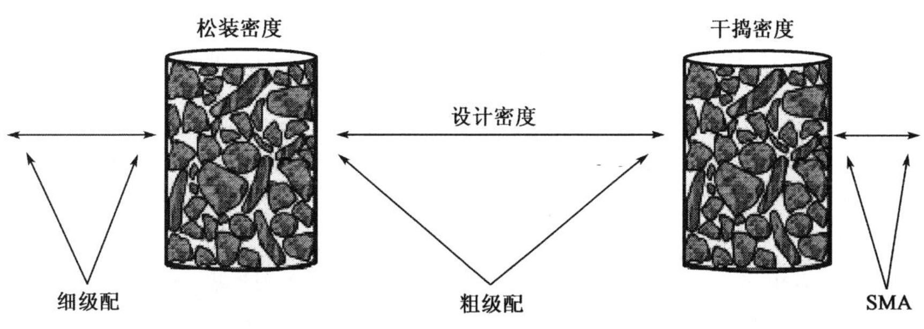

图 3-8 设计密度的含义

一般用松装密度的百分率来评价所选择的设计密度。对粗级配混合料,设计密度一般取松装密度的95%~105%,对易碎的软集料可接近105%,但应避免大于105%,以减小集料的破碎和现场压实的难度。对细级配混合料,设计密度应小于松装密度90%,这样保证所设计沥青混合料的主要集料骨架由细集料控制。

3)三参数

矿料组成确定以后,贝雷法对混合集料的体积特性作进一步分析。先将合成级配分成三个部分:第一部分是合成级配的粗集料部分,即最大粒径与PCS之间的集料;合成集料的细集料又被分成粗、细两个部分,其分界点称为第二控制筛孔(SCS),且SCS=PCS×0.22;细料的细部同样被再分一次,以第三控制筛(TCS)作为分界点,且TCS=SCS×0.22。合成集料的划分如图3-9所示。

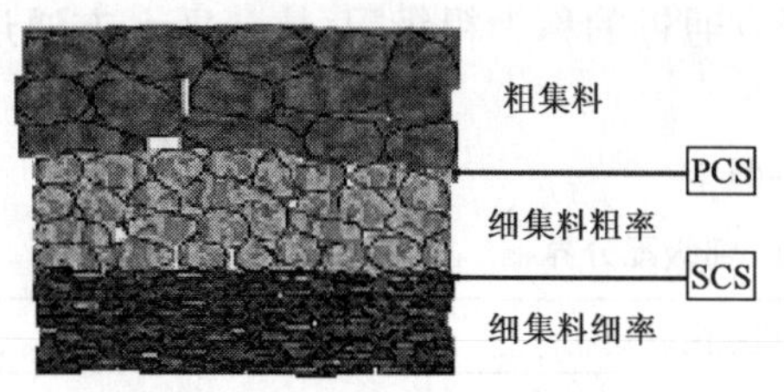

图3-9 级配的分析

(1)CA比

即为粗集料比(Coarse Aggregate Ration),这个参数用于评价矿料中粗集料的含量和分析空隙特征,计算公式如下:

$$\mathrm{CA}=\frac{P_{D/2}-P_{\mathrm{PCS}}}{100-P_{D/2}} \tag{3-4}$$

式中:$P_{D/2}$——粒径为$D/2$(D为公称最大粒径)的通过率,%;

P_{PCS}——第一控制筛孔的通过率,%。

CA比对沥青混合料的体积特性有重要影响,它反映了粗集料中大粒径颗粒与$D/2$~PCS粒径颗粒之间的均衡关系。这种均衡关系将影响混合料的压实特性和路用性能。CA比增大,混合料的空隙率和VMA将相应增大,因为粗集料中$D/2$~PCS粒径颗粒增多,降低了集料的压密效果。另外,VMA随CA比变化的大小也与集料的形状和表面纹理有关。

当CA比接近1.0时,会因粗集料中$D/2$~PCS粒径颗粒含量过大而使混合料在施工中难以压实,且因粗集料颗粒之间容易产生移动而不易嵌挤成型。当CA比大于1.0时,$D/2$~PCS粒径颗粒将控制粗集料的骨架结构形成,而较大粒径的粗集料则悬浮于其中。

(2)$\mathrm{FA_c}$比

把细集料重新视为一混合料,并将其分成粗、细两个部分,细集料中粗料部分形成的空隙由细料部分进行填充。$\mathrm{FA_c}$(Coarse Portion of Fine Aggregate)就是用来反映细集料中粗料部分与细料部分的嵌挤、填充情况,计算公式如下:

$$\mathrm{FA_c}=\frac{P_{\mathrm{SCS}}}{P_{\mathrm{PCS}}} \tag{3-5}$$

式中:P_{SCS}——第二控制筛孔的通过率,%。

$\mathrm{FA_c}$值增大,表明细集料中起填充作用的细料部分比例增大,从而使细集料形成更为紧密的结构。通常$\mathrm{FA_c}$值应小于0.50,如果大于0.50表明混合料中含有过量的天然砂,在0.45次方级配曲线图上将出现"驼峰",这是应该避免的。如果$\mathrm{FA_c}$比低于0.35,则表明合成级配不均匀,在0.45次方级配图上呈凹状,这种级配可能存在压实问题。$\mathrm{FA_c}$值对混合料的VMA有很大影响,随其值的减小VMA将不断增大。

(3) FA_f 比

反映了合成集料中最细一级的嵌挤情况。FA_f(Fine Portion of Fine Aggregate)计算公式如下：

$$FA_f = \frac{P_{TCS}}{P_{SCS}} \tag{3-6}$$

式中：P_{TCS}——第三控制筛孔的通过率,%。

与 FA_c 比类似,其值影响混合料的体积特性。一般 VMA 值随其减小而增大。

以上三个比例参数都是通过与不同混合料公称最大粒径相联系的各个控制筛孔的通过百分含量计算而得的,它们对于评价和调整混合料的 VMA 及空隙率有很大价值。

2. 配合比设计步骤

在进行级配设计前,贝雷法要求设计者先确定以下四点：

(1)设计密度；

(2)0.075mm 通过率；

(3)粗集料体积组成；

(4)细集料体积组成。

矿质混合料级配的具体设计步骤如下：

(1)确定粗集料的选取密度(kg/m^3)；

(2)计算粗集料在选取密度下的空隙体积；

(3)用细集料的干捣密度确定填充粗集料空隙所需的细集料(kg/m^3)；

(4)利用粗、细集料各组分的密度,确定矿质混合料的总重(kg/m^3),根据各级粗集料体积+各级细集料体积=单位体积,确定各集料的合成质量百分比；

(5)根据粗集料中所含的部分细集料以及细集料中所含的部分粗集料,分别修正粗、细集料的质量百分比；

(6)若使用矿质填料或回收粉尘,则需调整细料部分的百分含量；

(7)确定经修正后各集料最终的质量百分含量；

(8)合成级配的分析。

3. 算例

现以 SMA-13 沥青混合料为例,介绍应用贝雷法设计 SMA 混合料级配的具体过程。

在本例中采用两种粗料、一种细料和填料。设计密度取为干捣密度的 120%,$P_{0.075}$ = 10%,两种粗料(CA-1 和 CA-2)按体积比 50∶50 组成。具体各档料级配组成见表 3-42,密度指标见表 3-43。

SMA-13 各档料级配组成 表 3-42

项目	数值									
筛孔(mm)	16	13.2	9.5	4.75	2.36	1.18	0.6	0.3	0.15	0.075
CA-1(%)	100.0	92.1	23.7	0.1	0.0	0.0	0.0	0.0	0.0	0.0
CA-2(%)	100.0	100.0	99.7	11.1	0.1	0.0	0.0	0.0	0.0	0.0
FA(%)	100.0	100.0	100.0	100.0	85.6	59.6	35.5	19.2	12.8	8.9
MF(%)	100.0	100.0	100.0	100.0	100.0	100.0	100.0.	100.0	97.7	90.0

各档料密度指标 表 3-43

各档料密度	CA-1	CA-2	FA	MF
毛体积密度(g/cm^3)	2.875	2.825		2.657
视密度(g/cm^3)	2.972	2.968	2.696	2.657
松装密度(g/cm^3)	1.600	1.562		
干捣密度(g/cm^3)	1.700	1.670	1.620	

1)初步计算粗细料组成比例

设计密度取为干捣密度的120%,CA-1与CA-2按照50∶50混合后,单位体积内各粗料量如下。

CA-1:$1.7\times120\%\times50\%=1.02$

CA-2:$1.670\times120\%\times50\%=1.002$

粗集料间隙率计算公式为:

$$\text{VCA}=\left(1-\frac{\rho_{\text{设计密度}}}{\rho_{\text{粗料毛体积密度}}}\right)\times P_{\text{粗料比例}}$$

则本例中粗集料间隙率:

$$\text{VCA}=\left(1-\frac{1.7\times120\%}{2.875}\right)\times50\%+\left(1-\frac{1.562\times120\%}{2.825}\right)\times50\%=0.291$$

假定上述空隙完全由细料按干捣密度填充,每单位体积所需细料量为:$1.62\times0.291=0.471$

粗细料总量为:$1.02+1.002+0.471=2.493$

粗细料初步组成如下:

CA-1:$\text{CA}-1\%=1.02/2.493=40.9\%$

CA-2:$\text{CA}-2\%=1.002/2.439=40.2\%$

FA:$\text{FA}\%=0.471/2.439=18.9\%$

2)考虑粗料中含细料和细料中含粗料对组成比例进行调整

本例中,NMPS=13mm,则粗细料划分界限(PCS)为2.36mm。

粗料中所含细料如下:

CA-1:$40.4\%\times0.0\%=0.0\%$ ($P_{2.36}=0.0\%$)

CA-2:$44.1\%\times0.1\%=0.0\%$ ($P_{2.36}=0.1\%$)

总量:$0.0\%+0.0\%=0.0\%$

细料中所含粗料为:$18.9\%\times(1-85.6\%)=2.7\%$ ($P_{2.36}=85.6\%$)

对粗料调整为:

$$\text{CA-1}:40.9\%+0.0\%-\frac{40.9\%\times2.7\%}{40.9\%+40.2\%}=39.5\%$$

$$\text{CA-2}:40.2\%+0.0\%-\frac{40.2\%\times2.7\%}{40.9\%+40.2\%}=38.9\%$$

对细料调整为FA:$18.9\%+2.7\%-0\%=21.6\%$

3)考虑0.075mm筛通过率对集料比例进行调整

合成集料中含0.075mm以下料为:

CA-1:$39.5\%\times0.0\%=0.0\%$ ($P_{0.075}=0.0\%$)

CA-2:38.9% ×0.0% = 0.0% ($P_{0.075}$ =0.0%)

FA:21.6% ×8.9% =1.9% ($P_{0.075}$ =8.9%)

所需填料计算公式为：$$MF\% = \frac{P_{0.075设计} - P_{0.075合成}}{P_{0.075填料}}$$

则 $$MF\% = \frac{10.0\% - 0.0\% - 0.0\% - 1.9\%}{90.0\%} = 9.0\%$$

因填料 MF 中不含 2.36mm 以上部分,所以粗料不需调整,细料调整为：

$$FA = 21.6\% - 9.0\% = 12.6\%$$

最后各档料比例为 CA-1：CA-2：FA：MF =39.5：38.9：12.6：9.0,最终合成级配结果见表 3-44。

SMA-13 合成级配 表 3-44

筛孔(mm)	16	13.2	9.5	4.75	2.36	1.18	0.6	0.3	0.15	0.075
合成(%)	100	96.9	69.7	26.0	19.8	16.5	13.5	11.4	10.4	9.2
中值(%)	100	95	62.5	27	20.5	19	16	13	12	10
上限(%)	100	100	75	34	26	24	20	16	15	12
下限(%)	100	90	50	20	15	14	12	10	9	8

以上仅是采用贝雷法确定矿料级配,混合料配合比还要依照技术规范按程序进行设计,使其物理力学指标符合路用性能要求。

三、Superpave 法

1. *设计方法*

美国 SHRP 计划中的沥青与沥青混合料项目历经 5 年研究,提出了一套沥青混合料设计方法——Superpave 混合料设计体系。它是 SHRP 计划研究成果中最重要的组成部分,其包括了 3 个水平的设计——水平Ⅰ、Ⅱ、Ⅲ。它们是在沥青混合料设计过程中相互联系的逐渐提高有先后之分的 3 大部分,分别适用于不同的交通量水平,见表 3-45。

Superpave 混合料设计水平Ⅰ、Ⅱ、Ⅲ与相应的设计交通量 表 3-45

设 计 水 平	对应交通量等级	对应的设计交通量(80kN EASL'S)
Ⅰ	轻交通	$<10^6$
Ⅱ	中等交通	$<10^7$
Ⅲ	重交通	$>10^7$

水平Ⅰ设计基本为混合料的体积设计,是以沥青胶结料性能、集料特性和混合料体积特性(空隙率、矿料间隙率等)为基础,进行沥青等级和用量选择、确定矿料级配,并进行初步水损害检验的混合料设计方法。水平Ⅱ、Ⅲ是关于沥青混合料的力学性能和路用性能的混合料设计。水平Ⅱ、Ⅲ是在进行了水平Ⅰ设计后才开始的,它们均以混合料体积设计结果为基础,进行混合料的力学性能和路用性能试验与预估。水平Ⅱ、Ⅲ均包括永久变形、疲劳、低温开裂等路用性能试验。

1)水平Ⅰ沥青混合料设计

水平Ⅰ沥青混合料设计步骤主要包括：

(1)测试原材料(沥青结合料和集料以及改性剂)的各种特性,选择原材料;

(2)选择设计矿质集料级配组成(根据SHRP研究成果提出了级配曲线“控制点”和“禁区”概念,即级配必须在控制点以内和不得通过禁区),估算初始沥青用量;

(3)用旋转压实机(SGC)成型试件,对照空隙率、矿料间隙率、沥青饱和度等指标要求优选设计集料级配;

(4)变化沥青用量成型试件,选择设计沥青用量;

(5)在设计集料级配、设计沥青用量和空隙率4%条件下评价混合料水稳性。

Superpave 沥青混合料级配要求见表3-46,Superpave 矿料集料间隙率VMA标准见表3-47,沥青饱和度(VFA)标准见表3-48。

Superpave 沥青混合料级配要求 表3-46

筛孔(mm)	37.5mm(标称尺寸)				25mm(标称尺寸)				19mm(标称尺寸)			
	通过百分率(%)											
	控制点		限制区界限		控制点		限制区界限		控制点		限制区界限	
			最小	最大			最小	最大			最小	最大
50		100										
37.5	90.0	100						100				
25					90.0			100		100		
19									90.0	100		
12.5												
9.5												
4.75			34.7	34.7			39.5	39.5				
2.36	15.0	41.0	23.3	27.3	19.0	45.0	26.8	30.8	23.0	49.0	34.6	34.6
1.18			15.5	21.5			18.1	24.1			22.3	28.3
0.6			11.7	15.7			13.6	17.6			16.7	20.7
0.3			10.0	10.0			11.4	11.4			13.7	13.7
0.15												
0.075	0.0	6.0			1.0	7.0			2.0	8.0		

筛孔(mm)	12.5mm(标称尺寸)				9.5mm(标称尺寸)			
	通过百分率(%)							
	控制点		限制区界限		控制点		限制区界限	
			最小	最大			最小	最大
19		100				100		
12.5	90.0	100				100		
9.5					100			
4.75								
2.36	28.0	58.0	39.1	39.1	32.0	67.0	47.2	47.2
1.18			25.6	31.6			31.6	37.6
0.6			19.1	23.1			23.6	27.5
0.3			15.5	15.5			18.7	18.7
0.15								
0.075	2.0	10.0				10.0		

Superpave 矿料集料间隙率 VMA 标准 表 3-47

标称尺寸(mm)	50.0	37.5	25	19	12.5	9.5
VMA 不小于(%)	10.5	11	12	13	14	15

沥青饱和度(VFA)标准 表 3-48

交通量(EASL'S)	$<3\times10^5$	$<3\times10^6$	$<1\times10^8$	$>1\times10^8$
设计 VFA(%)	70~80	65~78	65~75	65~75

2)混合料设计水平Ⅱ

水平Ⅱ适用于中等交通量(ESAL'S 在 $10^6\sim10^7$ 之间),水平Ⅱ的设计步骤如下:

先进行水平Ⅰ体积设计,在水平Ⅰ的设计沥青用量基础上选择 3 个沥青用量;规定评价的破坏类型;获取路面温度资料,计算有效温度;进行性能试验,评价试验数据,计算材料性质;获取预测交通量,获取结构层资料;预测路面性能;选择最佳沥青用量。Superpave 混合料设计水平Ⅱ的性能试验见表 3-49。

Superpave 混合料设计水平Ⅱ的性能试验 表 3-49

永久变形试验	疲劳开裂试验	低温开裂试验
恒应力比重复剪切(三轴蠕变) 有效温度时的恒高度简单剪切 有效温度时的频率扫描	有效温度时的恒高度简单剪切 有效温度时的频率扫描 有效温度时的间接抗拉强度	0,-10,-20℃时的间接拉伸蠕变 -10℃时的间接抗拉强度 胶结料弯曲梁试验的蠕变劲度和斜率

3)混合料设计水平Ⅲ

水平Ⅲ适用于重交通(ESAL'S > 10^7)。水平Ⅲ混合料设计类似于水平Ⅱ,使用一套更加完善的试验代替有效温度,使预测更为精确,设计步骤如下:

进行水平Ⅰ体积设计,在水平Ⅰ的设计沥青用量基础上选择 3 个沥青用量;获取路面温度资料;进行性能试验,评价试验数据,计算材料性质;获取预测交通量,获取结构层资料,预测路面性能;选择最佳沥青用量。Superpave 混合料设计水平Ⅲ的性能试验见表 3-50。

Superpave 混合料设计水平Ⅲ的性能试验 表 3-50

永久变形试验	疲劳开裂试验	低温开裂试验
恒应力比重复剪切[T_{off}(PD)] 体积(4,20,40℃) 单轴应变(4,20,40℃) 恒高度简单剪切(4,20,40℃) 恒高度频率扫描(4,20,40℃)	恒高度频率扫描 (4,20,40℃) 间接抗拉强度(50mm/min) (-10,4,20℃)	间接拉伸蠕变 (-20,-10,0℃) 间接抗拉强度(12.5mm/min) (-20,-10,0℃)

2. 配合比设计步骤

目前,业界普遍认为,SMA 因为含大量粗集料碎石属于间断级配,基本不适于用 SGC 压实。E. R. Brown 等人为探讨 SGC 压实方法是否具有使碎石形成骨架构造的 SMA 特征,对五种方法(SGC、马歇尔、振动台、用棒捣实、锤击法等)进行了研究。研究的结果是 SGC 是合理的,由此证明 SGC 用于 SMA 是可能的。

对一般密级配混合料,SGC 的应用主要程序和条件如下。

(1)沥青的选择:按 PG 沥青方法选择。

(2)应用级配的选择:确定最大粒径,准备几个集料配比(有通过率的"控制点"和"限制区域”)。

(3)压实试验研究用的沥青用量的计算(压实后空隙率接近4%时的沥青用量)。

(4)老化(相当于运输、铺装时)的进行:135℃、4h。

(5)用SGC压实:把压实进行到旋转次数 N_{max} 次(旋转次数是由设计最高气温和换算的设计标准轴载累计值给定的,在旋转次数中有初期旋转次数 N_{min}、设计旋转次数 N_{des}、最大旋转次数 N_{max})。

(6)SGC密度的修正:实测 N_{max} 时试件的毛体积密度,修正SGC密度(SGC表示的密度)。

(7)确认 N_{min}、N_{des}、N_{max} 时的理论最大密度比(SGC密度对于理论最大密度的比率%),规定 $N_{min}<89\%$(与摊铺密度相当),$N_{des}=96\%$(目标值),$N_{max}<98\%$(与使用末期对应)。

(8)沥青用量调整:确保空隙率为4%的沥青用量,通过VMA及VFA的修正进行调整。

对照上述程序,研究者归纳了SGC应用于SMA设计的几个研究要点:

(1)能否在压实到 N_{des} 时用空隙率为4%的标准来确定设计沥青用量,而不涉及 N_{min}、N_{max} 的空隙率目标值。

(2)怎样才能不设定压实的最终旋转次数 N_{max}。

(3)对于粗集料碎石用量很多的SMA,SGC压实时测量得到的密度(相当于体积法毛体积密度)和实测密度(即水中重法毛体积密度)差异较大,能否用SGC压实密度推断实测密度。

对于这些问题,研究者首先研究了SGC密度对于最大理论密度的比率(SGC最大理论密度比)和实测体积密度对于最大理论密度比(实测最大理论密度比)之间存在的关系。其次是研究设定配合比设计所需要的旋转次数 N_{des} 和空隙率,最后提出了以得到和马氏击实法相同水平的空隙率来设定SGC的旋转次数 N_{des} 的设计思路。

3. 算例

现以SMA-16为例,介绍Superpave法的具体设计程序。

1)材料要求

(1)集料

集料,应采用坚硬、洁净、干燥、无风化、无杂质的安山岩,并要求使用反击和锤式破碎机经三级破碎加工而成,并特别强调集料的破碎面含量(三个破碎面含量至少为90%)和一定的粗糙度。矿粉采用石灰石研磨而成。

(2)改性沥青

采用热塑橡胶SBS型改性沥青(满足美国SHRP规范PG64-34等级要求),改性沥青检测满足规范要求。

2)SMA沥青混合料级配选择

级配设计根据4个控制筛孔和限制区要求,按照Superpave规定合成级配尽量避开限制区。表3-51为试验用4种合成试验级配和该高速公路SMA-16级配范围及中值。

3)SMA-16面层级配旋转压实评价

(1)旋转压实参数的确定

根据美国公路与运输协会(AASHTO 2000)试验规程,SMA沥青混合料旋转压实参数与单轴荷载(EASL'S)能力的对应关系见表3-52。该高速公路设计交通期望值在 $1\times10^7\sim3\times10^7$ 之间,因而旋转压实参数采用 $N_{初试}=8$、$N_{设计}=100$、$N_{最大}=160$。

SMA-16 级配范围及中值 表 3-51

混合料类型		通过下列筛孔(mm)的质量百分率(%)										
		19	16	13.2	9.5	4.75	2.36	1.18	0.6	0.3	0.15	0.075
SMA-16	上限	100	100	80	60	30	26	22	18	15	14	12
	下限	100	80	60	40	22	16	14	12	10	9	9
	中值	100	95	70	50	28	21	18	15	12.5	11.5	10.5
试验级配	1号	100	90	70	47	22	16	14	12	10	9	9
	2号	100	100	86	63	30	25	21	17	15	13	12
	3号	100	95	78	55	26	20.5	17.5	14.5	12.5	11	10.5
	4号	100	95	70	50	28	21	18	15	12.5	11.5	10.5
限制区	最大						39.1	31.6	23.1	15.5		
	最小						39.1	25.6	19.1	15.5		

注:1号、2号、3号、4号分别代表粗级配下限、粗级配上限、粗级配中值和细级配中值。

Superpave 旋转压实表(AASHTO 2000) 表 3-52

设计 EASL'S(10^6)	压 实 参 数			应用道路形式
	$N_{初试}$	$N_{设计}$	$N_{最大}$	
<0.3	6	50	75	轻交通道路
0.3~3	7	75	115	中等交通道路
3~30	8	100	160	中等到高交通量道路
≥30	9	125	205	高交通量道路

(2)粗集料的间隙率 VCA_{DRC}

VCA_{DRC}是根据4.75mm以上粗集料毛体积相对密度及用捣实法测定4.75mm以上粗集料的松方毛体积相对密度计算得到。4种试验级配VCA_{DRC}计算结果见表3-53。

4 种试验级配 VCA_{DRC} 计算结果 表 3-53

试验级配序号	松方毛体积密度(g/cm³)	粗集料毛体积密度(g/cm³)	VCA_{DRC}(%)
1号	1.537	2.682	42.68
2号	1.632	2.674	39.00
3号	1.563	2.678	41.64
4号	1.584	2.683	40.97

(3)试件制备

为最大限度模拟沥青混合料拌和情况,采用Superpave旋转压实仪,对选定的PG64-34结合料在相应的拌和温度165~175℃拌和试样,再将该混合料放进135℃烘箱放置2h对试样进行短期老化,然后取出试样冷却至室温以便测定混合料最大理论密度。

(4)数据处理

采用Superpave旋转压实仪,按确定的旋转压实次数,初始油石比采用6.2%,得到有关沥青混合料各项性能指标数据。4种试验级配SMA-16旋转压实结果汇总于表3-54。

比较表3-53和表3-54可以发现,2号粗级配上限的VCA_{mix}小于VCA_{DRC},而且VMA小于17%的最低要求;同时从表3-51也可发现2号试验级配4.75mm通过率达30%,这说明2号级配偏细，无法形成粗集料的嵌挤，也没有足够的空间供玛蹄脂填充。在同样压实次数 100 次时的压实度高达 99.2%，这说明 2 号级配不是 SMA 结构，需要进行调整。1 号粗配下限尽管可以实现 SMA 嵌接结构，但空隙率（5.43%）高于 4% 的要求，100 次压实度（94.4%）也小于 95% 的最低要求，4.75mm 通过率为 22%，级配偏粗，可以通过调整级配或增加用油量进行微调。3 号（粗级配中值）和 4 号（细级配中值）可以完全满足要求，用 3 号和 4 号试验级配通过变化油石比（±0.3%），测定空隙率，确定最佳油石比。试验结果见表 3-55。

SMA-16 试验级配旋转压实试验结果汇总 表 3-54

油石比（%）	级配类型	压实 100 次密度（g/cm³）	最大理论密度（g/cm³）	空隙率（%）	VMA（%）	VFA（%）	VCA_{mix}（%）	压实度（%）		
								8	100	160
6.2	1 号	2.344	2.483	5.43	19.43	71.1	35.8	86.0	94.4	
	2 号	2.462	2.482	0.81	15.31	94.7	39.3	89.0	99.2	99.6
	3 号	2.403	2.483	3.23	17.40	83.1	37.5	87.8	96.8	96.4
	4 号	2.399	2.482	3.34	17.47	80.9	39.2	86.8	96.7	

SMA-16 最佳油石比确定 表 3-55

油石比（%）	级配类型	压实 100 次密度（g/cm³）	最大理论密度（g/cm³）	VV（%）	VMA（%）	VFA（%）	VCA_{mix}（%）	压实度（%）			4% VV 时的油石比（%）
								8	100	160	
5.9	3 号	2.389	2.493	4.16	17.63	76.4	37.7	86.4	95.8		6.03
	4 号	2.389	2.493	4.17	17.60	76.3	39.3	85.8	95.8		6.03
6.2	3 号	2.403	2.483	3.23	17.40	83.1	37.5	87.8	96.8	96.4	5.95
	4 号	2.399	2.482	3.34	17.47	80.9	39.2	86.8	96.7		6.00
6.5	3 号	2.402	2.473	3.15	17.89	82.4	39.5	87.4	96.8		6.23
	4 号	2.393	2.472	3.20	17.90	82.2	39.7	86.9	96.8		6.24

从表 3-55 可以发现，如果试验采用 5.9% 的油石比，尽管其他各项指标满足 SMA 结构要求，但 3 号和 4 号空隙率高于 SMA-16 空隙率 3% ~4% 的要求。如果按 4% 的空隙率控制，则此时油石比应提高到 6.03%，试验采用油石比为 6.5% 可以满足 SMA 结构各项指标要求，而此时按 4% 的空隙率控制，油石比可以降低到 6.24%。从节省沥青用量的角度出发，该高速公路最终确定采用最佳油石比 6.0% ~6.2%，目标空隙率为 3% ~4%。

4）沥青混合料性能检验

（1）高温稳定性

按原《公路工程沥青及沥青混合料试验规程》（JTJ 052—2000）进行油石比为 6.2% 的 SMA-16 粗级配中值(3 号)沥青混合料车辙试验，试验检测结果见表 3-56。

SMA-16 沥青混合料车辙试验结果 表 3-56

试验项目	沥青类型	试样编号	试验结果	平均值
动稳定度 DS 数值（60℃，次/mm）	PG64-34 改性沥青	1	3 550	3 533
		2	3 830	
		3	3 280	

(2)水损害试验

按 AASHTO T283 规程进行了油石比为6.2%的SMA-16粗级配中值(3号)沥青混合料冻融劈裂试验,试验检测结果见表3-57。

SMA-16 沥青混合料冻融劈裂试验结果 表3-57

油石比(%)	试验条件	劈裂强度(MPa)	平均值(MPa)	TSR(%)
6.2	条件组	0.522	0.517	92.7
		0.482		
		0.548		
	正常组	0.528	0.558	
		0.570		
		0.576		

通过以上试验检验结果看出,用Superpave法设计的SMA沥青混合料的各项技术指标均满足规范要求,表明其具有良好的路用性能。

第四节 不同设计方法比选

一、马歇尔法的设计特点

在沥青混合料设计方法中,马歇尔方法是影响最为深远,应用最为广泛的沥青混合料设计方法,几乎成为世界各国的通用设计方法。

马歇尔设计方法基本上属于一种体积设计方法,它的最初发明是借用土工试验中通过击实方法寻找最大密度确定最佳含水率的思想来确定沥青混合料的合理沥青用量。马歇尔设计方法对混合料的密度、空隙率、矿料间隙率等指标有明确的要求。可是,国内外研究成果均表明,这些指标与实际路用性能指标有较大差距。

首先,在试件成型方面,马歇尔方法锤击次数与实际路面材料的碾压功能和交通量大小都没有内在联系,马歇尔击锤的冲击力与车辆车轮接地压强存在巨大差异,马歇尔试模对沥青混合料的约束条件也与实际路面材料的受力条件不同,马歇尔的冲击压实方法不利于集料的定向重排,造成混合料的密度较低,用它控制施工常常导致路面结构材料密度偏小,空隙率过高。沥青混合料密度低的直接后果是造成材料强度低,在行车荷载作用下易产生进一步压实、追密,从而使路面容易产生车辙、剥落。

其次,在进行马歇尔试验时,试件的受力方式、约束条件与路面结构材料实际受力特点相差较大(试验加载装置的钳口夹住了试件的大部分,但试件周围并没有全部被约束,圆柱体试件的顶部和底部也没有受限制,所以试验过程中试件内部的应力分布状态是极为复杂的;加载方向也并未沿着试件的压实方向),所以试验指标(马歇尔稳定度、流值)与路用性能指标之间一般相关性较差,结果造成用马歇尔试验进行沥青混合料设计时,相对混合料的实际路用性能而言有很大的差异性。

另外,在进行配合比设计中,并没有进行矿料级配的筛选,基本上按规范的级配中值进行配制。

诺丁汉大学的学者对各种沥青混合料的力学性质用包括马歇尔试验在内的各种试验方法

进行了研究比较。结果表明,在评估路面抗永久变形能力方面,马歇尔试验并不是个好的测定方法,它不能分辨出混合料抵抗变形性能的优劣。因此,用马歇尔试验方法设计出的沥青混合料即使满足了所有规定指标,仍不能保证混合料有较好的路用性能。

虽然这样,各国的沥青混合料设计(包括 SMA 设计)大多还是采用马歇尔试验方法。不过,世界各国都对最初的传统马歇尔设计方法进行了不同程度的改进,增减了试验度量控制指标。最明显的趋势是增加了混合料的路用性能检验,如高温稳定性、低温抗裂性、水稳定性等。所以,发展至今,各国的马歇尔设计方法之间均有或多或少的差异。

我国的 SMA 设计方法,主要借鉴了美国的方法。该方法在使用时还存在一些不足:

(1)初选三个级配进行马歇尔试验,根据三个级配的体积指标进行级配筛选,试验量较大。

(2)对初试级配进行马歇尔试验的沥青用量,要根据经验或参考相似工程而定,而不是根据实际所用矿料及级配特性对初试沥青用量进行预算。如果初试沥青用量不合适,将会使马歇尔试验结果的各体积指标与设计标准相差较大,影响级配筛选。

(3)初试级配筛选,只能根据 VMA 值的大小和 VCA_{mix} 与 VCA_{DRC} 的关系进行,但是,如果初试沥青用量不是最佳沥青用量,在最佳沥青用量处各体积指标的情况无法预知,增加了级配筛选的难度和后续试验的盲目性。

(4)设计空隙率确定范围,没有反映出明确的区域差异性等。这些问题均需要进行相关的试验研究与理论分析,以期找到可行的解决方案,设计出更加合理的 SMA 混合料。

二、贝雷法的设计特点

贝雷法提出的粗、细集料划分标准更加科学,其不仅将一堆混合集料分为粗的部分和细的部分,而且对粗的部分和细的部分作更进一步的划分,考察各个部分对沥青混合料体积指标及其性能的影响,让人们对级配的认识更加深入,并真正体现了"多级"的含义。贝雷法设计级配的原则是先选择粗集料的设计密度,然后按照以细集料捣实密度填充粗集料空隙来计算粗、细集料之间的比例关系,从而确定出级配。相对于过去 SMA 和传统密级配沥青混合料的级配控制主要靠对某些关键筛孔通过率作纯数字上的规定,如对 SMA,规定 4.75mm 通过率不得大于 30%;贝雷法设计级配的思想考虑了集料的一些特性,如棱角性、表面构造等因素,显得更加科学。

贝雷法提出的用三参数分析合成级配,为人们提供了一种评价和检验级配的方法。沥青混合料有三种结构类型,即悬浮—密实、骨架—空隙和骨架—密实。在三种类型中,骨架—密实型沥青混合料,既有较好的高温性能,又具有较好的低温和耐久性能,因此也成为目前研究的热点。混合料中粗集料不仅要形成骨架,细集料将粗集料形成的空隙填充密实,而且粗集料和细集料本身各自应有良好的组成关系。贝雷法提出的三参数不仅考虑了混合料的试验室性能,更考虑了混合料在现场的施工性能(离析问题、压实问题),对整个级配曲线进行规范。

贝雷法设计是一个确定混合料级配的过程,需要与马歇尔法或者 Superpave 法相结合才能进行沥青混合料的完整设计;而且贝雷法设计有一个非常复杂的计算和修订过程,需要计算每一种原材料在混合料中可能形成的状态以及根据材料级配的不均匀性修正集料的分布和数量,整个过程需要有相应的试验规程和计算机设计程序才能完成。

由此可见,贝雷法虽然给我们提供了非常好的结构设计的理念,但是在其应用过程中还有一些问题需要进一步的探讨:①嵌挤点控制和级配参数计算由于采用的都是标准筛孔值,该方法对于不同粒径的混合料形成嵌挤的粒径关系是不同的，也就说对于最大公称尺寸的不同混合料，形成嵌挤的条件是不同的。②由于不同混合料嵌挤系数的变化导致不同混合料级配控制参数上没有统一的可比性。③没有考虑矿粉的体积填充影响。

三、Superpave 法的设计特点

Superpave 沥青混合料设计系统是相对较完备的沥青混合料设计方法。首先，它能针对不同的交通量水平用不同复杂程度的设计程序进行混合料设计，使设计工作对低交通量路面不浪费，对大交通量情况又可很精细。其次，它的试件成型方式可较真实地模拟路面结构的实际压实情况；该设计方法的沥青材料试验选择与混合料的路用性能有较直接的联系，集料性能指标选择与其服务的结构位置相联系；Superpave 还给出了可对矿质集料级配进行设计的方法，并首次创新提出了控制点和禁区概念；它对集料对沥青的吸收情形给予了简单考虑；针对不同的交通量和气候温度在混合料的压实功能上给以区别，针对混合料的摊铺、碾压、行车压实不同阶段用不同的旋转压实次数（N_{min}、N_{des}、N_{max}）进行模拟，使混合料的受力更加符合路面实际使用过程；为模拟施工过程还对沥青及混合料进行了老化处理；也能针对路面结构可能出现的病害进行路用性能试验。所以说，Superpave 是一种能较真实模拟实际路用情况的混合料设计方法。

当然，Superpave 也不是十全十美的沥青混合料设计方法，该设计方法仍存在一些待解决的问题。

（1）Superpave 对集料级配曲线“控制点”和“禁区”的规定，并没有完善的理论依据，在很大程度上只是一种根据实践经验（为保证生产的混合料具有满意的矿料间隙率和足够的耐久性）确定的集料级配范围和设计方法，从而导致落在级配设计范围内的集料配比并不一定就是路用性能最好的，也不能排除超出级配规定范围的集料配比就一定是路用性能不合格的混合料。

（2）与 GTM 的成型方法相比，它在成型试件时，只进行了体积指标参数的计算，并未进行力学指标的测量与推算。Superpave 成型方法的前提是试件的空隙率与路用性能密切相关，此前提是否完全正确，现在下结论还为时尚早。Superpave 认为成型试件至材料的使用末期时空隙率应该大于 2%，从 GTM 的成型实践来看，很有可能混合料在达到空隙率 2% 之前就已经发生了塑性破坏，特别是在沥青用量较大（油石比大于 4.5%）情况下。因此，用 Superpave 设计的沥青混合料有较大可能发生早期车辙病害。另外，从沥青混合料的强度机理分析可知，空隙率小于 2% 并不是混合料破坏的内因，而真正的原因是混合料综合强度过小。

（3）Superpave 在设计沥青混合料中，进行的力学、路用性能模拟时所采用的力学模型有不完善的地方。这些力学模型到底能否完全反映实际路用情况也是正在进行研究、评估的课题。最后，Superpave 对沥青混合料的设计体积参数规定的允许变化范围很小，设计空隙率（为 4%）和最小空隙率（为 2%）之间的差距也较小，容易造成测量、计算的误差（如最大密度的测量误差，集料有效密度与估计的有效密度之间的差异等）也可能超过规定值的情况。

另外，Superpave 设计方法需要大量的基础数据库——完善的气象资料数据库和详细的沥青路面材料温度梯度场资料（用于选择沥青胶结料的 PG 等级，计算各种路用性能试验的有效温度），以及高精度的交通量统计数据（用于确定沥青胶结料的 PG 等级、混合料设计水平和预测路面性能等），而在我国由于缺少这些必要的设计资料，故很难全面推广应用 SHRP 的研究成果。

四、三种设计方法比选

综上所述，采用马歇尔法、贝雷法和 Superpave 法设计 SMA 混合料时均有各自的优势，同时也存在一些需要改进的地方。在具体应用时，需根据当地的气候环境条件、经济技术条件等因素加以合理选择。在这三种方法中，马歇尔法是影响最为深远、应用最为广泛的沥青混合料设计方法，对其的研究也相对较为成熟。因此，根据我国目前的实际工程情况，推荐优先选用马歇尔试验设计方法。当然，该方法在一些细节问题上仍有待深化。比如初始沥青用量马歇尔试验是筛选矿料级配的前提，所以初试沥青用量的选择很是重要，但设计方法对于 SMA 初试沥青用量的选择（一般可选 6.0%）存在很大的盲目性，设计空隙率确定范围没有反映出明确的区域差异性等，这些问题尚需要我国道路工作者的进一步研究与深入分析。

第四章　SMA 路面施工管理与技术质量控制

SMA 路面与其他沥青路面相比,在施工方面具有以下显著特点:

(1)碎石材料技术指标与质量要求严,加工难度较大,碎石要求坚硬、洁净,形状接近立方体。

(2)工程级配范围要求严格,允许偏差较小。

(3)施工温度高,控制严格,允许偏差范围较小(拌和、摊铺、碾压温度控制范围较小)。

(4)混合料拌和时间相对较长,一般干拌 18s,湿拌 45s,拌和楼产量低,4000 型拌和楼每小时产量仅 190t 左右。

(5)混合料摊铺速度相对较慢,路基段摊铺速度宜为 1.8 ~ 2.0m/min,桥面摊铺速度宜小于 1.5m/min。

(6)在高温状态下,混合料施工和易性好。

(7)添加消石灰粉后,比矿粉吸油性好。

(8)摊铺机起步或在较低气温摊铺时会出现少量油斑,气温高时几乎无油斑。

(9)路表温度在 60℃以上时,行走会粘带起集料颗粒。

(10)保证热接缝的处理温度,需及时在高温时嵌料碾压。

(11)混合料碾压只需钢轮振动压路机,且混合料不会推移。

(12)碾压遍数控制严格,少压则会渗水,多压则容易提浆糊面。

(13)表面局部小坑需人工点播填充。

(14)不能采用轮胎压路机碾压,否则会产生泛油病害。

(15)开放交通时间较晚,夏季施工完 3 日后,春秋季节 2 日后。

SMA 路面与其他沥青路面施工特点比较见表 4-1。

SMA 路面与其他沥青路面施工特点比较　　表 4-1

比较项目＼路面类型		SMA 路面	AC 路面	ATB 路面	OGFC 排水路面
功能划分		表面层	表面层及中面层	下面层	表面层
常用结构类型		SMA-20,16,13,10	AC-25,20,16,13	ATB-30,25	OGFC-16,13
材料组成	碎石典型岩性	玄武岩	石灰岩	石灰岩	玄武岩
	碎石加工	形状接近正立方体	技术质量指标满足即可	技术质量指标满足即可	接近正立方体
	细集料	必须采用机制砂	机制砂或天然砂	机制砂或天然砂	必须采用机制砂
	填料	矿粉用量大	矿粉用量小	矿粉用量小	矿粉用量小
	纤维	需要添加	不需要	不需要	视需要,可添加
	沥青	需用改性沥青	可用改性沥青	可用基质沥青	需用改性沥青
工程级配		允许偏差极小	允许偏差较小	允许偏差稍大	允许偏差极小

续上表

比较项目 \ 路面类型	SMA 路面	AC 路面	ATB 路面	OGFC 排水路面
混合料拌和时间	长	短	很短	较长
施工温度	要求严格	满足即可	满足即可	要求严格
碾压工艺	钢轮振动碾压	钢轮振动和轮胎碾压	钢轮振动和轮胎碾压	钢轮静压
碾压特点	不推移	初压推移	初压推移	不推移
开放交通	完工 3 日后	完工 1 日后	完工 1 日后	完工 3 日后

鉴于以上特点，可以说，SMA 路面是所有沥青路面结构类型中（AC、AM、ATB、ATPB、OGFC 等），施工难度、管理难度相对最复杂的。

第一节　前期准备工作

一、项目经理部驻地建设

1. 项目经理部选址要求

(1)项目经理部应按照就近设置的原则进行选址。要求设在工地附近，也可设在沥青拌和站，但应设置在拌和楼的上风口地段，便于施工管理。

(2)车辆进出方便，周围社会环境好。

(3)占地面积满足办公、会议、员工生活等要求。

2. 建设标准

机构设置：科学、合理、实用、高效。

办公环境：办公生活环境干净、卫生；布置规划整齐、合理。

主要规章制度和图表：内容、制作标准要符合要求。

3. 文明工地建设要求

各类标志、标牌、彩门以及办公、生活设施、施工便道要求等严格按照建设项目管理办法的要求进行，达到文明工地验收标准。

文明工地建设应进行全面规划，方案经监理工程师同意后方可实施。

标准化的项目经理部驻地建设见图 4-1 和图 4-2。

1)会议室要求

(1)会议室一般情况下必须能够容纳 30 人同时开会并不应小于 $80m^2$，应设置 2 扇门，门向外开启，保证发生危险时能及时疏散。

(2)会议室要求通风、照明良好，设有保暖、防暑降温设施。

(3)会议室必须配备必要的会议桌和椅子，非整体式的会议桌要铺桌布；还必须配备投影仪、话筒等常用会议设施和 $1m^2$ 左右的写字板。

(4)会议室墙面上应布置各类组织机构图，安全、质量、环保保证体系，线路平面缩图，项目管理方针和管理目标等。

项目经理部会议室见图 4-3。

图 4-1 标准化的项目经理部

图 4-2 环境优美的项目经理部驻地

图 4-3 项目经理部会议室

2)档案室

(1)档案室面积应不小于20m²。

(2)所有档案资料,宜保存在专用柜内,由专人负责收发。

(3)档案资料室,应能防潮、防火,照明通风良好,并配备消防设备。

(4)根据已批复的工程划分,编制档案卷内目录,设置相应档案盒及标签,并事先上架。

档案室见图4-4。

图4-4 档案室

3)医疗室

(1)工程实施期间,承包人应负责为工地人员提供必要的医疗和急救服务。在传染病易发期应配合当地防疫、卫生管理部门及医疗机构做好消毒预防、隔离感染人员、抢救和疫情防控等工作。在传染病传播期,承包人还应建立人员流动登记制度、信息报告制度,要与当地卫生防疫部门取得联系,做好各项防范措施的落实工作。

(2)医疗室应聘请有行医资格的、在卫生保健与急救方面具有丰富经验的医务人员。

(3)医疗室配备的医疗设施(包括房间、器械、药品、急救车辆等)应取得当地医疗卫生管理部门的批准。

(4)承包人应就有关供水、环境卫生、垃圾与污水处理以及工人健康等方面的有关问题,取得并遵从有关医疗卫生防疫和管理部门的意见。

(5)承包人应对施工人员进行疾病控制等知识教育,尤其是一些传染病等。

4.环境保护与安全设施要求

施工期必须认真落实各项污染防治措施,并做好以下工作:

(1)认真做好扬尘和噪声污染防治工作,加强场地环境管理,定期对施工现场进行清理、洒水降尘。

(2)拌和站内生产用燃煤热水锅炉和燃煤导热锅炉,必须配置除尘器,烟囱高度不得低于15m,锅炉烟气、SO_2 排放量达到《锅炉大气污染物排放标准》(GB 13271—2001)中"燃煤锅炉,Ⅱ时段"限值。

(3)所有生产设备必须安装减振消声设施,最大限度减少生产噪声,厂界噪声必须达到《工业企业厂界环境噪声排放标准》(GB 12348—2008)Ⅱ类标准要求。

(4)各种生活污水要经净化处理，达到《农田灌溉水质标准》(GB 5084—2005)中旱作标准后，方可用于厂区绿化。

(5)按环卫部门要求，积极推行清洁生产，提高固体废物综合利用率，及时处置生活垃圾。

(6)在项目经理部驻地设置消防安全设施，见图4-5。

图4-5　项目经理部驻地设消防设施

5. 其他要求

1)开展进场调查工作

主要人员进场后，应组织人员调查沿线筑路材料、劳动力、电力、工程用水的分布、交通运输现状、居民点、厂矿企业、其他工程建设等情况。提供材料供应和储备、环保治安等初步实施方案。

2)开展各项前期工作

(1)开通主要人员联系电话。

(2)拟订项目经理部驻地规划方案。

(3)签订石料加工合同，及早开展备料工作。

(4)组织设备进场。

二、沥青拌和站建设

1. 沥青拌和站选址要求

1)计算拌和站用地面积

计算沥青拌和站用地面积时，应充分考虑以下影响因素：

(1)沥青拌和楼及其附属设备安装的占地面积。

(2)各类材料按使用总量的60%～80%的储备数量，且分规格堆放所需的面积。

(3)改性沥青现场加工、乳化沥青现场加工或存储所需的面积。

(4)碎石二次水洗设备及存储场地的面积。

(5)机制砂和矿粉加工场地的面积。

(6)发电机房、机修、仓库、办公(含工地试验室)、生活用房面积。

(7)厂区道路、机井等占用面积。

(8)进场机械设备、运输车辆、公务车辆的停放区域。

(9)废弃材料临时堆放和填埋场地。

(10)其他用地面积。

总体要求:对临时征地、场地硬化做到一次性考虑到位。在平原区,当合同段工程量较大时,2 套 4000 型沥青拌和站临时用地总亩数不得低于 180 亩(1 亩 =666.6m^2)。在山区高速公路建设中,可因地形、地貌情况分开筹建拌和站,并酌情减少临时用地面积。

2)认真进行拌和站选址

选址前应与建设单位、监理单位沟通。拌和站选址原则是:位置尽量适中、运输进出方便、利于环保、避免环境干扰。

2. 沥青拌和站总体规划要求

1)总体平面布置设计

根据各类拌和站用地面积,要进行总体平面布置设计,包括拌和设备位置、料场位置(各种规格地材料仓划分、沥青材料的堆放位置等);改性沥青、乳化沥青等材料现场加工场地、油库、机修车间;过磅房;生活、办公用房、工地试验室等;厂区道路规划。

2)进行总体排水设计

要求无论晴天、雨天,拌和站内必须做到"无扬尘、无泥泞、材料无污染"。

场内道路、场地排水畅通,生产、生活污水应处理后排放。在沥青拌和站出口安装车辆轮胎冲洗设备,见图 4-6。

图 4-6 在沥青拌和站出口安装车辆轮胎冲洗设备

3. 沥青拌和站场地硬化及其他要求

1)拌和站堆料场与厂区便道硬化

采用 20 ~ 30cm 厚水泥稳定碎石材料作为基层,并用 15 ~ 20cm 厚 C25 水泥混凝土面层全部硬化。

2)材料存储要求

储料仓必须采用钢筋混凝土墙进行分隔。不同材料必须分类堆放,严禁混堆和混装。

细集料应搭棚堆放。对进场的粗细集料、矿粉、消石灰粉、纤维等，必须采取防潮措施。材料分隔墙尺寸不得低于3m，厚度不得小于50cm。标准化的风雨棚和材料分隔墙见图4-7和图4-8。

图4-7　标准化的储料仓风雨棚

图4-8　标准化材料分隔墙

3)围墙

采用24cm砖墙或铁艺墙，高度不小于2.5m。砖墙墙顶砌筑成坡状，墙面要求粉刷成白色或乳黄色，并有内容规范的醒目标语。

4)沥青拌和站大门及门前道路

大门的宽度、高度等应满足使用需要。门前道路应按照厂区道路标准硬化，见图4-9。

图 4-9　厂区门前便道硬化

三、工地试验室建设

1. 总体要求

筹建原则:沥青试验室必须建在沥青混合料拌和站。

筹建标准:仪器设备、人员、各试验检测室的面积、设备布局等按照相关要求进行。

验收标准:质量监督部门按照《公路工程项目工地试验检测机构临时资质管理暂行办法》进行验收。标准化的工地试验室及试验检测仪器见图 4-10 及图 4-11。

图 4-10　标准化的工地试验室

(1)工地试验室是承担施工自检和监理抽检的检测机构,是指导施工和检查工程质量的重要手段。施工单位必须建立健全试验室检查制度,完善质量责任及考核办法,推行全面质量管理。

根据交通运输部的有关要求,应对工地试验室(含施工自检和监理抽检)的临时资质进行考核。

(2)现场考核由有关单位(必要时聘请专家)组成考核小组,考核内容主要包括:试验室人员、仪器设备、场地环境、管理制度、试验检测方法、记录、试验检测报告等方面。

(3)仪器设备必须由计量检定机构进行标定或校准,对自校的仪器设备须建立自校规程并形成相应的校验记录。试验室的场地环境必须满足相关规范的要求。

图 4-11　工地试验室试验检测仪器

(4)试验检测人员必须熟悉公路工程试验检测的标准、规范、规程和仪器设备的原理、性能、操作方法等,主要试验人员必须具备试验检测资格,所有人员必须进行岗前培训,技术负责人必须具有中级以上技术职称,并具有一定的试验检测工作经历。

(5)工地试验室建设必须与驻地建设同步进行;试验室面积除了满足质量监督机构文件要求外,必须建立标准的原材料与工程实体芯样样品库。

2. 工地试验室主要职责

(1)进行工地所用原材料、构件、成品及半成品等的试验检测。

(2)进行路面各结构层的标准试验、配合比设计试验等,提供有关数据、报告。

(3)按照规范要求的标准、频率,进行施工过程中的现场质量检查和控制。

(4)按照要求、标准、频率,完成本合同段工程的质量检查验收工作。

(5)参与工程质量事故的调查分析、提供试验检测报告。

(6)进行新产品、新材料、新技术、新工艺及新结构的跟踪检测。

(7)完成建设单位、总监办、驻地办安排的试验、检测工作,配合质监部门完成施工过程质量检查和交工验收的试验检测工作。

工地试验室质量保证体系见图 4-12。

3. 试验室主要人员配备

试验室人员组成,其专业技术水平、技术职称的比例要协调。每个工地试验室设试验工程师 6 ~ 8 名,试验员 12 ~ 15 名。总数不能低于本项目工程施工试验检测对试验人员的要求。

为了保证施工过程的可控性,工地试验室应配备的主要仪器设备及试验项目见表 4-2。

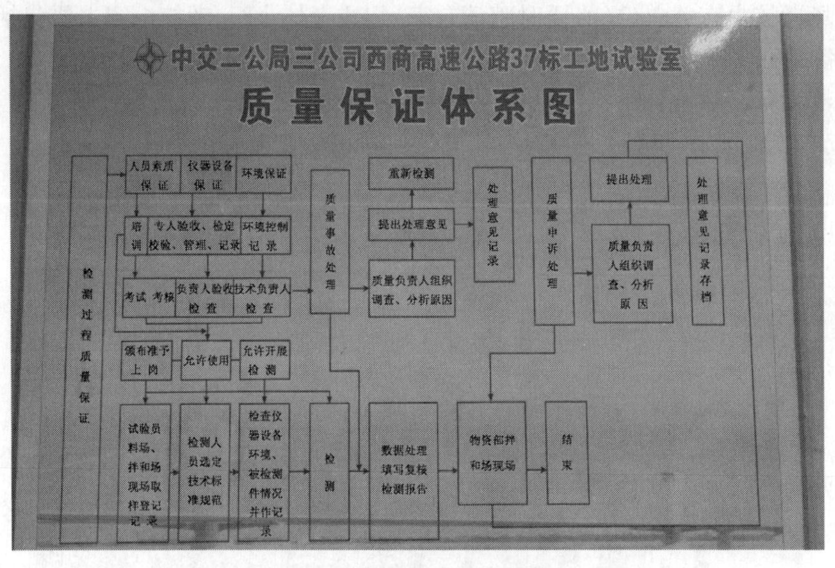

图 4-12　工地试验室质量保证体系图

工地试验室应配备的主要仪器设备及试验项目　　表 4-2

试验项目	主要仪器设备
1. 沥青三大指标	沥青针入度、延度、软化点仪、旋转薄膜烘箱
2. 集料试验：筛分、压碎值、含泥量、针片状含量、密度、黏附性	集料筛、压力机
3. 沥青混合料配合比设计	浸水天平、烘箱
4. 沥青混合料试验：抽提试验、马歇尔试验、车辙试验	沥青抽提仪、马歇尔试验仪（大小各 1 套）、沥青混合料搅拌机、动稳定度成型车及车辙仪
5. 厚度、压实度	路面取芯机（100mm）
6. 温度检测与控制	温度计、空调
7. 路面平整度、摩擦系数、构造深度、渗水系数	平整度仪、摆式仪、恒温水浴、渗水仪
8. 弯沉检测	贝克曼梁

四、碎石加工场建设

1. *碎石加工场地要求*

1）办理开采手续

（1）到国土资源部门办理相关手续，如矿界批复、储量核查审批报告、初步开采利用方案批复等；

（2）到环境保护、水土保持等部门办理相关手续；

（3）根据已批复的初步开采利用方案，进行安全生产预评价；

（4）根据已批准的相关手续，由国土资源管理部门颁发《采矿许可证》；

（5）根据已颁发的《采矿许可证》进行《开采设计方案及安全专篇》设计审查；

（6）根据已批准的安全专篇设计审查报告，企业申请开工建设，安全监督部门根据相关的法律法规及企业的准备情况进行批复；

(7)企业建设完毕，申请竣工验收；

(8)根据竣工验收的批复意见及《非煤矿山企业安全生产许可证实施办法》的相关规定，申请办理《安全生产许可证》；

(9)根据已颁发的《安全生产许可证》及安监部门的相关规定，进行生产经营。

2)场地面积与硬化要求

场地面积不小于200亩。各类料仓、进出场道路必须硬化。

2. *碎石加工设备要求*

1)碎石生产线全套设备基本要求

碎石生产线全套设备主要由振动喂料机、颚式破碎机、反击式破碎机、整形机、振动筛、皮带输送机、集中电控等设备组成。设计产量一般为100～500t/h。根据不同加工需要，可配备圆锥式破碎机、除尘设备等。碎石生产线全套设备应能进行硬质玄武岩、闪长岩等多种原料的破碎作业。碎石加工设备见图4-13。

图4-13　碎石加工设备

2)碎石生产线的5阶段基本流程

(1)粗破阶段：毛料经料仓由振动喂料机均匀地送进颚式破碎机进行粗碎。

(2)细破阶段：粗碎后的石料由皮带输送机送到反击式破碎机进一步破碎。

(3)整形阶段：二破碎石经皮带输送机输送至整形机进行整形。

(4)筛分阶段：整型后的集料由皮带输送机送进振动筛进行筛分，筛分出几种不同规格的碎石，满足单粒径要求的各种规格碎石由成品皮带输送机分别送往成品料堆；不满足单粒径要求的碎石由皮带输送机返料送到反击式破碎机进行再次破碎，形成闭路多次循环。

(5)堆放阶段：生产合格的成品料按照不同的规格分仓堆放。堆放时严禁将不同规格的碎石混仓。

石料生产流程见图4-14，生产中各环节见图4-15～图4-20。

3)碎石生产线性能要求

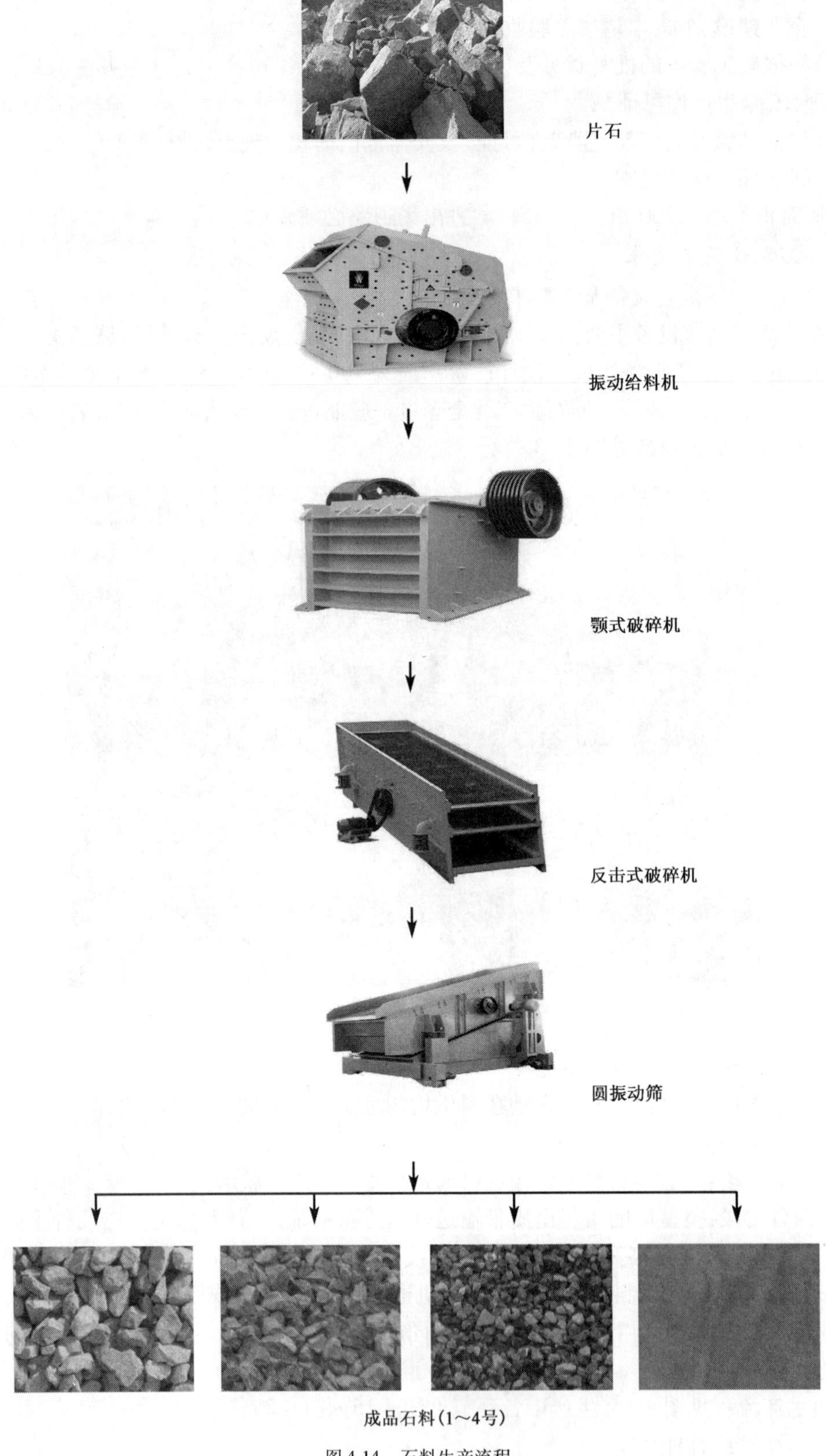

图4-14　石料生产流程

图 4-15　未开采前的母岩

图 4-16　挖掘机或开山爆破采石

图 4-17　颚式破碎机粗破

图 4-18　带除尘设备的振动筛

图 4-19　反击破碎机进行细破

图 4-20　整型机整型

碎石生产线自动化程度要求高，除了对设备开机、停机及日常维护之外，其余不应由人工操作。其生产效率高，运行成本低，产量大，收益高，成品碎石粒度均匀、粒形好，粉尘含量低。

破碎筛分联合设备在工艺流程设计中，要求有严谨的空间交叉布局，占地面积小，同时配有先进的电控操作系统，确保生产流程出料通畅，运行可靠，操作方便，高效节能。

五、前期技术准备

1. 基本工作

(1)拟定试验室规划方案、编制详细的试验工作计划(包括:原材料调查与取样计划、试验检测计划、标准试验计划)。

(2)拟定拌和站规划方案。

(3)计算各结构层材料用量，并编制逐月分解计划。

(4)编制本合同段《实施性施工组织设计》。

(5)做好导线、水准测量的一切准备工作。

(6)组织技术人员认真审核施工检测和试验检测表格，提交书面反馈意见。

(7)复核施工图纸，提交复核报告。

(8)联系完成办理公文所需的相关工作。

2. 三阶段配合比设计与验证工作

在进行 SMA 三阶段配合比设计时，为了在同一个建设项目实现路面质量偏差小、建设品质一致，配合比设计的组织工作应做到“六个统一”，即统一思想、统一理论、统一方法、统一材料、统一试验人员、统一分析数据。

目标配合比设计完成后，应提交专家会初审，之后进行配合比试拌验证。各项指标合格后，进行试验路施工。

验证后的配合比经专家会再次评审后方可用于大面积施工。SMA 配合比设计所用原材料及成型的马歇尔试件见图 4-21 和图 4-22。

图 4-21　原材料

图 4-22　成型马歇尔试件

第二节　原材料技术指标与质量要求

一、沥青材料技术指标与质量要求

1. 沥青的技术指标要求

根据项目所在地的自然、地理、气候环境等条件，及沥青面层各层的功能性要求，SMA 上面层应采用 SBS 改性沥青。用于改性的基质沥青为 90 号-A，SBS(Ⅰ-C)改性沥青技术指标及要求见表 4-3。

SBS(Ⅰ-C)改性沥青技术指标及要求　　表 4-3

项　目		规范值	项目要求值	试验方法
针入度(25℃,100g,5s)　(0.1mm)		60～80		T 0604—2011
针入度指数 PI		≥-0.4		T 0604—2011
延度(5cm/min,5℃)　(cm)		≥30	≥35	T 0605—2011
软化点(环球法)　(℃)		≥55	≥70	T 0606—2011
运动黏度 135℃(Pa·s)		≤3.0	1.8～3	T 0625—2011
闪点(COC)　(℃)		≥230		T 0611—2011
溶解度(三氯乙烯)　(%)		≥99		T 0607—2011
与集料的黏附性(级)		5 级		T 0616—1993
离析,软化点差(℃)		≤2.5		T 0661—2011
弹性恢复 25℃(%)		≥65	≥80	T 0662—2000
储存稳定性离析,48h 软化点差		≤2.5		T 0661—2011
旋转薄膜加热试验 163℃,75min	质量损失(%)	≤±1.0		T 0609—2011
	针入度比(25℃)(%)	≥60	≥65	T 0609、T 0604
	延度(5℃)(cm)	≥20	25	T 0609、T 0605

2. 基质沥青质量的检查与管理

1)进口沥青到港、到岸的取样送检

进口的基质沥青一旦到达港岸,沥青供应商必须在第一时间以书面形式通知项目管理机构取样,同时提供本批进口沥青的数量、到达时间、采购合同、沥青出厂检测报告、SGS检测报告、中国口岸商检报告。业主取样代表在查阅各种文件后,认为沥青符合有关文件的要求后才能取样,如果发现不符合要求,业主代表有权不取样,并不允许该沥青泵入供本项目使用的油罐。采取循环取样、送样试验方法,取样必须分成若干份,一部分封存留样,一部分供检测之用,所取样品必须送至具有检测资质的单位检测,检测结果合格后方能使用。

2)到达工地的沥青进行三大指标的检测

到达工地的每车沥青必须具备三个条件后方能泵入沥青储罐:一是有驻厂监理签字的出厂检测报告、运输车牌号和运单相符并有驾驶员签字;二是沥青罐车加油口和卸油口铅封完好;三是施工单位会同监理工程师取样检测,并封存留样,见图4-23。

图4-23　沥青留样室

沥青运输车到工地后,施工单位必须及时检测沥青三大指标,检测合格后方能卸车,检测不合格的沥青必须退还沥青供应商。如对检测结果存在分歧,可以将封存的留样沥青送双方共同认可的质检部门进行复检仲裁。施工单位和监理单位必须建立沥青检测和使用台账。台账内容应包括货物名称、标号、数量、到货时间,检测结果及使用日期、使用桩号和层次等,并将每天的沥青检测情况报送中心试验室。

3)项目管理机构抽检

如果项目管理机构质检人员发现正在使用的沥青存在质量问题,而施工单位和监理单位没有发现,一方面将该沥青铺筑的路面全部铣刨,损失由施工单位承担,另一方面对沥青厂家进行索赔,对监理单位和中心试验室进行处罚。

3. 改性剂要求

1)改性剂类型的选择原则

改性剂的选择应根据工程所在地区的气候条件、交通条件、经济实力、改性沥青设备条件,以及当地沥青路面的主要破坏形式、改性目的等因素综合考虑。一般情况下,应按以下原则进行改性剂选择:

(1)根据不同的气候条件选择。对南方夏季炎热地区,高温稳定性要求高,SBS、PE、EVA等改性效果较好;而对低温寒冷地区,抗裂性能要求较高,SBS、SBR 的改性效果较好。在我国许多内陆地区和华北、中南、西北地区,夏季炎热,冬季寒冷,高低温要求都很高,选择 SBS 两方面都能兼顾到,是首选对象。

(2)根据不同的荷载条件选择。以轻型车辆为主的道路,抗裂要求是重点,可选择 SBS、SBR 等;以重载交通为主的高速公路、运煤干线,主要是抵抗车辙、拥包等永久性变形,则可考虑采用 SBS、PE、EVA 等改性剂,见图 4-24。

图 4-24　SBS 改性剂

(3)根据现有的加工能力。改性沥青的加工非常重要,根据改性剂的种类,可采取直接加入法,即将改性剂直接投入拌和楼与混合料一起拌和,如 SBR 胶乳;也可采用预混法,即事先将改性剂混入基质沥青中,分散均匀,然后喷入混合料中拌和,大部分改性剂,包括 SBR 胶乳都可采用预混法制作改性沥青;对许多改性剂,如 SBS、PE、EVA 等必须采用高速剪切、胶体磨、混炼等特殊的加工方式,才能使改性剂达到分散均匀的目的。

(4)经过技术经济分析确定改性方案。改性沥青的成本主要由改性剂的成本、加工费、采用改性沥青后因增加沥青用量而增加的费用等三部分组成。对于任何一个工程,应从技术性能和经济成本两方面综合分析,选择成本低、性能好、效果好的改性剂和制作方式。

同一个工程最好采用同一类型、同一品牌的改性剂。改性沥青的加工方式最好采用工厂化集中加工,这样很容易做到加工数量满足工程需要。在质量控制方面也便于集中监控,可实现成品改性沥青“先检测、后发货、再使用”的效果。

2)改性剂的存放要求

改性剂进场后,必须进行妥善存储。必须搭建专用的库房存放,做到防潮、防火、防盗等。不同类型的改性剂应存放在不同的仓库内,以免混用,见图 4-25。

4. SBS 改性沥青加工质量控制

1)改性沥青的加工

(1)原材料检验。沥青供应商(包括改性沥青加工厂商)在基质沥青、改性剂、稳定剂进厂时,应及时通知中心试验室、驻厂监理和施工单位代表进行检查确认,同时总监办、驻地办应对改性剂、稳定剂的品牌、数量等建立进厂数量和消耗数量台账。

图4-25　改性剂存放入库

(2)生产过程检查。总监办应安排相关人员和施工单位代表对改性沥青的生产过程进行检查,并在改性设备上由业主统一安装改性沥青生产过程监控设备。对沥青加工温度、改性剂添加量、研磨时间、研磨遍数、研磨细度、改性沥青发育罐的发育时间、发育温度、储存温度、储存时间、储存期间是否按规定进行搅拌等进行检查,并做好检查记录。在大量生产前,改性沥青生产厂商必须向路面技术咨询单位提供改性剂添加量为3.5%、4%、4.5%、5%、5.5%的改性沥青样本,以备确定改性剂合理掺量。

(3)总量核查。改性沥青生产过程中,驻厂监理工程师每天应对改性沥青加工生产量、基质沥青和改性剂用量等进行总量核查,生产厂商应如实向驻厂监理提供当日改性车间控制室材料消耗电脑打印清单。驻厂监理工程师应建立材料消耗台账。

(4)发育与储存时间。发育储存时间应满足规范要求,储存时间不得超过保质期。

(5)技术交底。改性沥青生产厂商应向监理工程师和施工单位代表提供改性沥青产品说明书,对产品的生产工艺、检验方法、技术指标、运输、储存条件、储存期注意事项、储存时间、使用方法、使用安全性等进行说明。

(6)改性沥青出厂。改性沥青出厂时,厂方应对罐车加油口和卸油口进行铅封。供应厂商向监理工程师和施工单位代表出具出厂检验报告单。施工单位代表应及时取样进行检验及留样封存,并与驻厂监理共同进行检验,见图4-26。

(7)技术指标和材料消耗总量双控。对成品改性沥青质量实行技术指标和材料消耗总量双控。只有出厂检验各项技术指标合格,每批产品的基质沥青、改性剂消耗总量符合规定比例,监理工程师方可对检验报告单、发运单予以签认,允许出厂。

(8)改性沥青运至工地后检验。改性沥青运至工地后,施工单位材料供应和试验人员应对随车出厂检验单、发货运单、铅封等进行检查,确认监理签字无误,运单车牌号与罐车牌号相符,铅封完好,即可启封取样进行检验,并留样封存。检验合格后方可卸货入库(罐);否则,应做退货处理,见图4-27。

2)质量抽检的取样与送检

中心试验室每月至少两次到基质沥青存储地点和改性沥青加工厂取样进行质量抽检。若沥青技术质量指标出现变异时，应会同供应商、高驻办、施工单位代表共同对基质沥青和改性沥青进行取样，同一样品分别送3家检测机构同时进行外委检验，施工单位、中心试验室进行平行试验。

图4-26　改性沥青出厂前质量抽检

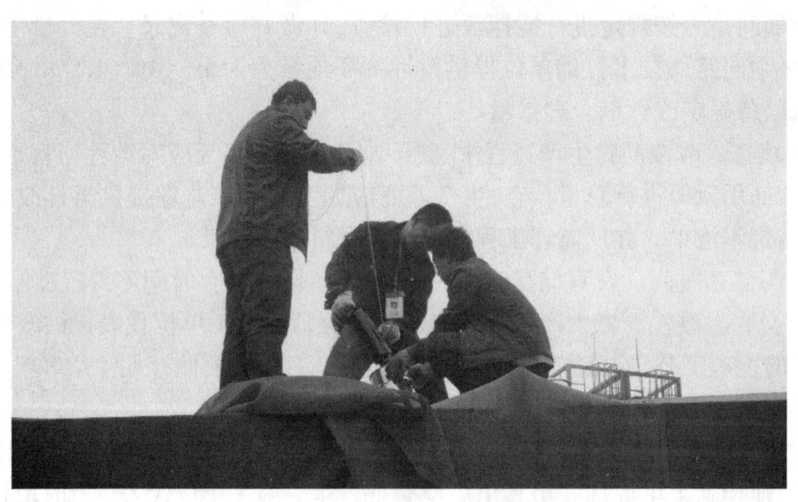

图4-27　改性沥青进场后质量抽检

3）质量抽检试验结果的采用

三家检测机构中，若有两家检验合格，则该批基质沥青或改性沥青为合格；否则，该批（罐）沥青或改性沥青为不合格。

4）运至工地的改性沥青质量检验

改性沥青运至工地后，施工单位试验室应及时通知高驻办，与中心试验室共同对运至工地的改性沥青进行随机抽检。中心试验室、施工单位两家中，若有一家检验结果不合格时，应共同复检，或由权威检验机构仲裁。

5）沥青取样要求

沥青取样筒为容量为5kg的金属筒，由取样地所在单位负责提供，同时提供取样（留样）

标签,每次留样应不少于4份。

6)质量管理报表的填报

驻厂监理和驻厂施工单位代表应每日填写《SBS改性沥青加工质量控制表》,见表4-4,每10日上报1次。

SBS改性沥青加工质量控制表 表4-4

日　期	基质沥青(t)	改性剂(t)	稳定剂(t)	改性沥青三大指标检验		
				针入度(25℃)	软化点	延度(5℃)

7)改性沥青的储存

沥青混合料拌和厂必须将不同来源、不同标号的改性沥青分开存放,不得混杂。改性沥青使用期间,沥青在储罐中储存的温度不能低于160℃,且不得高于175℃。改性沥青在工地储存期间,储油罐应保持规定的温度,罐内应安装搅拌设施,在储存期间应不间断搅拌或在罐内泵送循环,以避免改性剂发生离析,见图4-28。

图4-28　改性沥青搅拌设备

8)改性沥青抽检项目及频率

(1)改性沥青厂家确定及生产稳定后,在配合比试验前、每批沥青进入现场后,按规范取样进行全套试验。

(2)改性沥青出厂、进入施工现场每车取样,进行三大指标检测。

(3)运至工地,储存2d以上的改性沥青,在储存罐中取样,进行三大指标试验。

(4)每周进行1次离析试验。

二、粗集料技术指标与质量要求

1.粗集料质量要求

粗集料应洁净、干燥、表面粗糙、形状接近立方体,且无风化、无杂质,并有足够的强度、耐磨耗性。须选用圆锥破碎机、冲击破碎机或反击式破碎机加工的碎石，不得采用颚式单机加工的碎石，同时在生产过程中必须采取除尘措施。SMA 的粗集料宜采用玄武岩、闪长岩、片麻岩或性能相当的岩石。

加工碎石的筛孔尺寸，必须与沥青拌和楼的热料仓筛孔尺寸相对应，以便最大限度地使用进场材料，做到“不溢料或少溢料”，提高生产率，保证混合料的质量。

进场后粗集料必须隔离、分级、呈台阶式堆放且堆料场必须硬化，各种材料应插牌标示，标示牌内容应包括材料名称、规格、用途、产地等。

粗集料的工程技术指标应符合表 4-5 的要求。

SMA 用粗集料质量要求 表 4-5

指标		规范值
集料表观相对密度		≥2.6
集料压碎值(%)		≤26
坚固性(%)		≤12
洛杉矶磨耗损失(%)		≤28
集料吸水率(%)		≤2.0
针片颗粒状含量(%)	混合料	≤15
	其中粒径大于 9.5mm(%)	≤12
	其中粒径小于 9.5mm(%)	≤18
磨光值(PSV)		≥42
与沥青的黏附性(级)		≥4
水洗法 <0.075mm 颗粒含量(%)		≤1
软石含量(%)		≤3

2. 粗集料水洗要求

SMA 路面所用粗集料应在加工时水洗，进场后二次清洗，同时为确保石料针片状含量满足规范要求，生产时必须采用整型机。为了增强石料与沥青的黏附性，必须采取有效的方法进行处理，如掺加抗剥落剂、掺加消石灰粉等。水洗设备的总生产能力不小于 500m^3/d 以上。碎石水洗设备见图 4-29，水洗工艺见图 4-30。

图 4-29 碎石水洗设备

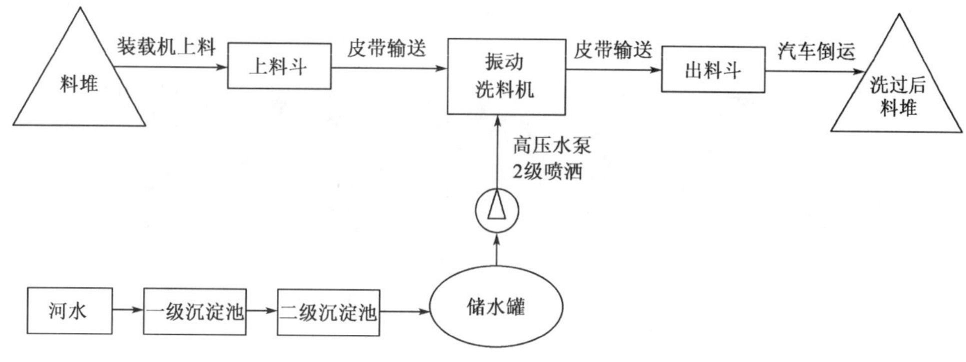

图 4-30　碎石水洗工艺图

(1)水洗材料范围

仅对 4.75mm 以上规格的碎石材料进行二次水洗。

(2)质量指标

筛孔选择:选择合适筛孔,水洗后各种规格碎石的单粒径级配仍应符合规范要求。

二次水洗后含泥量要求:19 ~ 9.5mm 或 16 ~ 9.5mm、9.5 ~ 4.75mm 碎石的含泥量均不大于 0.3%。

(3)水质要求

洗料必须用洁净井水或河水,不能使用循环水,水量必须充足。水洗前后碎石材料见图 4-31 和图 4-32。

图 4-31　水洗前碎石

(4)堆放与保管

洗出的碎石应表面清洁,不粘粉尘;碎石水洗后应堆放在已硬化的干净场地上,场地需具有排水功能;水洗后的碎石必须严密覆盖保存,不得造成再次污染。

3. 集料质量的检查与管理

(1)监理工程师不定期对轧石场进行集料加工质量控制。主要工作内容包括以下 5 点:

①控制含泥量。下雨天和雨后 2d 不能开山炸石加工生产;开采片石必须严格剥除山皮、

杂岩和泥块,严禁山皮和含泥的片石进入碎石机喂料口;碎石厂喂料平台必须用水泥混凝土硬化;碎石机必须振动喂料,排渣口处的皮带运输确保正常工作。

图4-32 水洗后的成品碎石

②控制粉尘含量。碎石厂必须安装除尘设备并保证其正常工作,定期检查和清空除尘管道和除尘布袋,防止发生堵塞而影响除尘效果。

③控制杂岩含量。白色的石英岩等酸性集料、黄色的水锈岩和风化岩等劣质岩石、炭黑色的煤矸石等必须剔除,不得进入喂料口。

④碎石材料严格分规格堆放,不得混堆。

⑤定期检查筛网和夯锤。每天或需要时对集料级配抽检1次,发现问题及时更换。

(2)施工单位控制拌和场的集料质量。主要工作内容包括以下3点:

①混合料拌和场地必须硬化,统一规划,不同料源、不同规格材料必须严格分开存放,不得混杂。同一个工程采用不同厂家的材料时,应先做到料源振动筛筛网规格一致,确保集料品种、规格相同,保证集料配制外观一致,严格控制材料的变异性。

②粗集料存放必须分层堆放,层高不超过1.2m,汽车紧密卸料,然后用推土机或挖掘机推平。禁止汽车自料堆顶部往下卸料,以减少集料离析,见图4-33。

③到达工地的每车集料必须具备条件后方能卸到该规格料堆:目测含泥量、杂岩含量(白色的石英岩等酸性集料、黄色的水锈岩和风化岩等劣质岩石、炭黑色的煤矸石等)、粉尘含量、材料规格合格。不具备上述条件的材料一律不得卸料。施工单位每天必须检测进厂集料的含泥量和单粒径级配,如果不合格,一律清场。

(3)监理单位控制拌和场的集料质量。主要工作内容包括以下3点:

①驻场监理每天上、下午各一次巡视拌和场的集料质量,重点巡视、目测含泥量、杂岩含量、粉尘含量、材料规格是否合格。针对巡视目测存在问题的集料,检测其含泥量、杂岩含量和单粒径级配,必要时应进行筛分,如果不合格,一律清场。

②当材料发生变异时,随时进行材质主要指标试验。中心试验室每半个月提出各拌和厂进场集料的评价报告。

③随机检查拌和场磅房。检查进料台账和进料渠道,特别是检查是否有未经监理批准的

材料进场。

图 4-33　碎石分层堆放

（4）项目管理机构不定期抽查集料质量。

当项目管理机构质检人员发现正在使用的集料存在质量问题，而施工单位和监理单位没有发现时，一方面应将该集料铺筑的路面进行处理或返工，没有使用的材料全部清场，损失由施工单位承担，另一方面对监理单位和中心试验室进行处罚。必要时，项目管理机构应增加试验监理人员进驻石料场协助施工单位人员监督和管理石料生产。

4. 粗集料试验检测频率

（1）料源确定、配合比试验前和料源发生变化时，均进行 1 次全套试验，进料过程中按频率进行指标检测。

（2）材料单项指标异常时，进行单项或多项指标试验。

（3）SMA 上面层进料过程中，每 1 000m^3 进行 1 次筛分、0.075mm 以下颗粒含量试验。

（4）水洗筛分试验频率：施工单位 500m^3/次，监理单位 1 000m^3/次，要求建立水洗试验检测台账。

三、细集料技术指标与质量要求

细集料采用机制砂。机制砂严禁采用石屑加工，必须采用 10 ~ 30mm 的洁净石灰岩碎石在制砂机加工机制砂。机制砂应洁净、干燥、无风化、无杂物。

细集料的技术要求见表 4-6 和表 4-7。

SMA 用细集料试验项目及技术指标　　表 4-6

项　目	单　位	技术指标	试验规程
含泥量（小于 0.075mm 的含量）	%	≤3	T 0333—2000
坚固性（>0.3mm 部分）	%	≤12	T 0340—2005
视密度	t/m^3	≥2.5	T 0328—2005
砂当量	%	≥60	T 0334—2005
亚甲蓝值	g/kg	≤25	T 0349—2005
棱角性（流动时间）	s	≥30	T 0345—2005

SMA 用细集料规格　表 4-7

筛孔	4.75	2.36	1.18	0.6	0.3	0.15	0.075
2.36 ~ 0mm	100	80 ~ 100	50 ~ 80	25 ~ 60	8 ~ 45	0 ~ 25	0 ~ 12

细集料试验检测频率：

(1)料源确定、材料进场后、配合比试验前、料源发生变化时，均应进行 1 次全套试验。

(2)材料单项指标异常时，进行单项或多项指标试验。

(3)每 1 000m^3 进行 1 次级配、0.075mm 以下含量和砂当量检测。

SMA 用矿料规格划分及筛孔尺寸见表 4-8，各规格粗集料级配范围见表 4-9。

SMA 用集料规格划分及筛孔尺寸　表 4-8

集料规格(mm)	A 料	B 料	C 料	D 料(机制砂)	矿粉
SMA-13	16.0 ~ 9.5	9.5 ~ 4.75	4.75 ~ 2.36	2.36 以下	<0.075
SMA-16	19.0 ~ 9.5	9.5 ~ 4.75	4.75 ~ 2.36	2.36 以下	<0.075

SMA-16、SMA-13 上面层各规格粗集料级配范围　表 4-9

筛孔(mm) 规格(mm)	19	16	13.2	9.5	4.75	2.36	0.6
19.0 ~ 9.5	100	90 ~ 100	40 ~ 60	0 ~ 15			
16.0 ~ 9.5		100	90 ~ 100	10 ~ 30	0 ~ 5		
9.5 ~ 4.75			100	90 ~ 100	0 ~ 15	0 ~ 5	
4.75 ~ 2.36				100	90 ~ 100	0 ~ 15	0 ~ 3

四、填料技术指标与质量要求

1. 质量要求

SMA 混合料的填料必须采用 19.0 ~ 9.5mm 的石灰岩碎石或岩浆岩中的强基性岩石等憎水性集料经磨细得到的矿粉，原材料中不得含有泥土、杂岩等杂质。矿粉要求干燥、洁净、能自由地从矿粉仓流出。

填料必须采用专用磨细设备工厂化加工，数量不低于 2 台。

严禁使用回收粉，回收粉应采用湿法排出，并集中存放、运输出场外废弃。回收粉应建立回收、清理台账，以备检查。

填料的技术要求见表 4-10。

进场的矿粉必须经过施工单位和驻拌和厂监理的检测，合格后才能泵入矿粉筒仓。日常进料检测项目为外观、细度和含水率。

目测三项指标：一是颜色，正常的颜色应该是灰白色，如果颜色为黄色，则含泥量过高，不合格；如果颜色为黑色，则煤矸石含量高，不合格。二是将少许矿粉放入水中搅拌后观测，如果搅拌后表面漂浮一层黑色物，则矿粉含有较多的煤矸石，不合格；三是用手检查磨细度，矿粉细度与水泥相当，比水泥稍粗，没有明显的颗粒感。

袋装矿粉应建库存放，并保持库房干燥，以防雨水淋湿受潮影响生产。干燥的矿粉必须用专用罐车打入沥青拌和楼矿粉存储罐内，见图 4-34。

填料的技术要求 表 4-10

项目		单位	规范值	试验规范
表观相对密度		t/m^3	≥2.5	T 0352—2000
亲水系数		—	≤1.0	T 0353—2000
外观		—	无团粒结块	
塑性指数		%	<4	T 0354—2000
含水率		%	≤1.0	T 0354—2000
加热安定性		—	实测记录	T 0355—2000
粒度范围	<0.6mm	%	100	T 0351—2000
	<0.15mm	%	90 ~ 100	
	<0.075mm	%	75 ~ 100	

图 4-34 专用罐车将矿粉打入矿粉存储罐内

2. 检测频率

(1)确定料源、配合比试验前、首次进场后、异常时,进行全套试验。

(2)施工中每天进行 1 次外观、细度、含水率检测;每周进行 1 批次亲水系数检测。

3. 消石灰粉加工工艺与质量要求

(1)消石灰粉生产原料采用块状生石灰,生石灰应焙烧熟透、无杂质,钙镁含量应达Ⅱ级以上。块状生石灰运输、储存应采取严密防雨、防潮措施。

(2)消石灰粉生产场地应进行硬化,并搭设风雨篷。消解时将生石灰块平堆在硬化好的消解池中,每次投入量约 30m^3,堆放厚度 70cm 左右,采用喷淋方法进行消解。

(3)消解时应最大限度地增加水与生石灰块的接触面积。经试验,每立方米生石灰完全消解用水量为 150kg 左右,每池消解时间约为 7h。

(4)将消解好的石灰通过 1cm 孔径振动筛过筛,然后进入球磨机进行研磨。成品消石灰粉通过输送带传输至密闭的储存罐储存、待检。

在拌和楼上安装消石灰粉专用罐,见图 4-35。

(5)对加工好的消石灰粉取样进行质量检验,当钙镁含量达到Ⅱ级以上指标,且细度和含水率满足要求后方可出厂。消石灰粉技术指标要求见表4-11。

图4-35 拌和楼上安装消石灰粉专用罐

消石灰粉技术指标要求 表4-11

序号	指标	单位	技术要求	备注
1	表观相对密度	g/cm^3	—	
2	0.075mm通过率	%	90～100	
3	含水率	%	≤1	
4	有效钙镁含量	%	≥60	注意生产与使用的间隔时间，避免钙镁含量衰减

4. 填料对SMA路面的影响

矿粉在沥青混合料中的作用至关重要，沥青只有吸附在矿粉表面才能形成薄膜，才能对其他粗细集料产生黏附作用，即沥青与矿粉的结合才是真正的沥青结合料。

(1)岩性的选择。试验表明，石灰岩矿粉比其他岩性矿粉与沥青的黏附性要好得多，因此，必须选用石灰岩矿粉。

(2)矿粉的添加数量。SMA的特点之一是沥青用量多。但沥青混合料内部的自由沥青不能多，都应该成为结构沥青，才能发挥沥青的作用。为了与较多的沥青用量相匹配，就需要较多的矿粉，如果矿粉不足，导致沥青膜太厚，将使游离的自由沥青太多，成为集料产生相对位移的润滑剂，尤其在高温季节，容易导致车辙。另外，矿粉数量太少，不足以形成沥青玛蹄脂，沥青必然有所富余，动稳定度就不可能提高。一般情况下，SMA粉胶比通常为1.8～2.0。

对于SMA结构，最小沥青膜厚度应大于8μm，同一油石比下，沥青膜厚度几乎是由矿粉用量和矿粉细度所决定。

矿粉添加数量不准确，会导致混合料油石比不稳定，混合料颜色不一致。SMA摊铺面若出现沥青不均匀，有的地方油多，有的部位有干涩现象，多半与矿粉数量添加不准确有关。而矿粉数量添加不准确的原因与拌和过程中矿粉飞扬有关，没有按要求补足，或是因为矿粉材料受潮结团。

(3)少量使用消石灰粉对改善混合料的水稳定性有明显作用，且能延缓沥青老化，提高混合料耐久性。一般消石灰粉用量占矿粉总量的10%～20%。

五、纤维稳定剂技术指标与质量要求

1. 木质素纤维技术要求

我国现行《公路沥青路面施工技术规范》(JTG F40—2004)中对木质素纤维的技术要求如表4-12所示。

木质素纤维的技术要求 表4-12

项　　目	单位	指　　标	试验方法
纤维长度　≤	mm	6	水溶液用显微镜观测
灰分含量	%	18±5	高温590～600℃燃烧后测定残留物
pH值	—	7.5±1.0	水溶液用pH试纸或pH计测定
吸油率　≥	—	纤维质量的5倍	用煤油浸泡后放在筛上经振敲后称量
含水率(以质量计)　≤	%	≤5	105℃烘箱烘2h后冷却称量

2. 纤维的储存、运输要求及检验频率

(1)纤维材料应在250℃的干拌温度下,不变质、不发脆。纤维必须在混合料拌和过程中能充分分散均匀。

(2)纤维在运输及使用过程中应有防雨措施,避免受潮结团,同时采取严格的防火措施,装卸时严禁操作人员吸烟和使用明火。

(3)进场的纤维应存放在有地面防潮设施的室内或有棚盖的专用仓库内,见图4-36。

图4-36　木质素纤维材料规范堆放

(4)使用纤维必须符合环保要求,不危害身体健康。

(5)纤维的检测:

①每进场1批进行1次全套检测;

②施工中,每天对其外观进行检查。

3. 颗粒状木质素纤维工程应用情况

德国VIATOP颗粒木质素纤维在德国SMA路面中得到大量使用,道路品质优良。福银高

速西安至咸阳国际机场段路面维修项目在进行木质素纤维选择时，借鉴了省内外多条高速公路的成功经验，采用了颗粒木质素纤维，并就该纤维的性能和添加技术进行专题研讨。该路面维修项目由于工期紧，整治项目多，施工任务重，因此，施工单位未能配备到适宜的纤维添加设备。为了确保满足添加精度的要求，使用时将已进场的大包装纤维按每6kg一小袋分装，采用人工添加。对于日工牌4000型拌和楼每锅（4 000kg）添加2小袋（12kg）。该项目SMA-16混合料总用量为45 188t，纤维总用量为136t。

工程实践表明，无论采用哪种木质素纤维，SMA混合料的性能均能满足要求，只是质量会存在一定差异。表4-13是颗粒状纤维与絮状纤维比较，表4-14是陕西省2条高速公路使用颗粒状纤维与絮状纤维生产的SMA路面性能对比。

颗粒状纤维与絮状纤维比较 表4-13

项　　目	颗粒状纤维	絮 状 纤 维
外观	灰色、圆柱状	灰色、絮状
原理	先对絮状纤维覆以沥青涂层，再加工成颗粒	絮状，未再加工
分散性	已预分散，混合料均匀，和易性好	较难分散
添加方式	可机械，也可人工添加	必须机械添加
添加时间	人工5~10s	机械14~17s
对空气湿度的敏感度	不敏感，不易受潮	敏感，易受潮
分包和投放时损耗情况	损耗少	损耗大
存放安全性	相对安全，不易着火	易着火
施工环保性	无污染	有污染
干拌时间	≥18s	≥15s

添加不同纤维的SMA路面性能对比 表4-14

项　　目	福银高速西安机场段	福银高速永寿至咸阳段
纤维类别	颗粒状木质素	絮状木质素
产地/厂家	德国JRSVIATOP premium	国产某品牌
包装方式（kg/包）	500	20
掺量（%）	0.3	0.3
混合料外观目测	混合料黏聚性好	混合料黏聚性一般
低温弯曲试验破坏应变（με）（要求≥2 800）	3 370	3 128
新铺筑路面构造深度（mm）　≥0.8	1.1	0.9
新铺路面的摩擦系数（mm）　≥45	60	55
路面表观质量	表面均匀，不易糊面	易产生油斑、糊面

第三节　施工设备要求

SMA路面主要施工设备包括：沥青拌和楼、运输车辆、沥青摊铺机、压路机及其他辅助设备。所有设备的数量应根据所建工程的规模大小和工期长短而定，但设备的性能必须满足正常运转的需要。

一、拌和设备要求

(1)沥青混合料必须在沥青拌和厂(场、站)采用拌和机械拌制,拌和设备应安装沥青混合料生产过程动态质量监控器。

(2)SMA 混合料必须采用间歇式拌和机拌和。

目前,在国内生产 SMA 混合料的沥青拌和机以 4000 型或 5000 型为主,其常用的品牌有玛连尼 MAP320,德国产边宁荷夫 4000 型、日工 NAPNBD320,德基 4000 型沥青沥青拌和楼,德基 DG5000 型沥青拌和楼,英国 ACP4000 型沥青拌和楼,三一重工 4000 型沥青拌和楼,LB4000 沥青拌和楼等,见图 4-37。

图 4-37　沥青拌和设备

(3)沥青混合料拌和设备的各种传感器必须定期检定,周期不少于每年两次。冷料供料装置需经标定得出集料供料曲线。

(4)间歇式拌和机总拌和能力满足施工进度要求。拌和机除尘设备完好,能达到环保要求。冷料仓的数量满足配合比需要,通常不宜少于 5 ~ 6 个。具有添加纤维、消石灰等外掺剂的设备。拌和楼冷料仓上必须搭设风雨棚,见图 4-38。

(5)间歇式拌和机必须配备计算机设备,拌和过程中必须开通逐盘打印功能,打印各种材料的用量和沥青混合料拌和量、拌和温度等各种参数,每个台班结束时打印出一个台班的统计量。按《公路沥青路面施工技术规范》(JTG F40—2004)中的方法,进行沥青混合料生产质量及铺筑厚度的总量检验。总量检验的数据有异常波动时,应立即停止生产,分析原因。

(6)沥青混合料的生产温度应符合要求。烘干集料的残余含水率不得大于 0.3%。每天开始几盘集料应提高加热温度,并干拌几锅集料废弃,再正式加沥青拌和混合料。

(7)拌和机的矿粉仓应配备振动装置以防止矿粉起拱。添加消石灰、水泥等外掺剂时,宜增加粉料仓,也可由专用管线和螺旋升送器直接加入拌和锅。若与矿粉混合使用时应注意两者因密度不同发生离析。

(8)拌和机的回收粉必须采取湿法排放,见图 4-39。

(9)SMA 沥青混合料拌和时间根据具体情况经试拌确定,以沥青均匀裹覆集料为度。

(10)间歇式拌和机的振动筛规格应与矿料规格相匹配,最大筛孔应略大于矿料最大粒径,其余筛的设置应考虑混合料的级配稳定,并尽量使热料仓大体均衡。不同级配混合料必须配置不同的筛孔组合。

图4-38　拌和楼冷料仓上搭设风雨棚

图4-39　湿法排放回收粉

(11)间隙式拌和机生产的SMA混合料应随拌随用。

(12)使用改性沥青时应随时检查沥青泵、管道、计量器是否受堵,堵塞时应及时清洗。

沥青拌和楼的数量应根据工程量的大小、工期、地理位置等因素来决定。一般情况下双向8车道SMA路面拌和设备要求见表4-15。

双向8车道SMA路面拌和设备要求　　表4-15

设备名称	规格、型号	单位	数量	备注
沥青拌和楼	4000型及以上			具有6个冷料仓,5个热料仓,具备逐盘打印功能,安装沥青混合料生产过程动态质量监控器
发电机组	功率满足需要	台	满足需要	新旧程度为90%以上
改性沥青存储罐	50t能力	个	6~8	罐内应有搅拌装置

经工程实践统计,以日工 NBD320 型拌和楼为例,同一型号的拌和楼拌和不同类型的混合料,其生产能力比较见表 4-16。

日工 NBD320 型拌和楼生产能力比较 表 4-16

<table>
<tr><th colspan="2" rowspan="2">结构类型</th><th rowspan="2">层次</th><th colspan="3">工程实践总结的最佳拌和时间(s)</th><th rowspan="2">实际拌和能力(t/h)</th><th rowspan="2">设计拌和能力(t/h)</th></tr>
<tr><th>干拌</th><th>湿拌</th><th>周期</th></tr>
<tr><td colspan="2">ATB-30</td><td>下面层</td><td>2</td><td>36</td><td>48</td><td>300</td><td rowspan="7">320</td></tr>
<tr><td rowspan="2">AC-20</td><td>不加纤维</td><td rowspan="2">中面层</td><td>4</td><td>40</td><td>54</td><td>270</td></tr>
<tr><td>桥面添加 0.2% 聚酯纤维</td><td>10</td><td>42</td><td>62</td><td>230</td></tr>
<tr><td colspan="2">AC-13</td><td rowspan="4">上面层</td><td>5</td><td>44</td><td>60</td><td>250</td></tr>
<tr><td colspan="2">SMA-13(添加木质素纤维)</td><td>18</td><td>45</td><td>75</td><td>180</td></tr>
<tr><td rowspan="2">OGFC-13 排水性沥青混合料</td><td>不加纤维</td><td>17</td><td>45</td><td>74</td><td>190</td></tr>
<tr><td>桥面添加 0.1% 聚酯纤维</td><td>17</td><td>45</td><td>74</td><td>190</td></tr>
</table>

二、纤维添加设备要求

SMA 的纤维必须在混合料中充分分散,拌和均匀。当精度能满足要求时,也可将纤维(絮状或颗粒状)分装成塑料小包或由人工量取直接投入拌和锅。

纤维投放设备使用前,必须进行计量标定,纤维掺加量的允许误差不宜超过 ±2%。

纤维添加设备要求见表 4-17。

纤维添加设备要求 表 4-17

设备名称	单位	数量	备注
纤维添加设备	台	每台拌和楼配 2 台	具有自动称重计量系统,计量误差≤2%

三、运输车辆要求

运输车辆要求见表 4-18。

运输车辆要求 表 4-18

设备名称	规格、型号	单位	数量	备注
自卸汽车	25t 以上	台	满足需要	1. 新旧程度为 70% 以上; 2. 车厢四周必须采取保温措施

四、摊铺设备要求

(1)铺筑 SMA 必须使用履带式摊铺机。摊铺机的受料斗应涂刷薄层隔离剂或防黏结剂。

(2)应根据路幅宽度,采用两台或更多台数的摊铺机前后错开 3 ~ 5m 呈梯队方式同步摊铺,并避开车道轮迹带,上下层的搭接位置宜错开 200mm 以上。

双向 8 车道 SMA 路面摊铺设备要求见表 4-19。

在国内,SMA 路面施工常用的摊铺机品牌有福格勒、ABG525 型及 8820 型、戴纳派克等。

双向 8 车道 SMA 路面摊铺设备要求 表 4-19

设备名称	规格、型号	单　位	数　量	备　　注
摊铺机	福格勒 1800、ABG525 型及 8820 型、戴纳派克等	台	3～4	单机摊铺宽度 12m，新旧程度为 90% 以上，同一作业面上型号和新旧程度应一致

五、压实设备要求

SMA 路面压实设备的性能应满足连续施工、强压强振、自动洒水等要求。

铺筑双向 4 车道沥青路面的压路机数量不宜少于 5～6 台。施工气温低、风大、碾压层薄时，压路机数量应适当增加。

双向 8 车道 SMA 路面压实设备要求见表 4-20。

双向 8 车道 SMA 路面压实设备要求 表 4-20

设 备 名 称	规格、型号	单　位	数　量	备　　注
双钢轮振动压路机	11～13t 的双驱双振双钢轮进口压路机	台	4～5	新旧程度为 90% 以上，SMA 路面和大跨距桥梁桥面铺装碾压采用振荡压路机配合碾压
双钢轮振荡压路机	6～9t 以上，进口机型	台	2～3	

国内 SMA 施工常用的压路机品牌主要有：双钢轮振动压路机有宝马格、HAMM、英格索兰、戴纳派克、沃尔沃等；双钢轮振荡压路机有 HAMM（HD120）、SAKAI（SW850N）等。

六、其他设备要求

SMA 施工常用的其他设备要求见表 4-21。

SMA 施工常用的其他设备要求 表 4-21

设 备 名 称	规格、型号	单位	数　量	备　　注
SBS 改性沥青生产设备	不小于 40t/h	套	与拌和楼生产能力匹配	具有 SBS 自动称量功能；安装改性过程监控器；SBS 的剪切或磨削粒度≤5μm
碎石水洗、过筛设备	日产量 1 000m^3 以上	台	满足需要	新旧程度为 90% 以上
洒水车	10t 以上	台	满足需要	自动高压喷淋
沥青洒布车	智能型	台	3	自动高压喷洒
铣刨机	维特根 1 000、2 000mm	台	2	下承层平整度处理或 SMA 质量缺陷的处理、返工
装载机	50 以上	台	满足需要	—
空压机	10m^3 以上	台	3	—
拉毛机、强力清扫车	—	台	4	—
森林灭火器	—	台	20	—

七、设备的检修与计量标定

无论是沥青拌和设备还是摊铺、碾压设备，使用前必须进行全面检修、调试。设备的系统误差等必须满足要求。纤维投放设备必须进行标定调试，检查其螺旋输送系统性能是否完好、稳定。添加设备与拌和楼连接的塑料管应采用白色胶管，当发生堵管或出现添加故障时，一目了然即可发现。沥青拌和楼称重系统、温度显示系统,摊铺机、压路机各类工作参数,使用前都需要严格检修调试。以日工4000型拌和机为例,对沥青混合料拌和设备标定工作要求见表4-22。

沥青混合料拌和设备标定工作要求 表4-22

项　目	方　法	标　准	人　员	完成人
集料、矿粉、沥青秤的标定	1.悬空状态; 2.调零点; 3.用标准砝码; 4.放中央位置; 5.逐级加载; 6.重复1~5步骤	1.每级加载读数与实际值<0.5%; 2.用二乘法作出标定曲线,算得标定常数,输入控制电脑	负责人:拌和站长、试验室主任; 配合人员:拌和机组人员及6名辅助工人	市级及以上计量测试研究所到场标定
冷料给料系统的标定	1.中等皮带转速,按300t/h产量,调料门开度; 2.各仓逐个标定; 3.集料含水率情况与流量关系; 4.采用20%、50%、80%的产量与转速对应标定曲线	1.记录各仓开口尺寸; 2.运转20min后,观察各仓流速是否稳定,有无涌动、断流等异常,特别是细集料,做好记录; 3.以流量为横坐标、转速为纵坐标绘制三种速度的标定曲线	负责人:拌和站长、试验室主任; 配合人员:拌和机组人员; 配合机械:装载机1台	市级及以上计量测试研究所到场标定
计量控制系统的调试	1.初定各热仓、矿粉、沥青按配合比称量,实测值与显示值对比; 2.至少100锅黑料,进行称量误差和控制波动范围的调试	1.通过地磅、试验室取样检测与称量打印记录对比,应达到:集料设计值±1.5%、矿粉设计值±0.5%、沥青设计值±0.1%(均按每锅料总重计算); 2.范围为(95%保证率):每锅料称量控制(瞬值)=平均称量±1.96s(标准差); 3.成品料的组成检测:沥青含量或油石比满足设计值±0.3%的要求	负责人:拌和站长、试验室主任; 配合人员:拌和机组人员、地磅房当班人员; 配合机械:装载机1台	市级及以上计量测试研究所到场标定
生产配合比的调试	1.确定目标配比矿料组成及规格料用量; 2.各仓冷集料比例按260t/h运转; 3.在冷集料混合皮带处完整截取50cm取混合集料样品,进行筛分同目标配比的级配组成对比; 4.热料仓分别取样,合成级配同目标配比对比;符合要求后进行生产配比设计	1.各冷料仓下料量组成的混合集料应接近目标配比级配要求; 2.沥青混合料的矿料组成满足规范和永咸施工细则要求,特别注意0.075mm、2.36mm、4.75mm筛孔通过量同级配中值的误差	负责人:拌和站长、试验室主任; 配合人员:拌和机组人员、试验室相关人员; 配合机械:装载机1台	技术咨询单位、中心试验室、工地试验室相关人员
搅拌设备生产能力	1.测定冷集料自然含水率,保持各冷料比例不变,调各冷料仓流量; 2.调节烘干筒燃油喷量; 3.正确方法取沥青混合料样品,不少于20个	1.做好相应冷料流量记录(生产时各冷料仓至少每小时1次); 2.做好各测温点实测值和控制中心的显示值对比记录,应详细、全面、准确,数据尽可能多; 3.得出烘干筒燃油喷量与产量的对应关系(注意集料自然含水率的影响)	负责人:拌和站长、试验室主任; 配合人员:拌和机组人员、试验室相关人员; 配合机械:装载机1台; 另钢制插入式数显热电偶温度计6支	技术咨询单位、中心试验室、工地试验室相关人员

八、设备铭牌与编号

为了便于现场施工管理,每台设备必须有铭牌和编号,见图4-40、图4-41。

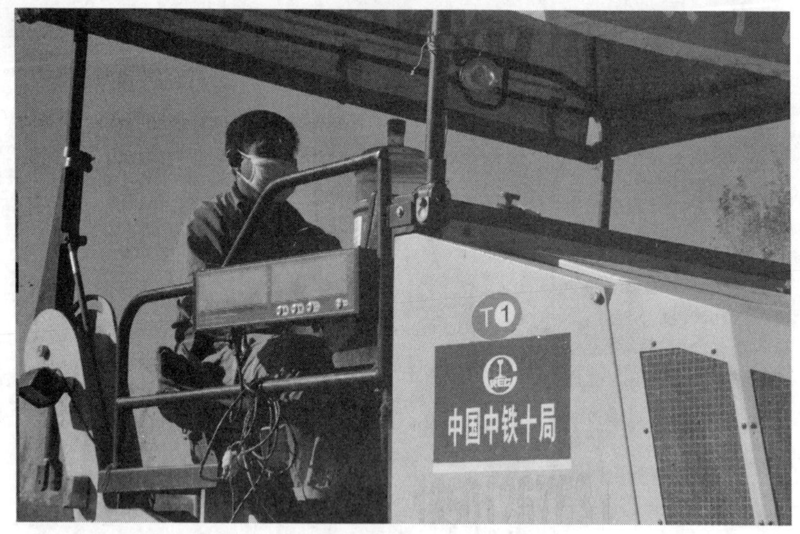

图4-40　粘贴在摊铺机上的铭牌和编号

图4-41　粘贴在振动压路机上的设备铭牌和编号

第四节　施工机构与人员配备要求

一、施工组织机构要求

要想铺筑一条优质的SMA路面,必须要有一支组织严密、技术过硬、团结拼搏的施工队伍。施工组织机构为施工企业组建的项目经理部。经理部应内设项目部办公室、财务、工程、机械、质安、环保、财务等部门。经理部代表施工企业履行与建设单位签订的施工合同规定义务。

二、机构设置的原则和要求

(1)项目经理部人员配备根据投标时的承诺,配置主要负责人、部室负责人及其他人员。在基本配备的基础上,再根据工程规模、工程进展阶段,实行专业调配。

(2)根据人员管理培训要求,积极建立考核、培训、培养机制,促进在岗工作人员的技术业务素养提高的同时,加强企业文化建设、加强思想文化引导、加强廉政建设、加强团队的意识建设,努力创造一种“公正、和谐、团结、奋斗”的氛围,带动建设工作全面开展。

(3)中标通知书下达后,项目经理部主要负责人和负责前期工作的技术人员必须及时到位,其他人员在具备施工条件时必须全部到位。

(4)所有管理人员进场三个月后,业主将按照投标时的人员进行履约考核,通过后支付剩余30%动员预付款。

(5)根据项目建设规模投标承诺,参考交通运输部有关规定,结合自身的特点,配置人员满足现场施工需要。

三、人员配备

SMA路面不同于一般的沥青路面,施工难度大,很多环节取决于施工经验,甚至是失败的教训。因此,从材料采备、设备组合、配合比设计、施工工艺、现场管理等主要的施工技术和管理人员组成中,具有SMA施工经验的人员必须占一定比例。SMA路面主要施工管理人员配备见表4-23。

SMA路面主要施工管理人员配备表 表4-23

序 号	岗 位		职 责 与 分 工	数量(名)	备 注
1	项目经理		施工项目全面管理	1	
2	项目副经理		分管部门工作	2~3	
3	项目总工		技术质量总负责	1	
4	工程部长		协助总工程师负责技术与施工管理	1	
5	材料部长		各种原材料的采备	1	
6	机械部长		负责施工机械设备的保障、维修与调配	1	
7	质安部长		负责施工期间质量、安全检查管理	1	
8	协调部长		负责临时用地与对外协调关系	1	
9	财务部长		负责资金保障、工程成本、效益评估	1	
10	办公室主任		项目部行政事务、宣传、后勤保障	1	
11	试验室主任		原材料、配合比、工程实体质量检测	1	
12	后场	拌和站负责人	具体负责混合料生产与质量、安全控制	1	
		车队负责人	具体负责混合料运输环节的管理	1	
13	前场	现场值班经理	负责混合料拌和、运输、摊铺、碾压的总体组织协调	1	
		现场技术主管	现场准备、摊铺、碾压、质量控制	1~2	
		测量工程师	路面高程、坐标测量	2~4	
		现场技术员	协助技术主管	3~6	
		温度测量员	混合料到场、摊铺、碾压温度检测	2~4	

续上表

序　号	岗　位		职责与分工	数量(名)	备　注
13	前场	摊铺管理	具体负责摊铺阶段混合料高程、宽度、厚度、平整度、外观等	1	
		碾压管理	负责碾压温度、速度、遍数、外观等	2	
		平整度与接缝处理	跟机进行平整度与接缝检测、修复	3	
		安全管理员	施工现场安全监督与管理	2	
		交通管制员	封闭、开放交通	4	
14	操作层	拌和楼操作员	混合料生产	2~4	每台楼
		汽车驾驶员	混合料运输	2	每台车
		摊铺机驾驶员	混合料摊铺	2	每台机
		压路机驾驶员	混合料碾压	2	每台机
		熟练的辅助工人	配合机械施工，现场修复缺陷	若干	每班组

所有参与建设的施工管理人员必须熟悉设计要求、技术要点、工艺要求、质量标准等。经理部应定期召开各类会议，制订施工计划、施工方案，内部实行各类考核，激励施工管理人员积极完成各阶段的施工任务。

第五节　SMA 路面施工技术与工艺控制

一、施工现场准备

1. 下承层缺陷处理与测量放样

SMA 上面层施工前，附属工程应施工完毕，且对下承层(中面层)的缺陷进行处理，主要包括：

(1)中面层离析处理。较大范围的离析需要铣刨处理，重新铺筑。

(2)中面层局部渗水处理。用 $10m^3$ 以上的大功率空压机将渗入中面层的雨水吹出路面外，用乳化沥青灌入，再用空压机吹干。

(3)路、桥、隧结合部的平整度处理。采用铣刨机处理局部高点，使其平整，不跳车。

(4)对特殊部位的高程、宽度等进行测量，制定 SMA 上面层的施工平整度处理方案。

(5)中面层台背裂缝处理与回填：开挖裂缝处 2~3m 的中下面层→工作面处理干净→封水材料灌封→逐层铺筑中、下面层(添加 0.2% 聚酯纤维)→平整度检测→精铣刨→改性沥青灌施工接缝。

2. 下承层清扫与黏层油洒布

必须重视层间污染的处理，采用水车冲洗、强力清扫车打毛、道路清扫车吸尘、空压机表面吹净、洒布 SBS 乳化改性沥青“五道工序法”确保层间结合。

(1)提前 3~5d 用洒水车将下承层严重污染路段清洗，使下承层水分提前蒸发、风干，并封闭交通。

(2)用强力清扫车对结构层表面的尘土进行清扫，同时对局部污染严重处，人工用钢丝刷进行处理。

(3)用道路清扫车或 $10m^3$ 以上的大功率空压机将灰尘吸出。

(4)用空压机将表面灰尘吹净。

(5)清扫完成并验收合格后,再进行黏层油的洒布。

3.设备调遣与拼装

根据将要施工作业面的基本情况(在路基段还是桥梁铺装或隧道内路面),选择适合的摊铺机、压路机组合,在铺筑的前一天将其调遣到位,根据不同的路面宽度进行摊铺机拼装,并调试摊铺机的横坡、工作参数以及平整度找平系统等。

4.技术交底与岗前培训

SMA 路面施工前,必须进行技术交底与培训。

大面积施工前,由监理工程师或路面咨询单位技术负责人进行全员技术交底和岗前培训,必要时邀请设计代表参加,使全体参与施工人员对 SMA 路面施工要点、技术难点、操作要领等全面理解,并能自觉遵守,做到规范操作,规范施工。

施工和监理人员进场后,应组织一系列的组织培训工作。举办如"施工机械规范操作培训班","试验检测培训班",提高操作人员的理论水平和质量意识。通过培训,进一步深化路面施工、监理单位技术人员对 SMA 路面施工技术标准和要求的认识,提高参建单位工程技术人员的施工组织能力和业务技能。

二、SMA 混合料的拌和

1.SBS 改性沥青的准备

1)SBS 改性沥青运输要求

在改性工厂装车温度必须保持在 170℃左右,运到拌和场的温度不应低于 160℃,运输车辆须在 24h 内运到指定地点,并及时把沥青泵送到沥青储存罐中。

2)SBS 改性沥青在沥青拌和场储存技术要求

(1)SBS 改性沥青的储存温度应保持在 160℃左右,若温度低于所要求的储存温度,SBS 改性沥青的黏度过大,从而导致沥青罐路堵塞,停产修理。

(2)沥青拌和厂应尽量少储存 SBS 改性沥青,做到随进随用,用时多存,不用时少存,存储时间不宜超过 48h。

(3)当一天的施工任务完成后,应尽量用完罐中的沥青,或者给沥青罐加满沥青,或把剩余的少量沥青抽到其他储存罐内,以减少沥青与空气接触的表面积,从而防止沥青老化。

(4)沥青拌和厂储存罐大部分为卧式,为保证 SBS 改性沥青的均匀性,应在储存罐内安装搅拌器或泵送装置,搅拌器每 3h 搅拌一次,每次搅拌时间不少于 20min;泵送应保证连续不间断。

3)沥青泵送要求

SBS 改性沥青运输、储存温度要求较高,当生产混合料时需要用沥青泵送到混合料搅拌机中,由于沥青泵带有过滤器,易被某些物质堵塞过滤器网眼,从而影响沥青的泵送能力,故应使用网眼较大的过滤器(9.5mm 以上),同时加强沥青管道的保温措施,以防止管道中的 SBS 改性沥青温度降低造成堵塞。

2.SMA 混合料拌和工艺

1)基本要求

(1)SMA 的拌和应严格按照规范、规程的要求操作。

(2)每天开拌前应对拌和设备进行检查,特别要注意仪表显示数据和实际数据是否相符。例如沥青的加热温度、集料的加热温度、混合料的温度等。

(3)热料仓和冷料仓进料要相匹配,振动筛的筛孔尺寸及安装角度、筛层数量与配合比规定的集料规格相吻合,防止待料,尽量减少溢料。每天开盘拌和时,集料应提高加热温度,干拌2~3锅废弃后,正式拌料。

(4)拌和时间与普通沥青相比要适当延长,拌和完后抽样检查沥青含量和矿料级配,调整施工配合比与目标配合比间的偏差,对混合料进行取样试验,以使矿料级配与沥青用量达到最佳值,确定沥青混合料的标准密度。工地试验室的马歇尔试验每天至少做一次(试件数量不少于6个)并对混合料的外观进行检查,看是否均匀一致,有无花白料,有无结团成块,有无沥青过热现象或粗细集料分离现象。沥青混合料的拌制时间以混合料拌和均匀,所有矿料颗料充分烘干全部裹覆沥青结合料为准。

(5)当日拌制好的混合料当日铺完,严禁在储存仓储存。

(6)SMA混合料在高温下拌和,不等于温度越高越好,温度过高,改性沥青会发生老化,失去黏结力,影响混合料质量。因此,要严格控制沥青加热温度、集料加热温度、拌和温度、出厂温度。要随时观察出料冒烟的情况,如果冒的是白烟属正常情况,如冒浓浓的青烟,就应特别注意,立即检查温度是否超过规定值。

2)木质素纤维投放要求

(1)投放时间与投放数量

木质素纤维的投放控制在12s之内;掺加比例以沥青混合料总质量的百分率计算,按0.3%掺加,掺加量误差不得超过±2%。木质素纤维投放过程见图4-42。

图4-42　木质素纤维投放过程

(2)木质素纤维投放效果监控

木质素纤维投放是SMA路面施工最关键的环节。采用质量和体积双控的自动投放设备进行投放;每工作4~6h后应对输送管道进行检查,防止堵塞;每锅料拌和好装车时,安排专人仔细观察混合料的颜色是否正常,混合料拌和是否均匀,若出现异常应立即报告给技术人员,对混合料及设备进行检查,发现问题及时处理,见图4-43。

图 4-43　专人监测 SMA 混合料拌和质量

3)消石灰粉添加工艺

沥青混合料拌和时,在拌和机一侧安装独立的消石灰粉储存罐并与拌和机回收管道相连接,通过回收粉回收管道将消石灰粉输送到拌和机填料秤上。拌和机生产时,按掺配比例对消石灰粉和矿粉单独进行称量(先称重消石灰粉,后按重量累加称量矿粉),直接加入拌缸进行拌和。

4)SMA 混合料材料添加顺序与时间参数

粗、细集料进入拌锅的同时,将木质素纤维投入纤维设备内,在 12s 之内全部进入拌锅,并开始干拌(干拌时间不得少于 18s),之后沥青、矿粉依次进入拌锅,湿拌时间不得少于 45s。每锅混合料拌和总时间周期为 70 ~ 75s。SMA 混合料材料添加流程如图 4-44 所示。

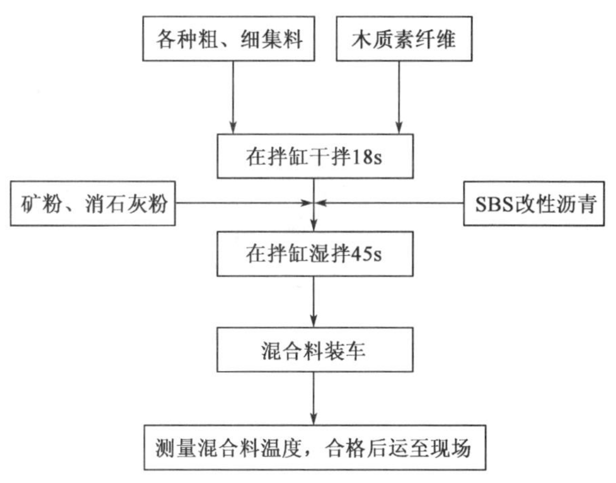

图 4-44　SMA 混合料材料添加流程图

5)矿料加热温度控制

针对水洗碎石材料含水率大的特点,调整降低拌和楼干燥筒的生产能力,适当延长碎石的烘干时间(调整后比常规烘干延长 70s 左右),使碎石表面与内部的含水率满足≤0.1% 的要求。

6)校正设定温度

要求落实专人逐车检测混合料出场温度。定期检查、校正和标定拌和楼控制室的各项显示温度。

7)回收粉的排放

拌和机排放的粉尘采用湿法处理,进入地面粉尘池,要在周围经常洒水;然后用装载机配汽车集中堆放在监理工程师指定的地点;粉尘清理必须经监理人员对数量统计复核后才能运走,建立回收与废弃台账。

三、SMA 混合料的运输

(1)混合料运输使用固定统一的、吨位不小于 25t 的专用汽车。

(2)汽车车厢的前、后、左、右及车厢下部均应采取保温措施。

(3)每次装料前必须将车厢清理干净。采用色拉油等食用油作为隔离剂,隔离剂只能抹,禁止喷洒。

(4)运输车分前、后、中三次移动装料。

(5)运输车辆必须采用完好的篷布,完全覆盖沥青混合料并捆紧固定。杜绝沥青混合料运输过程中篷布张开而加速散温。混合料在运输过程中的保温措施见图 4-45。

(6)每车出场前采用高压水枪冲洗轮胎,防止污染路面。

(7)运输车辆满载时行驶速度不得超过 50km/h,避免车速过快造成混合料表面凝固结团。

图 4-45 混合料在运输过程中的保温措施

四、SMA 混合料的摊铺

(1)摊铺机的螺旋布料器应相应于摊铺速度调整到保持一个稳定的速度均衡地转动,两侧应保持不少于送料器 2/3 高度的混合料,以减少在摊铺过程中混合料的离析。

(2)摊铺机作业前必须经检查符合施工要求。注意熨平板拼接处缝隙及地面的平整、振捣器的清理、传感器是否有效等。熨平板加宽连接应仔细调节至摊铺的混合料没有明显的离析痕迹。每天开机前,认真清理熨平板,并加热熨平板温度大于 130℃。气温较低时,从起步到正常摊铺应持续加热熨平板,见图4-46。

图4-46 摊铺机熨平板加热

(3)每台摊铺机前有3台以上运料车,并有连续运料保障时,方可进行摊铺。

(4)必须保证多台摊铺机梯队作业,2台拼接宽度要合理。靠中分带处的摊铺机后行,当第1台摊铺机驶出2~3m时,第2台摊铺机开始摊铺。两机间隔距离控制在3~5m,摊铺面搭接控制在5~10cm。两机保持摊铺速度、摊铺厚度及振捣频率等一致。加宽段采用3机联铺。多机并铺时,其合成的横坡必须保持一致。纵向接缝必须平整,不得产生纵向离析带,见图4-47。

图4-47 多机并铺SMA纵向形成热接缝

(5)采用不小于15m的浮动基准梁自动找平装置或无接触自动找平装置来控制厚度及平整度,见图4-48。自动找平装置要严格按照规程安装,安装误差不超过允许误差。

(6)摊铺机必须缓慢、均匀、连续、不间断地摊铺,不得随意变换速度或中途停顿,以提高平整度,减少混合料的离析。当发现混合料出现明显的离析、波浪、裂缝、拖痕时,应分析原因,予以消除。

图 4-48　采用接触式平衡梁控制厚度和平整度

摊铺速度:起步速度为 0.5～1.0m/min,正常摊铺速度不得大于 2.0m/min。

(7)建议松铺系数为 1.20,开工后,应根据试验段试铺成果确定。

(8)必须保证连续摊铺。临时停机时,立即用篷布将碾压不到位的混合料严密覆盖,避免混合料温度下降过快,造成碾压不密实。摊铺过程中若出现异常,必须立即停止摊铺,彻底处理,正常后才可以继续施工。

(9)摊铺后的混合料未压实前,禁止施工人员进入踩踏,对小面积的油斑,采用人工剔除和点播法修复。严禁人工大面积修补。

(10)加强车辆与摊铺机的配合,严禁车辆碰撞摊铺机,或紧急制动,造成不均匀摊铺现象。

(11)严禁将剩余车角料倾倒在摊铺机作业面前。所有车角料及洒落的混合料必须及时清理出现场。

(12)在多风路段施工 SMA 路面时,应在迎风面的一侧搭设材质为帆布的防风墙,防风墙的高度约 1.5m。

五、SMA 混合料的碾压

(1)采用双钢轮振动压路机,不得采用胶轮压路机碾压。

(2)碾压轮在碾压过程中应保持清洁,有混合料沾轮应立即清除。对钢轮可涂刷隔离剂或防黏结剂,但严禁刷柴油。

(3)碾压机械组合方式:碾压遍数按 6 遍控制,不能过压或少压。初压:静压 1 遍(采用前静后振);复压:用振动压路机振压 3 遍和振荡压路机振压 2 遍;终压:用振动压路机静压收面。

(4)碾压速度要求:压路机应以慢而均匀的速度碾压,压路机的碾压速度应符合表 4-24 的规定。压路机的碾压路线及碾压方向不应突然改变而导致混合料推移。碾压区的长度应大体稳定,两端的折返位置应随摊铺机前进而推进,横向不得处在相同的断面上。

压路机碾压速度　　表 4-24

压路机类型	初压(km/h)		复压(km/h)		终压(km/h)	
	适宜	最大	适宜	最大	适宜	最大
振动压路机	2～2.5(静压或振动)	3(静压或振动)	3～3.5(振动)	4(振动)	4.5～5(静压)	5(静压)

(5)碾压原则:“紧跟慢压、高频低幅、先低后高、均匀少水”。每台压路机前进后退为1遍,每次重叠宽度20cm错轮。压路机要先起步再开振动,停机换向时要先关振动再停驶。压路机禁止在当天铺面上停机、加水、掉头等。碾压工序如图4-49～图4-53所示。

图4-49 路基段SMA路面碾压

图4-50 振动压路机碾压SMA路面

(6)初压的压路机在联机摊铺搭接处、边部多碾压1遍,确保薄弱部位得到压实。每天开始施工碾压接缝时,必须在冷面上铺帆布,避免压路机在冷面上压碎集料。

(7)压路机不得在未碾压成型路段上转向、掉头、加水或停留。在当天成型的路面上,不得停放各种机械设备或车辆,不得散落矿料、油料等杂物。

(8)接缝碾压:第1次碾压宽度20cm,此后每次掺进宽度不大于20cm,直至80cm～1m后,呈45°向两边碾压。

(9)碾压温度要求:压路机的碾压温度应符合规范要求,并根据混合料种类、压路机、气温、层厚等情况经试压确定。在不产生严重推移和裂缝的前提下,初压、复压、终压都应在尽可能高的温度下进行。同时不得在低温状况下作反复碾压,使石料棱角磨损、压碎,破坏集料嵌挤。

振动压路机起始在高温下使用大振幅振压,随后可使用小振幅碾压。为避免碾压时混合料推挤产生拥包,碾压时应将驱动轮朝向摊铺机。

图 4-51　小型压路机碾压路面边部

图 4-52　紧跟压路机检测平整度

SMA 路面施工工艺流程见图 4-54。

六、SMA 路面的接缝

SMA 路面的接缝均应采用毛接缝即人工挖缝。

在接缝的前一天,将黏层油涂抹在施工缝上。黏层油的水分未蒸发完,不得接缝。

1. 横向接缝

一般情况下,横向接缝应设置在桥梁伸缩缝位置,伸缩缝施工时将其切掉,以消除横向接缝的不足。

图 4-53　压路机横向碾压以确保平整度

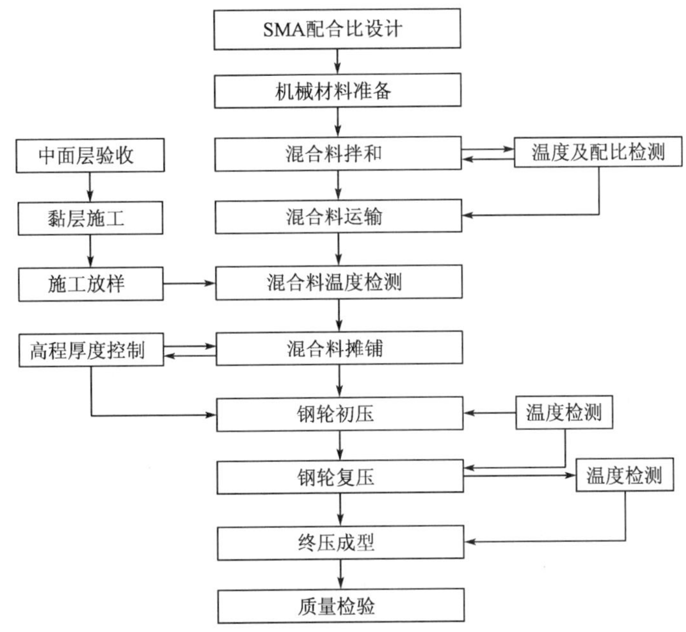

图 4-54　SMA 路面施工工艺流程图

横向接缝处理原则：SMA 路面接缝较难处理，应遵循 5 大原则：即"停好机、舍得切、垫得准、起得稳、压得好"，如图 4-55 所示。

2. 纵向接缝

应尽量避免产生纵向冷接缝。确因特殊原因需要冷接缝，必须根据冷缝面的厚度计算出热铺面的虚铺厚度，使其碾压后接缝平整、密实、不渗水。

3. 与其他构造物的接缝

为了避免污染，构造物应在上面层铺筑前完成。摊铺 SMA 时，结合部混合料要饱满，应做到衔接平整、密实、美观，避免出现缺料情况。

图 4-55　处理 SMA 路面横向接缝

七、提高 SMA 路面平整度的具体措施

1. 施工准备阶段

对中面层不平整部位进行精铣刨处理，直至满足要求。

2. 施工过程

(1)运输车辆在倒车卸料时，尽量不撞击摊铺机，摊铺中避免紧急制动，不洒落混合料，做到匀速配合。

(2)确保连续、匀速摊铺不停机。

(3)摊铺桥涵结构物或虚铺厚度大的路段时，降低摊铺速度，增加振动夯锤频率。

(4)接缝处理，用钢板作为垫板。

(5)紧跟慢压。

(6)紧跟检测，修复碾压。

(7)正常段采用接触式平衡梁。

(8)合龙段，上台阶时垫混合料，用铝合金导梁控制平整度。

3. 养生阶段

施工过程及养生期间封闭交通，避免车辆对路面的破坏。

第六节　特殊路段 SMA 路面施工要点

由于 SMA 路面具有良好的高温和低温性能，因此，广泛应用于重载交通、互通式立交匝道、桥面沥青铺装层、隧道复合式路面及收费站广场等特殊路段。

一、中央分隔带开口 SMA 路面施工要点

SMA 路面施工作业面最少应在 10km 以上，避免摊铺机频繁拆卸、吊装，影响平整度和横坡控制。

高速公路中央分隔带的永久性开口一般每2km设置一个。由于宽度和横坡的特殊性，一般与主线无法实现同步摊铺。好的做法是：先施工的半幅不考虑中央分隔带开口SMA施工，在摊铺另外半幅时与主线同步施工。具体为3m的中分带前期先按2.7m宽施工，另外半幅主线施工时提前200m准备，当主线到达时，人工配合设备施工，不影响平整度，而且纵向接缝密实平整，不影响外观质量，如图4-56所示。

图4-56 中央分隔带开口SMA施工组织安排（图左中部位置）

二、互通式立交匝道SMA路面施工要点

1. 工程特点

（1）互通式立交匝道曲线半径小，摊铺时需不断校正摊铺机方向，容易影响平整度指标。

（2）高程变化大，纵坡、横坡控制难度大。

（3）匝道的纵、横坡较大，运料车卸料困难，容易发生侧翻车。

（4）主线上的接触式平衡梁无法使用。

2. 施工要点

（1）双向匝道一般采用2台伸缩式摊铺机并机作业，减少单位断面混合料的使用量。

（2）采用吨位较小的车辆运输混合料，防止运输车辆侧翻。

（3）碾压时速度减慢，防止混合料推移。互通式立交匝道SMA路面施工见图4-57。

图4-57 互通式立交匝道SMA路面施工

三、水泥混凝土桥面 SMA 沥青铺装层施工要点

1. 沥青混合料桥面铺装层结构专项设计

由于桥面结构受力不同于路基段和隧道内路面，因而应进行沥青混合料桥面铺装层结构专项设计。若水泥混凝土桥面铺装层平整度差或路面封水不好，则在雨天出现雨水下渗，如图4-58 所示，而晴天在车辆荷载的作用下，出现泛水现象，如图 4-59 所示。

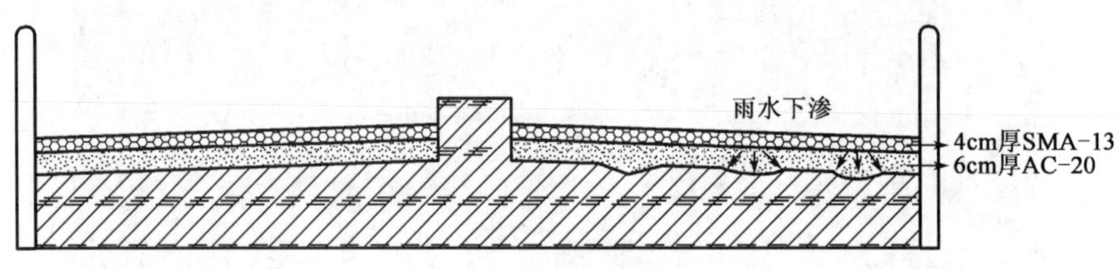

图 4-58　桥面铺装层雨天雨水下渗

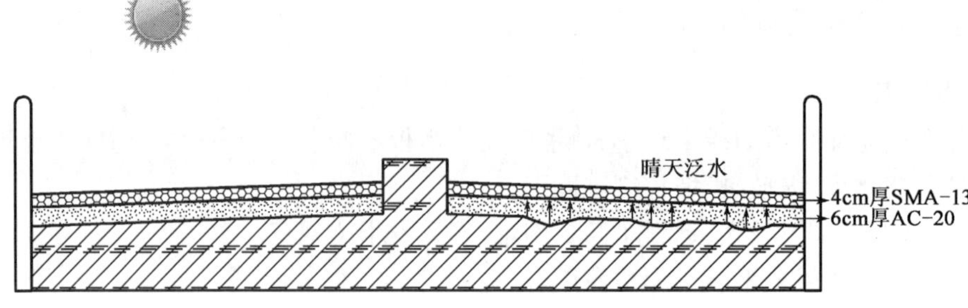

图 4-59　桥面铺装层晴天泛水

设计时应重点考虑沥青铺装与水泥铺装层的黏结、桥面铺装层的封水、抗剪切、抗推移、抗车辙等。下面列举了国内 3 条高速公路桥面铺装层设计情况。青岛海湾大桥桥面沥青铺装层结构设计见表 4-25，西安咸阳国际机场专用高速公路匝道桥沥青混合料铺装层结构设计见表 4-26，国家高速沪陕线西安至商州高速公路水泥混凝土桥面沥青铺装层结构设计见表 4-27。

青岛海湾大桥桥面沥青铺装层结构设计　　表 4-25

结构层类型	厚度与材料
沥青混合料桥面铺装(典型结构 1)	
密水硬质沥青砂	
改性乳化沥青黏层	
承重层(SMA-13)	6.0cm
磨耗层(SMA-10)	4.0cm
沥青混合料桥面铺装(典型结构 2)	
承重层(SMA-13)	8.14cm

续上表

结构层类型	厚度与材料
改性乳化沥青黏层	
磨耗层(SMA－10)	4cm
热 SBS 改性沥青或橡胶粉改性沥青防水体系	典型结构 1
稀释沥青＋橡胶沥青＋防护板防水体系	典型结构 2
桥面抛丸及清理、表面修复	
钢桥面环氧沥青混合料桥面下层铺装	厚 2.5cm 环氧沥青混合料
钢桥面环氧沥青混合料桥面上层铺装	厚 2.5cm 环氧沥青混合料
钢桥面环氧改性沥青防水黏结层	按 0.68L/m^2 Ⅰ类
钢桥面环氧改性沥青黏结层	按 0.45L/m^2 Ⅰ类
钢桥面防腐涂装层(80μm 环氧富锌漆)	
钢桥面板喷砂除锈(Sa2.5 级,粗糙度 30～75μm)	

西安咸阳国际机场专用高速公路匝道桥沥青混合料铺装层结构设计 表 4-26

结构层	厚度或材料用量	混合料类型	备注
水泥混凝土桥面抛丸及清理、表面修复	深度 3～5mm		局部采用铣刨机修复桥面高程
橡胶沥青＋SBR 改性乳化沥青防水体系	碎石规格 9.5～13.2mm	橡胶沥青、SBR 改性乳化沥青	
下面层	60mm	AC-20	铺装层混合料中添加 0.2% 聚酯纤维
黏层油	0.5kg/m^2	SBS 改性乳化沥青	
上面层	50mm	SMA-13	

西安至商州高速公路水泥混凝土桥面沥青铺装层结构设计 表 4-27

结构层	厚度或材料用量	混合料类型	备注
水泥混凝土桥面抛丸或甩锤及清理、表面修复	深度 3～5mm		局部桥梁采用铣刨机修复桥面高程
SBR 改性乳化沥青＋SBS 改性热沥青同步碎石封层防水体系	碎石规格 9.5～13.2mm	SBR 改性乳化沥青、SBS 改性热沥青	局部桥梁采用 SBS 改性沥青砂作为封水层
下面层	60mm	AC-20	特大桥梁铺装层混合料中添加 0.2% 聚酯纤维
黏层油	0.5kg/m^2	SBR 改性乳化沥青	
上面层	40mm	SMA-13	

2. 桥面混凝土浮浆凿毛

桥面水泥混凝土铺装完成后,应对水泥混凝土铺装层平整度较差的采用铣刨机、打毛机或抛丸机进行表面拉毛,使表面粗糙,然后用空压机等将表面彻底清扫干净,不能存留浮尘,然后再施工黏层和封层。根据桥面实际情况,可分别选择铣刨、甩锤、抛丸等方式进行浮浆处理,如图 4-60 和图 4-61 所示。

图 4-60　铣刨机处理桥面水泥浮浆效果图

图 4-61　采用抛丸工艺处理桥面水泥浮浆

3. 黏层施工

采用 SBS 或 SBR 改性乳化沥青作为黏层，洒布量为 0.6kg/m²，分两层洒布，每层洒布量为 0.3kg/m²，如图4-62所示。

图 4-62　两层洒布法施工 SBS 改性乳化沥青黏层

4. 封水层施工

1)SBS 同步碎石封层

(1)在洒布封层之前,应预热并疏通油嘴,保证热沥青洒布的均匀性。

(2)施工前应将拉毛后的桥面用空压机清扫干净,雨天或大风天气严禁施工。气温低于10℃情况下不应进行防水层施工。

(3)对桥面 SBS 同步碎石封层所用石料,必须通过拌和楼加热除尘。

(4)SBS 改性沥青用量不宜过大,一般为 1.0 ~ 1.2kg/m^2,采用橡胶沥青碎石封层时,其橡胶沥青用量一般为 2.1 ~ 2.3 kg/m^2,通过试洒验证、确定。

(5)碎石覆盖率应为 60% ~ 80%。

2)添加聚酯纤维的沥青砂封层

采用厚度为 8 ~ 10mm 的添加 0.1% 的聚酯纤维 AC-5 沥青砂作为封层。采用拌和楼拌和、摊铺机摊铺、钢轮与轮胎压路机组合碾压。

5. 桥面沥青中面层的防渗水处理

(1)配合比进行特殊设计。在长大纵坡、急弯路段的桥面中面层配合比设计时,要考虑混合料的抗车辙能力、桥面层间黏结能力、防渗水能力。

中面层 AC 类混合料级配应稍微偏细,渗水系数按小于 50mL/min 控制。上面层 SMA 混合料级配也应稍微偏细,渗水系数按小于 30mL/min 控制。

(2)沥青中面层施工完成后,要进行质量回头望。对局部离析的段落,要进行防渗水处理。具体方法为:对于桥面渗水,采取“封水、排水”相结合的处理原则。对于桥面明水点、桥面零坡段、伸缩缝积水处、渗水严重部位这 4 个位置的桥面明水,必须采取打孔(直径 1 ~ 1.5cm)排水的方式,确保桥面铺装层的耐久性。打孔情况见图 4-63。打孔完成后,采用乳化沥青(固化物含量不少于 50%)进行“雾封”处理,见图 4-64。

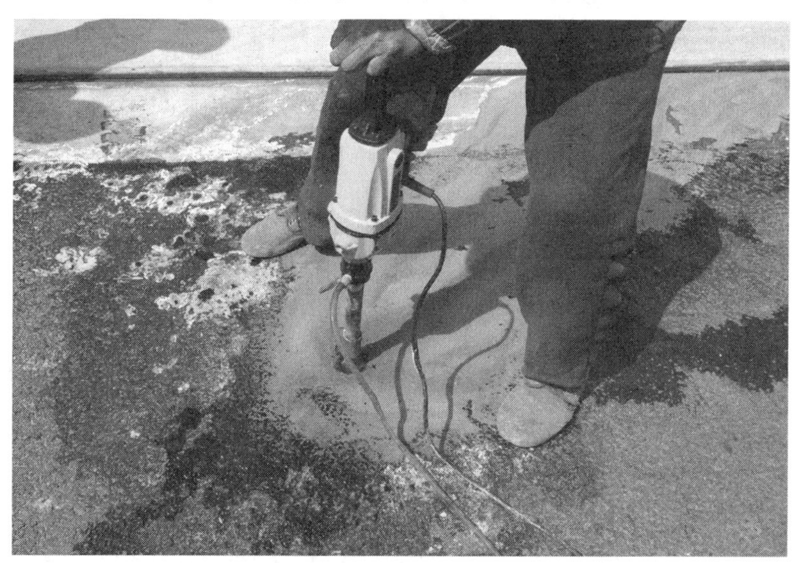

图 4-63　在桥梁湿接缝的积水点位置打孔排水

(3)在“合成坡度为零”的路段,由于中面层积水,容易造成桥面铺装中渗入层间水,应在此路段前后的桥面适宜位置刻槽,将积水引入桥面盲沟内,排到桥下。

(4)SMA 上面层施工前,在沥青中面层上按 0.5kg/m^2 喷洒改性乳化沥青黏层油,在其完

图 4-64 在渗水严重的桥面采用乳化沥青进行“雾封”处理

全破乳后，方可施工 SMA 上面层。

6. 桥面 SMA 混合料摊铺要点

(1)提前将桥梁伸缩缝用沥青混合料垫平整并碾压密实，使摊铺机在该处平稳通过，确保路面平整度。

(2)混合料摊铺温度应提高 3 ~ 5℃。自卸车辆必须全覆盖保温运输。

(3)摊铺速度应比路基段慢，按 1.5m/min 控制。

(4)专人跟机及时检测松铺厚度。

桥面 SMA 铺装层施工见图 4-65 和图 4-66 所示。

图 4-65 桥面 SMA 铺装层施工现场(1)

图 4-66 桥面 SMA 铺装层施工现场(2)

7. 桥面 SMA 混合料压实要点

(1)设备组合:应采用振动压路机和振荡压路机相结合。

(2)碾压温度:由于桥面处于悬空状态,加上 SMA 对温度极为敏感,常规检测表明,同样的施工条件,桥面渗水系数值远远大于路面渗水系数值。因此,在桥面上铺筑 SMA,必须使混合料施工温度(拌和、运输、摊铺、碾压)比正常路基段提高 3 ~5℃。

从图 4-67 可看出,在大雪天气下路基与桥面温差明显,其他施工季节也存在路基、桥面温差问题。

图 4-67 大雪天气下路基与桥面温差明显

(3)碾压速度:碾压必须及时,否则,混合料极不容易碾压密实,极容易产生漏水现象,造成桥面早期破损。

(4)边部碾压:多碾压 1 ~2 遍,防止渗水。

图 4-68 为特大桥面 SMA 路面的铺筑效果。

图 4-68　西安至商州高速公路(二通道)特大桥面 SMA 路面铺装效果图

四、隧道内 SMA 路面施工要点

1. 水泥混凝土路面浮浆的凿毛

为确保 SMA 沥青层与隧道内水泥混凝土路面之间的黏结,必须对水泥混凝土表面进行浮浆处理,同时将铣刨的废渣清理干净,见图 4-69。

图 4-69　隧道内铣刨的废渣必须清理干净

2. 黏层施工

采用 SBS 或 SBR 改性乳化沥青作为黏层,洒布量为 0.6kg/m^2。分两层洒布,每层为 0.3kg/m^2。间隔 4 ~ 6h。

SBR 改性乳化沥青试验项目及技术指标见表 4-28。

3. 封层

黏层洒布后,可不做封层,直接施工沥青面层。原因是,隧道在初期建设中,照明设施未跟上,隧道作业环境差,同步碎石封层的施工质量检查困难,若沥青、碎石漏洒或多洒,容易形成软弱夹层，造成质量隐患。

SBR 改性乳化沥青试验项目及技术指标 表 4-28

试 验 项 目		指 标 要 求	试 验 方 法
破乳速度		快裂或中裂	T 0658
粒子电荷		阳离子(+)	T 0653
恩格拉黏度(25℃)		1 ~ 10	T 0622
筛上剩余量 (1.18mm)(%)		≤0.1	T 0652
蒸发残留物含量(%)		≥60	T 0651
与矿料的黏附性，裹覆面积		≥2/3	T 0654
储存稳定性(24h)(%)		≤1.0	T 0655
蒸发残留物性质	针入度(25℃)(0.1mm)	> 40	T 0604
	软化点(℃)	> 50	T 0606
	延度(5℃)(cm)	> 20	T 0605
	溶解度(三氯乙烯)	≥97.5	T 0607
	黏韧性(N·m)	≥5	T 0624

注：用作改性剂的 SBR 胶乳中的固体物含量≥45%。

4. 施工安全措施

隧道沥青混合料铺筑具有作业环境温度高、烟雾多、噪声大、能见度低、人员呼吸困难、机械设备易高温和空气流通速度缓慢等特点。为了确保隧道沥青混合料铺筑安全，克服温度高、烟雾多、噪声大、能见度低和空气流通困难等危险、危害因素，应按照《防止沥青中毒办法》、《使用有毒物品作业场所劳动保护条例》和《公路工程施工安全技术规程》的有关规定，采取严格的安全对策与防范措施，如图 4-70 所示。

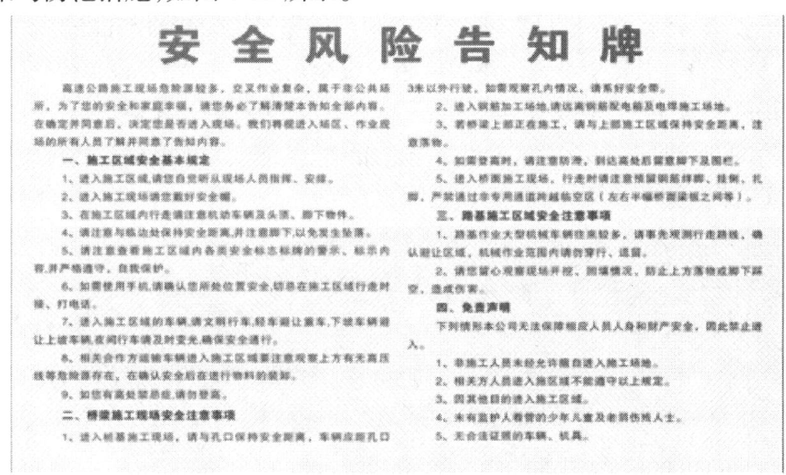

图 4-70　设置在隧道洞门的安全风险告知牌示意图

1)安全准备

(1)根据施工的具体段落，确定进行交通管制的段落和长度，设立专人进行交通管制，同时事先设定运输车辆的行进路线，在隧道口设置专人指挥车辆的进出。

(2)根据以往隧道施工的安全经验，应配备优质的防毒面具，同时配备医生、护士和一辆救护车，确保在施工过程中突发事件应急反应和人员安全。

(3)配备移动式照明设备和通风设备,配置5人左右进行饮水的供应以及后勤服务。

(4)对施工现场人员采取30min轮换作业的安排,同时在施工现场设立每班2～3人的巡逻人员,确保人员及施工的安全。

2)安全管理对策

(1)做好施工企业的安全管理工作。建立健全安全生产管理体系,明确企业第一安全责任人、现场安全负责人、班组长和专(兼)职安全员等各级安全管理人员的工作职责,制订隧道内施工安全规章制度。

(2)根据隧道施工特点,完善各岗位安全技术操作规程,并在作业前搞好从业人员的安全教育工作,使全体作业人员了解并执行各自的岗位安全职责和安全技术操作规程。

3)安全技术对策与预防措施

(1)对机械设备应在作业前进行必要的维修保养与检测,使技术状况符合行业规定,以保证设备正常使用。在隧道内发生故障的机械设备,应拖移至隧道外维修;禁止在隧道内检查、维修设备。

(2)隧道内照明电源由外部供应与自备发电机相配合,供电线路、配电箱、闸刀的安装架设必须符合TN-S系统要求及电力部门的其他相关规定。用电器具要安装好漏电保护器,现场照明要采用安全电压。

(3)现场指挥员与作业人员在施工作业前要确定好联络方式和指挥信号,避免错误指挥和错误操作。

4)劳动防护措施

(1)所有施工人员必须经体检合格后方能上岗,须穿戴耐高温皮鞋及工作服。同时,佩戴好防毒口罩、护目镜与耳塞、手套等。

(2)安装排风机引风,以增加洞内空气流动速度,保持空气新鲜,保证现场人员安全。

(3)现场开水、淡盐水和保健(清凉)饮料必须供应充足,满足饮用和降温需要。

隧道SMA铺筑的施工安全是一项事关隧道建设全局的工作,需建设单位、监理人员和广大施工作业人员积极参与,高度重视,切实按照安全技术操作规程施工作业,紧紧围绕“防火、防烟、防爆炸、防伤害”的安全要求,落实好安全生产预防措施,从而安全顺利地完成施工作业任务。

隧道内SMA路面施工见图4-71所示。

图4-71　隧道内SMA路面施工

5)混合料摊铺要点

(1)对于隧道内沥青面层的摊铺,摊铺及压实设备应准备充分。由于隧道内宽度大多比路基及桥梁窄,对于2车道建议采用1台摊铺机全宽进行施工。对于较宽的隧道应根据隧道宽度合理配置、拼装。

(2)禁止灯光不齐备的车辆和机具进入隧道内作业。隧道内路面铺筑时应开启洞内照明设施,或设置临时照明线路。摊铺、碾压施工现场应有充分亮度。

(3)施工时应采取顺风向铺筑,以减少摊铺作业场所的沥青废气量和烟雾,增加能见度,清新空气,保证施工人员作业健康。

6)混合料压实要点

(1)设备组合:应采用振动压路机和振荡压路机相结合。

(2)碾压温度:混合料温度可比路基段低3~5℃,以减少隧道内烟尘量。

(3)碾压速度:碾压距离可以适当拉长,但应在合适的范围内;否则,混合料不易碾压密实。

(4)防止因碾压不规范,把摊铺质量没问题的混合料碾压成搓板路。

图4-72为隧道内SMA路面铺筑效果。

图4-72　隧道内SMA路面铺筑效果

五、收费站广场与服务区SMA路面施工要点

收费广场的工程特点是所有车辆进站交费时均需减速制动,在劝返车道附近掉头时路面需要很强的抗车辙、抗推移能力。服务区主要为过往车辆提供加油、住宿、就餐、休息等服务,为了区分功能,常常把服务区道路分为水泥混凝土路面(停车功能)和SMA(行车功能)路面两大部分。其SMA路面施工要点为:

(1)施工前,应准确测量放样,规划好各台摊铺机的施工宽度、段落等。

(2)摊铺时应多机并铺,当收费站广场面积很大时,甚至采用6~7台摊铺机并机作业,实现热接缝施工。

(3)纵向接缝多,每台摊铺机的纵向距离不得大于3m。

(4)横坡控制难度大,应及时检测横坡,使行车舒适,不摇摆。

(5)碾压应及时,特别是纵向施工缝必须及时碾压。

(6)与水泥混凝土结合部需挂钢丝线控制高程。

(7)摊铺机熨平板的加热系统应保持常开状态。

图4-73为陕西永咸高速公路服务区内行车道SMA路面施工现场,图4-74为西安咸阳国际机场收费站广场SMA路面(红色部分为ETC彩色抗滑路面)。

图4-73　服务区内行车道SMA路面施工

图4-74　西安咸阳国际机场收费站广场SMA路面

六、山区段高速公路SMA路面施工要点

山区高速公路桥隧比例大,隧道路面宽度与路基段路面宽度以及与桥面宽度均不一致。以双向6车道的高速公路为例,隧道内路面宽度为11.5m,路基段路面宽度为15.33m,桥梁铺装层宽度为15.0m,宽度固定的摊铺机不容易形成连续作业,因此山区段高速公路的SMA路面施工需采取特殊措施。山区路段SMA路面施工如图4-75所示。

(1)摊铺设备组合:对于双向6车道高速公路的隧道路面,应采用2台伸缩摊铺机组合,确保平整度、压实度等质量。

(2)选择气温较高的时间组织施工。温差大,风大,不利于SMA路面施工。在春秋季节施工时,应选择中午时分进行SMA作业。

(3)采取保温措施。运输时对车辆应全覆盖保温。

(4)施工缝应预留在桥梁伸缩缝处,减少接缝不平整、不密实等缺陷。

(5)及时进行质量回头望,确因施工原因造成的缺陷及时处理。如桥面的局部离析带或离析部位,可采用一定稠度的改性乳化沥青浇灌后,全断面雾封以便封水。

图4-75　山区路段SMA路面施工

七、城市道路SMA路面施工要点

1.城市沥青路面施工管理中存在的问题

城市沥青道路路面在施工中,沥青混凝土拌和站、沥青混凝土摊铺机及压路机的使用与操作由于设备操作人员相对固定,其专业程度较高,对施工中的操作规程及注意事项都能够严格遵守并执行,而沥青混凝土运输车或是临时雇用的个体车队,或是车辆驾驶员经常更换,由于其作业的分散性和不固定性,施工所用车型复杂、沥青混凝土运输车驾驶员施工操作技术水平低、尾料处理不当、不听从现场施工人员指挥,沥青混凝土运输车辆在作业现场乱停、乱放、乱驶,存在安全隐患等问题。

因此,必须根据施工的具体段落,确定进行交通管制的段落和长度,设立专人进行交通管制。同时事先设定运输车辆的行进路线,在进出口设置专人,指挥车辆的进出。

针对沥青混凝土运输车辆存在的问题,施工组织者应引起高度重视,并应根据实际情况,制订相应的规章制度和奖惩措施,督促和检查车队严格遵守执行,具体应做以下几方面的工作:

(1)对参与施工的车辆进行调查摸底,最好使用专业队伍,对进场后不符合现场作业要求的车辆一律要求更换,仍不符合要求的做退场处理。如果条件允许,尽可能组建本公司专业车队,统一车辆型号,并进行相关培训,制订操作规程,通过培训持证上岗。

(2)结合车队领导对全体驾驶员进行专项技术交底,对施工中的作业要点向驾驶员说明,使车辆在施工中按规定作业。

(3)沥青混凝土拌和站应设专人逐车检查车厢,对车辆内壁及时涂油并防止过量,发现黏结情况及时清除，载料出场前由料厂检查人员检查覆盖帆布是否盖好，未盖或没盖好的车辆禁止出场。

(4)制订严格的处罚措施，如发现车辆到工地后未盖覆盖帆布，滴油，提前揭覆盖帆布，碰撞摊铺机，摊铺中出现硬块，车辆乱停乱放，随意移动碾压标志、标牌等情况，视情节轻重给予不同程度的处罚。

总之，高品质的沥青路面施工不是一两个部门或施工队的事情，它需要诸多方面通力协调合作，施工组织者除管好内部人员及设备外，对沥青混凝土运输车队的管理应纳入日常工作中并高度重视，从而使整个施工作业纳入规范、文明、有序的轨道。

2. 城市道路SMA配合比设计特点

(1)原材料质量的良好控制是保证整体施工质量的首要条件，控制原材料质量：控制料质、料源良好、稳定；控制集料级配稳定；控制料的掺量。

(2)表面层粗集料必须坚硬，针片状颗粒少，以便嵌挤良好。细集料一般不用天然砂，宜采用坚硬的机制砂。机制砂和矿粉必须由憎水性石料磨制，严禁采用回收粉尘。

(3)严格控制混合料级配稳定是保证施工质量的重要因素，级配的变化不仅影响相对沥青用量的变化，而且对表面成型情况、构造深度、防水性能都有直接影响。

(4)严格控制沥青用量的准确性是保证工程质量的另一个方面。用油量大，则宜泛油起包，构造深度小；用油量小，沥青与集料黏结力不足，路面抗冲击、抗裂性能都会显著下降。

3. 城市道路SMA路面施工注意事项

(1)层间黏结必须牢固，以防车辆制动时产生推移。下承层污染后必须清理清扫干净。

(2)施工期间及施工成型后均需要交通管制，开放交通过早，极易造成SMA路面玛蹄脂上浮，泛油、车辙。

(3)施工期间的噪声污染、沥青污染要得到有效控制。

(4)压路机振动对周围建筑物的影响应减少到最低程度，最直接的办法是在混合料高温时紧跟慢压。

(5)施工期间应注意城市管网、电力通信设施。

(6)与路缘石的结合应平顺，横坡的处理、排水的处理应满足使用功能。

雨水井、污水井等各类井处施工则是常见的难点。对于雨水井、污水井处施工，混合料摊铺略高于雨水井、污水井，碾压结束后路面比雨水井盖高出4mm左右。井盖上的混合料在碾压前用人工将其铲除，碾压时压路机压到窨井盖边缘，但不能在井盖上碾压。压路机碾压不到的边角，用小型平板夯人工夯实。路面与雨水井的结合处理如图4-76所示。

(7)交叉口施工。道路交叉口沥青混合料摊铺主要控制难点既要保证压实度、平整度，又要保证路面高程、横坡度，以利于路面排水。交叉道口采取支线服从主线的原则，保证主线连续摊铺，支线接到主线上，边角地方采用小摊铺机辅之以人工的方式进行。交叉道口集中施工，尽量减少接缝，保证路面平整密实。

八、机场跑道SMA路面施工要点

在我国，北京首都国际机场东跑道、西跑道，上海、天津、哈尔滨、大连、青岛、广州、厦门、敦煌、兰州、桂林等10多座城市的民航机场跑道上铺筑了SMA路面。

图 4-76　路面与雨水井的结合处理

如图 4-77 所示，机场跑道路面和高速公路路面在结构和功能上的区别：机场跑道考虑设计荷载（与标准轴载不同）、升/降跑道的动荷载，高速公路路基则要求更均匀；机场跑道的路面结构材料性能等要求较高，如抗（车）轮辙、基层/底基层或较厚等；同时，机场跑道的整体规划要比高速公路要细，接缝、伸缩缝、施工缝等比较复杂但要处理好，确保平整度保守的设计。

图 4-77　机场跑道

1. 北京首都国际机场跑道 SMA 施工情况

北京首都国际机场西跑道被誉为“国门第一道”，是我国对外开放通向世界的窗口。西跑道改造工程于 2000 年 3 月 5 日开工，4 月 28 日完工。5 月 1 日建成通航前，民航总局组织有关专家对西跑道工程联合验收，从机场校飞、试航结果，认定修复改造后的西跑道达到 4-E 级，见图 4-78 所示。

图 4-78 首都国际机场东跑道

该工程采用改性沥青、特立尼达湖沥青和 SMA 新技术。

1）沥青混合料摊铺

摊铺底面层前，修补混凝土旧道面并在板缝处粘贴 APP 卷材，以延缓伸缩缝的反射，后洒布黏层油（0.4～0.6kg/m^2），待水分完全蒸发后摊铺沥青混合料；在中、表面层施工前，黏层油采用的基质沥青与上层沥青混合料的沥青相同，用量为 0.2～0.4 kg/m^2。摊铺采用 4 台摊铺机梯队作业，保证半幅 25m 无纵缝，每天摊铺长度控制在 500～800m，每台摊铺机前有 5～7 辆料车等待，摊铺做到了缓慢、均匀、连续不间断，保证了平整度。沥青混合料松铺系数，是控制道面高程和平整度的关键，其分别为：底面层 1.2，中面层 1.22，表面层 1.25。

2）沥青混合料碾压

沥青混合料的碾压按初压、复压、终压三个阶段进行，复压最为重要。碾压遍数和温度控制见表 4-29。

沥青混合料的碾压遍数和温度控制 表 4-29

层 位	压路机类型	初压（遍）	复压（遍）	终压（遍）	温度控制（℃）
中面层	VTA-双轮 INGDD-110 双轮 YL9/16 胶轮 VTA-双轮	静 1，振 1	振 2 静 2	静 2	175～165 165～140 165～140 140～110
表面层	INGDD-110 双轮 INGDD-110 双轮 DYNCC-422 双轮	静 1，振 1	振 3	静 2	175～165 165～150 150～120

对于 SMA 碾压方法是：紧跟，即当摊铺完成后，压路机马上进行碾压；慢压，即压路机的碾压应保持低速（3～5km/h），平稳碾压，防止出现加速的推移、拐弯等现象；高频、低幅：即振动频率为 45～55Hz，振幅 0.4～0.6mm。

2. 上海虹桥国际机场跑道 SMA 施工情况

自 1991 年起,上海虹桥国际机场跑道已经历两次加罩。后经对机场主跑道进行第 3 次面层加罩后,其工程量为:面层加罩面积达 187 000 m^2,加铺厚度平均为 7cm;结合面处理的铣刨面积达 145 086 m^2,基质沥青的喷洒面积为 213 770 m^2,玻纤格栅铺设面积为 141 592 m^2。跑道加罩采用的是 SMA-16 复合改性沥青混合料加罩的施工技术。上海虹桥国际机场跑道施工工艺如下。

1)温度控制

SMA-16 较普通沥青混合料对温度的要求较高,当温度较低时,因高黏度会严重影响 SMA-16的压实质量。因此,在施工中应严格控制 SMA-16 的温度,其温度控制范围见表 4-30。

上海虹桥国际机场跑道 SMA-16 的施工温度控制范围 表 4-30

工序	温控范围(℃)	测量部位
沥青加热温度	165 ~ 175	沥青加热罐
改性沥青现场制作温度	185 ~ 190	改性沥青车
改性沥青加工最高温度	195	改性沥青车或储油罐
集料加热温度	195 ~ 205	热料提升斗
SMA 混合料出厂温度	190 ~ 195	运料车
混合料最高温度	200	运料车
混合料储存温度	拌和出料后降低不超过 5	储存罐及运料车
混合料运到现场温度	拌和出料后降低不超过 10	运料车
摊铺温度	180 ~ 185	摊铺机
初压开始温度	不低于 150	摊铺层内部
复压开始温度	不低于 140	碾压层内部
开放交通时的路表温度	不低于 130	路表面

2)SMA-16 的摊铺和碾压

(1)摊铺

①考虑飞机发动机的气流顺着斜坡而下可保证斜坡的稳定性及飞机的飞行安全,因此,决定混凝土摊铺施工顺序为由南往北的方向进行。

②混凝土摊铺采用全路幅施工,根据跑道的宽度,采用 6 台 ABG-423 型摊铺机(拼装宽度为 7.5m)和 2 台 VOGELE SUPER-1704 型摊铺机(可伸缩)共同摊铺施工、14 台轻型和中型重型振动压路机进行碾压。

③摊铺时应注意:摊铺机要缓慢、均匀、连续不断地摊铺,不得随意变换速度或中途停车。在摊铺过程中,为保证摊铺质量,应随时检测摊铺的厚度、平整度等指标,以便随时校正。在多台摊铺机联合施工时,相邻的两台摊铺机应呈阶梯形交错排列地连续摊铺,纵向搭接

5 ~ 10cm,为热接缝。

(2)碾压

分为初压、复压、终压 3 个阶段。在碾压中,必须做到:碾压速度均匀缓慢;碾压次序应先轻后重、先边后中;相邻碾压带应重叠 1/3 ~ 1/2 轮宽;拼幅段处应在纵缝位置先行碾压处理。

①初压:采用静压的方法,必须紧跟摊铺机,在尽可能高的温度状态下(SMA-16 温度一般在 155℃以上)开始碾压。初压采用 3 ~ 5 台压路机同时进行,碾压速度控制在 1.5 ~ 2km/h,最高不得超过 5km/h,初压一般为 2 遍,以保证尽快进入复压。

②复压:振动压路机应紧跟在初压后进行复压。碾压速度控制在 4 ~ 5km/h,最大不得超过 6km/h。振动频率为 42 ~ 50Hz,振幅为 0.4/0.8mm。复压遍数不少于 3.5 遍。

③终压:振动压路机紧接在复压后进行静压,以消除轮迹。终压速度控制在 2 ~ 3km/h,最大不得超过 5km/h。终压遍数通常为 2 遍,以无轮迹为准。

(3)接缝与接坡

①接缝:纵向接缝均为热接缝,横向接缝采用垂直的平接缝。

②接坡:为确保施工期间飞机的飞行安全,每日施工完后必须在跑道全断面范围内做临时接坡,接坡的纵向坡度应小于 0.5%。在接坡的坡脚处,应在原道面上铣刨宽 2.0m、深 4cm 的凹槽,以使接坡脚能嵌入到原沥青混合料路面中。但在第 2 日摊铺前应将这接坡全部铣刨掉。

(4)其他

①收尾

由于不停航施工的特殊性,晚上施工结束后,必须抓紧时间进行施工段道面、料车进出路线上的路面清扫及设备、人员的退场和标志线的恢复,并对当日的施工质量进行检查、验收及评价,必要时还应对道面进行降温冷却处理。

②应急预案处理

针对在施工中可能出现的气候变化、机械故障等情况,共准备了 5 套紧急预案处理措施,以确保机场在施工期间的安全运营。

3. 空军南苑机场跑道 SMA 施工情况

2011 年 9 月 17 日至 10 月 12 日,北京市政路桥建材集团有限公司房山沥青厂和路新大成公司联合为空军南苑机场跑道不停航整修工程供料。共加铺跑道 2.8km,供应沥青混合料 37 480t,其中底面层 SBS 改性沥青混合料 AC-20 型 16 835t,上面层沥青玛蹄脂碎石 SMA-16 型 20 645t。

为确保机场白天航班起降,整修施工全部安排在午夜 12:00 至凌晨 6:00 进行,7:00 整必须交付跑道。为切实做好供料保障工作,北京市政路桥建材集团成立了南苑机场供料保障小组,加强调度管理,在军方全面管制运输线路的情况下,从料车集结到现场摊铺,管理人员全程看护,发现问题及时改正,确保了跑道施工的顺利进行。目前,整修后的跑道每天经受上百架次航班的起降,没有出现任何质量问题,质量得到军方的肯定,南苑机场 SMA 跑道的铺筑和碾压如图 4-79 和图 4-80 所示。

图 4-79　南苑机场 SMA 跑道铺筑

图 4-80　南苑机场 SMA 跑道碾压

第七节　新型 SMA 路面施工技术

一、双层 SMA 路面一次性摊铺技术

1. 双层 SMA 路面一次性摊铺技术

双层摊铺技术起源于 1993 年德国 Elk Richter 教授申请的专利，1997 年瑞典戴纳帕克公司推出第一台双层摊铺机。目前，国际市场上主要的双层摊铺设备有戴纳派克 F300CS、戴纳派克 AM300 以及维特根 SP1600。2006 年 11 月，河北北方公路工程建设集团引进了我国第一台戴纳派克 F300CS 型双层摊铺机。双层摊铺技术使上、下层沥青混合料的摊铺与碾压过程合二为一，缩短了施工时间；采用沥青混合料双层摊铺技术后，层间黏结效果得到有效提高，并减少了层间黏层油的使用；因此，采用双层摊铺技术既可以降低路面建设成本，又能提高了路面使用性能。随着公路建设的发展，沥青混合料双层摊铺技术在高等级公路建设中具有广泛的应用前景。

双层摊铺技术自诞生之日起，已在德国、荷兰等国家进行了实际应用，见表4-31。

国外双层摊铺应用实例

表4-31

工程名称	项目标段	单层摊铺结构	双层摊铺结构
德国茨维布茹肯 BAB A 8 高速公路	康特维格－沃莎森段	3.5cm 厚 SMA 0/8 S＋8.5cm 厚 Abi 0/16 S＋10.5cm 厚 ARB 0/32 CS	2.0cm 厚 SMA 0/8 S＋8.0cm 厚 Abi 0/16 S＋12.0cm 厚 ARB 0/32
德国 BAB A5 高速公路	卡塞尔－法兰克福段	3.5cm 厚 GA0/11S＋8.5cm 厚 Abi 0/22S	2cm 厚 SMA 0/8 S＋10cm 厚 Abi 0/22 S
德国 BAB A31 高速公路	合同段31.5	—	2cm 厚 SMA 0/8 S＋8cm 厚 ABi 0/22 S
荷兰鹿特丹港高速公路	全线	—	2cm 厚 OPA 0/2 ＋5cm 厚 OPA 11/16

我国引入戴纳派克 F300CS 型双层摊铺机后，在国内工程中也进行了相应实践，具体工程实例见表4-32。

国内双层摊铺应用实例

表4-32

工程名称	试验路段	路面结构形式	路面结构形式
		单层摊铺	双层摊铺（下面层分层摊铺）
张石高速	K15＋000～K30＋790	4cm 厚 AC13SBS＋7cm 厚 AC20＋12cm 厚 ATB30	3cm 厚 AC13SBS＋7cm 厚 AC20＋12cm 厚 ATB30
平铁二级公路	平泉段	3cm 厚 AC13＋5cm 厚 AC20	2cm 厚 AC13＋6cm 厚 AC20
石黄高速	槁城西至辛集段	4cm 厚 SAC16＋5cm 厚 SAC20＋6cm 厚 SAC25	2cm 厚 AC13＋6cm 厚 AC20＋7cm 厚 AC25

调查结果显示，双层摊铺技术在工程中应用具有以下特点：

（1）双层摊铺采用上、中面层一次性摊铺。

（2）上面层厚度范围为1.5～3cm，中面层厚度一般为5～8cm。

（3）两层组合后一次性摊铺厚度一般不超过10cm，但在国外双层摊铺技术较为成熟的国家，双层摊铺总厚度已经达到了12cm。

浙江省杭州湾跨海大桥混凝土桥双层 SMA 铺装单幅单层34.19km，见图4-81所示。上面层采用4cm厚的改性沥青 SMA-13，下面层采用6cm 厚的改性沥青 SMA-16，在当时浙江高速公路工程中尚属第一次采用双层 SMA 路面体系。但是，尽管设计的铺装层为双层 SMA 结构，但从施工角度讲，还属于分层逐层摊铺碾压。

为了解决沥青路面层间污染、整体施工进度慢等问题，戴纳派克公司提出了在沥青路面建设上的一个创新——复合式沥青混合料面层。双层摊铺机正是这一设想的成果。该机能够将上面层和下承层用一个双层摊铺机分层一次性摊铺完成。

这项技术的推广在我国面对的主要是沥青混合料的供给问题。我国的沥青混合料并未实现商品型生产，施工企业需要自己采购拌和站，现场拌和保障使用。双层摊铺机摊铺速度之快，使得企业必须加大对拌和站的采购力度，否则会出现供不上沥青混合料的状况，这使得投资成本大幅提升。

图 4-81　杭州湾跨海大桥主桥面 SMA 铺装

既是设备拥有者又是施工企业的公司,采购双层摊铺机的效果最佳,这样才能有效保障设备的充分性,真正实现高效摊铺。但这套产品价格不菲,而且操作复杂。在人工成本相对低廉的中国,是否能够顺利推广开来仍有待考验。事实上,这款产品登录中国起码已有 3 年历史,但仍未获得广泛推广。

随着工程管理精细化、专业化的不断深化,在一条高速公路的任意一个合同段内安装 2 台沥青拌和楼的现象越来越多,因此,沥青路面双层一次摊铺必将成为趋势。目前,在中国较为成功的工程案例是河北北方公路工程集团使用该产品在河北境内铺设的石黄高速公路,40 多公里的路程仅用两个星期就铺设完毕。

2. *双层 SMA 路面一次性摊铺碾压工程实例*

目前,国外关于双层摊铺技术的研究尚属起步阶段,国内关于双层摊铺技术的施工及检测要求尚属空白,这些都制约了该技术在我国的推广。陕西省交通运输厅与长安大学合作,以洛(南)商(洛)高速为依托,对双层一次摊铺施工关键技术、检测指标等进行了系统研究。

传统沥青路面的铺筑方式为单层铺筑、单层碾压成型,但是,随着一种新型的沥青路面摊铺设备——双层摊铺机的出现,使沥青路面双层一次性铺筑成为现实。这种新型的路面铺筑工艺,实现了路面面层间“热接热”(摊铺层的上下两层均为热拌沥青混合料)结合,不仅提高了路面质量,而且大大加快了施工进度。

2011 年,由陕西省交通建设集团公司负责建设的洛商高速公路采用了德国 DYNAPAC 双层沥青摊铺机(F300CS-AM 300 配转运车 MF-300C),铺筑了长度为 1 300m 的 4 种不同结构组合的双层(上、中面层)一次性铺筑科研试验段。施工现场见图 4-82。

1)工作原理

沥青路面双层一次性铺筑由两组运输车辆共用 1 台转运车,分别把两种不同配比的沥青混合料输送到双层沥青摊铺机的 2 个料仓,根据不同厚度的要求将两层沥青混合料一次摊铺、一次碾压成型。双层摊铺机采用自动行走系统,避免了人为操作误差,提高了路面铺筑质量。

图 4-82　沥青路面双层一次性铺筑施工现场

2)双层摊铺机设备情况

双层摊铺机的造价约 1 500 万元人民币,质量约 130t,最大摊铺宽度 11.75m。这种双层摊铺机包含了上面层摊铺机的整体结构和技术部件,以及自身的能源供应系统。另外加上螺旋运输机,该螺旋运输机取代了普通摊铺机上的刮板运输机作用,并把混合料由架高的上面层料斗运送到摊铺板上。这个组成部件是拖车式的,当摊铺机行走时可以收缩起来,其外形如图 4-83所示。

图 4-83　戴纳派克 F300 CS 双层摊铺机

戴纳派克 F300 CS 双层摊铺机主要部件说明:

(1)F300 CS 高性能摊铺机主机身;

(2)25t 上面层料斗;

(3)下面层高压实熨平板;

(4)上面层普通熨平板;

(5)45t 大容量下面层料斗。

沥青混合料转运车造价 400 万元人民币，质量约 30t。专用的混合料转运车见图 4-84。

图 4-84　专用的混合料转运车

3）双层摊铺机的特点

（1）可分层摊铺也可双层整体摊铺。

（2）螺旋布料器的叶片较普通摊铺机大。

（3）熨平板采用德国德马格厂制造，铺筑的混合料密实、平整。

（4）与传统铺筑方式相比，双层一次性摊铺具有 8 大优点：

①解决了传统分层摊铺层间易污染问题；

②不需喷洒黏层油，节约了材料、节省了施工时间；

③提高了沥青面层的层间黏结效果，较传统施工方式层间抗剪强度可提高 60%；

④提高了摊铺碾压机械效率，缩短了施工周期；

⑤可减小油石比 0.1% ~0.2%，节省了工程成本；

⑥摊铺厚度增大，上、下两层的温度散失均变慢，有利于整体压实；

⑦由于厚度的变化，解决了路面单层铺筑中常见的路面渗水问题；

⑧可优化路面结构（可减小路面面层总厚度），使路面结构设计更合理。

（5）双层一次性摊铺施工难点：

①需要根据不同的路面结构类型，制定专项碾压方案；

②严格控制双层压实度；

③同一个标段需要 2 台拌和楼同时分别生产不同的沥青混合料；

④施工现场管理需精心组织，防止沥青混合料卸错车；

⑤需要足够的运输车辆分类运输沥青混合料；

⑥总体厚度增加，需要严格控制平整度。

传统摊铺方式采用层层摊铺，层层找平的方式进行施工，平整度控制相对容易；双层摊铺下由于两层混合料一体摊铺，摊铺厚度大，平整度更难控制，其对比如图 4-85 所示。

传统摊铺工艺下，当下面层出现 5mm 凹陷时，反映到面层时为 2.6mm；双层摊铺工艺下，反映到面层凹陷为 3.1mm。因此，双层摊铺下更应注意平整度的控制。各结构层平整度的累积反映，在路面结构层中，下一层的平整度直接影响上一层平整度的好坏。因此，双层摊铺下

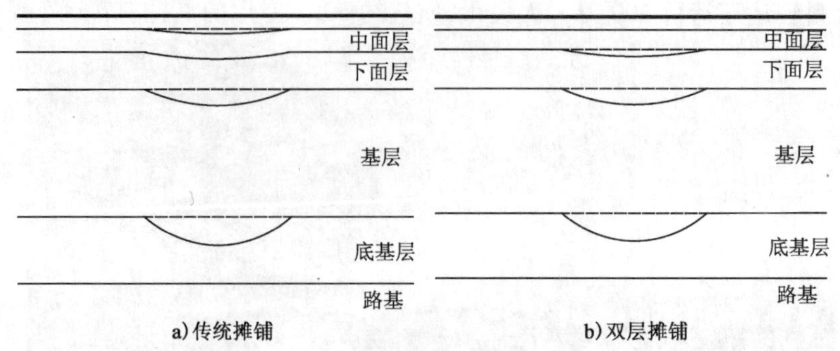

图 4-85　传统摊铺与双层摊铺平整度传递对比

道路平整度的控制应从基层开始，按上一级路面施工标准进行平整度控制，控制标准见表 4-33。

现行规范中平整度控制标准　　表 4-33

项　　目		检查方式	规范要求(mm)	双层摊铺要求(mm)
3m 直尺平整度检测	上中面层	3m 直尺	3	3
	下面层	3m 直尺	5	3
	基层	3m 直尺	7	5
	路基	3m 直尺	10	7
平整度仪检测	上面层	平整度仪	1.2	1.2

4) 双层一次性摊铺试验段铺筑方案

洛商高速公路双层一次性摊铺试验路共分为 4 种方案。

方案一：3cm 厚 AC-13 与 7cm 厚 AC-20，长度 300m。

方案二：4cm 厚 AC-13 与 6cm 厚 AC-20，长度 400m。

方案三：4cm 厚 SMA-13 与 6cm 厚 AC-20，长度 400m。

方案四：4cm 厚 SMA-13 与 6cm 厚 SMA-16，长度 200m。

各结构层混合料油石比为：AC-13 油石比由 4.8% 调整为 4.6%；AC-20 油石比由 4.3% 调整为 4.1%；SMA-13 油石比 5.6%；SMA-16 油石比 5.7%。为了确保双层摊铺的 SMA 不泛油，SMA-13 添加 0.3% 的木质素纤维，SMA-16 添加 0.4% 的木质素纤维(若每盘混合料 3 500kg，则需添加 14kg 纤维，分成 2 小包，按每包 7kg 投放)。

5) 双层一次性摊铺施工工艺

(1) 混合料拌和

采用 2 台日工 4000 型沥青拌和楼分别拌和 AC 和 SMA 混合料。各试验段混合料用量计算结果见表 4-34。

试验段混合料用量计算　　表 4-34

沥青面层组合	长度(m)	上面层混合料用量(t)	中面层混合料用量(t)
3cm 厚 AC-13 + 7cm 厚 AC-20	300	226.8	529.2
4cm 厚 AC-13 + 6cm 厚 AC-20	400	403.2	604.8
4cm 厚 SMA-13 + 6cm 厚 AC-20	400	403.2	604.8
4cm 厚 SMA-13 + 6cm 厚 SMA-16	200	201.6	302.4

上面层混合料总需要量为 1 234.8t，中面层混合料总需要量为 2 041.2t。其中，需要拌和 AC-13 的量为 630t，需要拌和 SMA-13 的量为 604.8t，需要拌和 AC-20 的量为 1 738.8t，需要拌和 SMA-16 的量为 302.4t。

(2)混合料运输

沥青路面双层一次性铺筑的上面层 AC-13 及 SMA-13 运输车辆每车仅装载 24t 混合料(6 盘)，中面层 AC-20 及 SMA-16 混合料每车装载 10 盘混合料 35t。

对所有运输车辆的外部进行特殊标记(如在车厢顶部插不同颜色的彩旗，或将运输车辆的颜色进行区分)，车辆抵达施工现场后由专人指挥排队等候卸料，如图 4-86 所示。

图 4-86　不同类型沥青混合料在转运车前等候卸料

(3)混合料摊铺

摊铺的前 2h，对两套熨平板同时进行加热，保证熨平板温度达到 130℃才可以摊铺。上、下两层混合料摊铺时，松铺系数分别采用 1.1 和 1.15。上、下两层分别采用无接触式平衡梁自动找平装置，控制摊铺厚度和平整度。

摊铺速度为 2.0 ~ 2.5m/min。摊铺时需加强施工现场管理，防止摊铺机大、小料斗溢料。摊铺机垫板长度应超过熨平板长度，以保证摊铺的稳定性。其具体操作过程如下：

①转运车分送混合料。通过转运车将中面层混合料传送给摊铺机的大料斗，随后再通过转运车将上面层混合料传送给摊铺机的小料斗，如图 4-87 所示。

图 4-87　转运车分送混合料

②双层熨平板分层搭设。首先将上层熨平板升起后，再把底层熨平板搭设在中面层的基准面上，开启刮料板将中面层混合料送入螺旋内，通过螺旋分料器将混合料均匀地分布在熨平板两侧，之后摊铺机向前行走，进入摊铺状态。其次，上层熨平板抵达摊铺断面后，摊铺机停止行走，在中面层的热铺面上垫好木板（木板总厚度为上面层的虚铺厚度加上熨平板落下后崁入中面层的热铺面的下沉深度），之后将上层熨平板搭设在垫好的木板上，随即开启刮料板将上面层混合料送入螺旋内，通过螺旋分料器将混合料均匀地分布在熨平板两侧。

③两层混合料整体一次性摊铺。在检查上、下两层的螺旋分料器内混合料饱满均匀后，启动摊铺机向前行走，上、下两层同时进入摊铺状态，见图4-88。

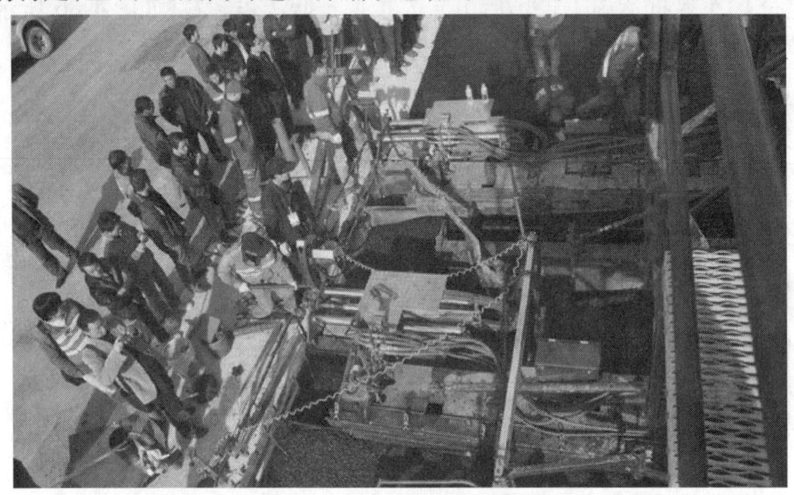

图4-88　双层一次铺筑的鸟瞰图

（4）混合料碾压

为了保证碾压效果，压实设备吨位在12t以上。当面层采用SMA结构时不能采用胶轮压路机，同时碾压速度不宜超过5km/h。对于振动压路机，最佳碾压速度为3～4km/h，初压速度为1.5～2km/h；终压速度为2.5～3.5km/h，压实设备配备见表4-35。

压实设备配备表　　　　表4-35

压路机类型	初压		复压		终压	
	适宜	最大	适宜	最大	适宜	最大
振动压路机	1～2台（静压）	5台（静压）	2～3台（振动）	4～5台（振动）	1～2台（静压）	5台（静压）
碾压遍数	2遍		4～6遍		2遍	

试验段所需压实机械共计12台，其中2台4t小型压路机，6台13t双钢轮压路机以及4台31t胶轮压路机。压实设备配置与碾压工艺见表4-36。

压实设备配置与碾压工艺　　　　表4-36

编号	方案一	方案二	方案三	方案四
路面结构	3cm厚AC－13＋ 7cm厚AC-20	4cm厚AC-13＋ 6cm厚AC-20	4cm厚SMA-13＋ 6cm厚AC-20	4cm厚SMA-13＋ 6cm厚SMA-16
压实工艺	稳压：4t小钢轮压路机2台各静压1遍； 初压：13t双钢轮振动压路机2台各振压1遍； 复压：31t胶轮压路机4台各压2遍； 终压：13t双钢轮振动压路机1台碾压1～2遍		稳压：4t小钢轮压路机2台各静压1遍； 初压：13t双钢轮振动压路机2台各振压1遍； 复压：13t双钢轮振动压路机2台各振压2遍； 终压：13t双钢轮振动压路机1台碾压1遍	

截至2011年年底，在陕西省洛商高速实施的4cm厚SMA-13+6cm厚AC-20以及4cm厚SMA-13+6cm厚SMA-16双层一次性铺筑、一次性碾压技术在国内尚属首次。双层混合料整体一次碾压成型如图4-89所示。

图4-89 双层混合料整体一次碾压成型

6)施工质量检测要求

(1)施工当日分别在拌和楼取样，对混合料进行级配、油石比检测，同时制作马歇尔试件和车辙试验试件。

(2)施工当日调取拌和楼打印记录、黑匣子记录，判定混合料质量。

(3)施工当日应及时进行外观质量回头望。重点检查是否有离析、油斑、渗水，平整度是否合格，是否有小坑洞等。

(4)施工完成3日后，钻芯取样检测厚度、压实度、空隙率，同时检测构造深度、渗水系数、高程、横坡、平整度、宽度等指标。

7)试验路检测结果

试验路施工结束后，科研单位和施工、监理单位共同对试验路的压实度、厚度、平整度等指标进行了检测。从现场钻取的24个芯样看：双层已成为整体，黏结非常牢固，单层的压实效果良好，密实无空隙。从平整度检测结果看，共采集26个均方差值，均满足规范和预期值。

双层摊铺芯样见图4-90～图4-92，压实度检测见表4-37，平整度(标准差)检测见表4-38。

双层一次性摊铺试验段压实度检测表 表4-37

方案及起始桩号	试样编号	现场桩号	位置(m)	试样密度(g/cm^3)	标准密度(g/cm^3)	压实度(%)	
						实测值	平均值
3cm厚AC-13+7cm厚AC-20(K11+193～K11+410左幅217m)	1	K11+242	距路中4.25	2.466	2.486	99.2	99.0
	2	K11+280	距路中8.0	2.450	2.486	98.6	
	3	K11+320	距路中4.25	2.463	2.486	99.1	
	4	K11+360	距路中8.0	2.458	2.486	98.9	
	5	K11+380	距路中4.25	2.464	2.486	99.1	
	6	K11+400	距路中8.0	2.462	2.486	99.0	

续上表

方案及起始桩号	试样编号	现场桩号	位置（m）	试样密度（g/cm³）	标准密度（g/cm³）	压实度（%）	
						实测值	平均值
4cm 厚 AC-13 + 6cm 厚 AC-20（K11 +410 ~ K11 +720 左幅 310m）	7	K11 +450	距路中 8.0	2.468	2.486	99.3	99.1
	8	K11 +490	距路中 4.25	2.469	2.486	99.3	
	9	K11 +530	距路中 8.0	2.455	2.486	98.8	
	10	K11 +570	距路中 4.25	2.466	2.486	99.2	
	11	K11 +610	距路中 8.0	2.457	2.486	98.8	
	12	K11 +650	距路中 4.25	2.462	2.486	99.0	
4cm 厚 SMA-13 + 6cm 厚 AC-20（K11 +720 ~ K12 +060 左幅 340m）	13	K11 +720	距路中 4.25	2.458	2.486	98.9	98.7
	14	K11 +760	距路中 8.0	2.455	2.486	98.8	
	15	K11 +800	距路中 4.25	2.448	2.486	98.5	
	16	K11 +840	距路中 8.0	2.453	2.486	98.7	
	17	K11 +880	距路中 4.25	2.450	2.486	98.6	
	18	K11 +920	距路中 8.0	2.451	2.486	98.6	
4cm 厚 SMA-13 + 6cm 厚 SMA-16（K12 +060 ~ K12 +220 左幅 160m）	19	K12 +080	距路中 4.25	2.494	2.508	99.4	99.2
	20	K12 +100	距路中 8.0	2.493	2.508	99.4	
	21	K12 +120	距路中 4.25	2.477	2.508	98.7	
	22	K12 +140	距路中 8.0	2.483	2.508	99.0	
	23	K12 +160	距路中 4.25	2.485	2.508	99.1	
	24	K12 +180	距路中 8.0	2.490	2.508	99.3	

注：①表中的压实度是对现场钻芯的试件，按设计的分层厚度以及实际的厚度（稍有误差）进行切割后，分层检测其压实度的结果。

②AC 结构压实度要求≥97%（马歇尔试验室标准密度）；SMA 结构压实度要求≥98%（马歇尔试验室标准密度），≥94%（理论密度）。

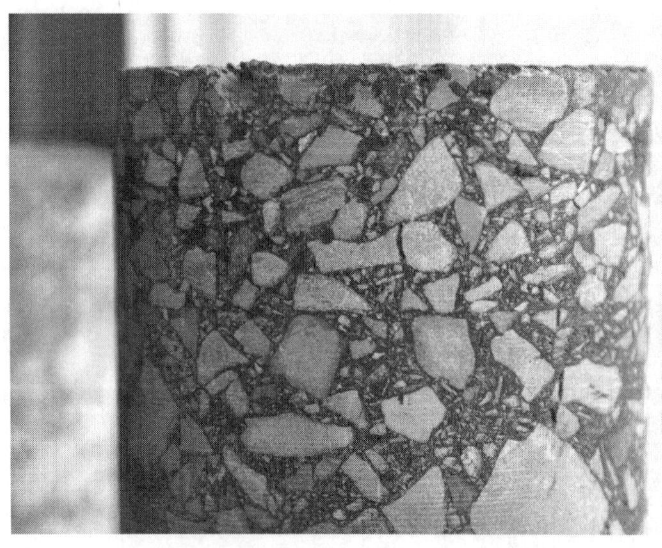

图 4-90　上部 4cm 厚 AC-13 + 下部 6cm 厚 AC-20 芯样

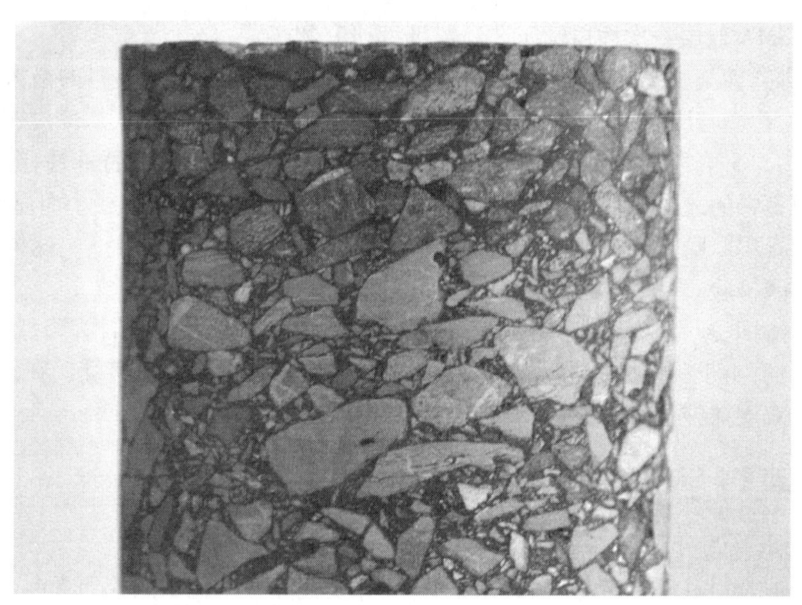

图 4-91　上部 4cm 厚 SMA-13 + 下部 6cm 厚 AC-20 芯样

图 4-92　上部 4cm 厚 SMA-13 + 下部 6cm 厚 SMA-16 芯样

双层一次性摊铺试验段平整度(标准差)检测表　　表 4-38

结构形式	3cm 厚 AC-13 + 7cm 厚 AC-20	4cm 厚 AC-13 + 6cm 厚 AC-20	4cm 厚 SMA-13 + 6cm 厚 AC-20	4cm 厚 SMA-13 + 6cm 厚 SMA-16
上面层平整度实测值(mm)	0.67、0.73、0.64、0.83、0.78、0.74	0.97、0.89、0.82、0.85、0.81、0.78、0.79、0.95	0.89、0.64、0.78、0.74、0.73、0.68、0.80、0.84	0.88、0.72、0.73、1.02
平均值(mm)	0.88	0.86	0.76	0.84
规范值(mm)	连续测定≤1.2,试验段预期值≤0.9			

8）SMA + SMA 双层一次性摊铺工艺还需继续研究和实践

《公路沥青路面施工技术规范》（JTG F40—2004）规定：沥青面层集料的最大粒径宜从上至下逐渐增大，并应与压实层厚度相匹配。对 SMA 等嵌挤型混合料压实层厚度不宜小于公称最大粒径的 2～2.5 倍，以减少离析，便于压实。鉴于 SMA 路面结构的特殊性，分层厚度必须与结构类型即集料的最大粒径成一定的比例。就双层整体而言，集料粒径小而总厚度大，碾压后必然造成沥青玛蹄脂上浮，形成泛油的病害。因此，SMA + SMA 双层一次性摊铺还有待于研究探讨和实践检验。

由于双层摊铺技术的应用能够有效改善层间黏结状况，优化路面结构，降低施工成本，提高工程建设质量，由于其多方面带来的诸多好处，被越来越多的国家所接受。在沥青混合料路面施工中使用双层摊铺技术，可以大大缩短施工时间，提高工作效率。

二、乳化型温拌 SMA 路面施工技术

1. 温拌技术应用背景

温拌沥青混合料具有施工温度低、耗能低、环保及性能并不亚于热拌沥青混合料等诸多优点。由于热拌沥青混合料温度较高，沥青混合料在拌和及摊铺过程中会产生大量烟雾和有害气体，影响施工环境，特别是在封闭空间的隧道里，烟尘和高温使施工环境更为恶劣。

为改善高速公路隧道施工的施工环境，2011 年 10 月，在西安至商州高速公路路面 36 标 SMA 上面层施工时，由于环境温度低，在岔口铺互通立交主线和匝道上分别进行了温拌 SMA 试验路的铺筑，试验段的大致情况如下。

SMA-13 试验段一：2011 年 10 月 15 日 14：00～17：30，阴，气温 15～18℃，岔口铺互通立交主线，温拌沥青混合料拌和温度较热拌沥青混合料低 20℃。

SMA-13 试验段二：2011 年 10 月 18 日 15：00～18：00，阴，气温 12～15℃，岔口铺互通 E 匝道，温拌沥青混合料拌和温度较热拌沥青混合料低 30℃。

2. 乳化型温拌技术原理

试验路段均采用基于表面活性剂的乳化型温拌技术，温拌剂为某科研所研制的 HH-X 温拌剂。HH-X 乳化型温拌剂的主要技术指标如表 4-39 所示。

HH-X 型温拌剂主要技术指标 表 4-39

技术指标名称		技术指标
性状		棕红色半透明液体
主要成分		表面活性剂
pH		5～9
密度（g/cm^3）		0.99～1.01
标准黏度（s）		8～10
降温幅度（℃）	基质沥青混合料	10～30
	SBS 改性沥青混合料	20～40

HH-X 温拌剂可以将水分引入沥青中，通过引入沥青中水分的润滑作用，增加混合料的和易性，来达到降低混合料拌和温度，达到温拌的目的。其原理示意见图 4-93，具体包括以下几点。

（1）温拌添加剂具有微乳化作用，可以和沥青形成油包水（W/O）状态，使得温拌剂在沥青

内部形成泡沫结构,很好地实现了在较低温度下的拌和及碾压功能。

(2)沥青中由于存在水分,而水即使在常温下也具有流动性。因此,当沥青低温下黏度较大时,由于其中的水分具有较大的变形能力,当受到外力作用时,由于水的易变形而使沥青整体也具有较大变形能力,从而利于压实。也就是说:温拌沥青混合料,通过水膜的润滑作用,极大地弱化了混合料的工作温度与沥青黏度的相关性,从而达到降低沥青混合料拌和和施工环节温度的效果。

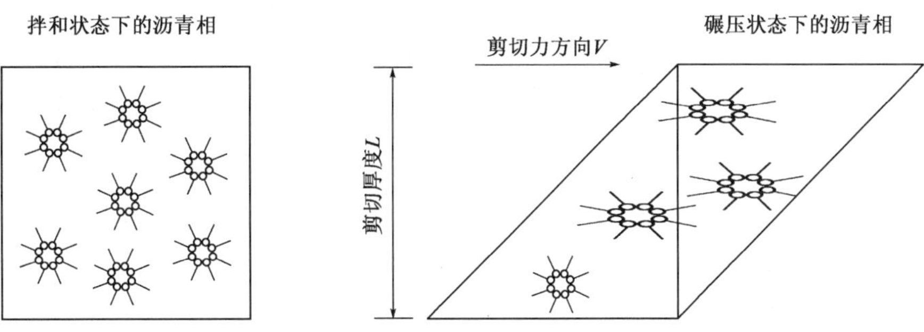

图 4-93　温拌沥青易变形压实的原理示意图

(3)在沥青混合料拌和过程中,在表面活性类添加剂和水的共同作用下,沥青内部形成水膜润滑结构,该水膜结构能够显著增加混合料的工作性。在压实前,水膜的存在将避免混合料的团聚,增加混合料的摊铺工作性;压实过程中,在振动和轮碾的揉搓作用下,水膜润滑作用得到最大的体现,粗集料位置调整和骨架结构形成更加容易。混合料碾压成型后,在长期的使用环境中,水分逐渐完全挥发,使温拌沥青混合料具有与热拌沥青混合料相同的性能。

3. 温拌沥青混合料室内试验

由于温拌沥青混合料的矿料级配和油石比可以完全参照热拌沥青混合料,因此,在室内研究时,主要是确定温拌沥青混合料合理的拌和与压实温度,然后验证该温度下其路用性能,为试验路的铺筑奠定理论基础。

1)SMA-13 最佳拌和与压实温度研究

同样采用 SGC 法和和易性试验仪法确定上面层 SMA-13 的最佳拌和与击实温度。试验结果分别见表 4-40 和表 4-41,关系曲线图见图 4-94 和图 4-95。

SMA-13 不同温度下旋转压实法空隙率对比　　表 4-40

混合料类型	拌和温度(℃)	击实温度(℃)	空隙率(%)
热拌	95	80	5.87
	115	100	4.83
	135	120	4.18
	155	140	3.95
	175	160	3.63
温拌	95	80	5.46
	115	100	4.12
	135	120	3.66
	155	140	3.61
	175	160	3.58

SMA-13 不同温度下和易性指数对比　　表 4-41

混合料类型	拌和温度(℃)	和易性指数(WI)
热拌	175	0.391
	155	0.352
	135	0.305
	115	0.266
	95	0.229
温拌	175	0.414
	155	0.402
	135	0.370
	115	0.313
	95	0.271

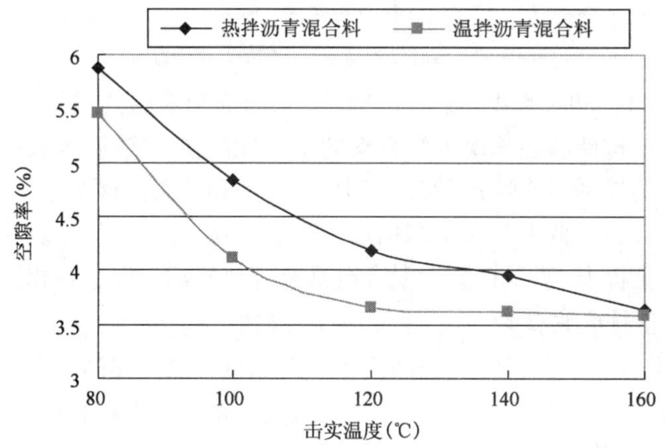

图 4-94　混合料空隙率与击实温度关系曲线图

采用 SGC 法成型的热拌 SMA 试件,随着压实温度的降低,试件空隙率增大,且随着压实温度的继续降低,空隙率增大的幅度加大。采用 SGC 法成型的温拌 SMA 试件,当压实温度为 120~160℃时,空隙率受温度的影响较小,几乎成一水平直线,而当压实温度低于 120℃时,空隙率有显著增大的趋势,如图 4-94 所示。由此可见,在一定温度范围内,温拌 SMA 的可工作性对温度的敏感性大大降低,形成不敏感温度区域,可以使目标空隙率的压实温度范围明显扩大。因此,温拌 SMA 的压实温度可低至 120℃。以空隙率为评价指标,热拌 SMA 在 160℃压实温度下的空隙率为 3.63%,采用内插法,温拌 SMA 达到此空隙率对应的压实温度为 132℃,也就是说,采用 SGC 法评价温拌 SMA 的降温幅度为 28℃。

由图 4-95 可以看出,当温拌沥青混合料拌和温度为 145℃左右时,其和易性指数和热拌沥青混合料在 175℃时相当,因此,采用和易性试验仪法确定的温拌 SMA 的降温幅度为 30℃。

综合以上两种试验方法可以发现,温拌 SMA 的降温幅度约为 30℃,实际铺筑过程中一段试验路采取降低拌和温度 20℃进行铺筑,另外一段采取降温 30℃进行铺筑。

2)SMA-13 上面层温拌沥青混合料路用性能研究

对 SMA-13 温拌沥青混合料的路用性能进行检验,试验结果如表 4-42 所示。

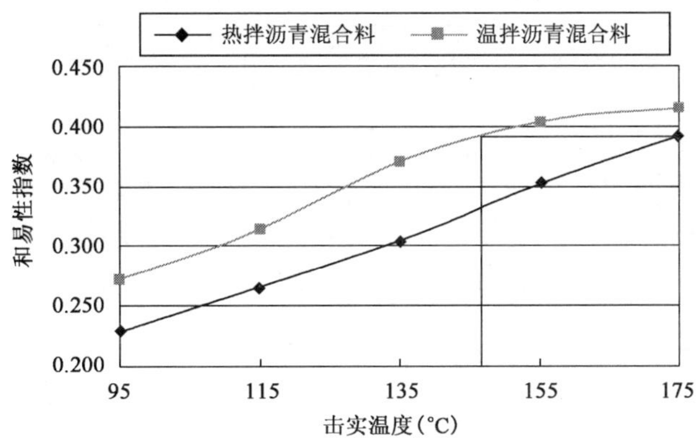

图 4-95　混合料和易性指数与拌和温度关系曲线图

SMA-13 路用性能试验结果　　表 4-42

混合料类型	拌和温度(℃)	击实温度(℃)	残留稳定度(%)	TSR(%)	动稳定度(次/mm)
热拌	175	160	92.7	85.9	7 943
温拌	155	140	94.6	90.1	7 725
	145	130	94.2	90.5	7 624

由表 4-42 可以看出,无论是降低 20℃还是 30℃的拌和温度,温拌沥青混合料的水稳定性均优于热拌沥青混合料,主要原因为温拌剂的主要成分为表面活性物质,其能改善沥青与石料的黏附性,从而提高了沥青混合料的水稳定性。温拌沥青混合料的高温稳定性同热拌沥青混合料相当。总之,温拌沥青混合料的各项指标都接近或超过热拌沥青混合料,且都满足规范要求。

4. 温拌混合料配合比设计

1)混合料配合比

SMA-13 混合料级配检测结果见表 4-43,级配曲线如图 4-96 所示。

SMA-13 混合料级配检测结果　　表 4-43

编　　号	通过各级筛孔(mm)质量百分率(%)									
筛孔尺寸	16	13.2	9.5	4.75	2.36	1.18	0.6	0.3	0.15	0.075
设计级配	100	92.5	60.3	25.8	19.1	15.6	12.9	11.6	10.8	9.5
试验段一	100	93.6	63.6	29.9	22.1	19.3	17	14.9	13.1	11.6
试验段二	100	93.3	61.9	27.4	19.3	16.0	13.2	10.7	9.3	8.6
热拌抽提	100	92.0	64.2	29.0	20.3	15.9	13.4	11.0	10.2	9.3
规范规定通过百分率	100	90	50	20	15	14	12	10	9	8
	100	100	75	34	26	24	20	16	15	12

从以上试验结果可以看出,温拌沥青混合料不会对混合料的级配和油石比产生影响,这是因为整个过程只降低了施工各环节温度,而没有改变其他条件。

2)室内试件成型方法

(1)直接从运料车取样,装入保温桶。

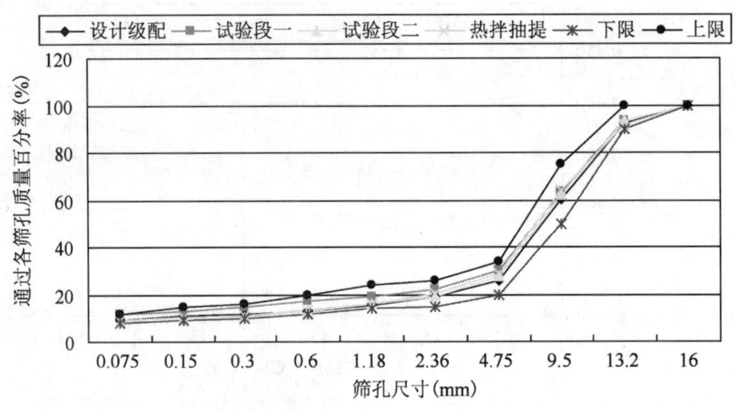

图 4-96　SMA-13 级配曲线

(2)用四分法分料,取所需质量混合料备用。

(3)由于沥青混合料在取料和分料过程中,其表面温度下降迅速,成型相应试件时需将混合料加热,而在此过程中,温拌沥青混合料中温拌剂及水分蒸发,丧失降低击实温度的作用。因此在室内试验中,温拌沥青混合料和热拌沥青混合料的击实温度应该一致,将热拌和温拌SMA-13 沥青混合料在 175℃的恒温烘箱中保持 1h 以上。

(4)上面层的击实采用了 160℃和 140℃两种温度,按标准方法成型试件。

3)浸水马歇尔试验

采用浸水马歇尔试验残留稳定度评价温拌沥青混合料的水稳定性,试验结果如表 4-44所示。

马歇尔残留稳定度试验结果　　表 4-44

类　型	击实温度(℃)	毛体积密度(g/cm^3)	空隙率(%)	稳定度(kN)	流值(0.1mm)	残留稳定度(%)
热拌	160	2.563	3.61	11.82	38	93.2
温拌	160	2.566	3.49	14.45	33	96.1
	140	2.548	4.17	12.29	45	85.8

浸水马歇尔试验是评价沥青混合料水稳定性的重要试验方法,从以上试验结果可以得出如下结论:

(1)对于 SMA-13 混合料采用 160℃成型的试件,温拌沥青混合料马歇尔试件的空隙率为3.49%,比热拌混合料的 3.61% 降低了约 0.12%,采用 140℃成型的试件,温拌沥青混合料马歇尔试件的空隙率为 4.17%,比热拌混合料的 3.61% 提高了约 0.56%。表明采用同热拌沥青混合料相同的击实温度,温拌沥青混合料具有更好的压实效果。这是因为提高了温拌沥青混合料的击实温度,此时温拌沥青混合料应具有同热拌沥青混合料一致的和易性。此外,温拌沥青混合料内部还残余部分温拌剂,此部分有效成分能提高沥青混合料的和易性,因此在此击实温度下,温拌沥青混合料的空隙率较小。而在较低的击实温度下,此时温拌机理已丧失,因此其空隙率偏大,故在室内成型温拌试件时,宜采用同热拌沥青混合料相同的击实温度。

(2)对于 SMA-13 混合料采用 160℃成型的试件,温拌沥青混合料的残留稳定度为96.1%,比热拌混合料的 93.2% 提高了约 3%,采用 140℃成型的试件,温拌沥青混合料的残留稳定度为 85.8%,比热拌混合料的 93.2% 降低了约 7%,但均大于规范对于热拌混合料大于 80% 的要求。由此可见，温拌沥青混合料具有良好的抗水损害性能。

4）冻融劈裂试验

冻融劈裂试验的试验条件更为苛刻，更能反映沥青混合料抵抗水损害的能力。因此还采用了冻融劈裂试验来评价温拌沥青混合料的水稳定性，试验结果如表4-45所示。

冻融劈裂试验结果 表4-45

类　　型	击实温度（℃）	TSR（%）
热拌	160	91.1
温拌	160	92.3
	140	84.7

对于上面层SMA，采用160℃成型的试件，温拌沥青混合料冻融劈裂抗拉强度比TSR为92.3%，同热拌沥青混合料91.1%相当，然而采用140℃成型的温拌沥青混合料，其TSR下降严重。冻融劈裂试验再次说明，拌和楼取料，室内成型乳化型温拌马歇尔试件时，温拌试件的成型温度应与热拌试件一致。

从浸水马歇尔试验和冻融劈裂试验可以看出，温拌沥青混合料的水稳定性较好，优于同类型的热拌沥青混合料。

5）车辙试验

采用车辙试验评价沥青混合料的高温稳定性，车辙试验结果如表4-46所示。

SMA混合料车辙试验结果 表4-46

混合料类型	成型温度（℃）	45min变形量 t_1（mm）	60min变形量 t_2（mm）	动稳定度（次/mm）	平均值（次/mm）	规范要求（次/mm）
热拌	160	1.540	1.621	7 777.8	7 943.1	≥5 000
		1.525	1.604	7 974.7		
		1.437	1.515	8 076.9		
温拌	160	1.642	1.721	7 974.7	7 783.2	
		1.609	1.689	7 875.0		
		1.625	1.709	7 500.0		
	140	1.635	1.73	6 631.6	6 739.7	
		1.654	1.746	6 847.8		
		1.686	1.779	6 774.2		

当温拌沥青混合料车辙板成型温度为160℃时，其动稳定度和热拌沥青混合料差别不大，都接近8 000次/mm，远远大于要求值5 000次/mm；成型温度为140℃时，动稳定度有所下降，但也高于要求值。由此可见，温拌沥青混合料的高温稳定性不受影响，主要是由于温拌剂并不改变沥青本身的性质，在160℃环境下，温拌沥青混合料的流动性同热拌一致，因此其动稳定度也差别不大。

总之，温拌沥青混合料具有同热拌沥青混合料相当的高温稳定性。

5. 试验路的铺筑

1）温拌剂HH-X添加及混合料的拌和

根据设计配合比，现场沥青混合料拌和时，矿粉与集料同时添加，干拌2s后进行沥青喷洒。温拌浓缩液与沥青质量比为5∶95，温拌浓缩液在沥青开始喷洒后延时2s开始喷入，根据喷洒量,调整喷洒设备的压力,使得喷入时间控制在 6 ~ 8s 以内,同时确保在沥青喷洒完毕前完成温拌浓缩液的喷洒。

在拌和过程中,温拌剂的喷洒由拌和楼喷洒沥青信号控制,无需手工操作,喷洒计量准确,拌和效果较好。

温拌剂添加设备见图 4-97,混合料拌和生产见图 4-98。

图 4-97　温拌剂添加设备

图 4-98　混合料拌和生产

2)混合料运输

同热拌沥青混合料的运输方式。

3)混合料摊铺

温拌 SMA 摊铺同热拌沥青混合料的摊铺工艺,如图 4-99 所示。

图 4-99　温拌 SMA 摊铺

温拌混合料摊铺温度比热拌混合料降低了 20 ~ 30℃，烟雾量明显减少。摊铺过程与热拌混合料正常摊铺温度时相比未有异常，各环节控制较好。

4）混合料碾压

温拌沥青混合料的碾压工艺同热拌沥青混合料。对于 SMA 上面层，不得采用胶轮压路机碾压，应采用钢轮压路机碾压，如图 4-100 所示。

至少配置 6 台双钢轮压路机：3 台双钢轮振动压路机，2 台双钢轮振荡压路机（采取连续式碾压），1 台双钢轮振动压路机用作修复碾压。采取"紧跟慢压、高频低幅、先低后高、均匀少水"的原则。每台压路机前进后退往返为 1 遍，每遍重叠 1/2 轮宽。压路机要先行驶再开振动，要先关振动再停驶。禁止压路机在当天铺面上停机、加水、掉头等。碾压遍数按 6 遍控制，不能过碾或少碾。

初压：静压 1 遍（振动压路机或振荡压路机），温度为 140℃左右，如图 4-101 所示。

复压：初压完成后，立即用振动压路机振压 3 遍和振荡压路机振压 2 遍，温度为 120℃左右，如图 4-102 所示。

终压：用钢轮压路机静压收面，温度为 80℃左右，如图 4-103 所示。

图 4-100　温拌 SMA 碾压

图 4-101　温拌 SMA 初压（温度 140℃）

图 4-102　温拌 SMA 复压(温度 120℃)

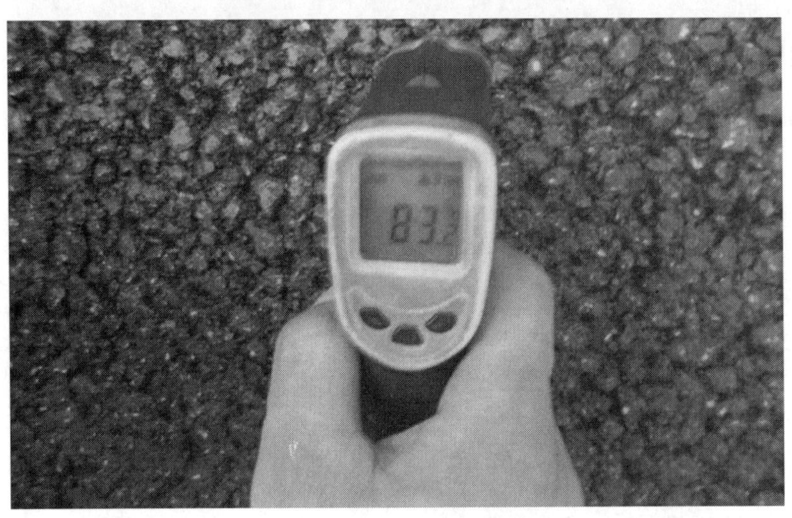

图 4-103　温拌 SMA 终压(温度 83℃)

通过对比温拌沥青路面和热拌沥青路面的碾压工艺可以发现,温拌沥青混合料虽然温度较低,但对碾压工艺无特殊要求,可以完全同热拌沥青混合料一致。

5)施工现场温度控制

上面层 SMA-13 混合料温度控制情况表 4-47。

上面层 SMA-13 混合料温度控制　　表 4-47

混合料类型	温拌		热拌
施工时间	10 月 15 日下午	10 月 18 日下午	10 月 18 日上午
环境温度(℃)	15 ~ 18	12 ~ 15	12 ~ 17
沥青加热温度(℃)	165 ~ 175	165 ~ 175	165 ~ 175
集料加热温度(℃)	155 ~ 165	165 ~ 175	185 ~ 195
沥青混合料出料温度(℃)	145 ~ 155	155 ~ 165	175 ~ 185
到场温度(℃)	140 ~ 145	150 ~ 155	170 ~ 175
混合料摊铺温度(℃)	135 ~ 140	145 ~ 150	165 ~ 170
开始碾压温度(℃)	130 ~ 135	140 ~ 145	160 ~ 165
复压温度(℃)	110 ~ 115	120 ~ 125	140 ~ 145
碾压终了温度(℃)	70	80	100

(1)10 月 15 日岔口铺互通立交主线铺筑温拌 SMA 时,环境温度为 15 ~ 18℃,温拌沥青混合料出料温度控制在 155 ~ 165℃,比热拌混合料在正常气候环境下施工温度降低大约 20℃,摊铺及碾压过程中并未出现异常现象,压实度及平整度均较好。

(2)10 月 18 日岔口铺互通匝道铺筑温拌 SMA 时,环境温度为 12 ~ 15℃,温拌沥青混合料出料温度控制在 145 ~ 155℃,比热拌混合料在正常气候环境下施工温度降低大约 30℃,摊铺及碾压过程中并未出现异常现象,压实度及平整度均较好。

(3)摊铺过程中温度控制基本达到预期效果,在不同的环境温度下,温拌混合料表现出较长的碾压温度区间,比热拌混合料对应温度最高可降低 30℃以上。

6. 试验路现场检测结果

岔口铺互通立交主线拌和温度降低 20℃,岔口铺互通 E 匝道拌和温度降低 30℃。施工完成之后,对两段温拌 SMA-13 上面层的压实度进行了检测,其结果如表 4-48 所示。

SMA-13 上面层压实度检测结果 表 4-48

编号	桩号	理论相对密度	干重	水中重	表干重	毛体积相对密度	压实度(%)	
							单点值	平均值
1	K0 +015 距右 2m	2.659	902.9	557.8	904.9	2.601	97.8	95.7
2	K0 +040 距右 5m		945.4	576.3	949.7	2.532	95.2	
3	K0 +060 距右 2m		757.4	462.6	759.5	2.551	95.9	
4	K0 +100 距右 2m		591.6	358.7	595.9	2.494	93.8	
5	K0 +130 距右 2m		603.6	374.4	612.4	2.434	95.4	
6	K0 +190 距右 2m		811.4	495.6	817.5	2.521	94.8	
7	K0 +220 距右 2m		611.6	376.3	615	2.562	96.4	
8	K0 +260 距右 3m		560.2	336.7	564	2.465	95.9	
9	K0 +030 距右 2m		818.8	505.0	814.9	2.642	99.4	95.6
10	K0 +060 距右 5m		701.9	426.3	709.8	2.476	93.1	
11	K0 +090 距右 2m		624.4	375.2	628.9	2.461	92.6	
12	K0 +120 距右 2m		692.1	427.2	694.9	2.585	97.2	
13	K0 +150 距右 2m		801.8	491.3	803.6	2.567	96.6	
14	K0 +180 距右 2m		718.7	439.8	720.3	2.562	96.4	
15	K0 +210 距右 2m		761.7	458.5	763.5	2.497	93.9	

表 4-48 试验结果表明,温拌沥青混合料具有较好的压实效果,以理论密度作为标准,其平均压实度为 95% 以上,满足规范不小于 94% 的要求,表明温拌沥青混合料的降温效果能达到 30℃以上。因此,拌和温度的降低,不会影响沥青混合料的碾压效果。

三、隧道降噪抑烟阻燃 SMA 路面施工技术

2011 年 10 月,陕西省交通建设集团公司与长安大学在洛商高速公路的 3 个隧道内进行了隧道降噪抑烟阻燃 SMA 路面课题试验路。

1. 试验路概况

该试验路位于洛商高速 K17 +434 ~ K017 +614 腰扇蓬岭隧道右幅,上面层为 SMA-13 结构。混合料中采用的阻燃剂掺量为沥青质量 8%、最佳油量为 5.9%,路面宽度为 8.5m,路面

厚度4cm,总长度为180m。经计算混合料总质量为154.71t,沥青用量为8.62t,阻燃剂用量为0.690t。

2. 试验路混合料类型及方案

隧道降噪抑烟阻燃SMA路面试验路类型及方案如表4-49所示。

试验路路面结构　　表4-49

结构层	K17+434~K017+614
上面层	4cm厚SMA-13,阻燃剂掺量为沥青质量的8%
下面层	6cm厚AC-20,SBS改性沥青混合料
基层	水泥混凝土路面

3. 试验路配合比设计

SMA-13矿料合成级配见表4-50。

生产配合比矿料合成级配　　表4-50

筛孔(mm)	16	13.2	9.5	4.75	2.36	1.18	0.6	0.3	0.15	0.075
上限(%)	100	100	75	34	26	24	20	16	15	12
下限(%)	100	90	50	20	15	14	12	10	9	8
合成级配(%)	100	95.7	67.0	26.5	19.8	17.7	15.3	13.4	11.7	9.8

4. 试验路施工

1)混合料的拌制

(1)准备工作

运输到拌和站的阻燃剂存放良好,并采取防雨防尘措施。采用人工投放阻燃剂,在施工前将阻燃剂按照拌和楼产量分装成小包装,保证了生产时的投放需求。阻燃剂掺量为沥青质量的8%,拌和楼每锅产量4t,将添加剂提前分包成$4\,000 \times 5.9/105.9 \times 0.08 = 17.8$kg包装,采取一锅一投的方式进行投放。此外,在施工前对投放人员进行必要的投放操作培训,并且施工前确保拌和楼的各指标处于正常状态,温度控制精准、稳定,搅拌性能可靠,以保证阻燃剂迅速地熔融分散。

(2)阻燃剂的存储与投放

袋装好的阻燃剂要注意防潮、防水、防散落、防结块。“干法”工艺在拌和中控制的要点主要是温度、拌和时间和阻燃剂投放。

①混合料生产温度控制

温度控制是使用“干法”工艺成功的关键技术要点,必须严格把关。由于拌和环节对后续各工序温度起着控制性作用,应对影响拌和温度的各因素进行全面把关。

②拌和时间

阻燃剂“干拌”5~10s,阻燃剂投放应在热集料释放入拌和锅瞬间同时进行,同时开始干拌计时,“干拌”达到规定时间后放入沥青“湿拌”35s。

在阻燃剂的投放过程中根据现场情况采取鸣笛、监控等预防措施确保施工中不发生漏投、多投、错投、投放时间错乱等问题。此外,投放人员采取了必要的安全保护措施。拌和后的混合料均匀地裹覆沥青,无花白、无粗细料离析和结块现象。

2)混合料运输、摊铺、碾压工艺

工艺与常规 SMA 路面混合料运输、摊铺相同。

5. 试验路检测

(1)油石比和级配检测

上面层试验段共拌制 SMA-13 沥青混合料 154t,拌制车数为 5 车,在对试验路进行了铺筑并现场取样,对所取样品分别进行了抽提检测、级配筛分试验、马歇尔试验,各项指标对比结果汇总表 4-51。

油石比、级配数据统计表 表 4-51

筛孔尺寸(mm)	目标级配	通过下列筛孔质量百分率(%)		
		试样 1	试样 2	平均值
16	100	100	100	100
13.2	95.7	92.8	91.0	91.9
9.5	67.0	65.3	64.9	65.1
4.75	26.5	29.0	27.9	28.4
2.36	19.8	20.3	20.4	20.4
1.18	17.7	16.7	16.5	16.6
0.6	15.3	13.6	13.5	13.6
0.3	13.4	11.7	11.6	11.7
0.15	11.7	10.4	10.3	10.4
0.075	9.8	9.2	9.1	9.2
油石比(%)		5.81	5.83	5.82

(2)混合料马歇尔试验数据

试验段混合料马歇尔试验数据统计结果见表 4-52。

混合料马歇尔试验数据统计表 表 4-52

结构层	试件毛体积密度	空隙率(%)	矿料间隙率(%)	沥青饱和度(%)	稳定度(kN)	流值(mm)
上面层	2.565	3.6	17.3	79.2	16.4	3.0

(3)压实度检测

对 K017 +434 ~ K017 +614 试验段采用钻芯法取样,表干法测量试件密度和现场压实度检测结果见表 4-53。

压实度检测结果表(最大理论相对密度 2.661) 表 4-53

结构层	桩号	位置	试件毛体积相对密度	路面标准相对密度	路面标准密度压实度(%)	理论相对密度压实度(%)
SMA-13 阻燃剂掺量为沥青质量 8%	K17 +445	距中 1.5m	2.534	2.565	98.8	95.2
	K17 +510	距中 4.0m	2.552	2.565	99.5	95.9
	K17 +605	距中 8.0m	2.527	2.565	98.5	95.0

(4)构造深度检测

试验段构造深度检测结果如表 4-54 所示。

构造深度检测结果表　　表 4-54

结构层	桩号	位置	构造深度
SMA-13 阻燃剂掺量为沥青质量的 8%	K17 +445	距中 1.5m	1.0
	K17 +510	距中 4.0m	1.1
	K17 +605	距中 8.0m	1.1

(5)渗水系数检测

试验段渗水系数检测结果见表 4-55 所示。

渗水系数检测结果表　　表 4-55

结构层	桩号	位置	渗入系数 (mL/min)	平均值 (mL/min)
SMA-13 阻燃剂掺量为沥青质量的 8%	K17 +445	距中 8.0m	40	13.3
	K17 +510	距中 4.25m	0	
	K17 +605	距中 8.0m	0	

6. 混合料路用性能检测

(1)车辙试验

从沥青拌和厂取料,碾压成型制备车辙板试件。车辙试验结果如表 4-56 所示。

动稳定度试验结果　　表 4-56

结构层	试样编号	试验结果 (次/mm)	平均值 (次/mm)
SMA-13 阻燃剂掺量为沥青质量的 8%	1	9 130	9 290
	2	9 450	

(2)水稳定性检验

为了检验沥青混合料的抗水损害能力,按 5.9% 的油石比制备试件,进行冻融劈裂试验,试验结果见表 4-57。

冻融劈裂试验结果　　表 4-57

结构层	冻融(MPa)	未冻融(MPa)	冻融劈裂强度比(%)
SMA-13 阻燃剂掺量为沥青质量的 8%	11.80	13.42	87.5

第八节　SMA 路面精细化施工管理

SMA 路面的施工质量需要多方共同努力才能达到。一条 SMA 路面,无论结构设计多么合理,路面材料多么好,施工设备多么精良,只有在严密的施工工艺控制下,实行标准化施工,精细化管理,才能铺筑质量优良的 SMA 路面。图 4-104 所示为双向 8 车道的 SMA 路面。

SMA 路面施工"三分技术、七分管理"。在 SMA 路面施工中必须对其施工组织管理和关键技术质量提出严格要求,对施工的各个环节必须进行严格控制。

一、制订项目质量管理目标

高速公路建设必须以"百年大计、质量第一"为首要建设目标。在 SMA 路面铺筑前,就应

图 4-104　双向 8 车道的 SMA 路面

制订明确的质量目标。

(1)SMA 路面内在质量目标:粗集料相互嵌挤,形成坚实的骨架结构,集料之间被沥青玛蹄脂填充,无悬浮状态。

(2)SMA 路面外观质量目标:集料颗粒分布均匀,构造深度大,路面平整、密实、无离析、无渗水、无泛油、无油斑,施工接缝密实,不跳车。

(3)路面压实度、空隙率、渗水系数、厚度等关键指标和几何尺寸均满足要求,平整度均方差指标应小于 0.7mm,力争小于 0.6mm。

(4)SMA 路面施工中力争做到四个“零”,即混合料拌和时实现“零”溢料;摊铺机每天均能不间断作业,做到“零”停机;大桥铺装层“零”横向施工缝;工程质量达到“零”缺陷。

(5)通车 3 ~ 5 年无病害,设计年限内不大修。俯身看 SMA 沥青路面如图 4-105 所示。

图 4-105　俯身看 SMA 沥青路面

二、选取合理的技术指标

在施工规范要求的基础上，结合本地区的气候状况、地理位置和交通状况、材料状况等，提出 SMA 路面的技术指标。针对不同的路段，如桥梁、隧道、匝道等，微调 SMA 生产配合比。另外，对混合料的体积指标的确定应有针对性。

三、SMA 路面施工 26 条强制性规定

(1)上面层碎石水洗料必须提前 15d 准备好。

(2)木质素纤维、矿粉、消石灰粉必须搭棚存放，严禁受潮结团。絮状木质素纤维必须改成小包装。一般情况以 2 小包为宜，包数过多不易操作。木质素纤维投放前人工应进行预分散，如图 4-106 所示。

图 4-106　絮状木质素纤维投放前人工预分散

(3)装载机上料时严禁窜仓混料，同时铲料时距离料堆底部 30cm，否则容易将粉尘和下脚料铲起，如图 4-107 所示。

图 4-107　铲斗应距离料堆底部 30cm 以上

(4)中面层表面污染严禁水洗(防止中面层表面干燥而内部潮湿),采用山猫强力清扫车或钢刷清理,并用空压机吹净,洒黏层油前必须干燥。

(5)雨后天晴2d,并等中面层完全晾干或用空压机吹干后,方可喷洒黏油层,大风天气不得喷洒。对钢板护栏立柱、桥梁两侧护栏以及路缘石等,喷油前应采取覆盖措施。

对中面层渗水采用空压机等设备将层间水排出,如图4-108所示,确保SMA下承层干燥洁净后再灌乳化沥青用于封闭层间水。

图4-108　用空压机吹净中面层的渗水

(6)必须严格控制生产配合比。集料、沥青等的用量允许误差不得超过规定值。

(7)严格拌和加料流程:在加入集料的同时加入木质素纤维,然后加沥青,最后加矿粉,干拌时间为18s,湿拌时间为45s,每盘料的生产周期为70~75s。

(8)沥青混合料车的车厢底板和侧板涂一薄层色拉油,必须清除可见游离余液。

(9)运料车的车厢底部、侧面用保温材料包裹,顶面用篷布和棉被覆盖,用以保温。卸料时不揭篷布,以便持续保温。

(10)双向4车道可采用单机半幅全宽摊铺,6车道、8车道正常段采用2机并铺,加宽段增加1~2台摊铺机,严禁产生纵向冷接缝。

加宽段必须安排在中午施工,且应精细处理纵向热接缝。

表面局部缺陷可采用人工填充法进行处理,如图4-109所示。

(11)严禁使用运输车辆的边角料,洒落在摊铺机料斗以外的混合料必须铲除干净,如图4-110所示。

(12)避免大风天气施工;关注天气预报,阴雨天严禁施工,见图4-111。

严禁夜间施工。混合料拌和时间每天不早于6:00时开机,每天18:00时强制停机,确保混合料施工温度。在风口路段搭设防风墙,如图4-112所示,防止温度下降过快。

(13)摊铺时先铺匝道后铺主线,匝道不允许伸入主线,如图4-113所示。

(14)摊铺机垫板采用3~6mm厚钢板,加热1h,温度130℃以上,如图4-114所示。

(15)路基段摊铺速度控制在1.8~2.0m/min;桥梁段摊铺速度控制在1.5m/min,两机距离3~5m。

图 4-109　采用人工填充法进行处理表面局部缺陷

图 4-110　洒落在摊铺机料斗以外边角料

(16)横向接缝采用人工挖成齿状,如图 4-115 所示,易于连接。

(17)在桥面上,上面层横向接缝尽可能停留在桥梁伸缩缝处。

(18)油斑安排专人挖除并更换合格料。

(19)压路机配置要求:

双向 8 车道,5 台双钢轮振动压路机 +3 台振荡压路机。

双向 6 车道,5 台双钢轮振动压路机 +2 台振荡压路机。

双向 4 车道,4 台双钢轮振动压路机 +2 台振荡压路机。

(20)平整度处理要求:固定专人、专用设备及时处理平整。

(21)压路机停机要求:必须远离摊铺作业面 1km 以上。

图 4-116 为施工人员精心操作压路机。

(22)施工接缝必须用篷布和彩条布垫在下承层上,防止污染路面。设备检修时也必须铺彩条布。施工中防污措施如图 4-117 ~ 图 4-119 所示。

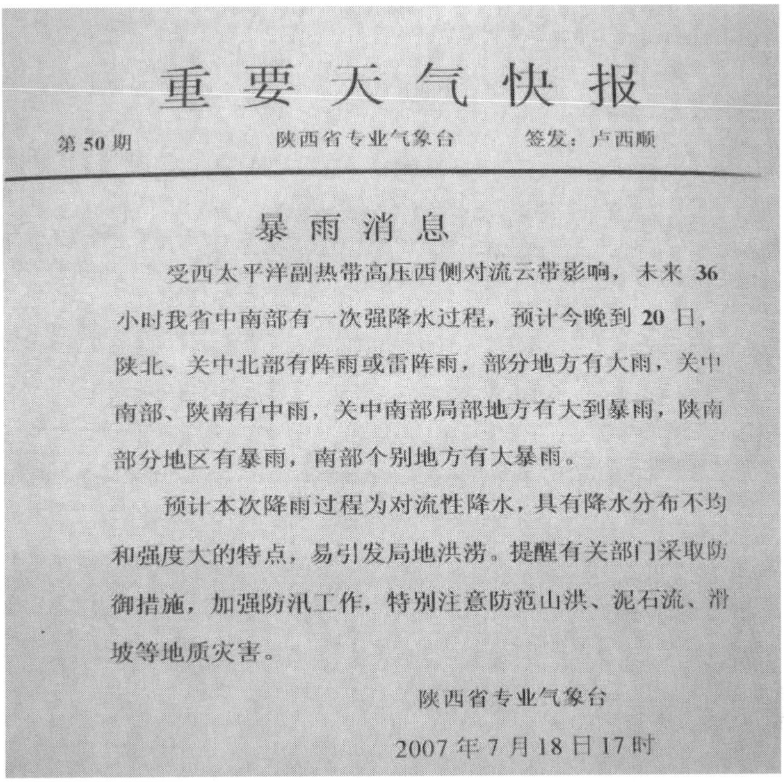

重要天气快报

第50期　　陕西省专业气象台　　签发：卢西顺

暴雨消息

受西太平洋副热带高压西侧对流云带影响，未来36小时我省中南部有一次强降水过程，预计今晚到20日，陕北、关中北部有阵雨或雷阵雨，部分地方有大雨，关中南部、陕南有中雨，关中南部局部地方有大到暴雨，陕南部分地区有暴雨，南部个别地方有大暴雨。

预计本次降雨过程为对流性降水，具有降水分布不均和强度大的特点，易引发局地洪涝。提醒有关部门采取防御措施，加强防汛工作，特别注意防范山洪、泥石流、滑坡等地质灾害。

陕西省专业气象台

2007年7月18日17时

图4-111　定期发布重要天气快报

图4-112　在风口路段搭设防风墙

(23)施工过程中要求连续作业，摊铺、碾压必须做到人停机不停。

(24)检测要求：SMA上面层施工3d后方可钻芯取样，取芯、渗水试验在标线位置，同时芯孔应采用SMA及时回填。路面钻芯芯样如图4-120所示。

(25)文明环保施工，如图4-121所示。工作餐餐盒等物不得随意乱扔，应集中回收处理。重视成品工程保护，喷洒黏层油前，对沿线路缘石、桥梁护栏、立柱贴膜保护。

(26)交通管制。在作业面位置设置交通管制警示栏杆，专人看守路口，夏季3d后才可开放交通，春秋季节2d后才可开放交通，如图4-122所示。

图 4-113　先匝道后主线摊铺

图 4-114　摊铺机垫板采用 3 ~ 6mm 厚钢板

图 4-115　SMA 路面横向接缝采用人工挖成齿状

图 4-116　施工人员精心操作压路机

图 4-117　设备检修时铺彩条布防止污染路面

图 4-118　在压路机停放位置铺帆布

图 4-119　交叉作业防污措施

图 4-120　路面钻芯芯样

图 4-121　文明环保施工

图 4-122　交通管制

四、SMA 施工组织管理经验教训

(1)路面工程施工招标一定要超前进行。当一个建设项目的路基桥隧工程建设剩余量接近一半时,应立即进行路面工程招标。这样,路面工程施工单位进场后可立即进行碎石材料采备等前期一切准备工作。

(2)SMA 路面施工前,必须对路基、桥隧工程的排水设施进行全面的完善,如图 4-123 所示。

在湿陷性黄土地区、软土路基地区,必须处理好路基基底,特别是台背回填等部位,必须确保路基稳定;否则,无论多好的 SMA 路面也会因路基沉陷而破坏。

图 4-123　附属工程必须提前完成

(3)无论是在路基段、桥面铺装,还是在隧道水泥混凝土路面上铺装 SMA,其下承层必须干燥。若在路面潮湿状态下施工,则会对路面早期损害留下隐患。

(4)必须合理安排施工季节。坚决杜绝工程建设前松后紧,杜绝因为赶工、节日献礼等原因而在雨季、冬季施工 SMA 路面。

(5)优选施工设备。对于 SMA 的拌和楼和碾压设备,必须择优选择性能良好的设备,如图 4-124 所示。

图 4-124　配备优良的压实设备

市场上的一些沥青拌和楼在生产普通的沥青混合料时其质量还能满足要求,但是对于 SMA 混合料,由于材料组成的特殊性(三多一少)决定了拌和楼需要特殊的调试。一些拌和楼因不能适应矿粉添加量很多的要求,导致混合料指标不合格。还有些拌和楼由于温度控制不准确,造成混合料在生产阶段就造成了温度离析。

(6)必须提前备料,严把材料质量关。选定优质的碎石材料是铺筑 SMA 路面的前提。路面开工前,必须对 SMA 碎石产地进行多次实际料源考察,寻找优质的碎石材料,对料场石料进行盲样评审,实行材料准入制度,选定碎石料场。

SMA 上面层碎石原材料紧缺,加工产量低,为了备足碎石材料,应编排详细的备料计划,逐旬、逐月对施工单位的各种规格的碎石材料储备、进场数量和质量进行考核。材料评审会现场如图 4-125 所示。

项目管理机构应制定《SMA 路面材料管理办法》,同时,对于重要的原材料,要组织施工、监理单位共同考察选定,力求统一。特别是沥青面层碎石、机制砂、矿粉、改性剂、木质素纤维等,要进行严格的料源审批。SMA 碎石材料全部来自同一料厂,材料规格全部统一,从源头保证了工程质量。

确定石料破碎机的筛孔尺寸时,必须与沥青拌和楼筛孔尺寸对应统一。做到进场的材料全部合格,做到"零溢料",产量高、质量好。

对上面层碎石材料二次水洗,确保碎石材料洁净。二次水洗的碎石坚持"先洗先用"的原则,减少碎石材料的残余含水量,确保混合料质量和提高生产率。

监理单位成立原材料巡察组,重点对路面机制砂、天然砂、矿粉、木质素纤维、改性剂、抗剥落剂等进行专项检查。

对沥青材料进行多方检测。对同一批次的基质沥青、改性沥青,分别送到 3 家权威检测机构和中心试验室以及施工、监理单位同时进行试验。

图 4-125　召开 SMA 上面层碎石材料评审会

(7)编制 SMA 施工细则。施工前,建设单位应根据项目特点,组织相关专家制定《SMA 路面施工细则》,具体指导施工。同时,与科研机构签订技术支持协议,邀请路面专家深入工地进行技术指导和理论研究,解决施工中遇到的各类技术难题。

施工单位应编制 SMA 路面施工操作手册。从混合料生产拌和、运输、摊铺、碾压等各个施工环节,按工序、工种制订详细、明确的操作方法。

(8)抓好配合比设计工作。在项目技术支持单位专家的指导下,建设单位组织总监办、中心试验室、驻地办和施工单位的相关人员,制订 SMA 配合比设计工作计划,从材料取样、筛分、初配到目标、生产、生产配合比验证等,每一个环节都必须扎实推进,如图 4-126 所示。

图 4-126　SMA 配合比评审会

(9)对改性沥青混合料拌和质量进行动态监控。在每台改性沥青加工设备和沥青拌和楼上安装沥青加工和混合料拌和质量监控设备“黑匣子”,如图 4-127 所示,指派专人管理监控数据,进行动态分析。沥青拌和楼监控设备的应用,避免了项目管理人员和操作人员盲目追求混合料产量而人为调整级配现象的发生，确保生产出均匀、稳定的沥青混合料。

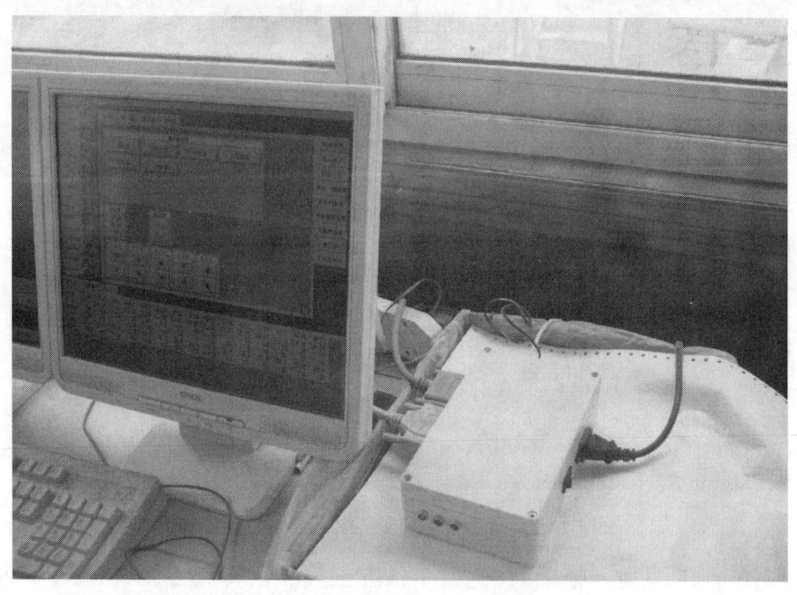

图 4-127　沥青拌和楼监控设备(黑匣子)

(10)检测平衡梁性能，确保平整度。针对各标段摊铺机上配置的不同型号的平衡梁，邀请机械专家对其性能进行测试，对不合格的要求更换，确保其精度。

(11)加强试验检测管理。要求施工单位进场优良仪器设备。施工过程中，每月对试验室运转情况、试验检测频率等进行检查。建设单位组建路面中心试验室，聘请科研院校资深试验专家担任试验室主任，配备先进的试验检测仪器、技术骨干，明确试验室的职能和工作范围、工作程序，通过中心试验室的检测与数据分析，把握质量态势。

(12)召开动员会、现场观摩会。SAM 路面大面积施工前，驻地监理办应组织施工、监理单位的主要施工(含操作人员)、管理、监理人员召开施工动员大会，对 SMA 路面的关键施工技术进行交底，落实各个环节的质量责任人，确保精细化施工，质量零缺陷，如图 4-128 所示。

图 4-128　召开施工技术交底与大干动员会

施工过程中应经常性地组织召开木质素添加现场会、碎石材料规范堆放现场会、SMA 上面层规范施工现场会。通过现场会,起到典型引路和典型示范的作用。图 4-129 为 SMA 路面精细化施工现场。

图 4-129 SMA 路面精细化施工现场

(13)加强天气预报,抓住施工黄金季节。雨天多,气温低,就成了 SMA 施工的非黄金季节。当日进度小于 500m 的路段较多时,就会造成接缝多,路面平整度不理想。施工晴雨表如图 4-130 所示。

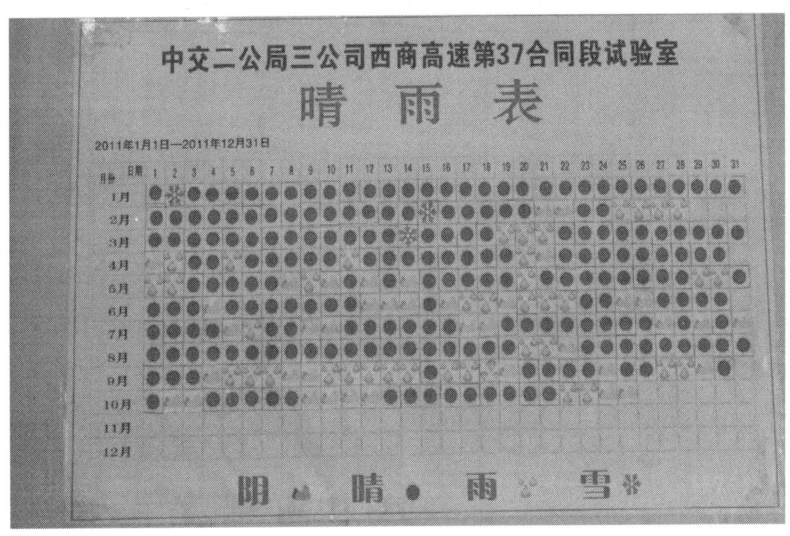

图 4-130 施工晴雨表

(14)成立专业护路队上路巡查,对成型路面进行有效管护,严防 SMA 路面污染。

由于 SMA 路面沥青膜厚,交叉作业造成 SMA 上面层污染严重,就无法清洗恢复至黑色路面,降低了路面使用品质。

①严防交通工程打桩机械柴油泄漏对路面造成污染。

②严防在已铺设好的沥青面层上拌和砂浆,造成路面永久性污染。

③严禁工程机械直接在铺筑好的上面层行驶,机械调遣时必须使用平板车运输。

④交通工程的标志、标线施工严禁涂料污染路面。安装标志的起重设备，必须支垫足够面积的方木，以防压坏路面。

五、检验 SMA 路面的外观

雨后的 SMA 路面应平整、密实、无渗水、离析，见图 4-131 和图 4-132。

图 4-131 雨后的 SMA 路面标准面（远景）

图 4-132 雨后的 SMA 路面标准面（局部）

第九节 SMA 路面施工质量管理与验收

一、建立施工质量保证体系

SMA 路面施工前，必须建立行之有效的施工质量保证体系。特别对于沥青拌和站和施工现场，从总监办、驻地办到施工单位，必须一一对应地落实质量责任人。

SMA 路面沥青拌和站质量管理框图见图 4-133，SMA 路面施工现场质量管理框图见图 4-134。

图 4-133　SMA 路面沥青拌和站质量管理框图

图 4-134　SMA 路面施工现场质量管理框图

二、主要质量控制指标

1. 工程级配范围

SMA-16、SMA-13 工程级配范围见表 4-58。

SMA 工程级配范围 表 4-58

筛孔(mm)	通过下列筛孔的百分率(%)										
	19	16	13.2	9.5	4.75	2.36	1.18	0.6	0.3	0.15	0.075
SMA-16	100	90~95	65-75	44~55	20~26	15~20	14~18	12~15	10~13	9~12	8~10
SMA-13	—	100	90~100	50~75	20~34	15~26	14~24	12~20	10~16	9~15	8~12

2. 关键筛孔通过量要求

SMA 施工过程中关键筛孔通过量允许偏差范围见表 4-59。

SMA 施工过程中关键筛孔通过量允许偏差范围 表 4-59

关键筛孔(mm)	筛孔通过率允许偏差范围	
	SMA-13	SMA-16
19	—	100%
16	100%	—
4.75	27% ±1%	26% ±1%
0.075	10% ±1%	10% ±0.5%

3. SMA 混合料性能检验指标要求

SMA-13 沥青混合料性能检验指标见表 4-60。

SMA-13 沥青混合料性能检验指标 表 4-60

性能检验项目		SMA-13 沥青混合料		试验方法
		规范值	要求值	
车辙试验(动稳定度)(次/mm),60℃		≥3 000	≥5 000	T 0719
水稳定性	浸水马歇尔试验残留稳定度(%)	≥80	≥90	T 0709
	冻融劈裂试验残留强度比(%)	≥80	≥85	T 0729
低温弯曲试验破坏应变(με),-10℃		≥2 800	≥3 000	T 0715
渗水系数(mL/min)		≤80	≤50	T 0730

4. 主要技术指标参数的确定

陕西省 SMA 施工过程中主要技术参数要求见表 4-61。

陕西省 SMA 施工过程中主要技术参数要求 表 4-61

主要技术指标	规范要求值	工程实践参考值		备注
		SMA-13	SMA-16	
粉胶比		1.8 ±0.1	1.8 ±0.1	
油石比(经验值)		5.9% ±0.1%	5.8% ±0.1%	采用木质素纤维
马歇尔试件击实次数		双面各击实 50 次		
现场空隙率		现场 3%~6%, 室内 3%~4.5%	现场 4%~6%, 室内 3%~4.5%	
沥青饱和度		75%~85%	75%~85%	
矿料间隙率 VMA%		19≥VMA≥16.5%	≥16.5%	
稳定度 kN		≥8.0	≥8.0	
构造深度		0.8~1.3	0.8~1.3	
渗水系数 mL/min		≤50	≤80	

三、铺筑试验路

为了保证 SMA 沥青面层大面积施工的质量，取得适合本单位的标准施工方法，用以指导大面积施工，在此之前需经过对各面层试验段的铺筑，达到以下目的：

(1)验证用于施工的混合料生产配合比。

(2)确定标准施工方法。

(3)确定合理的施工机械配备、组合方式以及沥青混合料拌和设备与运输车辆、沥青混合料转运车及摊铺能力的协调性。

(4)验证沥青混合料拌和楼的实际生产能力，验证按施工配合比确定的材料的控制精度和操作工艺。

(5)通过试铺，确定混合料的拌和摊铺工艺和碾压工艺。

SMA 使用的原材料和混合料、施工机械、施工方法及试验段各项检测项目都符合规定，并经监理抽检确认合格，即可分别按以上内容编写、上报《SMA 试验段施工总结》，经监理工程师初审，即可分别进行 1km 标准段的施工。1km 标准段结束后上报总监办审核批复，作为申报正式大面积开工的依据。

在试验路铺筑中，关键是碾压工艺的试验。一些项目提出采用轮胎压路机碾压，以提高压实度，其实没有必要。因为未稳定的 SMA 对温度极为敏感，若轮胎压路机碾压温度掌握不好，极易产生玛蹄脂上浮。

四、施工温度控制

SMA 路面的施工特点之一是施工温度控制要求严格，且比普通的沥青混合料高，否则混合料因黏度大而无法正常施工。沥青混合料的施工温度采用具有金属探测针的插入式数显温度计测量。表面温度可采用表面接触式温度计测定。当采用红外线温度计测量表面温度时，应进行标定。SMA 沥青混合料的施工温度见表 4-62。

SMA 沥青混合料的施工温度 表 4-62

序　　号	工　　序	温度控制范围(℃)
1	改性沥青加热	165 ~ 175
2	矿料加热	185 ~ 195
3	混合料拌和	正常范围 180 ± 3，超过 190 者废弃
4	混合料运输到现场	不低于 165
5	摊铺温度	不低于 160，低于 140 作为废料
6	开始碾压	不低于 150
7	复压最低	不低于 140
8	碾压终了	不低于 130
9	铺筑完成后的开放交通时间	夏季 3 日后，春秋季 2 日后

SMA 温度控制的核心是拌和温度，它是决定后续环节的关键。拌和时，一定要对拌和楼的设定温度与实际温度进行对照标定。在拌和站出口搭建测温台如图 4-135 所示。

运输中必须做到全保温、全覆盖，确保到施工现场的温度下降不大于 10℃。到场后逐车检测混合料温度，见图 4-136。

图 4-135　拌和站出口搭建测温台

图 4-136　检测混合料到场温度

五、拌和质量控制措施

SMA 混合料质量对工程施工质量至关重要。在长期从事沥青路面工程施工、管理中深刻体会到,SMA 拌和质量的控制措施主要有:原材料的质量、拌和机的选择和改进、混合料配合比的优化、计量的准确稳定、温度与拌和时间的控制等几个方面。

1. 原材料的质量控制

(1)坚持"从料源预防控制,要求材料供应商按工程质量要求生产加工和供应,杜绝对进场材料进行将就性施工"的原则,通过实地考察、公开招标的方式确定实力雄厚、社会信誉好、质保措施到位的生产厂家作为合作供应商。在签订合同时,就对材料质量进行严谨细化。

(2)强化材料管理和检验人员的工程质量意识。从制度管理、料场规划设计上有效控制和防范进场材料的质量波动,避免不合格材料进场和对进场材料保护不善的情况发生。尤其对碎石材料的存放，做到场地采用混凝土硬化并且排水良好；料场要坚实、平整、洁净、隔离，材料应按品种、规格分别堆放，严防混存；细集料必须搭棚或覆盖。实践证明，矿料的含水率每增加1%，拌和机生产效率下降10%，每吨混合料的燃油消耗将增加10%，同时对混合料质量有严重影响。吸水率大的多孔玄武岩更为突出。

(3)对碎石材料采用正确的堆料方式减免离析：用推土机和输送带水平分层堆料；采用不大于3∶1的斜坡式分层堆料。

2. 拌和楼的选择和改进

(1)选择产量较高的进口间歇式沥青拌和机，如意大利产玛莲尼4000型、德国产边宁荷夫4000型、日工4000型等机型，可有效保证路面质量、加快进度、降低消耗。

(2)将冷料仓上部料斗的卸料口改为梯形卸料口，对经振动筛的热料在贴壁进入热料仓处，加设挡板，均可有效改善集料的离析现象。

(3)选择适宜的油气比，充分燃烧很重要；否则，燃烧不完全，不但增加成本，而且过多的燃料油附着在集料表面造成与沥青的黏附性降低。

3. 混合料配合比优化和材料计量的稳定性

(1)合适的沥青用量和良好的矿料级配是沥青混合料质量的根本。混合料配合比的好坏是拌和质量的关键因素。沥青混合料的目标配合比是验证原材料能否使用，调整冷料仓上料比例，计算和控制原材料采购的依据，是决定各热料仓内级配变化的根本。生产配比的确定直接影响沥青混合料的矿料级配能否满足规范要求，生产效率是否最大，生产成本是否最低。两者紧密联系方可使生产最佳。在拌和厂生产过程中要经常注意冷料仓供料是否正常和热料仓受料和供料是否均衡，如发现异常现象，应及时分析研究并进行调整。

(2)优化沥青混合料的材料组成时要特别注意，所用材料的不同用量组成的沥青混合料性能变化很大，往往牵一发而动全身，个项的突出必然造成整体的失衡。

(3)要减免沥青混合料离析，应尽可能减小矿料的最大公称粒径，缩小矿料间级差，也就是说，在矿料级配上应让粗颗粒接近通过率上限，细颗粒应接近通过率下限，这样级配曲线呈S形，将非常有助于减免离析，提高水稳定性，保持合格热稳定性，增强耐久性。在实践控制中，处于中间位置的热料仓，几乎各种材料都或多或少影响它们的形成和数量，在生产中应主要以这些热料仓作为控制主线。在整个调节过程中应以冷料仓调节为首选，它的变化促使各热料仓内矿料级配波动较大。

(4)回收粉中含有不少泥土，同时粗细集料的石粉经过明火燃烧加热、高温处理会变得发脆；此外，回收粉粒较细，极易与沥青黏附并结团。试验和实践表明：使用回收粉车辙试验的动稳定度和马歇尔稳定度都比使用新矿粉的要低得多，在现场碾压时则会形成严重的松散、推移、开裂现象。这说明使用回收粉确实是很不利的，所以严禁使用回收粉。

(5)各种合格原材料的准确稳定计量：沥青混合料拌和设施计量装置虽经计量部门检定合格，在使用和停置过程中也会因温度变化、碰撞、气候等原因造成失准或变异，应经常自校计量装置的零点变化及称量误差。因为最佳的配合比设计仍然会因计量不准而变得一塌糊涂。

4. 温度与拌和时间的控制

(1)沥青混合料生产的每个环节都必须强调温度控制。沥青、集料的加热温度和沥青混合料的出厂温度应根据沥青品种、等级、运动黏度、气候条件和铺筑层厚度等确定。早晨或气温较低、有风时，拌料时可取拌和温度的上限，中午炎热时可取拌和温度的下限。

(2)温度的调节往往通过燃油喷量及冷料仓下料品种和数量来完成。沥青混合料产量的增减均要注意温度的升降，同时由于温度传感信号的时差，不要随意、随时或大幅度进行温度调节，应在稳定中升降为宜。

(3)拌和时间由试拌确定。沥青混合料拌和时间应以拌和均匀、所有矿料颗粒全部裹覆沥青结合料为度，有亮度、有色泽，呈现“蠕动”变化。

5. 拌和质量外观目测

(1)如混合料冒黄烟，往往表明温度过高。如出现花白料则可能是矿料温度偏低、拌和时间短或回收粉量大，应检查确定原因采取相应措施。

(2)混合料在运输车斗中容易坍平(不易堆积)，其原因可能是沥青过量或矿料温度高。运料车上的沥青混合料能够堆积很高，说明温度偏低或沥青含量过低。

(3)混合料没有色泽，可能是沥青加热温度偏高或反复加热，造成沥青老化。混合料颜色反差大，粗集料表面发亮而细集料发乌，可能是原材料中细集料含水量过大，造成细集料在烘干筒中加热温度达到规定值时，粗集料的温度则已大大超过了规定值，需控制集料含水量。

(4)混合料颗粒组成发生明显变化，可能是原材料组成发生了较大变化，或振动筛网上热料过多，未经正常筛分就直接进入热料仓或料仓“窜仓”，造成热料仓中集料颗粒组成发生较大的变化。

SMA拌和质量是保证沥青路面工程产品质量的重要环节。在SMA路面工程施工中，能够遵循质量控制原则，重视以上所提措施，就可以在创建优质工程的同时，加快进度、降低成本，获得良好的社会和经济效益。

六、动态质量管理

1. 建立质量动态波动图和进度横道图

施工单位应将试验结果和施工进度输入计算机数据库，建立质量动态波动图和进度横道图，便于直观地发现问题并及时调整。中心试验室的动态质量管理员要利用网络信息化手段在线随时监控混合料质量。

西安—商州(第二通道)高速公路上面层全部采用4cm厚SMA-13结构，其配合比见表4-63。为了严格监控SMA混合料的生产配合比执行情况，在每台沥青拌和楼上都安装了“沥青混合料生产质量监控器”，对混合料生产质量进行了动态监控。

SMA-13混合料生产配合比 表4-63

矿料名称	16~11mm(4号仓)	11~6mm(3号仓)	6~3mm(2号仓)	3~0mm(1号仓)	粉料(矿粉8.5+消石灰1.5)	油石比	木质素纤维
矿料比例(%)	34	34	10	12	10	5.9	0.3

图4-137~图4-142为沥青拌和楼安装监控系统初期，SMA-13混合料的生产情况，图中每一个点代表一锅拌和料。

从图中可以看出，该监控器对沥青混合料的级配、油石比等主要参数的波动进行了有效的控制。

监控数据统计分析结果见表4-64。

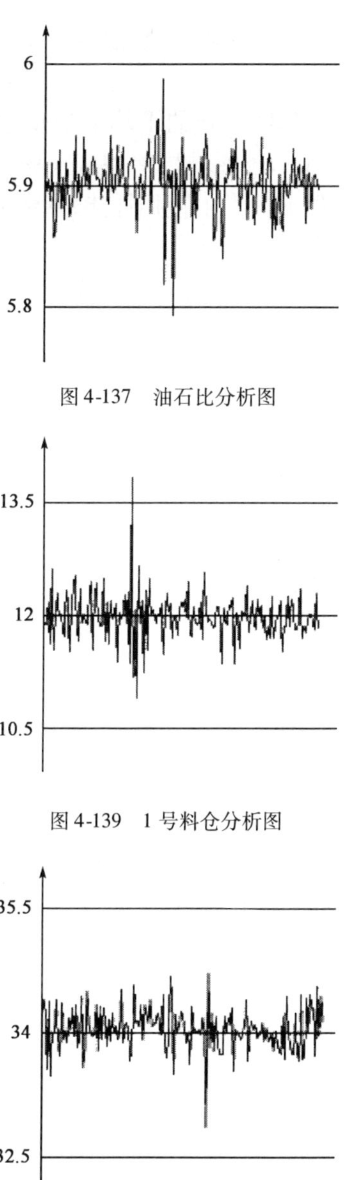

图 4-137　油石比分析图

图 4-139　1 号料仓分析图

图 4-141　3 号料仓分析图

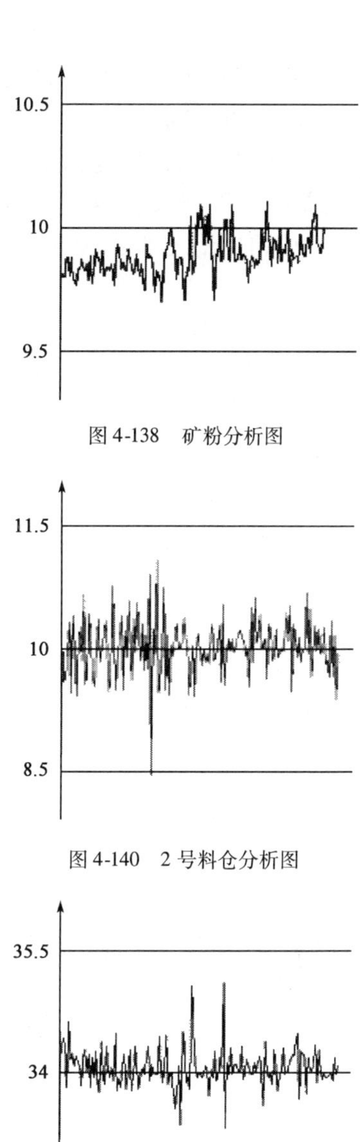

图 4-138　矿粉分析图

图 4-140　2 号料仓分析图

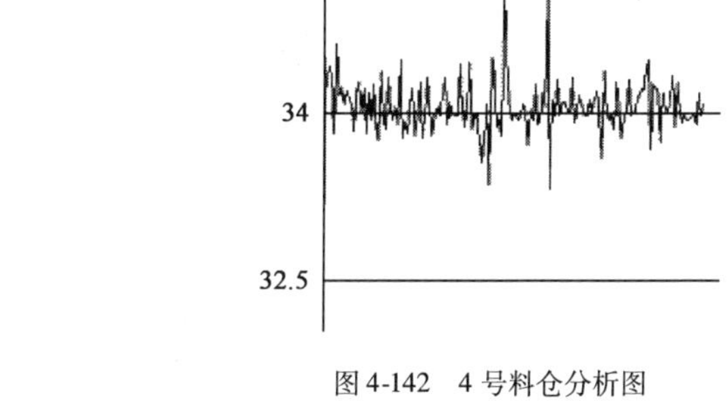

图 4-142　4 号料仓分析图

监控数据统计分析表　　表 4-64

项目	集料 1	集料 2	集料 3	集料 4	集料 5	集料 6	集料 7	粉料 1	粉料 2	粉料 3	添加剂 1	添加剂 2	添加剂 3	沥青 1	沥青 2
设定值	12	10	34	34	0	0	0	10	0	0	0	0	0	5.9	0
平均值	11.986	10.016	34.049	34.065	0	0	0	9.884	0	0	0	0	0	5.903	0
超差率	0.6%	0.6%	0%	0%	0%	0%	0%	0%	0%	0%	0%	0%	0%	0.6%	0%
标准差	0.026	0.028	0.022	0.02	0	0	0	0.007	0	0	0	0	0	0.002	0

从图4-137～图4-142和表4-64可以看出：该沥青拌和楼在运转初期，混合料生产的实际值与设定值有较大的偏差。

沥青的平均取值高于设定值0.003%，超差率0.6%；1号料仓的平均取值低于设定值0.014%，超差率为0.6%；2号料仓的平均取值高于设定值0.016%，超差率为0.6%。这表明实际沥青路面的配合比已偏离设计的配合比，这必将影响路面今后的使用性能，导致路面寿命降低。

为了解决上述问题，参建单位采取了一系列措施确保了SMA混合料的准确性。

(1)严格控制原材料的质量：特别是控制碎石的针片状、单粒径级配；控制机制砂的质量等。

(2)对拌和楼各种计量系统再次进行精确标定，调整冷料仓与热料仓的供应比例，尽量做到"零溢料"或"少溢料"，使其误差尽可能达到最小值。

(3)对拌和楼操作人员进行技术培训、技术交底和质量教育等，提高全员质量意识。

(4)制订混合料生产质量奖罚办法。

(5)在铺筑了不合格混合料的路段召开现场会，进行返工重铺。

通过上述措施，彻底纠正了SMA混合料生产过程中设备、人员、管理等环节的问题，使SMA混合料的质量得到根本保证。

图4-143～图4-148是同一台沥青拌和楼，在采取措施后沥青混合料的生产情况。

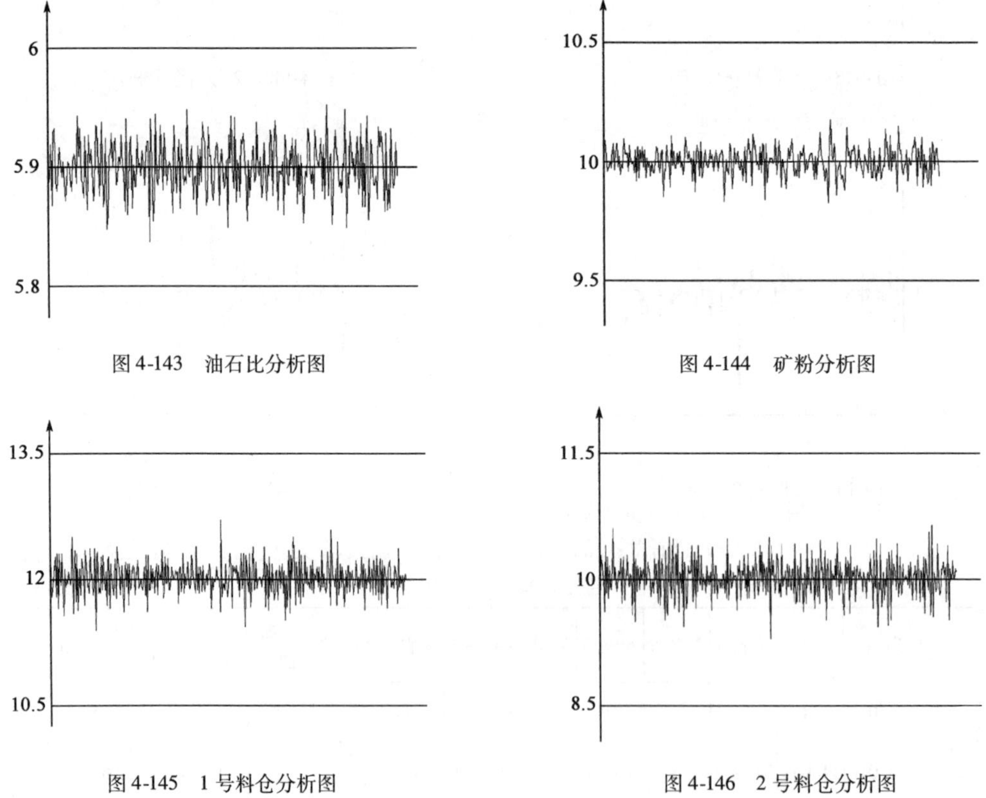

图4-143　油石比分析图

图4-144　矿粉分析图

图4-145　1号料仓分析图

图4-146　2号料仓分析图

采取措施后数据统计分析结果见表4-65。

从图4-143～图4-148和表4-65可以看出，在油石比和矿粉控制稳定的同时，各个料仓亦得到了比较稳定的数据，超差率均为0。

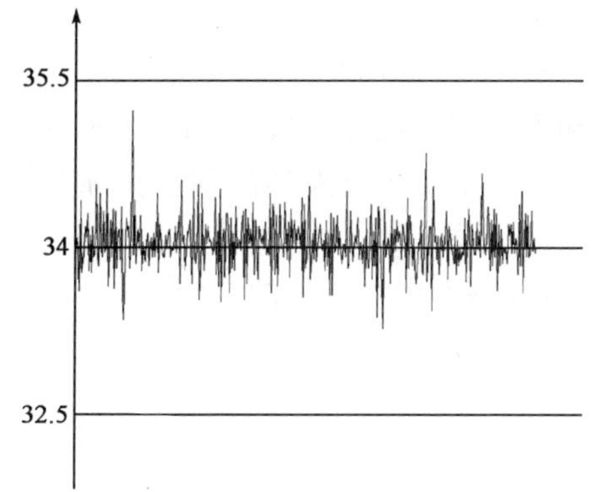

图 4-147　3 号料仓分析图

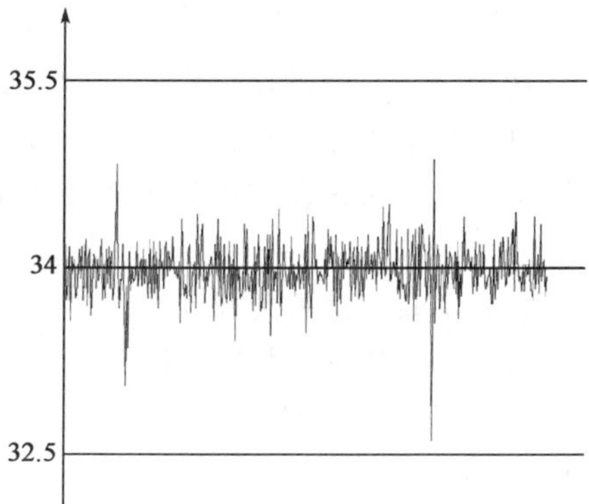

图 4-148　4 号料仓分析图

监控数据统计分析表　　表 4-65

项目	集料 1	集料 2	集料 3	集料 4	集料 5	集料 6	集料 7	粉料 1	粉料 2	粉料 3	添加剂 1	添加剂 2	添加剂 3	沥青 1	沥青 2
设定值	12	10	34	34	0	0	0	10	0	0	0	0	0	5.9	0
平均值	12.017	10.02	34.042	33.973	0	0	0	9.949	0	0	0	0	0	5.904	0
超差率	0%	0%	0%	0%	0%	0%	0%	0%	0%	0%	0%	0%	0%	0%	0%
标准差	0.01	0.012	0.013	0.012	0	0	0	0.005	0	0	0	0	0	0.001	0

安装混合料生产质量监控器,可以严格监控混合料的波动范围,大幅度减小偏差,为最终生产出优质的 SMA 路面奠定了坚实的基础。

2. 对重要的试验检测项目绘制波动图和直方图,进行质量动态控制

当某一指标超出允许范围,即施工不合格时,应分析原因,并对施工路段进行处理。动态管理项目包括:

(1)级配指标:0.075mm、2.36mm、4.75mm 和最大公称粒径矿料的通过率。

(2)油石比。

(3)压实度与现场空隙率。

(4)渗水系数。

(5)厚度。

(6)外观质量。

3. 利用沥青拌和楼打印结果复核试验检测结果,进行总量检测控制

(1)厚度复核与总量控制:利用沥青拌和厂当天生产的混合料总量与实际铺筑的面积计算平均厚度,复核取芯厚度的准确性,并进行总量检测。

(2)油石比复核与总量控制:利用沥青拌和厂当天生产的混合料总量与所用沥青总量计算平均油石比,复核实测油石比的准确性,并进行总量检测。

(3)粉胶比复核与总量控制:利用沥青拌和厂当天所用沥青总量和矿粉总量之比计算粉胶比,复核 0.075mm 矿料的通过率。

(4)监理单位应在不同阶段统计全线所用沥青总量,与沥青供应商的进口总量进行比较,宏观上防止沥青供应以次充好。

4. 监理工作要点

1)准备阶段监理要点

（1）审核施工单位上报的施工技术方案和开工报告；

（2）拌和站场地的硬化检查，对各种进场原材料取样、试验、复核及批复；

（3）审查和复核施工单位上报的目标配合比设计和生产配合比设计报告，并批复；

（4）检查施工机械及试验检测仪器的到位和校准标定情况，试验人员的到位情况及资质水平；

（5）做好测量与放样复核工作，包括导线点和水准点复核和中线高程的复核；

（6）对照有关质量、进度要求，认真检查施工单位的施工组织计划、进度计划、质量保证体系和各种规章制度的落实情况。

2）前场旁站监理要点

（1）施工前准备检查：下承层清扫检查，基层裂缝等缺陷处理检测，透层、封层洒布质量检查，摊铺机高程引导、找平导线检查等。

（2）混合料检查：运料车的覆盖、目测混合料的花白料、油石比、集料级配。

（3）施工温度检查：混合料运输、摊铺和碾压过程温度检查、记录。

（4）施工工艺检查：接缝的平整度、摊铺机的接缝及参数设定、摊铺速度、纵向热接缝效果、摊铺的离析、碾压工艺、碾压机械组合、平整度和松铺厚度的控制等。

3）后场旁站监理要点

（1）原材料检查：每天巡视一遍原材料堆料场，检查含泥量、杂岩含量、堆放情况等。对每天进场的材料进行检查，并按规定频率进行抽检。

（2）拌和检查：对拌和楼上料、拌和温度、拌和时间、拌和楼打印、除尘机粉尘的废弃、生产配合比的调试、花白料异常现象、混合料油石比及矿料级配抽检等。

4）原材料驻厂监理要点

（1）在石料厂重点检查含泥量控制，杂岩清检，碎石加工工艺、规格、除尘等，重点控制出厂石料的质量并签字认可。

（2）在沥青厂重点检查沥青是否有混杂和掺配其他沥青，改性剂的掺量、研磨工艺、发育时间等，对进场基质沥青和出厂改性沥青进行抽检，重点控制出厂改性沥青的质量并签字认可。

5）试验室监理要点

（1）原材料试验：重点检查集料的含泥量、砂当量、矿料规格，检查沥青材料三大指标等。

（2）后场试验：检查级配、油石比、马歇尔密度、最大理论密度、空隙率等。

（3）前场试验：重点检查压实度、厚度等。

（4）动态质量管理：资料的收集与数据分析与管理。

（5）施工监理质量日报的填报。

七、主要检测项目

（1）原材料的质量检测，包括沥青、粗集料、细集料、填料、木质素纤维和抗剥落剂。

（2）混合料的质量检测，包括油石比、矿料级配、稳定度、流值、空隙率、残留稳定度、车辙；混合料出场温度、运到现场温度、摊铺温度、初压温度、碾压终了温度；混合料的拌和均匀性。

（3）现场及时检测：松铺厚度、混合料外观质量等指标进行现场跟机检测，发现问题及时查明原因并修复。坚持每日徒步行走，检查表观质量。

（4）厚度、压实度、空隙率检查：施工完成间隔48h后钻芯取样，检查厚度、压实度、空隙率。

压实度要求马歇尔标准密度的压实度不小于98%,最大理论密度的压实度控制在94% ~96%。

(5)构造深度、摩擦系数、弯沉检查:施工成型3d后,可进行检测。

(6)平整度检测:要求连续式平整度仪100m标准差的合格标准,上面层不大于0.7mm。

(7)渗水系数检测:应作为常规试验进行检测,应使用改进型渗水仪(着地环状宽度35mm,装有渗水仪开关),按取芯压实度检验频率随机选点。当合格率小于90%时,应加倍频率检测,如渗水系数检测结果仍然小于90%合格率时,需对该段路面进行处理。SMA路面施工检测项目及频率要求,见表4-66。

SMA路面施工检测项目及频率要求 表4-66

项　目	检 查 频 度	质量要求或允许偏差	试 验 方 法
施工温度	1次/车	符合要求	
马歇尔试验:稳定度、流值、密度、空隙率	每台拌和机1次/日	稳定度≥8.0kN	拌和厂取样成型试验
抽提(级配、油石比)	2次/日	上午、下午各一次	拌和厂取样检测
车辙试验	每2个工作日1次	不小于5 000次/mm	拌和厂或现场取样成型送试验室试验
残留稳定度	每个工作日1次	≥90%	拌和厂或现场取样成型送试验室试验
渗水试验	单幅5点/km	宜不大于50mL/min	用渗水仪测定,每点3处取平均值
压实度(%)	单幅5点/km	不小于马歇尔密度的98(单点检验),最大理论密度压实度为94 ~96	钻孔法(钻芯位置应在路面标线处)
空隙率(%)		3 ~6	
平整度	对每日铺筑的路段全线每车道连续测定	不大于0.7mm	连续式平整度仪
构造深度	1处/200m	0.8 ~1.3mm	铺砂法
外观	随时	无油斑、离析、渗水等	目测、试验检测
接缝	随时	紧密、平整、顺直、无跳车,即$h \leqslant 3$mm	目测、3m直尺

注:①本表所列检查频率为单幅2车道。

②理论密度的确定应根据每天实测的油石比重新进行计算,计算压实度时取施工当天上下午理论密度的平均值作为压实度计算的依据。

八、质量检查与验收

1.施工前的材料与设备检查

(1)各种材料都必须在施工前以“批”为单位进行检查,不符合技术要求的材料不得进场。对各种矿料是以同一料源、同一次购入并运至生产现场的相同规格材料为一“批”;对沥青是指从同一来源、同一次购入且储入同一沥青罐的同一规格沥青为一“批”。材料试样的取样数量与频度按现行试验规程的规定进行。

(2)工程开始前,必须对材料的存放场地、防雨和排水措施进行确认,不符合要求时材料不得进场。进场的各种材料的来源、品种、质量应与招标及提供的样品一致，不符要求的材料严禁使用。

(3)施工前应对沥青拌和楼、摊铺机、压路机等各种施工机械和设备进行调试，对机械设备的配套情况、技术性能、传感器计量精度等进行认真检查、标定，并得到监理的认可。

(4)正式开工前，各种原材料的试验结果，及据此进行的目标配合比设计和生产配合比设计结果，应在规定的期限内向业主及监理提出正式报告，待取得正式认可后，方可使用。

2. 施工过程中的质量管理与检查

(1)施工单位在施工过程中应随时对施工质量进行自检，监理工程师应按规定要求独立地进行试验，并对施工单位的试验结果进行认定，如实评定质量，计算合格率。当发现有质量低劣等异常情况时，应立即追加检查。施工过程中无论是否已经返工补救，所有数据均必须如实记录，不得丢弃。

(2)沥青混合料生产过程中检查项目与频度。沥青混合料生产过程中，必须按表4-67规定的检查项目与频度，对各种原材料进行抽样试验，其质量应符合技术要求。每个检查项目的平行试验次数或一次试验的试样数必须按相关试验规程的规定执行，并以平均值评价是否合格。

未列入表中的材料其检查项目和频度按材料质量要求确定。

SMA施工过程中材料质量检查的项目与频度 表4-67

材　料	检查项目	检查频度	试验规程规定的平行试验次数或一次试验的试样数
粗集料	外观(石料品种、含泥量等)	随时	—
	针片状颗粒含量	随时	2~3
	颗粒组成(筛分)	随时	2
	压碎值	必要时	2
	磨光值	必要时	4
	洛杉矶磨耗值	必要时	2
	含水率	必要时	2
细集料	颗粒组成(筛分)	随时	2
	砂当量	必要时	2
	含水率	必要时	2
	松方单位重	必要时	2
矿粉 消石灰粉	外观	随时	—
	<0.075mm含量	必要时	2
	含水率	必要时	2
改性沥青	针入度	每天1次	3
	软化点	每天1次	2
	离析试验(对成品改性沥青)	每周1次	2
	低温延度	必要时	3
	弹性恢复	必要时	3
	显微镜观察(对现场改性沥青)	随时	—
改性乳化沥青	蒸发残留物含量	每2~3天1次	2
	蒸发残留物针入度	每2~3天1次	3
	蒸发残留物软化点	每2~3天1次	2
	蒸发残留物的延度	必要时	3

注：①表列内容是在材料进场时已按"批"进行了全面检查的基础上，日常施工过程中质量检查的项目与要求。

②"随时"是指需要经常检查的项目，其检查频度可根据材料来源及质量波动情况由业主及监理确定；"必要时"是指施工各方任何一个部门对其质量发生怀疑，提出需要检查时，或是根据需要商定的检查频度。

(3)沥青混合料生产过程的质量控制。沥青拌和厂必须按下列步骤对沥青混合料生产过程进行质量控制,并按表4-68规定的项目和频度检查沥青混合料产品的质量,如实计算产品的合格率。单点检验评价方法应符合相关试验规程的试样平行试验要求。

SMA路面的检测频度和质量要求 表4-68

<table>
<tr><th colspan="2">项 目</th><th>检查频度及单点检验评价方法</th><th>质量要求或允许偏差</th><th>试 验 方 法</th></tr>
<tr><td colspan="2">混合料外观</td><td>随时</td><td>观察集料粗细、均匀性、离析、油石比、色泽、冒烟、有无花白料、油团等各种现象</td><td>目测</td></tr>
<tr><td rowspan="3">拌和温度</td><td>沥青、集料的加热温度</td><td>逐盘检测评定</td><td>符合规范规定</td><td>传感器自动检测、显示并打印</td></tr>
<tr><td rowspan="2">混合料出厂温度</td><td>逐车检测评定</td><td>符合规范规定</td><td>传感器自动检测、显示并打印,出厂时逐车按T 0981人工检测</td></tr>
<tr><td>逐盘测量记录,每天取平均值评定</td><td>符合规范规定</td><td>传感器自动检测、显示并打印</td></tr>
<tr><td rowspan="9">矿料级配(筛孔)(mm)</td><td>0.075</td><td rowspan="3">逐盘在线检测</td><td>±2%</td><td rowspan="3">计算机采集数据计算</td></tr>
<tr><td>≤2.36</td><td>±4%</td></tr>
<tr><td>≥4.75</td><td>±5%</td></tr>
<tr><td>0.075</td><td rowspan="3">逐盘检查,每天汇总1次取平均值评定</td><td>±1%</td><td rowspan="3">总量检验</td></tr>
<tr><td>≤2.36</td><td>±2%</td></tr>
<tr><td>≥4.75</td><td>±2%</td></tr>
<tr><td>0.075</td><td rowspan="3">每台拌和机每天1~2次,以2个试样的平均值评定</td><td>±2%</td><td rowspan="3">T 0725抽提筛分与标准级配比较的差</td></tr>
<tr><td>≤2.36</td><td>±3%</td></tr>
<tr><td>≥4.75</td><td>±4%</td></tr>
<tr><td colspan="2" rowspan="3">沥青用量(油石比)</td><td>逐盘在线监测</td><td>±0.3%</td><td>计算机采集数据计算</td></tr>
<tr><td>逐盘检查,每天汇总1次取平均值评定</td><td>±0.1%</td><td>总量检验</td></tr>
<tr><td>每台拌和机每天1~2次,以2个试样的平均值评定</td><td>±0.3%</td><td>抽提T 0722、T 0721</td></tr>
<tr><td colspan="2">马歇尔试验空隙率、稳定度、流值</td><td>每台拌和机每天1~2次,以4~6个试件的平均值评定</td><td>符合规范规定</td><td>T 0702、T 0709、规范附录B、规范附录C</td></tr>
<tr><td colspan="2">浸水马歇尔试验</td><td>必要时(试件数同马歇尔试验)</td><td>符合规范规定</td><td>T 0702、T 0709</td></tr>
<tr><td colspan="2">车辙试验</td><td>必要时(以3个试件的平均值评定)</td><td>符合规范规定</td><td>T 0719</td></tr>
</table>

注:①单点检验是指试验结果以一组试验结果的报告值为一个测点的评价依据,一组试验(如马歇尔试验、车辙试验)有多个试样时,报告值的取用按《公路工程沥青与沥青混合料试验规程》(JTJ 052—2000)的规定执行。

②对高速公路和一级公路,矿料级配和油石比必须进行总量检验和抽提筛分的双重检验控制,互相校核,表中括号内的数字是对SMA的要求。油石比抽提试验应事先进行空白试验标定,提高测试数据的准确度。

①从料堆和皮带运输机随时目测各种材料的质量和均匀性,检查超粒径碎石,检查冷料仓有无窜仓。目测混合料拌和是否均匀,有无花白料,油石比是否合理,检查集料和混合料的离析情况。

②检查控制室拌和机各项参数的设定值、控制屏的显示值，核对计算机采集和打印记录的数据与显示值是否一致。

③检测沥青混合料的材料加热温度、混合料出厂温度，取样抽提、筛分检测混合料的矿料级配、油石比。抽提筛分应至少检查0.075mm、2.36mm、4.75mm、公称最大粒径及中间粒径5个筛孔的通过率。

④取样成型试件进行马歇尔试验，测定空隙率、稳定度、流值。对VMA、VFA指标可只作记录。同时按规定的方法确定压实度的标准密度。

(4)沥青路面铺筑过程检测。铺筑过程中必须随时对铺筑质量进行评定，质量检查的内容、频度、允许差应符合表4-69的规定。

SMA路面施工过程中质量控制标准 表4-69

项目		检查频度及单点检验评价方法	质量要求或允许偏差	试验方法
外观		随时	表面平整密实，不得有明显轮迹、裂缝、推挤、油丁、油包等缺陷，且无明显离析	目测
接缝		随时	紧密平整、顺直、无跳车	目测
		逐条缝检测评定	3mm	T 0931
施工温度	摊铺温度	逐车检测评定	符合规范规定	T 0981
	碾压温度	随时	符合规范规定	插入式温度计实测
厚度①	每一层次	随时，厚度50mm以下 厚度50mm以上	设计值的5% 设计值的8%	施工时插入法量测松铺厚度及压实厚度
	每一层次	1个台班区段的平均值 厚度50mm以下 厚度50mm以上	 -3mm -5mm	附录G总量检验
	总厚度	每2 000m^2一点单点评定	设计值的-5%	T 0912
	上面层	每2000m^2一点单点评定	设计值的-10%	
压实度		每2 000m^2检查1组逐个试件评定并计算平均值	试验室标准密度的98% 最大理论密度的94% 试验段密度的99%	T 0924、T 0922 规范附录E
平整度(最大间隙)③	上面层	随时，接缝处单杆评定	3mm	T 0931
	中面层	随时，接缝处单杆评定	5mm	T 0931
平整度(标准差)	上面层	连续测定	1.2mm	T 0932
	中面层	连续测定	1.5mm	
宽度	有侧石	检测每个断面	±20mm	T 0911
	无侧石	检测每个断面	不小于设计宽度	
纵断面高程		检测每个断面	±10mm	T 0911
横坡度		检测每个断面	±0.3%	T 0911
SMA上面层的渗水系数②		每1km不少于5点，每点3处取平均值	50mL/min	T 0971

注：①表中厚度检测频度指高速公路和一级公路的钻坑频度，其他等级公路可酌情减少状况，且通常采用压实度钻孔试件测定。上面层的允许误差不适用于磨耗层。

②渗水系数适用于公称最大粒径等于或小于19mm的沥青混合料，应在铺筑成型后未遭行车污染的情况下测定，且仅适用于要求密水的密级配沥青混合料、SMA混合料。

③3m直尺主要用于接缝检测，对正常生产路段，采用连续式平整度仪测定。

图4-149为施工过程中对2台摊铺机的横坡度进行检测。

图4-149　前后2台摊铺机的横坡度检测

(5)施工厚度的检测。

①利用摊铺过程在线控制,即不断地用插尺或其他工具插入摊铺层测量松铺厚度,如图4-150所示。

图4-150　混合料松铺厚度检测

②利用拌和厂沥青混合料总生产量与实际铺筑的面积计算平均厚度进行总量检验。

③当具有地质雷达等无破损检验设备时,可利用其连续检测路面厚度,但其测试精度需经标定认可。

④待路面完全冷却后,在钻孔检测压实度的同时测量沥青层的厚度。

(6)压实度检测。

采取重点对碾压工艺进行过程控制,适度钻孔抽检压实度的方法。

①碾压工艺的控制包括压路机的配置(台数、吨位及机型)、排列和碾压方式,压路机与摊

铺机的距离，碾压温度，碾压速度，压路机洒水（雾化）情况，碾压段长度，掉头方式等。

②碾压过程中宜采用无核密度仪等无破损检测设备进行压实密度过程控制，测点随机选择，一组不少于13点，取平均值，与标定值或试验段测定值比较评定。测定温度应与试验段测定时一致，检测精度通过试验路与钻孔试件标定。

③在SMA路面完全冷却后，随机选点钻孔取样，如图4-151所示。如一次钻孔同时有多层沥青层时需用切割机切割，待试件充分干燥后（在第二天之后），分别测定密度。压实度计算及标准密度的确定方法应遵照规范附录的规定，选用其中的1个或2个标准评定，并以合格率低的作为评定结果，但不得以配合比设计时的标准密度作为整个施工及验收过程中的标准密度使用。

图4-151 钻孔取样

钻孔后应及时将孔中灰浆淘净，吸净余水，待干燥后以相同的沥青混合料分层填充夯实，如图4-152所示。

图4-152 在标线位置取芯后用SMA回填密实

④测试压实度的一组数据最少为 3 个钻孔试件，当一组检测的合格率小于 60%，或平均值 $\bar{x}_3$ 小于要求的压实度时，可增加 1 倍检测点数。如 6 个测点的合格率小于 60%，或平均值 $\bar{x}_6$ 仍然达不到压实度要求时，允许再增加 1 倍检测点数，要求其合格率大于 60%，且 $\bar{x}_{12}$ 达到规定的压实度要求（注意记录所有数据不得遗弃）。如仍然不能满足要求，应核查标准密度的准确性，以确定是否需要返工以及返工的范围。施工过程中钻孔的试件宜编号贴上标签予以保存，以备工程交工验收时使用。

⑤压实层厚度小于 4cm 的 SMA 表面层、易发生温缩裂缝的严寒地区的表面层、桥面铺装沥青层，以及使用改性沥青后，钻孔试样表面形状改变，难以准确测定密度时，可免于钻孔取样，严格控制碾压。

(7)成型路面检测。

压实成型的路面应按《公路路基路面现场测试规程》(JTG E60—2008)规定的方法随机选点检测渗水情况，渗水系数的平均值宜符合要求。如需要测定构造深度时，宜在测定渗水的同时，在附近选点测定，记录实测结果，如图 4-153 ~ 图 4-155 所示。

图 4-153　SMA 路面摩擦系数检测

图 4-154　SMA 路面渗水系数检测

图 4-155　对成型的 SMA 路面进行综合质量检测

(8)施工过程中应随时对路面进行外观(色泽、油膜厚度、表面空隙)评定,尤其特别注意防止粗细集料的离析和混合料温度不均,造成路面局部渗水严重或压实不足,酿成隐患。如果该路段严重离析、渗水,且经 2 次补充钻孔仍不能达到压实度要求,确属施工质量差的,应予铣刨(图 4-156),或局部挖补,返工重铺。

图 4-156　SMA 路面返工铣刨

(9)施工过程中,必须随时用 3m 直尺检测接缝及与构造物连接处的平整度。正常路段的平整度采用连续式平整度仪或颠簸累积仪测定。

(10)应按规范规定的方法,利用计算机实行动态质量管理,并计算平均值、极差、标准差及变异系数以及各项指标的合格率。

(11)关键工序或重要部位宜拍摄照片或进行录像,作为实态记录及保存资料的一部分。

3. 交工验收阶段的工程质量检查与验收

1)质量评定

工程完工后,对沥青面层进行全线自检,将单个测定值与质量要求或允许偏差值进行比较,计算合格率,然后计算一个评定路段的平均值、极差、标准差及变异系数。施工单位应在规定时间内提交全线检测结果及施工总结报告，申请交工验收。建设单位组织路面交工验收会议见图 4-157。

图 4-157　建设单位组织路面交工验收会议

2）沥青路面交工时应检查验收沥青面层的各项质量指标

验收指标包括路面的厚度、压实度、平整度、渗水系数、构造深度、摩擦系数等。

(1)厚度、压实度等指标可利用施工过程中的钻孔数据，检查每一个测点与极值相比的合格率，同时按规范规定的方法计算代表值。厚度也可利用路面雷达连续测定路面剖面进行评定。压实度验收可选用其中的 1 个或 2 个标准，并以合格率低的作为评定结果。

(2)路表平整度可采用连续式平整度仪和颠簸累积仪进行测定，以每 100m 计算一个测值，计算合格率。

(3)路表渗水系数与构造深度宜在施工过程中路面成型后立即测定，但每一个点为 3 个测点的平均值，计算合格率。

(4)交工验收时可采用连续式摩擦系数测定车在行车道实测路表横向摩擦系数，如实记录测点数据。

(5)交工验收时可选择贝克曼梁或连续式弯沉仪实测路面的回弹弯沉或总弯沉，如实记录测点数据（含测定时的气候条件、测定车数据等），测定时间宜在公路的最不利使用条件下（指春融期或雨季）进行。SMA 路面交工验收质量标准见表 4-70。

4. 施工总结及质量保证期管理

(1)工程结束后，施工单位应根据国家竣工文件编制的规定，提出施工总结报告及若干个专项报告，连同竣工图表，形成完整的施工资料档案。

(2)施工总结报告应包括工程概况（包括设计及变更情况）、工程基础资料、材料、施工组织、机械及人员配备、施工方法、施工进度、试验研究、工程质量评价、工程决算、工程使用服务计划等。

(3)施工管理与质量检查报告应包括施工管理体制、质量保证体系、施工质量目标、试验段铺筑报告、施工前及施工中材料质量检查结果（测试报告）、施工过程中工程质量检查结果（测试报告）、工程交工验收质量自检结果（测试报告）、工程质量评价以及原始记录、相册、录像等各种附件。

SMA 路面交工验收质量标准 表 4-70

检查项目		检查频度（每一侧车行道）	质量要求或允许偏差	试验方法
外观		随时	表面平整密实，不得有明显轮迹、裂缝、推挤、油丁、油包等缺陷，且无明显离析	目测
面层总厚度①	代表值	每 1km 测 5 点	设计值的 -5%	T 0912
	极值	每 1km 测 5 点	设计值 -10%	T 0912
上面层厚度①	代表值	每 1km 测 5 点	设计值的 -10%	T 0912
	极值	每 1km 测 5 点	设计值 -20%	T 0912
压实度	代表值	每 1km 测 5 点	试验室标准密度的 98%，最大理论密度的 94%，试验段密度的 99%	T 0924
	极值（最小值）	每 1km 测 5 点	比代表值放宽 1%（每 km）或 2%（全部）	T 0924
平整度	标准差 σ	全线连续	1.2mm	T 0932
	IRI	全线连续	2.0m/km	T 0933
	最大间隙	每 1km 测 10 处，各连续 10 杆	—	T 0931
路表渗水系数 不大于		每 1km 不少于 5 点，每点 3 处取平均值评定	200mL/min（SMA 路面）	T 0971
宽度	有侧石	每 1km 测 20 个断面	±20mm	T 0911
	无侧石	每 1km 测 20 个断面	不小于设计宽度	T 0911
纵断面高程		每 1km 测 20 个断面	±15mm	T 0911
中线偏位		每 1km 测 20 个断面	±20mm	T 0911
横坡度		每 1km 测 20 个断面	±0.3%	T 0911
弯沉	回弹弯沉	全线每 20m 测 1 点	符合设计对交工验收的要求	T 0951
	总弯沉	全线每 5m 测 1 点	符合设计对交工验收的要求	T 0952
构造深度		每 1km 测 5 点	符合设计对交工验收的要求	T 0961/62/63
摩擦系数摆值		每 1km 测 5 点	符合设计对交工验收的要求	T 0964
横向力系数		全线连续	符合设计对交工验收的要求	T 0965

注：①高速公路、一级公路面层除验收总厚度外，尚须验收上面层厚度，代表值的计算方法按附录 E 进行。

（4）施工单位在质保期内，应进行路面使用情况观测、局部损坏的原因分析和维修保养等。

第五章　SMA 路面常见病害成因分析及防治技术

第一节　概　　述

SMA 路面问世至今已 50 余年，我国引进该技术并推广应用 SMA 路面有近 20 年的历史。回顾 SMA 路面发展历程，特别是全面总结 SMA 的成功经验与失败教训，一般来说，在工程建设期间（施工周期内）和通车运营后，SMA 路面常见的病害主要有：油斑、泛油、透水、离析、坑槽、车辙、推移、裂缝等，如图 5-1 所示。

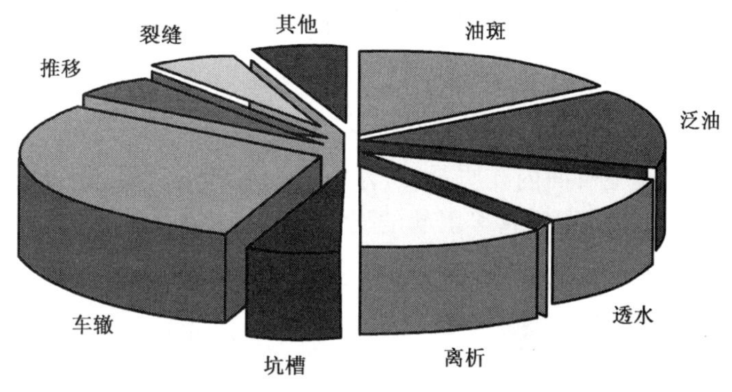

图 5-1　SMA 路面常见病害形式

在这些病害类型中，产生的主要原因大致分为六大类，其中，工程建设期间产生四类，通车运营期间产生两类。

1. 因路面结构设计不合理产生的病害

在高速公路路面结构设计中，并非每条高速公路的结构设计都十分合理。如果因为总体结构不合理，或者单层 SMA 路面的设计厚度、材料选择不合理，都会造成先天性的质量病害。如路面厚径比不合理，SMA 路面无法压实，造成离析、渗水等。

2. 因生产要素产生的病害

其主要指由人员、材料、设备等引起的病害。人员因素主要包括参与 SMA 路面建设的管理、施工、监理人员的素质、技术水平、施工经验等；材料因素主要包括组成 SMA 路面的所有材料（沥青、粗细集料、填料、纤维添加剂）的规格和质量等；设备因素主要包括涉及铺筑 SMA 路面的所有设备的精准度及性能，如拌和楼、摊铺机、压路机、纤维添加设备的性能等。

3. 因技术质量、管理原因产生的病害

其主要指由 SMA 级配设计不合理、生产配合比控制不严、工期不合理、施工季节不适宜等引起的病害。这类病害的原因主要包括施工管理与决策人员、主要操作人员的技术素质与质量意识，确定的 SMA 生产配合比是否得到严格执行等，还包括建设项目的单项工程施工工期的确定,SMA 是否在黄金季节施工,是否存在冬季、雨季、夜间施工等。图 5-2 所示为夜间施工。

图 5-2　因赶工期 SMA 路面在夜间施工

4. 因 SMA 路面结构以外次生条件造成的病害

其主要指由水泥混凝土桥面内在质量、沥青中下面层的耐久性、路基的稳定性、台背沉降跳车(开裂后进水)、排水设施不完善等引起的病害,如图 5-3 所示。这类病害的产生是因为下承层的原因造成了 SMA 路面的早期病害。

图 5-3　因排水设施不完善、路基水毁造成路面破坏

5. 因气候原因产生的病害

通车运营后,由于某区域内的气候状况发生改变,出现极端高、低温天气,导致 SMA 路面早期病害。如某省区出现的持续冰冻天气、冻雨天气,在救灾期间,人为因素以及恶劣天气对路面造成破坏。

6. 因交通量变化产生的病害

通车运营后，由于区域内的交通状况发生改变（交通量和重载交通增幅较大），导致 SMA 路面早期病害。如某省区运煤大通道，昼夜交通量大增，经常出现几十公里甚至上百公里的堵车。

在 SMA 诸多的病害类型中，其产生的原因十分复杂，多数病害是多种因素合成的结果，有些竟然互为因果关系，且表现形式也不尽相同，让建设者深感困惑。因此，必须逐一鉴别分析，认真加以区别对待，才能找到真正的病因。

为了确保 SMA 路面的耐久性，必须认真遵循 SMA 的自身规律去实施。要想铺筑好 SMA 路面，必须知道失败的教训，即了解 SMA 路面病害的成因，并采取有效的预防和处治措施。

第二节　油斑成因分析及防治技术

一、SMA 油斑病害形式

SMA 油斑主要分为两种形式：

（1）离析性油斑。由于 SMA 沥青混合料离析产生的油斑称为离析性油斑。

（2）迁移性油斑。在 SMA 沥青混合料设计体积指标及材料均匀性满足要求的前提下，由于法向剪切应力作用导致沥青沿着法向应力流动而产生的油斑，称为迁移性油斑。较大面积的油斑病害如图 5-4 所示，较小面积（直径 1 ~ 2cm）的油丁病害如图 5-5 所示。

图 5-4　较大面积的油斑病害

二、油斑成因分析

1. 油斑因果图

油斑因果分析见图 5-6。

图5-5 较小面积(直径1~2cm)的油丁病害

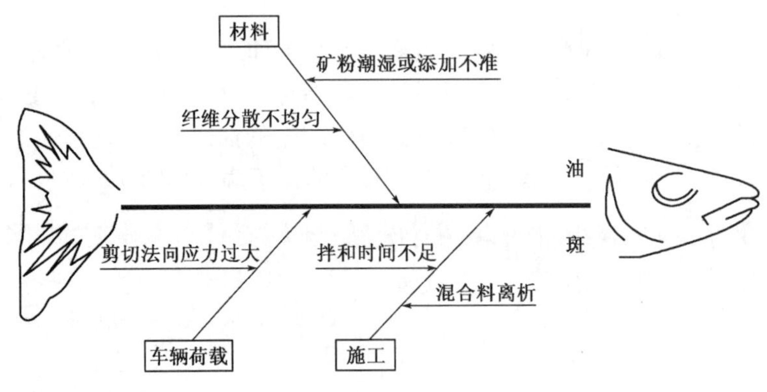

图5-6 油斑因果分析图

2. 成因分析

1)矿粉潮湿或添加不准

矿粉未做好防雨措施,或用于加工矿粉的石料含水率偏大导致矿粉过湿,在拌和楼里成团球状,吸附沥青后一经摊铺就会出现细集料集中,易产生块状油斑。另外,如果矿粉添加不准,会导致混合料局部自由沥青过多,产生局部油斑,甚至导致泛油。

2)纤维分散不均匀

在采用人工或机械进行纤维添加时,如纤维没有充分分散,或者漏投、晚投、少投等,加入时间滞后、拌和时间不足以及纤维受潮结团,在混合料中不能充分分散,导致在拌和过程中部分纤维没有拌开,混合料出现离析,在SMA路面铺筑中就容易出现离析性油斑,如图5-7所示。

3)混合料拌和时间不足

SMA混合料在拌和过程中如果干拌及湿拌时间不足,容易使纤维分散不均匀,如图5-8所示。此原因在施工过程中易产生离析性油斑。

图 5-7　受潮后纤维分散不均匀(未通过 2.36mm 筛孔)

图 5-8　拌和楼干拌时间不够纤维分散不充分

4)混合料离析

混合料在运输及摊铺过程中产生离析,使某些小面积上较细混合料增多,而较细混合料的沥青含量较高,从而导致 SMA 路面局部出现离析性油斑。

5)摊铺机拼缝不紧密,玛蹄脂流淌

摊铺机拼缝处的玛蹄脂流淌在混合料上形成油斑带,见图 5-9。

图 5-9　摊铺机拼缝处的玛蹄脂流淌在混合料上形成油斑带

6）车辆荷载因素

SMA 路面在车辆停靠处会受到更大的剪切法向应力，高温季节将促使沥青玛蹄脂通过混合料内部空隙向上迁移。根据 Weissenberg 迁移效应，沥青会逐渐迁移到路面顶面，导致路面顶面沥青含量很高，形成迁移性油斑。

三、油斑的防治技术

1. 离析性油斑的预防措施

（1）严格控制原材料，保证生产配合比的相对稳定。只有严格控制原材料，减小原材料的变异性，才能保证生产配合比相对稳定和体积指标相对稳定。

（2）保证纤维添加的准确性，提高 SMA 沥青混合料的均匀性。工程实践表明，纤维的选择与添加控制非常关键。建议使用分散性好的絮状纤维，避免其在拌缸中悬浮和粘壁，保证计量的准确性和避免结团。尽量使用性能良好的并带有报警装置的添加设备，避免漏投、晚投、少投现象。

（3）根据交通和气候温区，选择适宜的油石比。在满足指标的前提下采取油石比允许范围的下限值。

（4）严格遵守操作规程，减小 SMA 混合料在装料、运输和卸料过程中的离析现象。

（5）选择适宜的摊铺宽度，合理装配摊铺机的螺旋布料器。

（6）每天施工结束时，应仔细清理摊铺机熨平板和夯锤，防止第二天施工时拉毛混合料表面；另外，夯锤内的细胶结料受热流淌易在混合料表面形成油斑。

2. 迁移性油斑的预防措施

（1）保证聚合物改性沥青的质量

许多改性沥青在运输和存储过程中，往往发生离析，改变了沥青黏度，用其生产的混合料在相同条件下加速了沥青的迁移。

（2）提高改性沥青黏度

改性沥青黏度随温度升高呈指数关系下降，在高温状态和剪切应力的作用下，法向应力将促进沥青迁移。应在保证施工的条件下选择适宜黏度的改性沥青，以减少迁移现象的发生。

（3）有针对性地增加纤维用量

纤维与混合料基体分别以独立的材料形态共存，因此，通过复合可以把基体材料和纤维优点都发挥出来。纤维的加入量基本上不受基体材料的限制。在沥青混合料中有针对性地增加纤维用量，空间随机分布的纤维网格将对沥青的流动产生更大的内摩擦阻力，增加黏度，有效减少迁移现象的发生。沥青的改性总会受到一定条件的限制，如溶解度、拌和、储存和施工等方面的限制。当改性剂增弹增黏效果到一定程度后，只能通过添加纤维来解决这个问题了。

常用的 SBS 改性剂等也是黏弹性材料，其增黏作用由改性剂分子量、加入量决定，与温度相关，而且增黏因子随温度的升高而降低，因此增黏作用受到了很大限制；而纤维的增黏因子与温度无关，增黏作用可有大幅度发挥，具体如图 5-10 所示。

纤维的增黏作用取决于纤维的加入量、长径比、Einstein 系数。因此，我们可以通过调整纤维加入量使沥青路面满足不同载荷和气候的要求，减少沥青的迁移现象，减少迁移性油斑。

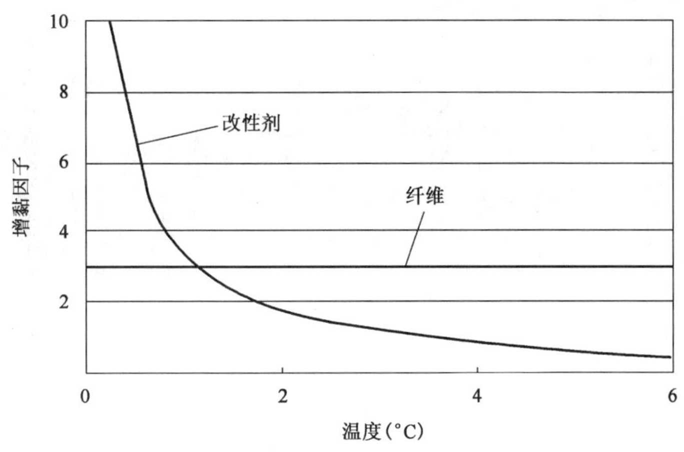

图 5-10　改性剂、纤维的增黏因子与温度的关系图

3. 施工过程中油斑的防治技术

(1)对于小面积油丁,可在复压前使用专用机具将油斑剥除,然后采用人工挖除换填等修补方式用 SMA 沥青混合料颗粒填充空隙,如图 5-11 所示。

图 5-11　施工人员对局部油斑进行换料处理

(2)油斑数量较少时,可在 SMA 沥青混合料未冷前将油斑数量较多部位整体挖除,然后以热混合料重新换填该部位,及时整平碾压,并做好接缝,确保路面平整度。

(3)对于较大面积油斑,在交通开放后对油斑部位进行标注,采用防水帆布加土工布将油斑周边覆盖(仅露出油斑部位),再使用小型铣刨机对其进行铣刨处理,然后清理下承层并在下承层及其边部涂刷黏层油,再用热混合料进行回填,最后整平碾压并保证接缝平顺。

(4)油斑面积很大并影响路面耐久或行车安全时,应对该断面全幅进行铣刨返工。

第三节　泛油成因分析及防治技术

一、泛油病害形式

沥青玛蹄脂从 SMA 沥青混合料的内部及下部向上移动,使 SMA 路面表面被薄层沥青覆盖，很少看到或看不到集料，车辆过后有轮迹出现，这种病害现象称做泛油，如图 5-12 所示。

图 5-12 SMA 泛油病害

在绝大多数情况下，泛油仅发生在行车道上，而且是间断式的片状、带状分布。新建高速公路沥青路面常在通车后的第一个高温季节，特别在连续多天高温后，在行车道的轮迹带范围内开始发生泛油，使行车道上产生两条黑色发亮的、间断的或连续的光面带。随着高温天气延续或到了第二个高温季节，泛油可能继续发展，逐渐扩大成片状，甚至满布行车道。在沥青用量偏大的路段，则很快会发展到行车道和超车道全面泛油。但是，就一些高速公路的实际泛油现象看，往往第一个高温季节产生泛油后，第二个高温季节还会有所加重，但到第三个高温季节就基本稳定了。

二、泛油成因分析

1. 泛油因果图

泛油因果分析见图 5-13。

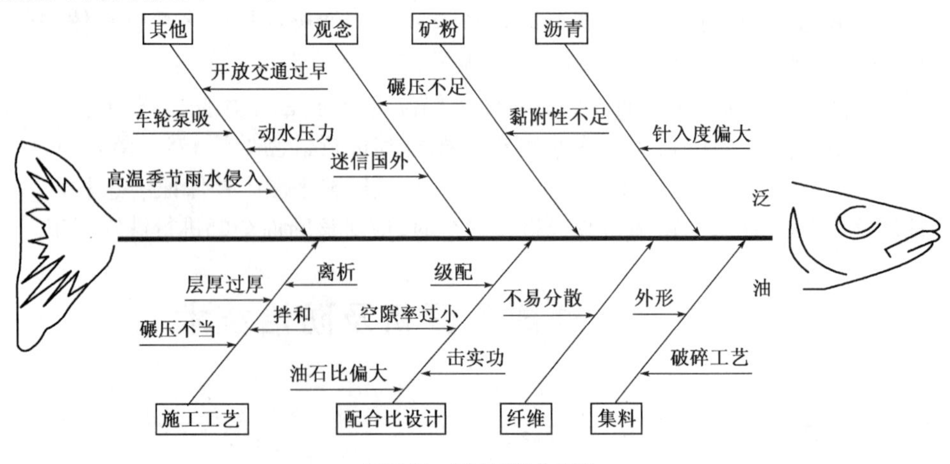

图 5-13 泛油因果分析图

2. 成因分析

1)粗细集料材料质量差

从 SMA 成型机理可知,它的高性能来自于含量多的粗集料之间的嵌挤作用,特别是其高温稳定性。对于 SMA 路面,粗集料的外观形状应是或接近立方体,同时要求石料质地坚硬致密,针片状含量少,实践证明,这种集料嵌挤能力强,可与沥青很好地结合。而外观呈立方体的较少,细长扁平含量较多的集料,其嵌挤能力差,在行车荷载作用下,矿料间隙率 VMA 降低,空隙率 VV 变小,导致混合料的稳定性不足。因此,石灰岩就不适宜做 SMA 路面的集料。

如果矿料表面不是很洁净,同沥青的黏结力较差,一旦受到水损害,沥青膜很容易脱落,当受到外力作用时,沥青就会向上迁移产生泛油。目前,对集料的重要性已经达成共识。在有些地区采用了复合的生产工艺,如在陕西省一些石料场已经采用先颚破,再反击破碎,最后进行整形的加工方式,使针片状含量显著减少且料形规整。

2)沥青质量不稳定

因沥青质量控制不严,所使用的沥青针入度过大、黏度过小而导致自由沥青多,在压路机碾压后溢出 SMA 路面,产生泛油。

3)矿粉添加量不足

矿粉在 SMA 中的作用至关重要,沥青只有吸附在矿粉的表面形成薄膜,才能对其他粗细集料产生黏附作用。而 SMA 的特点之一是沥青用量多,但是沥青混合料内部的自由沥青不能多,而应该以结构沥青的形式存在才能真正发挥沥青的作用。因此,如果矿粉添加量不足以与较多的沥青相匹配,导致沥青膜太厚,将使游离的自由沥青太多,成为集料产生相对位移的润滑剂。尤其在夏季高温季节,多余的自由沥青将会引起泛油。

4)纤维类型的影响

SMA 路面中一般使用木质素纤维作为稳定剂,根据纤维加工工艺,又将木质素纤维分为颗粒状纤维和絮状纤维。这两种不同类型的纤维,因加工工艺不同,在使用时也有所不同。颗粒状纤维其外表经过涂层工艺来保护纤维在使用前保持干燥状态,故其吸油率较小,且在干拌中较难分散,较絮状纤维(图 5-14)所需的拌和时间更长,混合料最佳油石比较小,而絮状纤维(图 5-15)其外不裹覆任何物质,吸油率较大,可充分吸取自由沥青,且在拌和中易于分散,其最佳油石比较颗粒状纤维宜偏大。因此,如果没有对不同类型纤维在配合比设计及施工工艺中进行针对性的研究,就可能使纤维稳定剂没有被充分拌和分散,导致路面泛油现象。

图 5-14　不同类型颗粒状纤维

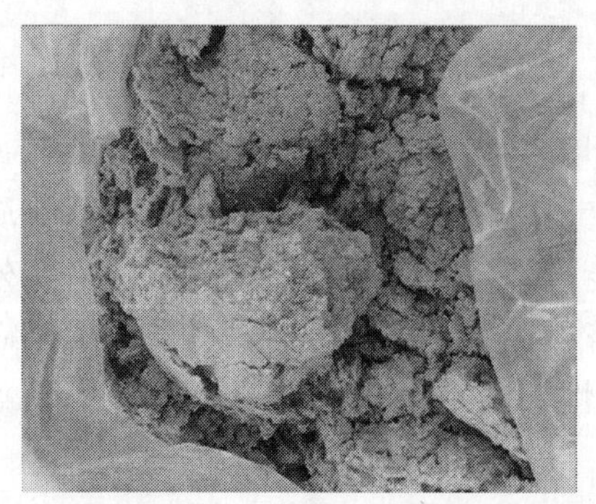

图 5-15 絮状木质素纤维

为了解颗粒状木质素纤维和絮状木质素纤维的性能，通过 SMA 混合料的室内路用性能试验，分别对掺加这两种木质素纤维沥青混合料的物理性能、马歇尔试验和车辙动稳定度进行对比，来评价颗粒状木质素纤维和絮状木质素纤维在路用性能上的优劣及对 SMA 混合料在抗高温永久变形能力上的作用效果。

(1)不同纤维物理性能指标

颗粒状木质素纤维记为木质纤维 A，絮状木质素纤维记为木质纤维 B，纤维物理性能指标见表 5-1。

纤维物理性能指标 表 5-1

物理性能指标	纤维品种	
	木质纤维 A	木质纤维 B
外观	颗粒状	絮状
灰分含量	—	18%
热损失	—	0.9%
松装密度(g/m^3)	0.40	—
纤维长度范围(mm)	5~8	0.210
纤维直径(mm)	约 6	—
沥青含量(%)	约 80	—
纤维含水率(%)	3.60	5.00
纤维吸油值	—	5.6
纤维 pH 值	7.42	7.3

(2)级配

这里只研究木质素纤维在 SMA 混合料中的作用效果，对级配不进行深入研究，因此采用 SMA-13 级配中值，见表 5-2，采用 6.0% 的油石比。

SMA-13 级配 表 5-2

级配类型	筛孔尺寸(mm)									
	16	13.2	9.5	4.75	2.36	1.18	0.6	0.3	0.15	0.075
通过率(%)	100	95	62.5	26	20.5	19	16	13	11.5	10

(3)试验结果及分析

①试验方案

通过变化纤维掺量,采用0.0%、0.3%、0.5%、0.7%、0.9%、1.1%的掺加量分别进行马歇尔试验和车辙动稳定度试验。

②马歇尔试验结果及分析

试验条件:将成型的马歇尔试件(试件制作及测试方法均按 JTJ 052—2000 规定,试件为 ϕ101.6mm×63.5mm 圆柱体)放置到试验温度为60℃的恒温水箱中,保温30~40min后进行马歇尔试验,试验结果见表5-3。

马歇尔试验结果 表5-3

纤维类型	纤维掺量(%)	理论密度(g/cm^3)	空隙率(%)	矿料间隙率(%)	沥青饱和度(%)	稳定度(kN)	流值(mm)	马歇尔模数(kN/mm)
木质纤维 A	0.0	2.464	3.22	16.97	81.0	5.30	2.35	2.26
	0.3	2.461	3.34	17.08	80.4	10.69	3.91	2.73
	0.5	2.455	3.57	17.27	79.3	11.74	3.51	3.34
	0.7	2.454	3.61	17.31	79.1	12.28	3.62	3.39
	0.9	2.446	3.94	17.59	77.8	12.06	2.87	4.20
	1.1	2.444	4.00	17.64	77.3	12.05	2.98	4.04
木质纤维 B	0.0	2.464	3.22	16.97	81.0	5.30	2.35	2.26
	0.3	2.424	4.00	17.53	77.2	6.58	2.92	2.29
	0.5	2.419	4.20	17.71	76.3	5.94	2.49	2.40
	0.7	2.414	4.40	17.88	75.4	6.32	2.96	2.14
	0.9	2.394	5.21	18.57	72.0	6.05	2.87	2.11
	1.1	2.387	5.48	18.80	70.9	5.56	3.89	1.43

由表5-3可得出,在相同试验条件下,掺加木质素纤维的沥青混合料试件与不掺加木质素纤维的沥青混合料试件相比,物理力学参数均发生了变化。空隙率增大、马歇尔模数增大;而且还可得出不同类型的木质素纤维在不同掺量下的沥青混合料试件的马歇尔模数。当掺加颗粒状木质素纤维时,SMA混合料试件的马歇尔模数在纤维掺量为0.9%时达到最大,而当掺加絮状木质素纤维时,SMA混合料试件的马歇尔模数在纤维掺量为0.5%时就达到最大。

③车辙试验结果及分析

试验条件:在60℃±1℃,0.7MPa±0.05MPa条件下进行车辙试验,检验高温稳定性能,车辙动稳定度试验结果见表5-4。

SMA-13车辙动稳定度试验结果 表5-4

油石比(%)	纤维掺量(%)	车辙动稳定度(次/mm)	
		木质纤维 A	木质纤维 B
6.0	0.0	4 460	4 460
	0.3	7 930	10 190
	0.5	10 210	10 100
	0.7	7 870	9 710
	0.9	6 860	7 106
	1.1	4 790	4 035

从表5-4的试验结果可以看出，无论是掺加何种纤维都存在一最佳纤维掺量使其动稳定度最大。当掺加颗粒状木质素纤维时，掺量在0.5%时动稳定度最大且比较稳定；当掺加絮状木质素纤维时，掺量在0.3%时动稳定度最大且比较稳定；当纤维掺量大于最佳纤维掺量时，动稳定度反而都会逐渐下降。这是因为纤维掺量过大时，木质素纤维会吸附过量的沥青，使形成的沥青膜处于不稳定状态，并且过量的木质素纤维也会出现分散不均匀的情况。这两点使沥青混合料黏聚力下降，在荷载作用下，易产生压密变形，表现为初始阶段沥青混合料试件就产生较大变形，动稳定度较低。

从表5-3、表5-4和试验过程中可看出，掺加絮状木质素纤维的SMA混合料试件其马歇尔模数和车辙动稳定度都要高于掺加颗粒状木质素纤维的SMA混合料试件。这说明絮状木质素纤维在沥青混合料中分散能力要优于颗粒状木质素纤维。

5)混合料级配设计不合理

在SMA沥青混合料级配设计中，4.75mm以上粗集料用量和0.075mm以下矿粉用量特别重要，4.75mm以上的粗集料形成骨架结构，0.075mm以下矿粉可以形成高黏度的沥青胶浆。在级配设计中，4.75mm以上的粗集料比例一般高达70%～80%，矿粉的用量达7%～13%，经试验发现，如果级配中4.75mm通过率过高（大于27%），则混合料内部的粗集料用量不足，没有形成骨架嵌挤结构，导致设计空隙率过小，在施工中就易产生泛油病害。

6)油石比偏大

混合料设计通常是按现行规范进行目标配合比、生产配合比以及生产配合比验证三个阶段，再确定矿料级配及最佳沥青用量。而受其他国家对SMA最小油石比（6.2%～7.0%）要求的影响，某些项目中对于通过配合比设计确定的油石比较低时，均调整到最小油石比的要求以上，唯恐沥青用量少。实践证明，设计沥青用量过大，在施工中容易产生过量的玛蹄脂从而导致泛油，如图5-16所示。

图5-16　SMA油石比偏大

7)室内试验击实功不足

我国在设计沥青混合料时通常采用马歇尔试验方法。当初在开发和确定马歇尔试验方法时，选定室内试验的压实功是要使室内产生的密度等于野外行车荷载作用下最终达到的密度。如果室内所用击实功产生的密度小于使用过程中所达到的最终密度，所选定的沥青用量就会偏多。现在已有工程研究表明,两面击打 50 次达不到路面的最终密度,势必造成油石比明显偏大,加剧泛油。

8)设计空隙率过小

设计空隙率过小也是造成 SMA 路面泛油的原因之一。《公路沥青路面施工技术规范》(JTG F40—2004)中将 SMA 混合料空隙率规定为 3% ~4%,同时注释为:对高温稳定性要求较高的重交通路段或炎热地区,设计空隙允许放宽到 4.5%,VMA 允许放宽到 16.5%(SMA-16)或 16%(SMA-19),VFA 允许放宽到 70%。而有些地方因为受到以前所修建的沥青路面水损坏严重的影响,对空隙率和渗水十分重视,人为地降低空隙率或者对空隙率要求走规定值下限,以期达到不渗水,降低水损坏。而通车不久后就使 SMA 路面再次压密致使空隙率进一步减小,从而使沥青更易挤出造成路面泛油。

9)SMA 层铺厚度过厚

当下承层平整度不好时,会造成上面层 SMA 局部过厚或过薄,当 SMA 结构层过厚(如 4cm 厚 SMA-13 铺筑成了 7cm 厚以上)时,因粗集料粒径相对太小,无法互相嵌挤,使混合料不稳定,在压路机碾压时不易压实产生变形,进而将多余的玛蹄脂挤出路面形成局部泛油,如图 5-17 和图 5-18 所示,这种现象一般不为施工人员所注意,其本质是结构层厚度与公称最大粒径不匹配所造成。

图 5-17　SMA 摊铺层过厚经碾压后导致泛油

图 5-18　SMA 摊铺层过厚经碾压后导致泛油

10)混合料离析

集料的离析使得沥青混合料中粗、细集料分离,使实际的级配发生变化,粗集料集中的区域空隙率大,比表面积小,根据沥青混合料的分散理论可知其沥青含量偏低。细集料集中的区域空隙率小,比表面积大,沥青含量偏高,自由沥青因没有多余的空隙填充而被挤出路面。当离析区域小时就产生局部油斑,当离析区域大时就会产生局部泛油现象。

11)碾压工艺选择不当

对于SMA结构,由于其集料的嵌挤作用,可压实程度不大,压实度较容易达到。过度碾压不仅会压碎SMA结构内部相互嵌挤的粗集料棱角,破坏结构稳定性,同时会造成玛蹄脂胶浆上浮,损坏路表构造纹理,影响路面抗滑和路表排水性能。

对于SMA碾压只能使用钢轮压路机,不得采用胶轮压路机。如果使用轮胎压路机或组合式压路机,就会造成玛蹄脂上浮,路表失去纹理,从而形成泛油。

压路机碾压时不遵循"高频率、低振幅"的碾压原则,除了可能压碎集料外,还会使玛蹄脂上浮,构造深度减小,产生路面泛油。

12)混合料拌和质量控制不严

在施工中如果对原材料质量控制不严,会导致拌和的SMA沥青混合料矿料级配产生波动,而沥青用量却保持不变,从而使出厂的SMA沥青混合料一车与另一车级配都不一样。SMA路面通车后,会产生片状泛油现象。

13)开放交通过早

当SMA路面铺筑和碾压完成后,由于其温度尚高,路面还未稳定,处于软弱状态。如果此时开放交通,新铺的SMA路面在大量行车,特别是在重型货车作用下进一步密实,导致沥青上移,产生严重的泛油现象。

14)行车荷载的作用

车辆在高速行驶时,造成SMA路面泛油现象的方式主要有以下两种。

(1)车辆轮胎的泵吸作用。车辆在路面上高速行驶时,在轮胎与路面接触区的后部产生真空负压区。如果是在高温季节,车辆高速行驶,所产生的泵吸力将空隙内的部分自由沥青吸出,且泵吸力随车速的增加而增大。

(2)动水压力。SMA路面尽管说"基本不透水",但它并不是绝对不透水。因此,从表面层下去的水会在车辆动载的作用下,致使沥青与矿料剥落。更严重的是,雨天的路表被一层水膜覆盖,当车辆在水膜覆盖的路面行驶时,轮胎与路面之间的水不断被高速运转的轮胎挤压,产生动水压力。动水压力随车速的增加呈几何级数增长,此压力最终使水贯穿面层后积聚在混合料内部。据研究,8%的空隙率是沥青路面动水压力急剧增长的拐点,SMA路面的空隙率一般低于此值,即使是在路面初建时,但是离析部位的空隙率会大于8%。在行车荷载的揉搓下,积聚在混合料内部的水使沥青逐渐剥落,又在动水挤压和泵吸力的作用下上移,形成油斑并逐渐扩大,甚至大面积泛油。

15)受错误观念影响

(1)沥青用量要大。一些单位存在观念误区,迷信国外的规范和经验,不根据我国不同地区具体气候和交通量的不同进行施工,主要表现为配合比设计和施工工艺上。配合比设计的教训主要是沥青用量使用太多,不肯降下来。

(2)施工工艺上存在问题。主要问题是不肯采用振动压路机加强碾压,盲目相信国外经验,只采用钢轮压路机静压,认为只要压实度满足要求就可以了。对SMA路面来说,其实首要的是压实工艺,压实工艺是决定路面成败的关键因素之一。

(3)对何谓泛油看法上存在误区。因为SMA集料表面有厚的油膜,通车后油膜移动到间隙中,使构造深度减小,认为只要这种现象不是大面积产生就属正常现象,不算泛油。

以上教训说明,在推广应用SMA的过程中,不能照搬国外的经验,必须根据我国具体的气候条件和交通条件区别对待。我国普遍夏季炎热,且有大量的超载车辆存在,应该酌情减少沥青用量并加强碾压。

三、泛油的防治技术

1.泛油预防措施

(1)严格控制原材料质量。在进行原材料选择时应对其质量进行如下要求:

①粗集料外观形状应为或接近立方体,应尽可能使用反击式破碎机生产表面粗糙洁净、坚硬耐磨的立方体集料。

②有些采石场大多为集体或个人开采,机械设备能力低下,质量普遍较差,品种杂、变异性大。因此,应由建设单位设立专门的采石场,根据SMA工程需要而生产符合要求的集料;否则,保证SMA质量将是一个很大的难题。

③对于细集料除满足现行规范外,还应考虑其棱角性和粗糙度,以提高混合料的稳定性。填料应尽可能选择0.075mm通过量大的料源,以减轻拌和设备填料装置的负荷,并满足配合比设计的要求。

④沥青应符合"重交通道路石油沥青技术要求"。对于其标号,视工程所在地的气候和交通条件,尽可能按美国SHRP"沥青胶结料性能等级标准规范"选择,拌和与碾压温度应按黏温曲线确定。

⑤纤维稳定剂在施工、储存过程中严防受潮、雨淋,应使用自动添加设备,严格按设计要求添加。

在施工过程中,为保证碎石在摊铺和碾压过程中基本不产生压碎现象,应采取以下措施:

①在选择石料时尽可能选择针片状含量小、压碎值小的石料。

②加强对石料压碎情况的检查,在终压完成后,SMA沥青混合料尚未冷却的情况下,在路面边部挖开检查,如有压碎现象,研究分析产生压碎的原因,并采取相应的措施。

(2)取消对最小油石比的限制。考虑我国夏季十分炎热的气候条件及重载交通严重,所以应取消对最小油石比的限制,并按照配合比设计的最佳油石比和当地实际情况进行施工油石比的确定。

(3)增加击实次数。《公路沥青路面施工技术规范》(JTG F40—2004)中采用马歇尔试验方法设计SMA混合料,室内试验两面各击实50次。对于集料坚硬不易击碎,通行重载交通的路段,宜将击实次数增加为双面75次。规范中选定击实次数为50次是为了防止石料被击碎,但在SMA路面中所用的石料都是质地坚硬的,且近几年我国高速公路上行驶的重型载货汽车,轴载已超过10t,而且超载情况屡治不止。在此交通状况下,理应提高马歇尔击实试验的锤击次数。

(4)确保混合料的拌和质量。拌和楼生产的SMA混合料级配和油石比必须在允许的范围内。不合格的混合料严禁运往工地。

(5)严格控制单层摊铺厚度,厚径比不得超过要求值。

(6)严格碾压工艺,不得采用轮胎压路机碾压。

(7)严格交通管制,SMA 路面完全冷却后方可开放交通。

2. 泛油的处治技术

(1)对于局部泛油情况,可在 SMA 沥青混合料未冷前将泛油部位整体挖除,然后以新混合料重新换填该部位,及时整平碾压,并做好接缝,确保路面平整度。

(2)对于较大面积的泛油情况,对其进行铣刨返工处理,然后清理下承层并在下承层及其边部涂刷黏层油,重新铺筑、碾压 SMA 混合料,并保证接缝平顺。

第四节　透水成因分析及防治技术

一、透水病害形式

在 SMA 路面中,透水是自上而下产生的水损坏,是一个水使沥青膜从集料表面脱落,失去附着力的过程。当各种各样的路表水从路面向下渗透时,由于下层的沥青混合料密水性好,向下渗透相对比较困难,于是滞留在表面层 SMA 混合料的空隙中。一旦水达到饱和,由于交通动荷载和温度胀缩的反复作用,进入路面空隙的水不断产生动水压力或真空负压抽吸的循环作用,沥青膜渐渐从集料表面剥离,导致集料之间的黏结力丧失,继而形成沥青路面松散、掉粒。

由此可见,透水的形成条件是水能够渗入表面层,但继续往下渗透比较困难,同时存在外力作用的环境。据调查,沥青路面的空隙率小于 8%(相当于设计空隙率 4%、压实度 96%)时,沥青层中的水在混合料内部以毛细水的形式存在,在荷载作用下一般不会产生大的动水压力,不容易造成水损坏;而当排水性沥青路面空隙率大于 15% 时,水能够在空隙中自由流动,且不容易造成水损坏。当路面实际空隙率在 8% ~15% 的范围内时,水容易进入并滞留在混合料内部,在荷载作用下产生很大的毛细压力成为动力水,造成沥青混合料的水损坏,如图 5-19 和图 5-20 所示。

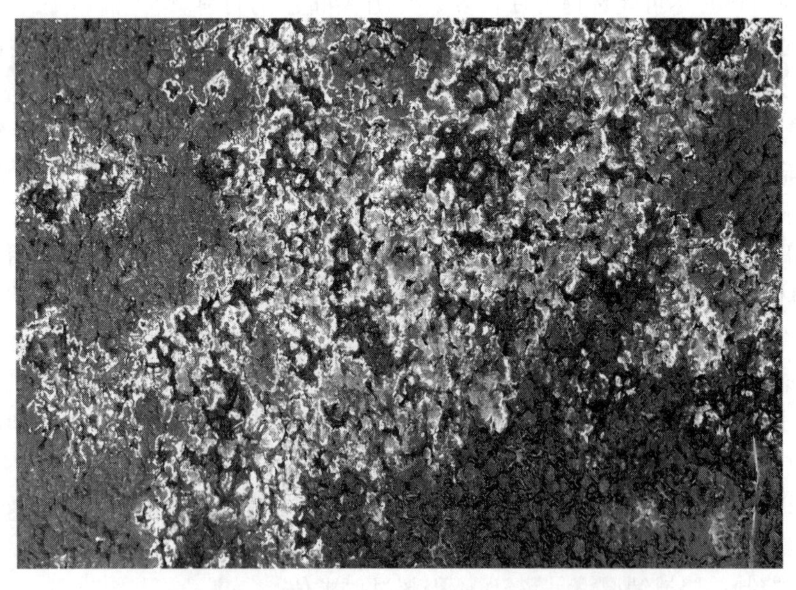

图 5-19　透水病害

图 5-20　SMA 路面渗水造成冷标线无法施工

该类水损坏的进程与荷载的大小、频度有关。在初始阶段，集料与集料之间发生剪切滑移，伴有沥青膜移动和脱落；剪切应力超过沥青与集料的黏附力导致附着力丧失，但这个过程很短。在这个阶段，它往往局限于表面层发生松散和坑槽，如果及时修补，SMA 路面性能可以很快恢复。但是如果不及时维修，损坏面积将扩散很快。所以对该类水损坏要在其发生的初始阶段，尽快维修遏制。

1. 透水的形式

(1)上下连通式透水，指空隙上下连通，水从表面的空隙直接通过表面层进入结构内部，甚至直接进入基层。这种路面的渗水在做渗水试验时表现为渗水仪底盘的周围没有水迹，但是液柱下降很快，说明水通过孔隙渗到下面去了。

(2)水平方向透水，指空隙水平连通，如同 U 形管一样，水从表面空隙进入，在路面结构层里蜿蜒行进，最后又从表面空隙出来。这种渗水在做检测时表现为液柱下降很快，同时底盘周围有很多水迹。这种现象很容易被人们忽视，认为是渗水仪密封不好。但是仔细观察就会发现水不是从渗水仪的边上渗出，而是从周边路面冒出，说明此时不是仪器的密封问题，而是路面确实存在这种形式的透水。

(3)复合式透水，指既有上下连通式渗水也有水平方向渗水。大部分的路面透水都属于这种情况。一般说来，完全水平方向渗水的现象很少，在试验中发现，从四周跑的水只是一小部分，更多的还是通过上下连通式的渗水方式进入下一个结构层。

2. 透水对 SMA 路面的危害

1)对材料本身的危害

指破坏集料同沥青的黏结力，造成沥青的剥落。调查研究发现，很多早期损坏的例子都是由于黏附力不足导致沥青剥落，逐渐在路面上形成许多孔洞，最后形成坑槽。

大多数集料虽然具有很好的黏附性，对于改性沥青一般可以达到 5 级，但是在水存在的条件下也同样无法避免沥青同集料的黏结分离。其黏结分离的原因也有多种。

(1)水力冲刷。当 SMA 路面透水时，在车辆轮胎前面的水被挤进混合料的孔隙中，当车辆通过后轮胎后面又将水吸出，这个压—拉循环就把沥青从集料上扯离开来。孔隙所到之处都会出现这种冲刷作用。而孔隙的连通就将这种水力冲刷带到混合料的各个角落，从而加速混合料的早期破坏。更有甚者，压实不好的材料，被交通车辆压实后，进入孔隙中的水不能再出来，造成孔隙水压力，温度升高时还会有膨胀应力而加速水的流动和黏结破坏，如图 5-21 所示。

图 5-21 钻芯回填材料受水力冲刷出现破损

(2)置换作用。沥青与集料间的化学黏结是由于相对较弱的分散力，而水的极性很强，它可以通过定向力吸附到带电荷的集料表面。所以集料表面或多或少有亲水疏油的能力。假如集料表面潮湿，沥青就无法将水趋散而与集料黏附，然而水却可以穿透沥青膜将沥青同集料分离。一旦 SMA 路面渗水，水可以进去，但是由于孔隙较小水很难出来，驻留在路面里的水在集料的表面发生置换作用。虽然沥青将集料全部包裹，但在尖角或粗糙处，沥青膜非常薄，水能够渗透薄膜到集料表面，这就发生沥青薄膜破裂现象。水以气态或液态方式伸展到集料表面。这样的作用一旦开始，将破坏沥青同集料的黏结，造成沥青薄膜的脱落。

2)对整个路面结构层的破坏

主要表现在水透过面层进入面层同基层的交界面上，导致路面的冲刷等早期损坏现象。同时，一旦造成面层同基层的脱离，沥青面层同基层之间的抗剪切能力急剧降低，导致整个路面的强度很难保证，此时的路面结构也不再符合路面设计时的层状理论，并且水到了基层，还会降低基层的承载能力。

目前，沥青混合料的早期破坏中，由于路面的渗水导致基层承载能力下降发生的破坏占有相当大的比重。现在我们的路面设计要求至少有一层面层结构是不透水的，以防止路面的水渗到基层，有的也将中面层做成密级配沥青混合料结构以防水往下渗。

二、透水成因分析

1. 透水因果图

透水因果分析见图 5-22。

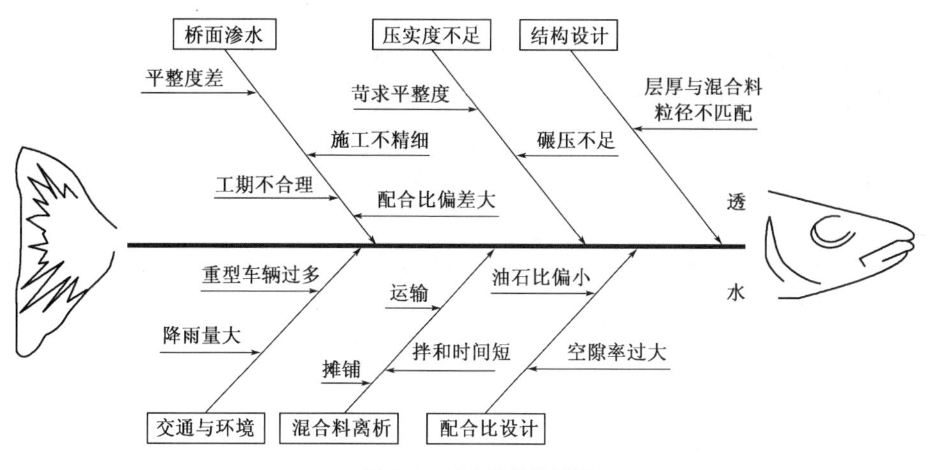

图 5-22　透水因果分析图

2. 成因分析

1)结构层厚度与混合料类型不匹配

《公路沥青路面施工技术规范》(JTG F40—2004)中第 5.1.3 条规定沥青面层集料的最大粒径宜从上至下逐渐增大,并应与压实层厚度相匹配。对热拌热铺密级配沥青混合料,沥青层一层的压实厚度不宜小于集料公称最大粒径的 2.5 ~3 倍,对 SMA 混合料不宜小于公称最大粒径的 2 ~2.5 倍。

经调查,发现透水严重的 SMA 路面普遍存在结构层厚度与混合料公称最大粒径不匹配的问题。厚径比偏小时,沥青混合料很容易离析而且不易压实,故而路面很容易受水损害。

2)配合比设计不当

在 SMA 的配合比设计中是以 4.75 或 2.36mm 以上粒径的粗集料构成嵌挤的骨架,粗集料骨架之间要求有适当的玛蹄脂填充,并且混合料压实要求粗集料间保持适当的空隙率,使得粗集料间隙不被玛蹄脂过度地填充。空隙率太小,必然会将粗集料骨架撑开,破坏 SMA 的整体结构,也不能保证路面足够的构造深度,影响路面的抗滑性能;玛蹄脂过少,会造成混合料中的空隙率过大,容易出现缝隙连通,此时就会造成路面的渗水,如图 5-23 所示。

图 5-23　工程级配不合理造成 SMA 路面透水

3)油石比偏小

油石比的大小对透水性能和SMA路面的耐久性能至关重要。通常情况下,相差2个百分点油石比的成型试件,其渗水性能相差很大,一个根本就不透水,另外一个就透水严重。同样的级配,油石比偏大(符合配合比的要求)的地方不透水,油石比偏小的地方渗水系数在30mL/min以上。所以在保证不发生析漏的情况下,尽量提高沥青的用量,也是解决渗水问题的有效方法。

经对某高速公路路面调查发现,通车以后,路面总体使用技术状况有了一定的衰减,出现了不同程度的破坏,其中路面透水是导致路面产生各种病害的重要原因之一。调查时,针对不同路段的具体情况,分别进行钻芯取样及实地开挖取样,并对试样进行空隙率、沥青抽提、集料筛分等试验,同时在取样点附近进行了透水试验。作为对比路段,对一些路表尚无明显病害的路段及SMA试验路段也进行了相关取样和试验。在试验过程中观察到距试验部位3~4cm处就可见有水冒出,这一现象在多处试验点发生。而没有水冒出的试验点在2min以后其读数值变化仍很小甚至没有变化。这表明中下面层的渗水并不明显,渗水主要发生在SMA上面层内部结构中的某些串通的空隙和孔洞中。

4)混合料离析

离析的表现为SMA沥青混合料中粗、细集料和沥青分布不均匀,在一定范围内,粗、细集料的比例偏离了设计级配,沥青与集料的比例偏离了设计的最佳油石比。在这种情况下,粗集料集中、沥青含量少的区域空隙率就大,容易引发透水等病害;细集料多、沥青含量高的区域空隙率就偏小,容易引发车辙、泛油等病害。造成SMA混合料离析的主要原因有:SMA混合料拌和时间短或拌和温度低造成的混合料不均匀;运输过程中装载、卸载造成的SMA混合料不均匀;路面摊铺过程中,大粒径集料在摊铺机中向两边滚动造成混合料离析,如图5-24所示。

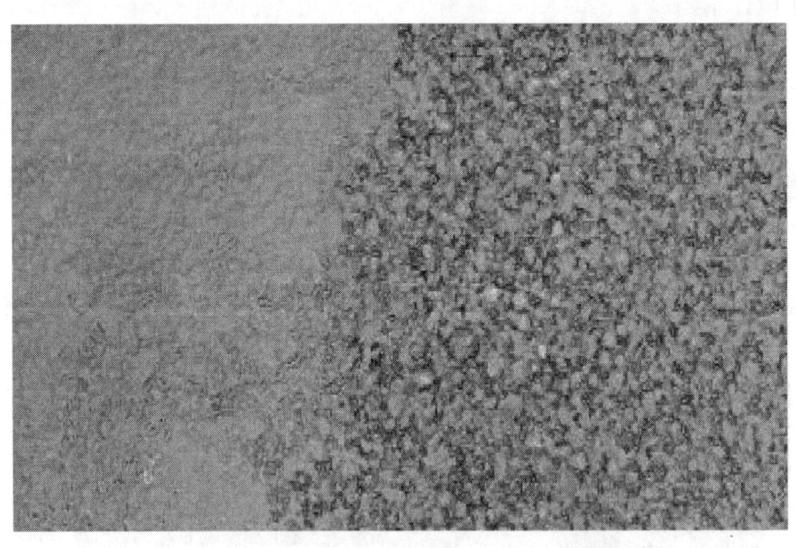

图5-24　混合料离析造成的透水病害(雨中观测)

另外,摊铺宽度超出合理宽度也是影响SMA混合料透水性能的原因之一。因施工作业面宽度有时不同,在摊铺机熨平板的两端有时要接上加长段熨平板,以增加摊铺宽度,减少摊铺次数和纵向接缝。但是在加长段熨平板部分很容易产生材料的离析,同样也可以导致路面的透水。有研究小组专门针对此方面进行了渗水检测,在每个道路的检测横断面上摊铺机中间的位置和加长段熨平板摊铺部位同时做渗水试验，发现位于摊铺机中间部位路面的抗渗性能明显好于加长段熨平板摊铺部位。这说明加长段熨平板的使用已经影响到路面的抗渗性能。

5）压实度不足

对于施工工艺基本的要求就是提高压实功，严格控制压实度。最终的目标是保证空隙率不能太大。“高频低幅，紧跟慢压”是SMA碾压的基本准则。其中“高频低幅”是为了防止破坏粗集料骨架和防止玛蹄脂上浮，这一条是通过碾压设备本身来进行控制的，一般不会有问题。但是“紧跟慢压”常常不能够做到。

在许多项目中，施工单位在施工过程中往往过分强调平整度，采用碾压温度偏低或碾压遍数不足等方式进行碾压。在低温时碾压虽然能够在一定程度上提高压实度，但是对透水作用的影响已经不很明显。而温度到了100℃以下时碾压不仅对透水没有好处，相反还会有不利的影响。因为此时的碾压很可能破坏SMA的骨架结构，尤其是此时压路机加振或增加碾压次数，容易让里面的材料进行重新分布，产生微裂缝。这种微裂缝逐渐发育，成为贯通的裂缝，进而产生透水病害。

研究人员通过对吉林某高速公路SMA路面基本不透水路段的芯样调查和试验分析可知，基本不透水的SMA上面层停车道空隙率在3%～5%之间，而行车道空隙率2.3%～4.4%之间。也就是说，设计空隙率3%～5%的沥青混合料，在压实度100%的情况下，在使用中还有近1%的压实性，这样才能达到使用性能的稳定，这充分说明压实度对防治SMA路面透水的重要性。

3. 水泥混凝土桥面SMA沥青铺装层渗水原因分析

1）水泥混凝土铺装层施工和平整度控制差

由于混凝土坍落度大而造成水泥混凝土施工性能下降，尤其是平整度控制不佳，造成桥面局部集水或合成坡度的零坡点积水，这是桥面泛水的最主要的原因之一。

2）部分桥面的凿毛处理方案不正确、不精细

目前，各项目为了使沥青铺装层与水泥混凝土铺装层紧密结合，在施作桥面防水层之前，对水泥混凝土铺装层采用铣刨、甩锤或抛丸工艺进行凿毛处理，但在铣刨机铣刨过程中，一是铣刨机刀片高度调整不在一个平面上，二是铣刨机刀片过钝，三是铣刨机下刀深度不均，造成部分本来就不太平整的混凝土桥面铺装层雪上加霜，表面产生了积水的小坑槽，这也是产生桥面沥青铺装层泛水的又一主要原因。

3）工期不合理

由于工期紧而造成桥面沥青铺装层与桥面水泥混凝土铺装施工时间间隔相差较短，造成桥面混凝土没有足够的强度增长期。

4）路面施工工艺不精细

各施工温度控制不佳，碾压工艺及机械组合不合理，选用摊铺机品牌不正确，技术工人经验不足等而造成沥青铺装层离析，渗水系数超标。

5）配合比控制偏差大

因沥青面层都应具有一定的渗水率，但在桥面上，混凝土桥面、桥面防水层、桥面封层均属于隔水层，面层下渗的水不像路基段那样可通过下面层下渗到封层和透层的隔水层而排出，或因下面层空隙率略大而形不成毛细水通过气压差而上泛，所以桥面沥青铺装层的中面层和上面层的配合比设计显得尤为重要，桥面中上面层混合料配合比不能与路基段面层配合比相同，必须做出相应的优化调整。图5-25为桥面铺装层泛水顶破了道路标线。

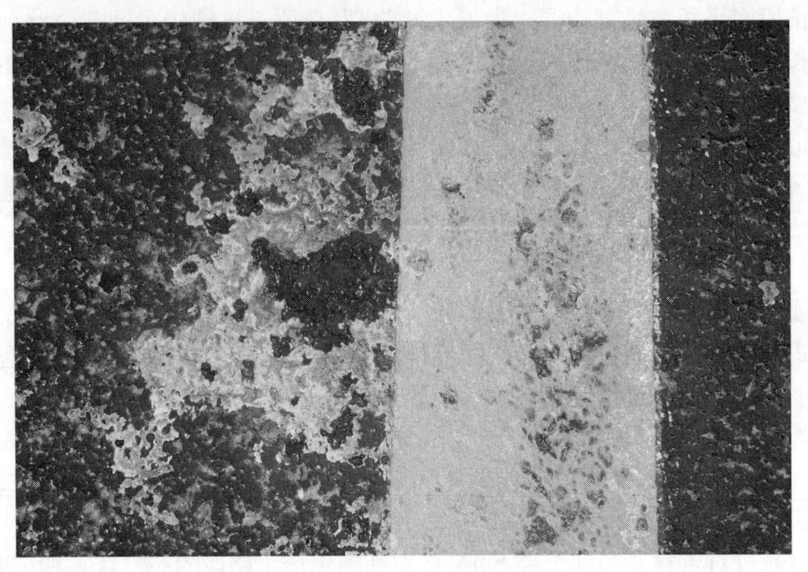

图 5-25 桥面铺装层泛水顶破了道路标线

三、透水病害防治技术

1. 优化路面结构形式

现在国际上对于重载交通路段倾向于全厚式路面、柔性基层沥青路面或组合式基层路面。半刚性基层沥青路面往往只在中轻交通情况下或者比较干燥的地区使用。柔性基层相对于半刚性基层优势是比较明显的，如不易开裂、排水性能更好、容易养护维修等。建议在实际工程中加大对柔性基层或组合式基层沥青路面结构的应用。

2. 优化厚径比

路面结构层厚度与混合料类型应相匹配。根据现行公路沥青路面施工技术规范，沥青路面结构层厚度应等于或大于集料最大公称尺寸的 2.5 ~ 3 倍，对于最大公称粒径较大的混合料，这个比例还应增加。实践研究表明：当厚径比小于 2.5 ~ 3 时，容易引起沥青混合料的离析，而且不宜压实，更容易导致路面局部区域空隙率过大，造成透水。

3. 优选原材料

容易引起 SMA 沥青混合料水稳定性不足的集料是 SiO_2 含量较高（酸性）、吸水性大的集料。酸性集料沥青混合料容易发生水损害的原因是其表面带负电荷，而碱性集料则相反。由于沥青呈酸性，与酸性集料的黏附性差。

几种代表性石料的碱值测定结果如表 5-5 所示。

几种代表性石料的碱值 表 5-5

石料种类	石灰岩	安山岩	玄武岩	片麻岩	花岗岩（黑）	砂岩	花岗岩（红）
碱值	0.97	0.71	0.64	0.62	0.57	0.55	0.54

对于集料的选用，应优先选用空隙率小、表面粗糙的非亲水性碱性集料。当地碱性集料取材困难，而远运成本又太高，或者为满足表面层的抗滑性能，不得不采用质地坚硬、耐磨性好的酸性集料时，可用添加消石灰、水泥或经验证耐高温且具有长期使用效果的抗剥落剂的方法，来提高沥青混合料的水稳定性能。

沥青的黏度对其与集料的黏结强度有重大影响，沥青黏度大则黏结力强。因此，应在综合考虑当地的气候条件和沥青路用性能的条件下，尽量选取活性成分含量高（即酸值大）的沥青；也可对沥青进行改性，以提高沥青与集料的黏附性能。采用改性沥青是提高沥青混合料水稳定性很有效的途径。多年的研究和实践应用都证明，改性沥青与各种性质的集料都有较好的黏附性，基本都能达到四级以上。采用普通沥青不能满足要求时，改用改性沥青一般都能满足要求，一般也不用再采取掺加消石灰、水泥或抗剥落剂等措施。

4. 细化配合比设计

SMA 路面的透水问题首先应该从配合比设计入手，就是要在玛蹄脂含量和粗集料骨架间隙之间取得平衡。对于 SMA-13 来说，4.75mm 的筛孔是粗、细集料的分界点，4.75mm 以上的粗集料构成骨架结构，细集料连同矿粉、沥青和防止沥青析漏的纤维稳定剂构成玛蹄脂填充于骨架间隙。所以 4.75mm 的通过率就成为调整玛蹄脂含量和粗集料骨架间隙之间取得平衡的关键。具体的办法是以标准级配范围为基础，选择 3 个不同的 4.75mm 通过率的初试级配，分别测量粗集料间隙率（VCA_{DRC}）和混合料中粗集料骨架空隙率（VCA_{mix}），在保证 $VCA_{mix} < VCA_{DRC}$ 的情况下，尽量选择 4.75mm 通过率较大的一组，保证玛蹄脂有足够的数量。然后，在此基础上再调整其他筛孔的通过率来满足其他的体积指标要求。

我国《公路沥青路面施工技术规范》（JTG F40—2004）对公称最大粒径小于 20mm 的混合料，提出了渗水系数的指标要求。在配合比设计阶段，密级配沥青混合料和 SMA 混合料应不大于 120mL/min 和 80mL/min。在施工质量检测时，要求普通沥青路面路表渗水系数不大于 300mL/min，SMA 路面不大于 200mL/min。可以说，这一规定是十分有必要的，沥青路面的水损坏来源于水，只要水能渗入路面才有可能引发沥青膜和集料剥离。渗水系数与空隙率有所不同，空隙率包括开口空隙和闭口空隙，对混合料水稳定性有影响，引起渗水的只是开口空隙部分。因此，对混合料进行渗水试验是十分有必要的。

对于空隙率，它是沥青面层级配最主要的指标。按美国对 Superpave 和 SMA 的综合研究，对高速公路所用沥青混合料要求目标空隙率控制在 4% 左右，可这种结论是建立在其他性能也满足要求的情况下，如不考虑环境条件、路面荷载等情况，盲目地要求 4% 的设计空隙率，甚至为了达到这一要求而牺牲沥青混合料的其他性能就得不偿失了。

美国在采用了 Superpave 的配合比设计方法后，人们对其提出的控制点和限制区十分重视，一段时间内似乎都不用级配范围的规定了。但后来的研究又有了很大的变化和发展，美国许多州的规范又开始规定配合比设计级配范围。例如，乔治亚州运输部 2002 年新规范提出了 Superpave 9.5 ~ 25 的各种规格混合料级配范围，一方面其范围比原来控制点范围窄得多，另一方面不少级配范围通过了限制区。由此可见，不能过分迷信某种设计方法，而应根据实际情况，采用合理的设计理论。

5. 严格控制压实度

压实是 SMA 路面施工中最重要的一个环节，压实不足是导致 SMA 路面空隙率过大，引起 SMA 路面透水病害发生的最普遍的原因。热拌沥青混合料 4% ~ 5% 的空隙率就认为是不透水的。目前，大多数国家 SMA 路面的设计空隙率为 3% ~ 5% 或 3% ~ 6%，按照现行试验室标准密度的 96% 的 SMA 路面验收标准，路面实际空隙率很易达到 7% 左右，这就为透水病害的发生埋下了隐患。

国际上通用的压实度标准有 3 个：

（1）试验室马歇尔密度，一般要求不小于 96%；

(2)实测最大理论相对密度,一般要求不小于92%;

(3)试验路钻孔密度,一般要求不小于99%。

前两个标准可相互换算,设最大理论密度为D_{max},马歇尔试件标准密度为D_{ms},钻孔试件的实测密度为$D_{实}$,则设计空隙率为:

$$V = 1 - \frac{D_{ms}}{D_{max}}$$

按马歇尔密度计算的压实度K_1和按最大理论密度计算的压实度K_2有下列关系:

$$K_1 = \frac{D_{实}}{D_{ms}}$$

$$K_2 = \frac{D_{实}}{D_{max}} = K_1 \times (1 - V)$$

$$或 K_1 = \frac{K_2}{1 - V}$$

路面实际空隙率:

$$V_{实} = \frac{1 - D_{实}}{D_{max}} = 1 - K_2$$

可见,混合料的设计空隙率对压实度的影响较大,$K_1 = 96\%$、$K_2 = 92\%$两个标准的等效条件是空隙率$V = 4.17\%$。对这两个标准进行对比分析,结果见表5-6。

马歇尔密度和最大理论密度标准对比 表5-6

设计空隙率V(%)	马歇尔密度标准K_1(%)	最大理论密度标准K_2(%)	路面实际空隙率(%)
2	96	96×(1-0.02)=94.08	5.92
	92/(1-0.02)=93.87	92	8.00
4	96	96×(1-0.04)=92.16	7.84
	92/(1-0.04)=95.83	92	8.00
4.17	96	96×(1-0.0417)=92	8.00
	92/(1-0.0417)=96	92	8.00
6	96	96×(1-0.06)=90.24	9.76
	92/(1-0.06)=97.87	92	8.00
8	96	96×(1-0.08)=88.32	11.68
	92/(1-0.08)=100	92	8.00

从表5-6中可以看出:当设计空隙率小于4.17%时,如果要求压实度为马歇尔密度的96%,其标准将比控制最大理论密度的92%要求高;相反,当设计空隙率大于4.17%时,如果要求压实度为马歇尔密度的96%,其标准又将比控制最大理论密度的92%要求要低。在这种情况下,这两个标准应同时应用,并以压实度小的为准。

大量工程实践表明,对于改性沥青SMA,在140~150℃时的碾压对渗水性能尤其重要,是解决透水问题的最佳时期。而这种温度一般为初压和前期的复压。所以应要求压路机必须紧跟到摊铺机后面,保证待初压路面长度不超过20~30m。碾压时驱动轮在前静压匀速行驶,后退时沿前进碾压时的轮迹行驶并开始加振碾压。在路面检测中可以发现这种措施效果很好,渗水性能明显提高。

切实提高路面压实度的另一方面在于严格控制施工质量,有的工程过分追求平整度,而放松了压实度的要求。规范中又有构造深度的要求，对相当一部分混合料如趁热认真碾压很可能就达不到构造深度的指标要求。出于这两方面的考虑，很多工程对碾压做的不认真，等温度降低后采用静碾或较轻的压路机压实。为了使压实度达到规范要求，只能采用各种方式弄虚作假，如降低试件成型温度、试件偏高、油石比偏低都可使标准密度降低，钻孔试件没有彻底干燥则将使实测密度偏大。由于这些原因，施工过程中应该综合考虑平整度、压实度、构造深度，不能过分强调平整度，而应在满足压实度的前提下提高平整度要求，应当严格控制施工，认真按规范要求进行，严禁弄虚作假。

6. 减少沥青混合料的离析

由于沥青混合料中集料的不均匀性，沥青混合料在搅拌、运输、摊铺过程中难以避免出现离析现象。离析现象只能尽量减少，而不可能绝对避免。

对沥青混合料在装载、运输、卸载过程中所产生的离析还没有很好的解决办法，只能尽量注意装、卸载的方式，降低卸料落差，减少途中运输时间，在运输途中平稳行驶。在路面摊铺过程中，摊铺机连续由中间向两端输送混合料，宽幅摊铺在摊铺宽度两端很容易产生离析现象。解决这一问题的方法，只能是尽量控制摊铺宽度，摊铺宽度 8m 以下时采用单机摊铺，宽幅摊铺时使用 2～3 台同型号的摊铺机梯队作业。摊铺机内的冷料必须彻底清理干净，见图 5-26。

图 5-26　彻底清理干净摊铺机内的冷料

7. 及时治理路面裂缝

SMA 路面裂缝也是水进入路面结构内部的重要途径，裂缝也是一种 SMA 路面的主要病害。对裂缝应采取及时有效的治理措施，防止裂缝与透水病害综合作用对路面结构造成更大的破坏。

8. 细化防排水设计和施工

SMA 路面的水损坏离不开水，如果水不能进入路面也就谈不上路面的水损害，所以以前的路面设计施工中千方百计地封水，试图阻止水分进入路面。实践证明，要想完全防止沥青路面进水是不可能的，封也不可能完全封住。我国路面基层普遍采用半刚性基层，近年来对半刚性基层的强度要求也越来越高，基层越来越致密，水进入路面是不可避免的，基层又不透水，上面层渗入路面的水和冻融的水积聚在基层表面，这样对路面的危害更大。因此，一方面应加强防水，减少进入路面的水，另一方面应做好排水，将进入路面的水及时排走。只有这样，才能切实降低水损害发生的几率。

1）封水

在 SMA 路面的基层上喷洒透层油后再做下封层，以封闭从路基下上来的毛细水和裂隙水；在表面层下设置黏层，大部分是改性乳化沥青的黏层，以封闭从路表渗入的水。在选择做上、下封层的材料时，要综合考虑气候地质条件，选择适合工程要求的材料，同时，施工时应加强管理，避免施工不当造成的施工期层间污染。

2）中央分隔带防水

中央分隔带基本分为两种，一种是开放式的，利用绿化分隔双向的交通、视线、灯光；一种是封闭式的，利用防眩板分隔双向交通、视线、灯光。我国目前绝大部分采用开放式。早期的开放式分隔带有一个很大的缺点，绿化浇水有相当一部分会渗入路基路面。为了防止水分的渗入，近年来采取了一些措施来封水，如分隔带底部和周边铺设防水土工布等。但这些措施并不能达到完全封水的目的。如不能保证排水，可将绿化带改为水泥混凝土或沥青封层。

3）路表排水

为了能使 SMA 路面水迅速排出，应设置路拱并确保路面平整度，从而最大限度地减少可能渗入路面内部的水。挡水式路缘石有可能使水滞留在路面上，所以宜做成平的或取消，采用漫流排水的方式。这就提高了对路肩和边坡的抗冲刷要求，应采取措施提高其抗冲刷能力。

4）层间排水

当沥青层下有排水式的沥青碎石或者级配碎石时，一般都具有较好的排水性能，进入路面的水能很快排走。当沥青层直接铺筑在半刚性基层上或桥面时，排水就比较困难，这种情况下路面边缘的排水就非常重要，图 5-27 为设置在桥梁外侧的排水系统。

图 5-27　在桥梁外侧设置排水系统

9. 严格控制施工质量

1）严格控制水泥混凝土桥面平整度

在施工水泥混凝土桥面铺装层时，应严格控制混凝土的坍落度，使其满足设计要求，这样混凝土桥面施工才能具有较好的工作性能;同时在收面过程中严格控制收面工艺,务必及时进行收面,并用6m直尺纵横向控制平整度和纵横坡,确保混凝土桥面大面平整,彻底消除因局部平整度差或纵横坡交汇处的零坡点平整度差而造成片状积水。

每个项目必须按合理工期安排各分项施工。如遇工期较紧,必须优化桥梁施工技术方案,尤其是混凝土桥面铺装的施工计划,确保桥面混凝土有足够的强度增长期;杜绝在冬季施工桥面水泥混凝土铺装层,避免铺装混凝土强度增长过慢或受冻,影响下一道工序桥面防水层水泥混凝土铺装层的粘贴质量。

2)认真处理水泥混凝土浮浆

桥面的凿毛处理,建议采用甩锤法凿毛,避免大型铣刨机铣刨时对混凝土桥面及铺装层钢筋产生破坏作用。用甩锤凿毛时,甩锤机必须性能良好,刀片全新;否则,水泥混凝土浮浆不能彻底凿除,只能打出小坑,起不到凿毛作用,而且凿毛时要有足够的甩击遍数,确保达到80%以上的凿毛率后,方可进行下道工序。

在未施作桥面防水层之前,发现水泥混凝土桥面铺装层不平整时,可在混凝土桥面铺装层上沿合成坡度方向刻槽,槽宽5cm,槽深1~2cm,将水引至桥面盲沟,如图5-28所示。

图5-28　在桥面积水路段的外侧设置排水盲沟

3)加强路面原材料质量控制

为了降低桥面沥青铺装层的渗水系数,且又要保证面层的抗车辙性能,对桥面沥青铺装层的中上面层施工,首先从原材料质量控制方面严格把关,一是保证矿粉的质量,二是保证机制砂的质量,三是保证封层碎石的质量和降低碎石的粉尘含量和面层整体施工质量控制。

4)强化路面施工配合比质量监控

通过试验动态优化中上面层的配合比,确保桥面沥青铺装层渗水系数小而又有足够的耐久性。

5)严格控制路面施工工艺

由于桥面表面温度低于路基段基层或下面层表面温度,给桥面沥青面层施工带来一定的温度控制影响,所以在桥面沥青面层施工时,更应严格控制集料加热温度、沥青加热温度、拌和温度、出锅温度、到场温度、摊铺温度和各阶段碾压温度,务必做到拌和与摊铺速度相匹配,做到随到随铺，确保混合料碾压密实。

摊铺速度必须慢而匀速前行，碾压做到紧跟慢压。大风天气不允许桥面中上面层施工，如天气有小风时应设防风墙，尤其是对摊铺机的选择要严格把关。通过实践，中上面层使用戴纳派克摊铺机铺筑效果为最佳，能够有效防止离析。同时，考虑在桥面面层施工的碾压过程中，压路机的振动频率与梁体的同步振动产生共振，也是产生压实度较路基难以压实的一个原因。所以在施工时对压路机的振动频率、各台压路机的行进路线及距离都要有相应的试验参数作指导，必须总结出合理的组合和碾压工艺，指导桥面沥青铺装层施工。

必须重视层间污染的处理，采用水车冲洗、强力清扫车打毛、道路清扫车吸尘、空压机表面吹净、洒布 SBS 改性乳化沥青“五步工序法”，确保层间结合。

10. 加强渗水处理

如中面层施工后发现有带状泛水时，应对泛水部采用纵向横向刻槽法进行补救。首先在泛水带沿纵向刻槽，然后沿横向刻槽，或按纵横合成坡度方向刻槽至桥面边部盲沟，槽宽 5cm，槽深为中面层结构层厚度，在铺筑上面层之前采用相同材料填压，重新施工的槽内混合料空隙率略大于原大面施工混合料空隙率，从而将带状结构水和构造水引排至盲沟中。竖曲线最低点常年积水如图 5-29 所示，排水盲沟见图 5-30，其他易积水路段见图 5-31 和图 5-32。

图 5-29　在中面层的竖曲线最低点常年积水

图 5-30　在纵曲线最低点刻排水盲沟

图 5-31 “零坡”路段积水

图 5-32 超高段内侧积水

对于伸缩缝处泛水现象，在施作伸缩缝混凝土时，应在中面层底部延横坡方向预埋直径2cm 的麻绳引层间水至边梁外侧，或每隔 2m 增加一根竖向麻绳引层间水至伸缩缝下。

对已铺筑的中面层横坡上游边部洒布 20cm 宽的热沥青封边，对已铺筑上面层的，在横坡上游边部洒布 2 遍 10cm 宽的乳化沥青封边，防止雨水从边部进入结构层。

第五节 离析成因分析及防治技术

一、离析病害形式

混合料离析通常分为级配离析、温度离析和摊铺厚度与速度离析。

级配离析是指混合料在材料储备，混合料拌和生产、运输、机械摊铺过程中，由于操作不当使混合料级配发生变化，沥青路面出现某些区域粗集料集中，另一些区域出现细集料集中造成混合料不均匀，级配、沥青用量与配比设计不一致（图 5-33），使路面出现较差的结构和纹理特性，致使粗集料集中区域压实度减小、空隙率、渗水率增大，造成早期水损现象；细集料集中区域空隙率小，出现泛油、车辙病害。

图 5-33　混合料级配离析

温度离析是指热拌沥青混合料在运输、摊铺过程中，由于同一位置不同区域混合料温度下降不一致，导致混合料温度差异引起的压实不均匀而产生的离析。混合料运输车辆车厢两侧及表面、摊铺机两翼及履带下洒落的混合料，易因温度下降不一致引起温度离析，见图 5-34 和图 5-35。

图 5-34　摊铺机两翼及履带下洒落的混合料引起温度离析

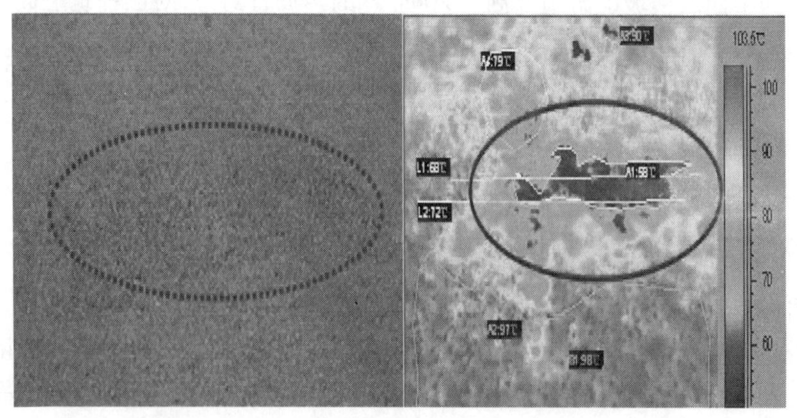

图 5-35　混合料温度离析

摊铺厚度离析是指混合料的实际摊铺厚度小于设计厚度，偏差范围超出厚径比，引起厚度离析，如4cm厚的上面层铺成了2.5cm厚的路面，必然造成离析。

速度速度离析是指因摊铺速度的变化，使混合料的初铺密实度不一致，如采用0.5m/min的摊铺速度则混合料表面易密实，而采用3m/min的摊铺速度，混合料表面空隙大则不易密实，造成局部离析。

这些现象的存在，容易造成路面压实度不均匀，温度低区域路面空隙率大，纹理深度深易产生水损现象及局部松散、网裂、坑洞、泛油等病害。

二、离析成因分析

1. 离析因果图

离析因果分析见图5-36。

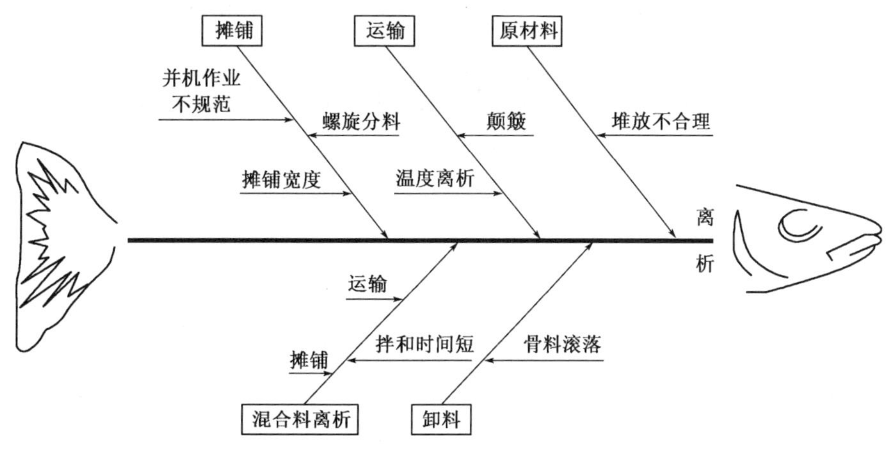

图5-36　离析因果分析图

2. 成因分析

1)混合料设计不合理

在设计合理的情况下，原材料特别是冷料的级配和含水率变异是离析产生的常见原因。冷料的级配变异主要体现在以下两点：一是矿料粒径整体偏粗或偏细，但其变异性不大，这主要缘于集料加工场生产矿料时的变异；另一种是拌和场料堆出现混料现象，某一档矿料的粒径变化过大，粗细分布严重不匀。另外，当集料含水率大时，集料黏度增大，不能使细集料均衡地从料斗卸入皮带，在冷料供料过程中，冷料比例已发生变化。同时，由于含水率的存在，造成冷料实际质量的偏差，也使冷料仓的集料比例发生变化。由于上述原因，使冷料的供应比例波动，从而影响沥青混合料的级配，加大沥青混合料级配的变异。

SMA混合料对级配范围要求极为严格。在混合料配合比设计时，若关键指标控制偏差较大，生产的混合料容易产生离析。

2)拌和环节引起的离析

(1)若沥青拌和楼中振动筛局部发生破裂，会使SMA混合料混有部分超过规格的大料径集料，从而导致集料离析。

(2)拌和时间短或拌和楼中拌叶脱落也可能导致SMA混合料拌和不均匀或温度不均匀。

(3)卸料环节引起的离析。储料仓向运输车装料时，由于重力及高度的原因，大粒径集料滚落在两边及前后，形成大粒径集料集中，导致集料离析。

SMA 混合料从拌锅给车辆卸料时温度下降较快，造成温度离析，如图 5-37 所示。

图 5-37　SMA 混合料从拌锅给车辆卸料时温度下降较快

3. 运输环节引起的离析

运输过程中的颠簸，也可造成大粒径集料的集中。另外，洒落在作业面上的混合料也可造成路面离析，如图 5-38 所示。同时，由于运输过程中料堆表面及边部与空气接触，温度下降较快，而料堆中心温度下降较慢，因此形成温度离析。车厢尾部残留的 SMA 容易混入摊铺机料斗内造成温度离析，如图 5-39 所示。

图 5-38　洒落在作业面上的混合料造成路面离析

运输车辆中 SMA 混合料再向摊铺机卸料时大粒径集料滚落到摊铺机收料斗斗箱附近，造成混合料的集料离析。

4. 摊铺环节引起的离析

1）摊铺机并机作业不规范

对于 6 车道以上的 SMA 上面层，一般需要 2 台以上的摊铺机并机作业，两机前后距离 3 ~

图 5-39　车厢尾部残留的 SMA 容易混入摊铺机料斗内造成温度离析

5m，便于形成热接缝。在施工过程中，由于施工厚度、宽度的轻微变化，造成两机搭接的宽度（要求 3 ~ 5cm）、松铺厚度也产生轻微变化，如图 5-40 所示。如果这种变化值超出了允许范围，则会造成前后两机在搭接处或高或低，当压路机碾压时，高的一侧受压力大，容易密实（过密实），低的一侧不易密实（欠密实），这种反差自然会形成纵向施工离析带，如图 5-41 所示。

图 5-40　两台摊铺机搭接宽度超过合理范围（3 ~ 5cm）

图 5-41　摊铺机并机作业时横向搭接不好，造成的带状离析（雨中观测）

摊铺机料斗内废渣清理不彻底也会造成混合料温度离析，如图 5-42 所示。

图 5-42　摊铺机料斗内废渣清理不彻底造成混合料温度离析

2）摊铺机螺旋分料过程

摊铺机产生离析的主要环节在螺旋分料过程中，在作业中功率消耗最大的环节也在螺旋分料过程（约为整机的 50% ~60%）中。摊铺机在设计过程中，主要考虑功率因素，使螺旋分料器中的物料表面位于螺旋直径的 1/2 ~2/3 处。按照这种情况，当用于大宽度、大厚度摊铺时，由于输料量加大，而螺旋只有位于物料内部的部分才有输料能力，因此为满足作业要求，只能将转速提高。这样高速旋转暴露在空中的螺旋布料器顶端就会向物料层上部的空间抛送物料。这是分料过程中形成离析的主要原因。

3）摊铺宽度影响

据有关资料显示，摊铺宽度为 10.5m 的摊铺机摊铺路面后，取样试验表明，集料离析相当严重，路面左右两侧大粒径集料占 64%，而路面中间仅为 35%，均超出规定的级配范围。因此，在摊铺宽度较大时，应采用多机联铺作业的方式，以减少离析。

三、离析防治技术

1. 合理进行 SMA 混合料设计

在进行 SMA 配合比设计时，在其他设计指标合格的情况下，混合料级配曲线向最大密实线靠拢，可使混合料离析的可能性减小。但不能直接使用最大密度线，因为这种级配会导致混合料的高温稳定性较差。这就在混合料设计源头减少了离析。

2. 控制原材料的均匀性和一致性

控制原材料的均匀性和一致性是控制离析的重点，主要从以下几方面入手：

（1）集料规格的一致性是防止 SMA 混合料出现离析的重要举措。集料加工应有稳定的料源、合适的加工破碎方式、统一合理的振动筛型号和筛孔尺寸，有助于减小集料本身级配的变异性。

（2）集料堆放场地必须硬化，且具有良好的排水系统；各种规格材料应设隔墙隔开，以免混杂；细集料应搭棚，粗集料应采取覆盖措施，潮湿的集料将影响混合料温度变异性；当粗集料内部含水时，其烘干温度会低于细集料。较冷粗集料不易被沥青裹覆，混合料易离析。

（3）堆料时，如果使用输送带系统进行堆料，大粒径集料滚到料堆外侧，容易产生离析。离析的集料拌和时，混合料颗粒组成的变异性就会增加。同时料堆过高、过大时，大粒径集料也容易滚到料堆外侧，造成离析。

3. 检查拌和设备

应经常对拌和楼振动筛进行检查，防止其破裂；严格按额定产量指标更换振动筛。应经常检查拌和楼计量系统传感器等，并严格控制搅拌时间，注意观察混合料中是否有明显的大粒径集料与小粒径集料聚集的现象。如果发现，应立即查明原因，及时处理。

4. "品"字卸料

储料仓向运输车装料时，应分别向运输车的前、后、中三处呈"品"字形堆装，这样可以减轻装料过程中产生的集料离析，见图5-43。

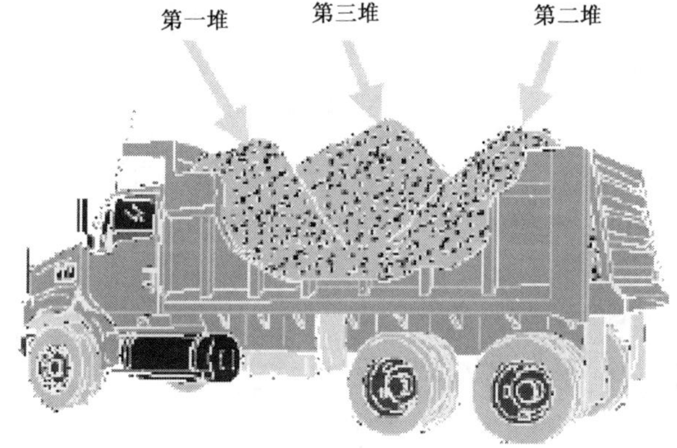

图5-43　混合料"品"字形堆装

5. 加强运输保温措施

在为拌和楼选址时，要尽量使拌和楼与摊铺现场距离不要太远。同时，应适当平整运输通道，降低行驶速度，在运输过程中，尽量减少颠簸；对运料车要采取保温措施（尤其是较长距离的运输），比如采取帆布＋棉被＋覆盖篷布三层保温法等。

6. 优化摊铺工艺

（1）在摊铺宽度较大，采用多机联铺时，每机宽度最好不超过6～7m，两机搭接宽度不超过5cm，这样可以减缓混合料离析的发生。

（2）在每辆车卸料之间，不要完全把受料斗中的混合料传输完，留一部分混合料在受料斗内，使受料斗中剩余的粗集料与后一车混合料一起输送到分料斗，通过螺旋分料器布料可使新旧混合料较好拌和，并尽可能减少摊铺机料斗合拢的次数。

（3）尽量采用具有大直径、低转速螺旋布料器的摊铺机；螺旋前面导料板的离地间隙应可调整，能减少集料向下承层表面滚落，使布料均匀，以避免竖向离析。降低螺旋布料器的高度，使混合料的高度超过螺旋布料器，这样可以提高螺旋布料器的输送率，降低转速，可以对混合料实现二次搅拌，减少不同宽度位置上的横向离析和混合料上下滚动产生的纵向离析。

（4）在摊铺中尽量使摊铺机连续摊铺，减少停机待料的情况。如果发生离析应及时补救，用人工将 SMA 热混合料铺撒在出现离析的空隙位置,及时碾压,这样可以消除部分离析。

(5)越靠近螺旋轴的混合料越容易随轴旋转,产生较多的翻滚,建议输送混合料的深度至少达到螺旋高度的 2/3 以上,将易翻滚的混合料埋在混合料里面,减少混合料离析。

(6)如果分料器转得太快,中间将会缺料,通常会产生离析带;如果摊铺机分料器的外边料不够,在混合料滚动到外侧时,可能沿外侧产生离析带。因此,应及时调整摊铺机两侧料位仪,保证分料器连续均匀运转。

(7)调整摊铺机分料斗的伸长度,使摊铺机从受料斗的两侧输出相同数量的混合料。如果一侧推出的料较多,在受料斗的这一侧就会形成料"谷",使混合料产生离析。如果调整伸长度不能纠正这种缺陷,则料车要稍偏向于需要较多材料的一侧,使受料斗中的混合料堆积较为平均。

(8)在摊铺机料斗两侧安装橡胶挡块以防混合料洒落,见图 5-44。

图 5-44 在料斗前方安装橡胶挡块以防混合料洒落

(9)每天摊铺工作结束后,摊铺机驶离工作位置,剩余混合料铺筑的末端部分,不但混合料的温度低,而且厚度不够,拖带出的锋面也不整齐,往往由人工用铁锹和耙子整齐锋面和找补厚度,形成大面积的未有效压实的区域,造成严重的混合料温度离析和集料离析。因此,对于每天最后摊铺的段落,第二天应进行切缝处理,将发生离析的地方铲除。

第六节 坑槽成因分析及防治技术

一、坑槽病害形式

在 SMA 路面中,坑槽是由于面层集料局部脱落或者基层和面层的集料局部脱落而产生的路面坑洞。其路面坑洼深度大于 2cm,面积在 0.04m^2 以上,如图 5-45 所示。

坑槽的形成过程(图 5-46)如下。

(1)表面的水从裂缝和空隙较大的裂隙中进入路面。当沥青路面存在薄弱环节,如由于离析造成上下有连通孔隙时,水在这些地方更容易进入路面内部,并很快进入基层表面。

图 5-45　通道混凝土破损造成 SMA 路面坑槽

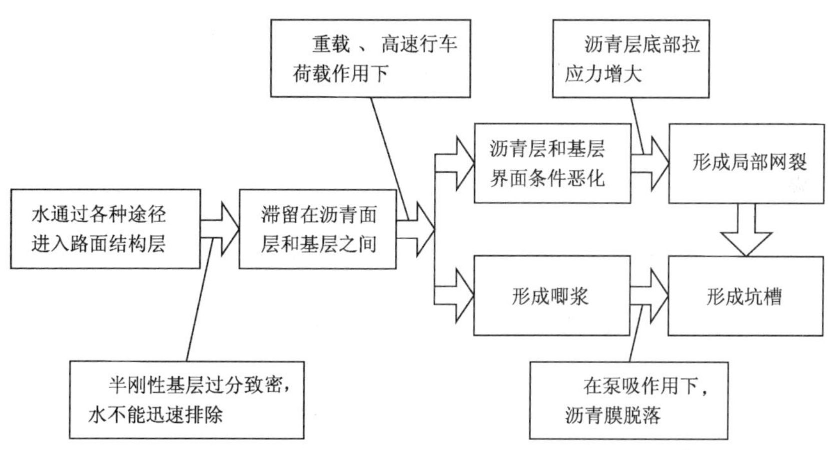

图 5-46　坑槽形成过程

(2)由于半刚性基层过分致密,不能迅速将水排除时,水滞留在沥青层和基层的界面。

(3)在汽车荷载的作用下,下面层沥青混合料的粗集料对基层造成损伤,形成灰浆。

(4)灰浆从孔隙或裂缝中被荷载挤出,成为唧浆。唧浆的孔一般都很小,肉眼看只有 1 ~ 2cm,被挤出的灰浆可能喷射到数米以外,冲击力很大。

(5)与此同时,沥青层和基层界面条件恶化,沥青层底部承受很大的拉应力,反复荷载和疲劳作用同时发生,使拉应力超过极限而开裂。

1. 坑槽的常见形式

(1)由于面层材料组合不当或施工质量差,结合料含量太少或黏结力不足,使面层混合料的集料间失去黏结而成片散开,松散的材料被车轮后的真空吸力以及风和雨水等带离路面,便形成大小不等的坑槽。

(2)由于雨水透入路面的结构层,含在上面层与中面层间影响沥青与集料之间的黏结性,在重复荷载的作用下,导致表面层和中面层同时产生坑洞。

(3)沥青面层与桥面水泥混凝土铺装层之间渗入水,在荷载的重复作用下,两层之间形成的灰白色灰浆通过缝隙渗出表面形成泛白现象,当沥青面层完全脱离水泥混凝土铺装层而损坏时,便形成桥面坑槽。

2. 坑槽主要特点

(1)其主要发生在雨季或梅雨季节以及季节性冰冻地区的春融季节。

(2)行车道破坏严重。

(3)损坏之初一般都先有小块的网裂、唧浆,然后松散形成坑槽。

(4)发生水损坏的地方一般是透水较严重且排水不畅的部位,如沥青混合料离析、不均匀路段。

二、坑槽评定标准

坑槽评定标准见表5-7。

坑 槽 评 定 标 准　　表5-7

破损类型	分级	外观描述	评定标准	计量单位
坑槽	轻	坑浅,面积小(<1m²)	坑深,≤25mm	m^2
	重	坑深,面积较大(>1m²)	坑深,>25mm	m^2

三、坑槽成因分析

1. 坑槽因果图

坑槽因果分析见图5-47。

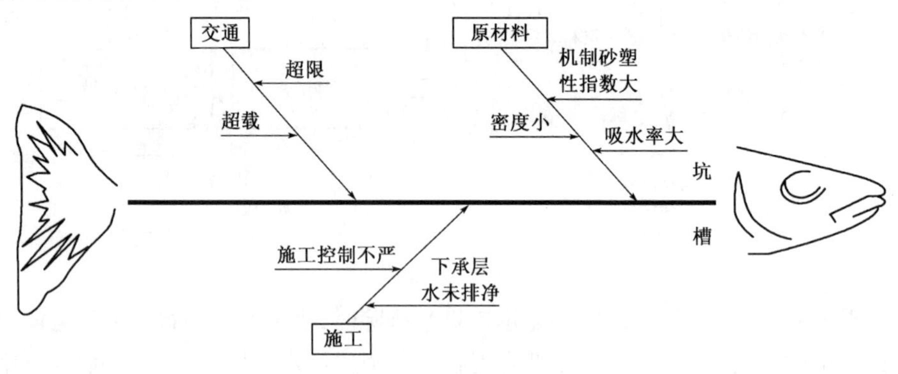

图5-47　坑槽因果分析图

2. 结构设计因素

1)路面结构不合理

SMA路面的中下面层大部分是骨架密实型AC沥青混合料,从表面渗下去的水及基层毛细管积聚的水都可能聚集在中下面层的空隙中,造成饱和状态。同时半刚性基层本身透水性很差,面层渗入的水滞留在基层表面而不继续下渗,造成层间结合不利,水长时间聚集在面层中无法排除,进而形成坑槽。

2)路面排水设计不合理

SMA路面未考虑设置完善的内部排水结构,水沿着基层顶面渗流到路边缘后无法排出,长期积存形成坑槽。

3. 材料因素

1)石料石质的影响

SMA路面对石料质量是有严格要求的,现行规范中要求SMA路面所用石料表观相对密度不得小于2.6,吸水率不得大于2.0%。对于密度小且吸水率大的石料,由于其自身空隙率大,在拌和、使用过程中,会吸收一部分沥青,给室内试验中最佳沥青用量的确定及混合料油石比的检测造成困难;而且由于石料密度小,吸水率大,经雨淋湿后,水分不易蒸发,在拌和楼干燥筒内难以充分干燥,残留的水分易使石料颗粒与裹覆沥青之间丧失黏结力,造成SMA路面施工完毕后出现沥青膜早期脱落或剥离现象,如图5-48所示。

图5-48 SMA路面沥青膜脱落

某地区在建高速公路项目中,因所处地理位置所限,料源匮乏,不得已选择了一种密度较小(表观相对密度在2.67左右)、吸水率大(达到2%左右)的辉长岩质石料作为上面层SMA混合料的粗集料。结果经过多次级配调整进行室内配合比设计,试验结果始终不能达标,主要体现在间隙率VMA指标不合格。经多方论证,最终决定采用另一种密度较大(表观相对密度在2.85左右)、吸水率小(达到0.5%左右)的辉绿岩质石料作为1号料,将该种密度小的石料作为2号料,再优化级配进行配合比设计,试验结果才符合项目要求,并在施工过程中对各环节温度及工艺严加控制才得以成功铺筑SMA路面,在保证工程质量的前提下避免了经济损失。

沥青膜脱落的主要原因:

(1)石料本质对沥青的黏附性差,如图5-49所示。

图5-49 沥青对石料的黏附性差

(2)水洗后石料未烘干。

(3)烘干时石料表面黏有柴油膜。

(4)拌和不均匀,花白料。

(5)摊铺碾压温度低,压路机对石料及表面的沥青压碎。

(6)运营期间,收费站广场、长大下坡路段,长时间采取制动。

(7)路面渗水,混合料长期受水浸泡,沥青膜脱落。

2)机制砂的影响

与天然砂和石屑相比,机制砂颗粒规整,片状颗粒少,表观纹理丰富,粉尘、泥土含量低,有良好的棱角性和嵌挤性,对提高混合料的路用性能有良好效果。但由于目前部分机制砂加工场生产技术水平落后、生产工艺单一、设备陈旧,导致机制砂质量无法得到有效保证,表现为强度差、片状颗粒含量多、泥土及粉尘含量高,不仅无法保障沥青混合料级配的稳定性,而且塑性指数大,与沥青黏附性差,造成混合料水稳定性能差,易产生坑槽病害,如图 5-50 所示。

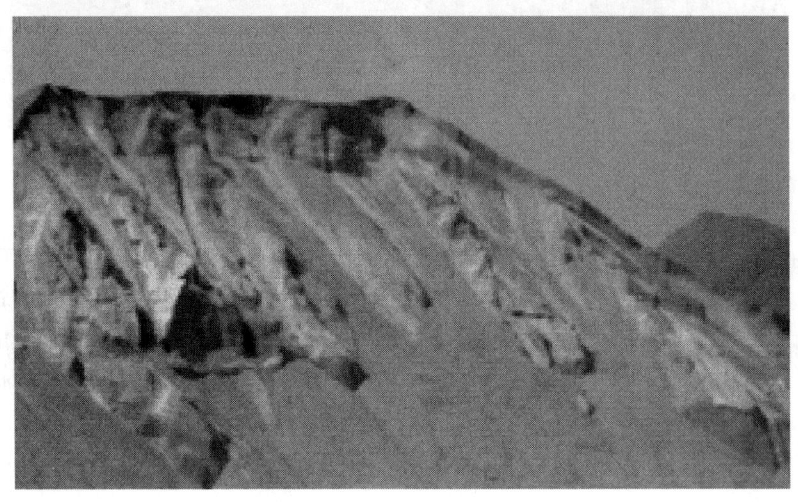

图 5-50　机制砂塑性指数大会造成 SMA 混合料耐久性差

4. 施工因素

1)下承层水未排净

在 SMA 路面结构中,中下面层一般是按密级配设计的,实测空隙率波动范围甚宽,形成了水损害分散不连续的特征。SMA 路面结构中的中下面层公称最大粒径较大,离析也严重些,混合料难免摊铺不均匀,存在一些空隙率较大部位,为各种进入路面结构层内部的水的积存提供了条件。中下面层存水是不可避免的。水除了通过 SMA 上面层进入中下面层外,也可以从下部进入沥青路面,在地下水位接近地表的路段,特别是山区挖方路段,地下水可通过毛细作用进入路面结构层中。SMA 路面理论上虽不透水,但也能阻碍基层、面层下部水分的蒸发,也为水分在路面中下面层的积存创造了条件,如图 5-51 所示。

2)施工环节控制不严

(1)SMA 沥青混合料在拌和过程中因拌和时间不足、沥青供给量不够等原因出现花白料,或因混合料温度高呈焦灼状,或拌和不均匀出现花白料,造成松散、坑槽。

另外,运输 SMA 混合料的车辆未清理干净等,都会造成路面松散进而导致坑槽,见图 5-52。

图 5-51 层间水汇积到混凝土桥面的低洼部位从伸缩缝渗出

图 5-52 运输车辆未清理干净而将混合料污染

（2）在低于规定的摊铺和碾压温度下施工，或碾压不及时，混合料压实不足就使 SMA 沥青混合料黏结力不足，容易产生水损坏而导致集料松散，进而产生坑槽。

（3）SMA 路面铺筑中摊铺机或车辆的柴油泄漏到混合料中，当时未发现，形成隐性隐患。有的成型路段受柴油污染，如图 5-53 所示。

（4）施工接缝不密实或路面开裂后未及时封填都会加速路面的水损坏，诱发坑槽。

（5）路面铺筑过程中杂物混入混合料而未被发现。如施工时草帽、手套、矿泉水瓶子、铁锨、胶皮、三合板等掉入混合料中，见图 5-54。

（6）半刚性基层施工质量控制不严（如松散等）导致 SMA 路面产生坑槽，如图 5-55 所示。

（7）桥面铺装层施工质量控制不严（如钢筋头外漏、桥面有水泥浮浆、桥面不平整等）导致 SMA 出现坑槽，如图 5-56 ~ 图 5-59 所示。

图 5-53　SMA 路面被柴油污染

图 5-54　施工时洒落在混合料的杂物造成 SMA 路面坑槽

图 5-55　半刚性基层松散使 SMA 路面产生坑槽

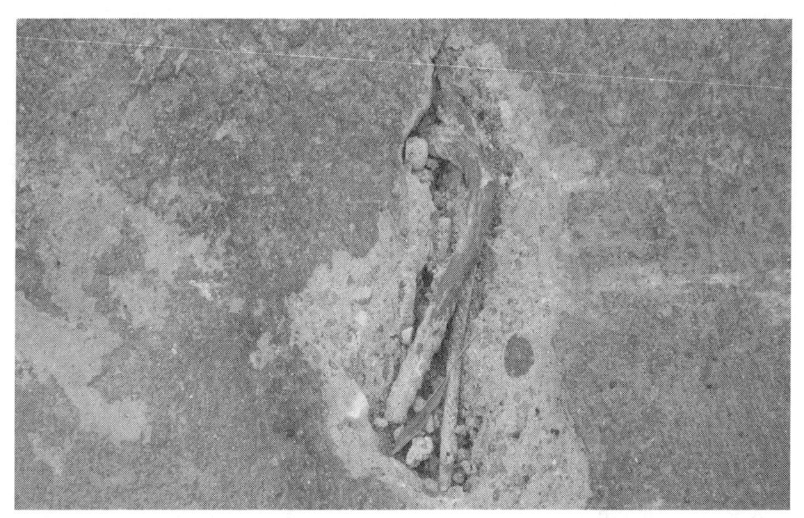

图 5-56　桥面钢筋头外漏使 SMA 铺装层产生坑槽

图 5-57　桥面钢筋头外漏使 SMA 铺装层产生坑槽

图 5-58　桥面水泥浮浆使 SMA 铺装层产生坑槽

图 5-59 桥面不平整积水使 SMA 铺装层产生坑槽

5. 交通荷载因素

重载交通对 SMA 沥青路面坑槽病害的发生起到更重要的作用。没有交通荷载这个“外力”的推动，SMA 路面结构中的水只是静水，坑槽病害也是不易发生的。如果上面层透水，中下面层间存水，而基层又多是不透水的半刚性基层，在高速重载交通作用下，积存在路面结构中的水形成局部高压、高速水流和真空负压作用，不断剥蚀集料表面的沥青膜，也把较细的集料颗粒带出路面，逐渐使 SMA 路面出现病害，导致破坏。动水压力与行车速度平方成正比，车辆越重，车速越高，对路面的破坏作用也就越大。我国的高速公路建设时预测的交通量增长速度，一般都赶不上实际的增长速度，且不仅是交通量数量的增加，更直接地反映在超限超载车辆问题上。

四、坑槽防治技术

1. 坑槽预防措施

1）确保路面压实度

SMA 路面必须确保压实度，否则会造成路面强度降低，混合料松散，出现坑槽。

2）严防路面离析透水

离析和透水是产生路面坑槽的重要原因，因此必须加强离析透水的防治。

3）确保结构层层间黏结

只要沥青层不是在第二天接着铺，就必须洒黏层油，加强沥青层与沥青层之间的黏结。

改进透层油或在沥青面层的下层用沥青含量较高的沥青砂作下封层，以隔断地下毛细水上升。

4）做好路面排水

做好中央分隔带的排水，避免绿化浇水横向渗入路基。如果不能保证排水，不如改绿化带为水泥混凝土或沥青封层。

慎做或少做挡水式路缘石，让水漫流至路外，做好路肩及边坡防水冲刷设计。

急需考虑 SMA 混合料内部、层间水和缝隙水的排水问题，保证渗入 SMA 路面内部的水能及时排出路外。

挖方路段的排水要注意边沟的深度，不仅能排除路表水，还应能排除路面结构层内部的水，使结构层处于干燥状态。

5）加强施工现场管理

加强 SMA 施工现场管理，杜绝出现施工杂物、柴油等在施工过程中混入混合料中，造成隐患，形成坑槽。

6）彻底检查和排除基层的隐患，排除水泥混凝土桥面铺装层的浮浆、钢筋头等。

2. 坑槽的处治技术

（1）对 SMA 路面沥青膜早期脱落部位，将沥青膜脱落路段表面清扫干净，待路面充分干燥后喷洒一层乳化沥青作雾封层处理，洒布量控制在0.3kg/m^2 左右。雾封层由于所用材料流动性比较大，既可渗入到大粒径集料间隙中去，也可流入到裂缝中去，相当于对路面“输血”，从而恢复路表沥青黏附力，阻止路表水下渗。

（2）由于油温过高，沥青老化失去黏结性而造成松散的地方，应将松散部分全部挖除后，重做面层。

（3）由于基层或土基软化变形而引起的路面坑槽，应先处理基层或土基的病害，再重做路面面层。

第七节　车辙成因分析及防治技术

一、车辙病害形式

车辙是指 SMA 路面上沿行车轮迹产生的纵向带状凹槽，深度在 1.5cm 以上。从外观看，车辙表现为在行车荷载的反复作用下，车轮行迹处比旁边明显凹陷或沥青面层压缩变形的现象，如图 5-60 所示。在对车辙病害调查中发现，目前我国高速公路的车辙主要有三大类，即磨耗型车辙、压密型车辙和失稳型车辙。

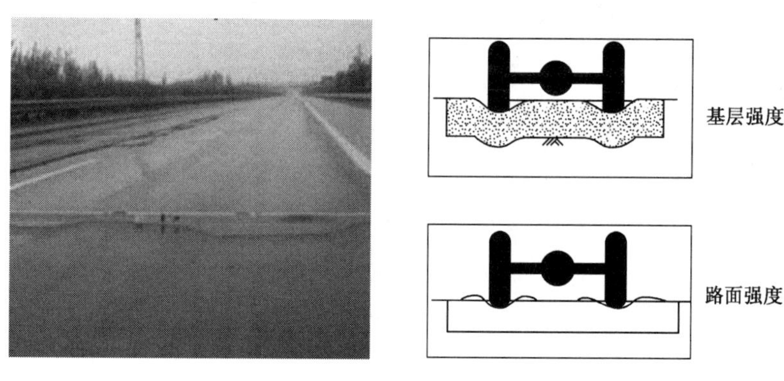

图 5-60　车辙病害

1. 磨耗型车辙

磨耗性车辙是指在一些寒冷地区，由于路面结冰，车辆驾驶员会在车轮上加挂防滑链或采用埋钉式防滑轮胎，以至在路面上产生磨损，在轮迹带上形成的变形。磨耗性车辙主要与沥青混合料的耐磨性有关，因此要尽量用强度高、耐磨性好的石料。磨耗型车辙的深度较浅，而且发生情况较为少见，也不是我国沥青路面车辙形成的主要原因。

当路面结构稳定，车辆行驶时，轮胎磨耗路表而产生此类车辙，车辙深度一般在5mm以内。这类车辙属正常现象，不需处理，如图5-61所示。

图5-61　磨耗型车辙

2. 压密型车辙

压密型车辙是指由于路面结构自身变形，作用于路面的车辆荷载经面层传递扩散，对路面各结构层产生二次压实，使面层以下包括基层在的各结构层发生永久性变形，故又称为结构型车辙。结构型车辙与施工质量，特别是路基处理情况有很大关系，所以只要严格控制路基施工质量，压密型车辙基本上可以根治。这类车辙发生的情况已经越来越少见了，并不是目前我国沥青路面车辙形成的主要原因，见图5-62。

图5-62　压密型车辙

3. 失稳型车辙

失稳性车辙（或称流动性车辙），是指由于沥青路面结构层在车轮荷载的反复作用下，沥青面层内部的剪应力大于沥青混合料的抗剪强度时，轮迹带范围内的沥青混合料产生侧向剪切流动变形，轮迹处产生下凹，同时两侧沥青混合料鼓起形成的车辙。其表现为一方面车轮作用部位下凹，另一方面车轮作用甚少的车道两侧反而向上隆起，在弯道处明显向外推挤，远看标线可能发生变形,横断面呈 W 形。

失稳型车辙根据失稳层位的不同又分三种,即面层失稳型、基层失稳型和路基失稳型。

1)面层失稳型

此类车辙产生的主要原因是沥青混合料的高温稳定性不够。所谓沥青混合料的高温稳定性是指在高温条件下,沥青混合料抗流动变形的能力,主要取决于沥青混合料的抗剪强度。主要的表现形式是,在轮迹带范围内沥青面层产生了较大变形,轮迹带下陷,同时两侧沥青面层鼓起,车辙深度超过 1.5cm,而其下面的基层则没有任何形变,如图 5-63 所示。此类车辙大多是由于中面层的高温稳定性差所引起。

图 5-63　SMA 路面面层失稳型车辙

就半刚性基层沥青路面而言,在基层质量好的情况下,其抗车辙能力完全取决于沥青混合料在高温时的抗剪强度和面层的厚度。

2)基层失稳型

此类车辙产生的主要原因是基层承载力不够或水稳性差。这类车辙的主要特征是车辙内有唧浆现象,如图 5-64 所示。

图 5-64　基层失稳型车辙

3)路基失稳型

此类车辙产生的主要原因是路基不均匀沉降。这类车辙的主要特征是车辙内有纵向裂缝,如图5-65所示。

图5-65 路基失稳型车辙

车辙直接影响行车安全,雨天时会使路表排水不畅而降低路面的抗滑能力,甚至会由于辙槽内积水而致驶车辆行驶时发生飘滑,冬季更会由于积水而导致路面结冰。此外,车辙还会影响路面的平整度,并且在辙槽处由于沥青层减薄,削弱了面层及路面结构的整体强度,从而引发其他病害。因此,车辙严重影响了沥青路面的服务质量和使用寿命。

二、车辙成因分析

1.车辙因果图

车辙因果分析见图5-66。

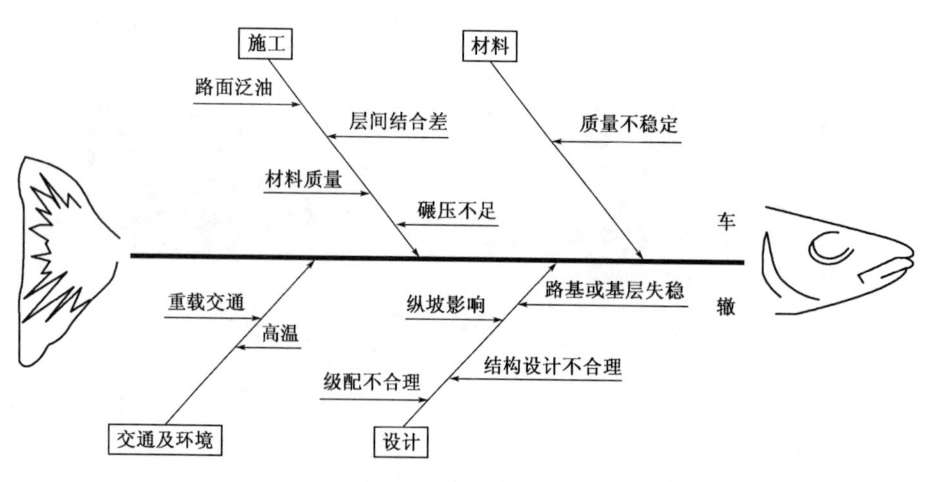

图5-66 车辙因果分析图

2.材料因素

一般认为沥青混合料的高温抗车辙能力有60%依赖于矿料级配的嵌挤能力,沥青结合料的黏聚力则只提供40%的抗车辙能力。提高嵌挤能力首先要严把材料关。我们目前的集料供应市场比较小而且很混乱,以次充好现象严重。大多数是当地个人组织开采生产,加工设备相对落后,产量低、规格不全、质量不稳定,从而严重影响SMA路面的抗车辙性能。

3.设计因素

1)路面结构不合理

现行设计规范认为粗粒径混合料比细粒径混合料的抗高温车辙性能强,仅要求层厚大于最大公称粒径的2倍。而在实际施工过程中,粗粒径混合料离析严重,粗集料“顶天立地”导致碾压难以密实,有时甚至将石料压碎。

某高速公路路面面层结构为:上面层采用4cm厚沥青玛蹄脂碎石混合料(SMA-16),中面层采用4cm厚中粒式沥青混合料(AC-20Ⅰ),下面层采用5cm厚粗粒式沥青混合料(AC-25Ⅰ)。此结构存在两个缺陷:一是表层空隙率大,雨水易渗入并聚积在结构内;二是各层集料最大粒径与层厚不匹配,满足不了2.5~3倍的关系,导致碾压效果不佳,使后续变形过大。

2)没有考虑纵坡的影响

调查发现,SMA路面中车辙严重的路段多发生在陡坡路段,特别在高速公路中行驶重载和超重载车辆的情况下,往往容易产生较严重的车辙。调查表明,超重载货车在上坡路段的速度一般为20km/h,根据沥青材料的温度时间换算法则,长时间承受荷载与高温条件是等效的,而且时间是累积的,即以20km/h速度行驶产生的形变相当于以100km/h速度行驶5遍所产生的形变。所以,对于具有黏弹塑性的沥青混合料,纵坡越大,除了因为应力增加和作用深度加深而增加车辙外,还因为行车速度慢和应力作用时间长而更容易加重车辙。因此,用于这种上坡路段上的沥青混合料需要有较大的抗车辙能力,但是,在设计中没有对此作特殊的处理。

3)中面层级配不合理

有些项目中对SMA路面中面层的主要功能首先考虑封水性能,其次是抗高温车辙性能,导致中面层都采用F型结构,有的甚至提出中面层的空隙率应降低为2%~4%。而F型级配属于细型密级配,内摩阻力小,抗高温车辙性能差,如再将空隙率降低为2%~4%,则高温情况下自由沥青膨胀之后无去处,就会加剧高温形变。受此认识的影响,沥青路面面层各合成级配均在中值附近,尽管此级配满足当时的《公路柔性路面设计规范》(JTT 014—86),但其最典型的缺陷是细料偏多,粗料偏少,混合料的内摩擦角及强度较低,形成的骨架为悬浮式结构,强度以沥青黏结力为主,集料之间未形成骨架,结果表现为沥青混合料动稳定度偏低,抗车辙能力差。

4)路基或基层失稳

由于工程中路基的地质情况变化较大或各路基施工单位施工质量的不同而造成的路基沉陷,会导致失稳型车辙,产生车辙的同时往往伴随着纵向裂缝产生。而基层承载力不够或水稳性差也会导致失稳型车辙,这类车辙一般还伴随有唧浆现象。

4.施工因素

1)材料把关不严

从已通车的SMA沥青路面钻芯取样和病害开挖的结果来看,面层结构粗集料的压碎值达不到规定的要求,有些粗集料可以看到明显的裂痕,在行车荷载和环境等因素的反复作用下被压碎。粗集料中含有风化石和遇水易崩解的红砂岩,在结构层中可以观察到成块的红黏土(可能是由于红砂岩或风化石遇水崩解形成)以及较多的细长扁平软质集料的存在,在现场用手轻轻一掰就可将其折断,粗集料质量不高,既影响SMA路面的耐久性,也增加了车辙产生的先天因素。

2)层间结合处理不当

从 SMA 路面现场取芯发现,基层与面层间没有发现透层油渗入的痕迹,且在取芯过程中,很难取出基层和面层连在一起的整体芯样,而是两者分开的。这反映了基层与面层的黏结强度很低,故在陡坡地段发生推移现象是必然的。

另外,有些项目过分追求层间结合,错误地增加黏层油的洒布量,使多余的黏层油在高温季节形成滑动层。

3)碾压温度过低或碾压不实

如果 SMA 路面碾压温度不够或路面碾压次数少导致路面压实不足,会造成路面通车不久即形成车辙病害。

4)路面泛油

SMA 路面如产生泛油现象,会导致该部分路面沥青膜过厚,产生较多的自由沥青,将严重影响沥青混合料的高温抗剪性能,在车辆荷载长时间反复作用下,在轮迹带范围内沥青面层会产生较大变形,轮迹带下陷,呈凹形,即产生面层失稳型车辙。

5. 交通及环境因素

1)交通荷载考虑不周

在国内高速公路的交通构成中,重型载货汽车数量较多,而且行车速度慢。随着轴载的增加,剪应力高值的分布范围由表面层向中面层转移,使产生失稳性车辙的深度增加。中面层更容易产生失稳性车辙,其次为表面层,再次为下面层。因此,承受重载慢速交通要求 SMA 路面有较好的抗车辙能力,即长大纵坡上坡路段要求 SMA 路面的抗车辙能力较强。

2)环境温度的影响

高温对车辙有明显的影响。没有高温,即使在超重载的交通状况下,车辙也难以产生。随着温度的升高,沥青的黏度呈对数级下降,SMA 沥青混合料的抗压强度和抗剪强度快速下降。

研究表明,路表下 4 ~9cm 处的温度最高,这一区域正好位于中面层,且表面高温很容易与大气发生热交换,高温持续时间短,而沥青混合料的导热系数小,内部高温不易与大气发生热交换,内部的高温持续时间长,对于具有黏弹塑性的沥青混合料,其形变与高温持续时间成正比,因此中面层更易于发生车辙。

三、车辙防治技术

1. 提高原材料质量管理

在每个路面标段料场专门增加一套筛分设备,对不同来源的集料进行重新统一筛分,不合格的材料要清除出场,或者要求承包人自购大块片石,由监理控制,在标段料场自行加工碎石,以保证集料的质量。

(1)采用坚硬、表面粗糙、形状接近立方体、棱角性好、与沥青黏附性强的洁净粗、细集料;改善集料加工工艺,减少针片状颗粒含量,控制破碎砾石破碎面比例。

(2)加强集料的管理:

①集料应堆放在坚硬、清洁的场地;

②堆放场地应有良好的排水结构,以保证雨水不滞留在堆放场地;

③机制砂的堆放应设有雨棚和遮雨的篷布;

④不同规格的集料应用隔墙或料槽分开;

⑤控制料堆的高度。

不正确的集料堆放会导致材料粗细颗粒的分离，导致集料的级配变化，从而严重影响搅拌设备的稳定生产和成品矿料组成的稳定性。

(3)严禁使用回收粉。虽然目前规范还允许使用不超过25%的回收粉，为了保证质量，舍去25%的回收粉改用新矿粉是值得的。同时，为了提高集料与沥青的黏附性，建议掺加磨细的干燥消石灰粉代替部分矿粉使用。另外，随着石料开采量的增加及环境保护的呼声越来越高，破碎砾石的使用量将会逐渐增加。为了提高沥青混合料的抗车辙能力，破碎砾石应为较大且洁净的砾石破碎加工，使集料的破碎面符合规范要求。在目前缺少施工经验的情况下，高等级公路一定要慎用破碎砾石。

(4)采用低针入度、高软化点、低含蜡量的高黏度沥青。通常沥青的针入度越大，混合料的黏结力越小，沥青混合料的强度或抗车辙能力就越差；沥青的黏度越高，混合料的强度或抗车辙能力就越大。

2. 选择合理级配

从抗车辙的角度考虑，粗级配沥青混合料的抗车辙性能比细级配的好。由于沥青路面剪切变形主要发生在面层以下4～7cm范围，所以恰当地选择中面层的级配十分重要。按照现行规范AC-F型混合料粗集料较少，虽然防渗水性能较好，但由于粗集料不能形成骨架，故抗车辙性能较差，特别当沥青用量偏多时更容易出现车辙。对于中面层沥青混合料，为了抗车辙宜适当增加粗集料的含量，宜采用AC-C型的级配线。

3. 提高动稳定度指标

SMA路面的车辙是车辆渠化交通条件路面主要损坏形式之一。由于交通量显著增多，重车及超载车多，车辙问题迅速激化。我国的高速公路普遍采用半刚性基层，车辙主要源于沥青混合料面层、基层、底基层、路基累计变形。SMA混合料进行车辙试验时，动稳定度应达到6 000次/mm以上，同时应该对其低温抗裂性能予以检验。

4. 减小空隙率

根据研究成果，SMA最合理的残留空隙率是4%，它基本上不透水的优点可使沥青路面的水稳定性得到很大的改善。

5. 确保结构层层间结合良好

保证沥青层之间以及沥青层与基层的连接，对抗车辙能力的提高非常重要。规范规定沥青层之间必须洒黏层油，同时强调在铺筑半刚性基层后尽快喷洒透层油，并保证渗透深度达到5mm以上。

6. 加强对压实工艺的管理

现场初压温度不应低于160℃。

选用大吨位双钢轮振动压路机，确保压实度达到标准。能否在高温状态下用振动压路机碾压而不产生推拥是鉴别真伪SMA的重要标志。如果产生推拥现象，说明粗集料没有充分嵌挤好，或者嵌挤作用没有充分发挥，那就不是真正的SMA。

碾压时压路机尽量少喷洒水，避免表面温度降低过快。

7. 添加聚酯纤维

对纵坡大于2.5%的长坡路段、长度大于200m的大桥桥面、互通式立交匝道、收费站广场等特殊路段，应在中面层混合料中添加聚酯纤维稳定剂，以加强结构层封水和增加中面层的抗剪力。

8. 确保施工期间 SMA 路面不泛油

泛油是 SMA 路面形成车辙的主要原因,因此必须采取有效措施确保施工期间 SMA 路面不泛油。

9. 车辙处治技术

(1)由于基层强度不足、水稳定性不好,使基层局部下沉而造成的车辙,应先处治基层。因面层与基层间有不稳定的夹层而形成的车辙,应将面层挖除,清除夹层后,重做面层。

(2)对于车辙只发生在沥青面层的,要根据各面层的变形情况采取相应的治理措施。目前对于路面已发生流动性车辙,车辙深度在 15mm 以上的,波及中、下面层的,通常都采取铣刨面层,然后再重新铺筑沥青混合料的方式。铣刨的厚度要根据各层变形的具体情况确定,一般变形发生到哪一层,铣刨到哪一层。

(3)路面受横向推挤形成横向波形车辙,如果已经稳定,可将凸出的部分铣刨,在波谷部分喷洒或涂刷黏结沥青并填补沥青混合料并找平压实。

(4)对于车辙深度不太大(一般仅限于小于 4mm 以下),且下面各结构层比较稳定的情况,可以采用微表处的方式进行处理。它一般适用于旧路面车辙深度不大于 1.5cm 的情况,超过 1.5cm 的必须分两层铺筑,或先用 V 形车辙摊铺机摊铺。图 5-67 为 SMA 路面单车道车辙大修施工。

图 5-67　SMA 路面单车道车辙大修施工

第八节　推移成因分析及防治技术

一、推移病害形式

沥青路面面层材料沿行车方向或边缘产生推挤和隆起甚至形成波浪、断裂的现象为路面推移。路面推移是由车辆的垂直力、水平力和振动力共同作用使沥青面层材料出现剪切破坏所致。

二、推移成因分析

1. 推移因果图

推移因果分析见图 5-68。

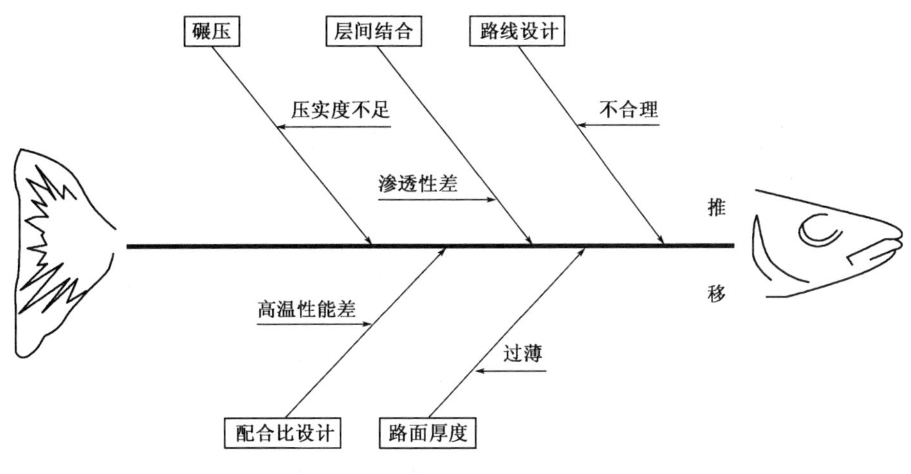

图 5-68　推移因果分析图

2. 设计因素

1）路线设计不合理

通过对 SMA 路面推移的详细研究发现，在山岭重丘纵坡较大路段、平曲线半径较小路段和长直线进入小半径平曲线的缓和曲线路段易出现推移病害。因在纵坡较大路段受重力的影响，使该路段的剪切力比其他路段明显偏大；在小半径平曲线路段，按规范设置超高，由于计算行车速度与实际行车速度的差异，在车辆行驶过程中，与平曲线呈 45°夹角处剪切力偏大；在长直线未进入小半径平曲线前，往往要制动减速，也导致路面剪切力偏大。当剪切力大于路面结构层的黏结力时就会导致路面推移拥包。

2）路面厚度过薄

“强基薄面”是我国现行公路沥青路面设计中遵循的主要思路，但从路面结构理论上讲，面层结构层越薄，越易发生剪切破坏和推移病害。

3）配合比设计不当

要使 SMA 路面在重复荷载作用下不受到破坏，沥青面层就必须有足够的强度和稳定性。根据库仑理论，提高材料的黏聚力和材料的内摩阻力，可以提高材料的抗剪能力。而提高路面抗剪能力的措施，除与沥青混合料中的沥青针入度、软化点、延度指标和集料的强度、形状和化学性质有密切关系外，还与沥青混合料的类型、配合比设计因素有关。对于 SMA 沥青混合料来讲，沥青混合料中矿料粒径如果越小，粗集料含量越少的话，其内摩阻力就越小，嵌挤效果越差，稳定性也越差，容易产生推移病害。另外，如 SMA 沥青混合料中沥青含量过多，超出最佳沥青用量，则会导致矿料间的黏结力下降，稳定性差，也容易产生推移。

3. 施工因素

1）层间结合不好

SMA 路面面层推移部位都存在面层与基层间产生重复滑动的痕迹，这充分表明其面层与半刚性基层没有很好结合，不能共同抵抗水平外力作用。目前，国内一般在基面层间通过洒布透层油来增加层间黏结，所以透层油喷洒效果的好坏，将直接关系到面层的使用效果。在喷洒透层油施工过程中，施工单位都能按规范要求清扫基层和控制透层油喷洒量，但往往忽视了透层油的黏度控制指标。通过研究发现，虽然透层油渗透效果较好，但其黏度过小时，透层油对基层表面的固结效果较差，更起不到基层与面层的黏结作用，使 SMA 面层容易出现推移破坏，如图 5-69 所示。

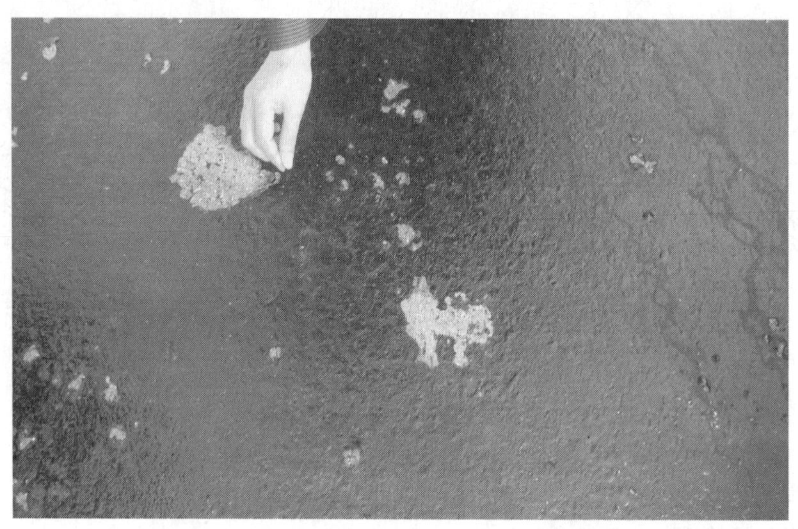

图 5-69　透层油洒布效果不好产生“起皮”现象

当透层油黏度较大时，则渗透效果较差，达不到规范要求的 5mm 渗透效果，起不到透层油的作用。施工中还发现不同的基层类型及基层含水率对透层油的黏度要求也不同。这就要求在喷洒透层油之前要通过多次试验，找出透层油配制的最佳比例，让透层油发挥最大功效，使层间黏结达到最佳。

2）压实度不足

SMA 沥青混合料只有通过合适的碾压，才能使裹覆了沥青的矿料颗粒相互嵌挤，达到稳定状态，从而达到需要的压实度、强度和稳定性。如果压实度不足，会导致矿料颗粒之间嵌挤效果不明显，混合料稳定性不足，从而导致推移的产生。施工中影响压实度的因素很多，如碾压温度过低，机械组合不合理，压路机行走速度控制不好，碾压遍数不够，碾压接头不规范，漏压和少碾等都是造成 SMA 路面压实度不足的原因。

三、推移防治技术

1. 优化路线设计

在公路设计及施工中，应严格按《公路工程技术标准》（JTG B01—2003）选取平曲线半径、平曲线横坡度及缓和曲线长度。特别在山岭重丘路段，尽量不要使用极限半径，缓和曲线宜适当选取较大值，从路线设计角度防治路面推移的产生。

2. 合理选择层厚

通过计算合理选择沥青路面的厚度。在条件许可的情况下，可适当增加面层厚度，以增加其整体刚度，使其更好地与坚硬的基层配合。

3. 提高混合料抗剪性能

在曲线半径较小的路段或主线长大纵坡路段，在中面层混合料中添加聚酯纤维，以提高混合料的抗剪性能，如图5-70所示。

图5-70　添加聚酯纤维提高混合料抗剪性能

4. 提高层间黏结力

在基层顶面洒布透层油和黏层油是为了基层与面层很好结合共同抵抗车辆的水平作用力。根据基层类型可选择液体沥青、乳化沥青作透层油，黏层宜采用中、快裂乳化沥青、改性乳化沥青，沥青面层必须在透层油渗透入基层后方可铺筑，黏层油洒布效果应如图5-71所示。层间结合良好的SMA芯样见图5-72。

图5-71　黏层油必须有“黏轮”的效果

5. 加强施工管理

提高沥青路面施工质量，加强施工过程质量管理，严格控制原材料的质量及油石比。

图 5-72　SMA 路面层间结合良好

第九节　裂缝成因分析及防治技术

一、裂缝病害形式

裂缝是 SMA 路面病害之一。按照其表现形式不同又分为横向裂缝、纵向裂缝、龟裂和网裂四种类型。

1. 横向裂缝

横向裂缝是指垂直于行车方向的裂缝。按照成因不同分为温缩裂缝和反射裂缝。

(1)温缩裂缝。温缩裂缝是由于温度骤降,混合料的应力松弛赶不上,温度下降产生的应力超过了材料的极限抗拉强度。在通常的温度条件下,沥青混合料的劲度较低,气温下降后,材料的应变能力急剧降低,导致材料的劲度模量急剧增大,超过了产生开裂的极限劲度,便产生裂缝。这种情况在沥青面层与基层黏结力不好,可允许有一定自由收缩时更易发生。

路面开裂以后,温度继续下降便有了自由收缩的可能,此时裂缝宽度将会增加。但是由于面层与基层之间有联结,实际上收缩不是自由的,随着使用年限的增加,沥青混合料的劲度模量也同时增加,产生新的裂缝,使裂缝不断加宽,开裂越来越严重,如图 5-73 所示。

图 5-73　横向裂缝

(2)反射裂缝。反射裂缝是由于沥青面层下面的下卧层存在裂缝,当下卧层不连续处作用在沥青面层底面的拉应力超过了材料的抗拉强度并使面层底面开裂,裂缝逐渐向上延伸,直到穿透面层,反映为表面的裂缝。

在调查中,半刚性基层的反射裂缝是道路裂缝病害的主要类型,占裂缝病害比例的70%以上。这与半刚性基层干缩裂缝较多、沥青面层较薄有关,如图5-74所示。

图5-74 横向反射裂缝

2.纵向裂缝

纵向裂缝通常以单条或多条平行的裂缝形式出现,有时伴有少量的支缝。纵向裂缝的产生主要有两个原因:一是路基的不均匀沉降导致,这种纵向裂缝多发生在半填半挖段,加宽路段或者高填方路段,或因碾压比较困难,不容易做到均匀碾压的路段。路基各部分在通车以后由于汽车荷载与雨水的作用,造成不均匀沉降,路面就可能产生大的沉降差,由此发生裂缝。该类裂缝一般都比较严重,虽然机理十分简单,但治理并不容易,只有认真施工,才能将不均匀沉降降低到最低程度。二是冻胀产生的纵向裂缝,多发生在低填或挖方路段,见图5-75。

图5-75 SMA路面开裂

3. 龟裂

此类裂缝形状呈一连串小多边形或小网格状,其短边长度一般不大于 1.3cm。龟裂是由于路面受交通荷载作用后变形和挠度过大,而沥青路面的柔性不够,同时又有重载车辆的反复碾压,导致路面材料疲劳而形成的一种裂缝,故也称为疲劳裂缝。龟裂可能是全面的,也可能是局部的,且大多数发生在行车道上。龟裂的产生,反映出路面的强度不足以承受行车荷载的作用,路面一旦出现严重的、大范围的龟裂,就表明路面结构已经进入设计极限状态。

从力学角度来讲,这种裂缝是沥青层的底面拉应变大于极限拉伸应变时导致的。其力学设计模式如图 5-76 所示。

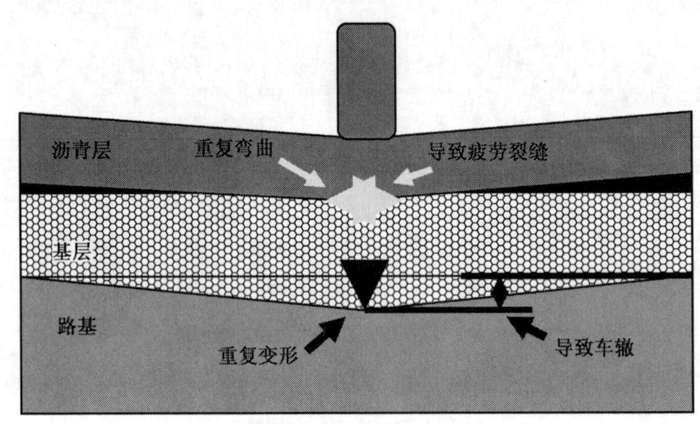

图 5-76　结构性疲劳破坏力学模式图

计算表明,裂缝将从底部开始,向上扩展,最后导致沥青路面产生龟裂而彻底破坏。有的路段由于基层没有做好,强度不足,进而导致沥青面层产生严重的疲劳破坏,如图 5-77 所示。

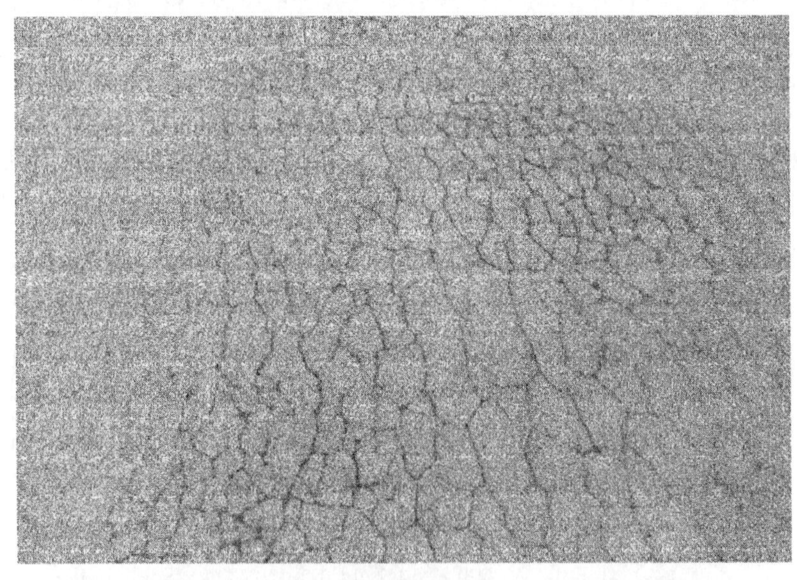

图 5-77　龟裂

4. 网裂

网裂是指路面上的横裂、纵裂和斜裂等相互交错而使路面分割成许多不规则的裂块,块度尺寸一般比较大(500mm 以上)。主要由面层材料的低温收缩和沥青的老化所引起,出现在整个路面宽度范围内。

二、裂缝评定标准

各类裂缝类型及评定标准如表5-8所示。

各类裂缝类型及评定标准　　表5-8

破损类型	分级	外观描述	评定标准
横向裂缝	轻	缝壁无散落或轻微散落，无或少支缝	缝宽≤5mm
	重	缝壁散落多，支缝多	缝宽>5mm
纵向裂缝	轻	缝壁无散落或轻微散落，无或少支缝	缝宽≤5mm
	重	缝壁散落重，支缝多	缝宽>5mm
网裂	轻	缝细，不散落或轻微散落，块度大	块度>100cm
	重	缝宽，散落，裂块小	块度50~100cm
龟裂	轻	初期龟裂，缝细、无散落，裂区无变形	块度20~50cm
	中	裂块明显，缝较宽，无或轻散落或轻度变形	块度<20cm
	重	裂块破碎，缝宽，散落重，变形明显亟待修理	块度<20cm

三、裂缝成因分析

1. 裂缝因果图

裂缝因果分析见图5-78。

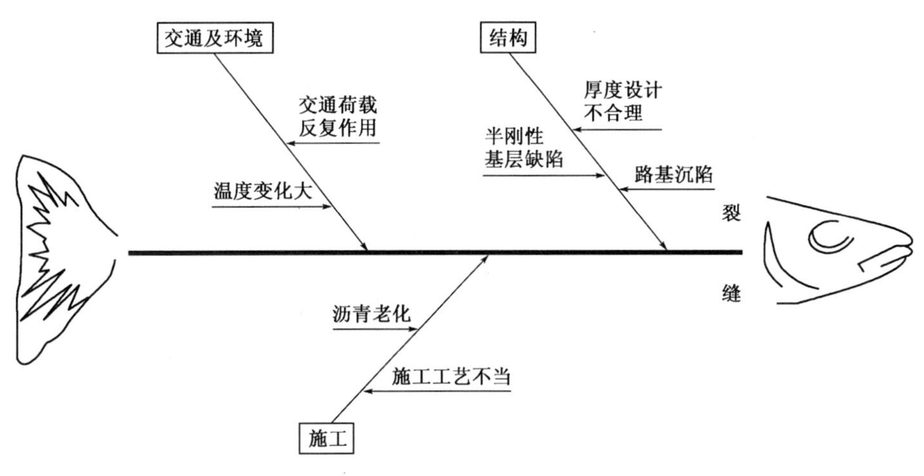

图5-78　裂缝因果分析图

2. 结构因素

1）路面厚度设计不合理

我国目前的沥青路面设计方法是以行车荷载作用下表面产生的垂直回弹弯沉确定基层的强度和厚度，规范已对基层无侧限强度规定了要求，所以，沥青结构层中基层的设计主要是厚度设计。但大量的实践表明，一味地提高基层的模量加大面层的厚度并不能减轻裂缝或其他病害的发生，面层厚度的变化对沥青面层剪应力的影响很小。相关计算显示，随着基层模量的增加，虽然沥青层底面的弯拉应力及应变急剧减小，但沥青层中的剪切应力却是增大的，重交通情况下,裂缝的发生除传统上所认为的由下而上外,大量的是由上而下展开的。就面层的厚度而言,有资料显示,通过对半刚性基层顶面不同厚度沥青层的弯沉对比检测结果分析,证明沥青层面仅起功能性作用,而其厚度对半刚性基层路面的承载能力无影响,即半刚性基层提供了全部的承载能力,增厚面层并不能提高承载能力,提高沥青路面使用性能不是靠沥青面层厚度,而是用优质沥青来实现的。但这并不是说沥青面层厚度不重要,而是需要确定一个经济合理的厚度。太薄不足以抵抗基层裂缝反射对面层的影响,太厚除失去经济上的意义外,也更容易出现车辙等病害。

2)半刚性基层自身的缺陷

半刚性基层有着本身难以克服的缺陷和不足。这是由于较高强度的半刚性基层会导致较大的干缩、温度裂缝的产生,从而导致沥青面层产生反射裂缝。同时雨水会从裂缝下渗,并积聚在面层与基层间,出现基层唧浆现象,降低了沥青层与半刚性基层层间的连接状况,加速了SMA 路面结构的破坏。半刚性基层的裂缝一般比较规则,每隔一定的距离产生一道裂缝,其间距长短取决于当地的气温和路面各层材料的抗裂性能。间距短的 5 ~ 10m 一道,间距长的可达 100m 或更长。一般气温变化不大,路面材料抗裂性能好,水稳基层养生好的路段裂缝间距较长,反之间距较短。这类裂缝的产生主要是由于半刚性基层材料的干缩应变。干缩应变愈大,基层愈容易产生干缩裂缝。基层开裂后,会增加 SMA 路面的裂缝数量。

干缩裂缝的产生还与基层施工控制时的很多因素有关。例如:压路机碾压的次序不当或搭配不合理(如仅配备重型压路机);混合料的含水率掌握不好;选用的水泥强度等级偏高、凝结时间快、早期强度较高;集料的细粉料含量过多或使用塑性指数过高的矿料。水泥稳定粒料基层裂缝较多,粗集料偏高的水泥稳定级配碎石,干缩裂缝较少,但机械施工难度较大。同时也与基层的养护有关,基层摊铺、碾压成型后,洒水养生要及时、充分,否则问题较多。铺筑完工的基层,长期外露暴晒,也促使干缩缝增多、增宽,应该及时铺筑上一层或喷洒透层油。

3)路基沉陷

由于路基的地质情况变化较大或各路基施工单位施工质量的不同,易造成路基沉陷现象,从而会引起 SMA 路面的开裂,如图 5-79 所示。

图 5-79　路基沉陷引起 SMA 路面开裂

3. 施工因素

1)沥青老化

在沥青加热和SMA沥青混合料拌制过程中,温度太高会引起SMA沥青混合料的沥青膜相对变薄,抗变形能力降低,脆性增加,空隙率偏大,这些都会导致沥青膜暴露太多,沥青的老化作用加快,同时渗水性加大,进而加快水对沥青的剥落作用,最终在车辆荷载作用下引起路面开裂。

2)施工工艺不当

SMA路面分层分幅摊铺时,两幅接茬处未处理好,在车辆荷载与大气因素作用下逐渐开裂,从而形成纵向裂缝。

在SMA路面加宽处,如果摊铺机熨平板的两端加长段熨平板连接不当,影响施工的连续性,就会在加宽处产生纵向裂缝。

相邻车道铺筑时使用的纵缝与横向施工缝都是薄弱环节,如果施工不当且不是连续施工,这些缺陷将暴露在交通荷载作用下和温度变化中,将导致直线形裂缝,由于表面磨损和材料的损失,裂缝往往加深。

4. 交通及环境因素

1)交通荷载反复作用

SMA路面受交通荷载长期反复作用后变形和挠度过大,而SMA路面的柔性不够,在使用初期,裂缝轻微,对沥青路面的服务水平影响不大,但长时间后使得路表水渗入,造成底面层及路面基层强度的减弱,这样便会加速疲劳裂缝面积的扩大以及裂缝的扩展。

2)外界温度变化大

由于气温骤降造成沥青面层温度收缩,在有约束的沥青面层内产生的温度应力超过沥青混合料的抗拉强度时,造成沥青面层开裂。沥青路面的温缩开裂,与外界温度和沥青混合料的低温抗裂性能直接相关。

四、裂缝的防治技术

1. 优化结构层厚度

(1)沥青面层在路基段尽量采用上、中、下三层式结构。

(2)沥青面层各结构层的混合料类型应根据当地水文气候、交通状况、经济能力等综合考虑,内容包括抗车辙、防水、封水以及抵抗路面裂缝能力等因素。

(3)结构层厚度设计应在已确定的混合料类型大前提下,依据每层"厚径比"的要求进行优化。最终确定一个经济合理的厚度:厚度太薄不足以抵抗基层裂缝反射对面层的影响;厚度太厚除失去经济上的意义外,也更容易出现车辙等病害。

2. 设置应力吸收层和封层

为减轻路面应力传递,保持面层功能完备性,可在面层和基层之间设置应力吸收层,该功能层能有效地遏制沥青路面的裂缝反射问题,同时还可起到抗水损坏增强面层与基层间的黏结等作用。此外,必要时可考虑在面层层间铺设土工织物进行面层整体补强,以增强面层自身的抗裂能力。

3. 优选原材料

低温裂缝是SMA路面裂缝中发生几率较多的一种病害。从低温抗裂性的要求出发,SMA

路面在低温时应具有较低的劲度和较大的抗变形能力，且在行车荷载和其他因素的反复作用下不致产生疲劳开裂。使用稠度较低的沥青，可提高SMA路面的低温抗裂性。沥青材料的老化使其低温性能恶化，故为了SMA沥青路面的低温抗裂性能，应选抗老化能力较强的沥青。往沥青中掺入聚合物，对提高SMA路面的低温抗裂性能具有较为明显的效果。

对半刚性基层无机结合料，采用干燥收缩与温度收缩系数均小、抗拉和抗冲刷性能好的材料，如二灰碎石或水泥稳定粒料等，通过试验确定其最佳配比，以便使其抗裂性能尽量符合当地环境条件的要求，必要时可加入早强剂以提高早期强度，增大其弯拉强度而使弯拉模量变化不大，减弱温湿效应，提高耐用性，增强拉裂性能，减少基层自身裂缝或使其不产生裂缝。

4. 严控基层混合料含水率

无机混合稳定材料的含水率对基层性能的影响较大，混合料的含水率不能超过压实需要的最佳含水率或控制在施工规范允许的范围内。含水率过大，会加大材料的干缩应变，使基层产生干缩裂缝。

5. 基层施工及时养生

半刚性基层碾压完成后，养生要及时跟进，养生时机及质量对基层裂缝的发育有较大影响。经验表明，半刚性基层干缩应力的大小与混合料水分散失的速度成正比，特别是刚铺筑的半刚性基层，水分散失的速度非常快，混合料中产生的拉应力较大，此时基层的抗拉强度还未完全形成，若不能保证半刚性材料的含水率，即不能及时洒水养护，半刚性基层就会产生干缩裂缝。养护结束后，要及时做透层并尽快铺筑面层。若让基层暴晒，则会产生较大的干缩裂缝，干缩裂缝迟早会反映到沥青面层上，形成对应裂缝或反射裂缝。

6. 严格控制SMA混合料施工温度

温度过高可能导致沥青变质、没有黏性，使SMA混合料松散；温度过低，SMA混合料拌和不匀，影响级配，这些也是导致SMA路面有时局部松散或其他病害的原因。要切实做好沥青混合料运输的保温工作，保证运输、摊铺和碾压等工序的连续性。

7. 采用抗裂型半刚性基层路面

对于反射裂缝可采用抗裂型半刚性基层防治，所谓抗裂型半刚性基层是指采用振动成型进行设计的半刚性基层，其具有骨架密实结构，可减少水泥剂量，有效避免基层干缩裂缝的发生；同时，选择合理的施工季节，延长路面养生时间，避免暴晒，均可防止干缩裂缝的发生。

8. 开裂段重铺SMA路面前，应进行系列工作

(1)对纵向裂缝的处理：先清扫干净，对缝较宽的位置先用乳化沥青拌干净的机制砂塞满，再灌热沥青，在摊铺前，铺玻纤隔栅，隔栅两侧用钢钉钉牢。

(2)对用于加固路基的干拌碎石桩的桩头检查：施工前，认真检查碎石桩的混凝土质量，发现松散、强度不足的必须凿除，重新用混凝土灌注。

(3)中面层重新施工后，四条接缝采用乳化沥青灌缝，宽度不小于10cm。

(4)中上面层接缝全部采用毛接缝，以保证接缝黏结牢固。

(5)黏层油按两遍洒布，每遍洒布量为$0.3kg/m^2$左右。

(6)当施工气温较低时，为防止离析，保证施工质量，摊铺时增加3~5mm铺设厚度。

(7)为确保平整度，摊铺机起步时要垫钢板。

(8)每处施工前必须算足富余(每处最少一车)的混合料，严禁使用温度不合格的混合料。

(9)为保证质量,出场温度统一提高5℃。

(10)运输车辆保温措施要求:要求篷布+棉被+油布3层保温。

(11)运输线路上安排专人负责,保证运输畅通。

(12)SMA施工前后,实行交通管制,确保安全,保证文明施工。

在开裂段重铺SMA路面,应特别注意路面的平整度,接缝技术见图5-80。

图5-80 路面合拢段采用铝合金导梁控制高程与平整度

第六章　SMA路面日常养护

SMA路面具有高温抗车辙、低温抗开裂、抗滑、低噪声、耐久性好等特点，但是与其他沥青路面一样，在经受繁重的轴载负荷和密集交通量的反复作用及气候、环境的影响，路面使用品质呈逐年下降趋势，有的还会出现裂缝、车辙、沉陷、坑槽等病害。

SMA路面的损坏可分为两类：一类是路面结构整体在重复荷载作用下因抗力不足导致的疲劳损坏，即结构性损坏；另一类是在路面结构整体抗力足够的前提下发生的影响路面使用性能的损坏，即功能性损坏。这两类破坏不一定同时发生，一般是先发生功能性破坏，而后出现结构性破坏。但病害的发展都有一定的过程，都是逐渐积累起来的，对于结构性破坏一般均需进行彻底翻修，即需要大规模的修复性养护，但对于功能性破坏可以通过修整养护来恢复路面的平整性和抗滑性，改善和提高沥青路面良好的使用性能。因此，SMA路面运营期的养护和维修是保证其服务质量和使用寿命的重要手段。

第一节　基本要求及工作内容

一、SMA路面日常养护基本要求

路面日常养护是确保公路正常使用的重要手段，它具有经常性、及时性、周期性的特点。这种养护尽管每天都要进行，但却具有一定的不可预见因素，即在每天的常规养护中会经常发现新的问题和缺陷。日常维修保养作业具有点多、线长、面广、分散，以及流动作业等特点，往往受自然因素影响较大。SMA路面日常养护应符合以下要求：

(1)建立路面巡视检查制度。配备日常的检测仪器，建立完善的信息网络，及时、准确地掌握路面状况及信息。科学、客观地评定路面状况，有依据、有计划、有针对性地安排养护项目。

(2)树立高度的服务意识和安全意识。在路面养护作业中，应满足正常行车的需要，尽量避免完全封闭交通。

(3)严格按照有关技术规范和标准进行养护作业。SMA路面的日常养护应根据实际需要配置适用的机具，采取机械化养护作业方式，迅速、优质、高效地处理各类路面损害和障碍，确保运行质量。

(4)SMA路面出现的各类病害，必须及时、快速处理。当发现有危及行车安全的病害时，应立即修复或采取临时修复措施，并按有关规定安排修复。

(5)不断探索和应用新材料、新设备、新技术、新工艺，提高养护作业的时效性、机动性、安全性和可靠性，做好适当的材料储备，并建立可靠的养护材料供应网络，以确保路面养护作业正常进行。

(6)进行路面养护作业的人员必须岗前接受专门的安全教育和养护作业规程的培训。

(7)在日常养护中，应注意收集、利用气象信息和交通信息等相关信息。

①每天应记录天气情况。在多风、多雨、多雾、多雪、多冰冻季节，应随时注意天气的变化。必要时应与当地的气象台、站取得并保持联系，随时获得最新气象信息，以便及时采取相应措施。

②每月应进行交通量调查统计。

(8)对修建于软土地基上和高填方路段上的路面应定期进行路面高程测量。

(9)建立 SMA 路面养护档案。

记录养护与施工的重要事项，设计施工管理资料应及时归档。

二、SMA 路面日常养护工作内容

1. 巡查和检测

(1)SMA 路面的日常养护中，应坚持巡视检查制度，及时发现路面及其附属设施的损坏情况和可能影响交通的路障，以便养护部门及时、合理地安排维修和清理，尽快恢复路面正常使用状态。

①SMA 路面的巡视检查，分为日常巡查、专项巡查、特殊巡查和定期巡查，各类巡查的内容、频率、方法、装备按有关规定执行。

②巡查作业中，巡查人员应强化自身保护意识，按规定穿着安全标志服，巡查车速一般控制在 40 ~ 50km/h，并按规定开启黄色警示灯。如遇到需要停车检查的情况，应停在紧急停车带上。

③巡查作业中应由专人记录巡查情况，巡查结束后应尽快整理、汇总巡查记录，并通知有关部门采取相应的养护措施，见图 6-1。

图 6-1　路面巡查

(2)SMA 路面的日常养护中，应注意采集、利用气象信息和交通信息等相关信息。

①应由专人每天记录当地的天气预报和实际天气情况。在多风、多雨、多雾、多雪、多冰冻季节，应随时注意天气的变化，必要时应与当地的气象台(站)取得联系，随时获取最新气象信息，以便及时采取相应措施。

②应按规定进行交通量调查。

(3)SMA 路面应根据本地区的特点，可选择典型路段进行路面破损、强度、平整度和抗滑能力检测，进行必要的专项技术检测，具体按有关规定执行。

对修建于软土地基的 SMA 路面应定期进行路面高程测量。测点的布设根据实际情况确定，沉降量较大的路段可适当加密。测量精度为 0.001m，测量频率为：

年沉降量 >0.010m 的测点，每季度观测一次；

年沉降量≤0.010m 的测点,每半年观测一次;

连续三年观测的年沉降量≤0.003m 的测点,每年观测一次。路面检测见图 6-2。

图 6-2　路面检测

(4)各项巡视检查、专项检查和技术检测的结果,均应及时进行整理和初步分析,并输入公路路面管理系统,由该系统每年一次对管养路段沥青路面的技术状况和使用品质进行综合评价,作为制订下一年度养护工作计划的依据。当在各类巡查或专项检测中发现路面某一方面的技术状况和使用品质明显下降时,应及时通过该系统做出阶段性评价,及时采取相应的养护对策。当桥头沉陷高差超过 4cm 时,应及时修复,以免影响行车安全。

2. 清扫和排水

(1)应根据尘土、落叶、杂物等造成的污染程度,进行日常清扫,保持高速公路良好的运行环境,见图 6-3。

图 6-3　SMA 路面日常养护清扫

①日常清扫应以机械作业为主,机械清扫沿路面右侧或左侧进行,并应尽量避免在中间行车道进行清扫作业及变换车道进行清扫作业。在机械清扫路面时留下的死角,可用人工进行辅助清扫。

②日常清扫的作业频率应根据路面污染程度、交通量大小及组成、气候等因素确定,一般为每日一次全程清扫,节假日可适当增加清扫次数。清扫作业一般在日间进行,清扫时间尽量避开交通流高峰时段。

③为了防止清扫路面时产生扬尘而污染环境、危及行车安全,清扫机械必须配备洒水装

置,机械清扫作业时应根据路面的扬尘程度确定适当的洒水量。

④在进行机械清扫作业之前,作业人员检查道路清扫车的机械状态和清扫工作装置的完好程度,并按清扫作业量的需要加水,以确保机械清扫作业正常进行。

⑤路面清扫后的垃圾不得随意倾倒,应运至指定地点或垃圾场妥善处理。

⑥桥面、隧道内路面及收费广场的日常清扫作业频率,应根据路面污染程度确定,尤其是收费广场,不应有纸屑等垃圾,应适当加大隧道内沥青路面及收费广场的清扫频率,见图6-4。

图6-4 机械清扫路面

(2)除了定期的日常清扫作业外,还应根据路面污染的特殊情况,及时进行不定期的特殊清扫保洁作业。

①当发现路面上有妨碍正常交通的杂物时,应立即清除,以确保行车安全。

②当意外事件、事故等因素造成路面污染时,应及时清扫,以保持路面整洁。

③当沥青路面被油类物质或化学物品污染时,应先撒砂、撒木屑或用化学中和剂处理,然后进行清扫,必要时再用水外洗干净。

(3)SMA 路面应保持排水畅通,路面无积水。

①应经常对中央分隔带集水井、横向排水管、路侧拦水缘石及急流槽、桥面泄水孔等路面排水系统进行清理和疏通,发现损坏应及时修复。

②应经常检查沥青路面排水情况,检查时间一般以在雨间或雨后 1 ~ 2h 为宜。发现路面明显积水的部位,应分析原因,分别采取不同措施。

对虽未破损,但造成雨后明显积水的行车道路路面局部沉陷部位,应及时清扫并予以整平;对设置路侧拦水缘石及泄水槽的路段,如发现拦水缘石开口及泄水通道的位置不妥而造成路面积水时,应及时调整。

对因横坡不适而造成积水的路段,应采取临时措施,尽量减少行车道部位的积水,并在罩面工程中彻底调整解决。

③SMA 路面应加强雨季排水,尽量减轻水害。

在雨季到来之前,应对全部路面排水系统及路堤边沟、涵管、泵站、集水井、沉淀池等所有排水设施进行全面检查和疏通,修复损坏部位,处理水毁隐患,清除路肩和边坡高草,确保雨季排水畅通。

3. 排障和清理

(1)为了及时处理并尽量减轻因不可抗拒因素和突发事件所造成的损害,公路管理机构应建立完善的应急抢险体制,该体制的基本功能如图 6-5 所示。

应急抢险指挥中心应由同级管理机构负责人担任指挥,并配备专职值班人员,实行全天候不间断的值班,随时掌握、分析各类有关信息,做好各种应急抢险准备工作。一旦发生险情,快速做出反应,指挥应急抢险工作。

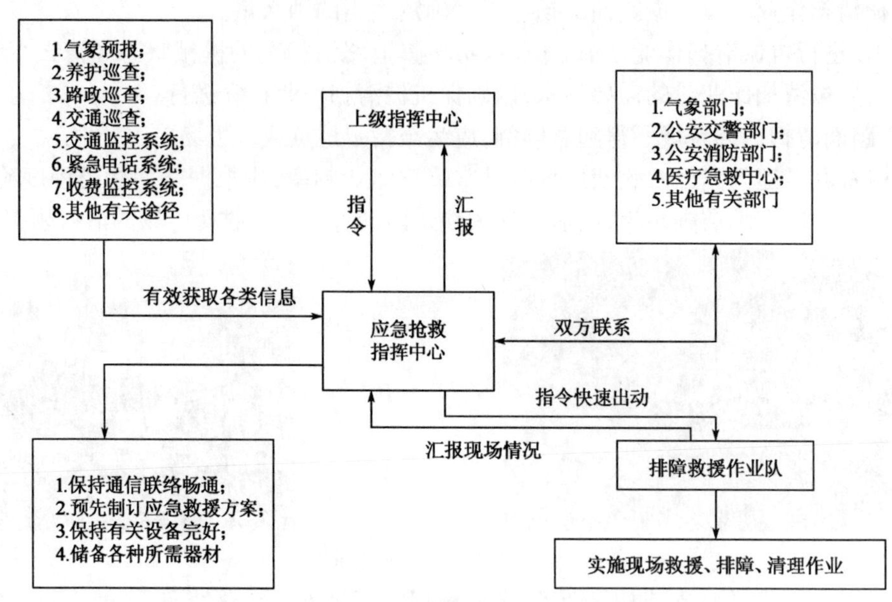

图6-5　应急抢险及功能框图

因不可抗拒因素或突发事件致使公路交通完全中断时,应急抢险指挥中心应全力组织人员、设备,迅速排除路障,恢复交通,必要时可请求当地政府和当地驻军支援。

(2)公路管理机构应配备排障救援作业队,并对排障救援作业人员进行业务培训。其主要内容为:交通安全和法制教育;排障设施及专业工具的使用;交通控制设施的设置;消防和各种危险品的排除;医疗急救以及其他有关业务知识。

排障救援作业队的常用设备有:排障车、汽车起重机、巡逻指挥车、车载式可变情报板等,配置数量及规格根据实际需要确定。其中,抢险排障车和巡逻指挥车应配置可与应急抢险指挥中心有效沟通的通信设备。大型排障、抢险作业中所需的其他设备,由应急抢险指挥中心负责调集。

(3)排障、救援现场作业程序:

①排障救援作业队接到指令后,应快速赶赴现场,实施现场交通控制,并立即将现场具体情况向指挥中心汇报。

②有人员伤亡时,应首先进行现场处置,并尽快将伤员送往就近医院。

③按有关规定设置排障作业区,必要时可请求指挥中心临时封闭区段交通。排障作业现场的闲杂人员应尽快疏散到安全地带。

④实施排障作业,清除妨碍交通的路障。

⑤在车辆失火等紧急情况下,除用消防设备外,上述程序应同时快速进行。

⑥对交通事故车辆,应在公安交警进行现场勘测后,牵引(装运)至指定地点,听候进一步处理。

⑦对故障抛锚车辆,有条件情况下应先牵引至紧急停车带,为其提供简易维修服务;对经简单维修后仍不能行驶的故障车,应尽快牵引(装运)离开。

⑧排障作业结束后,应按有关规定尽快清理现场,然后撤除作业区,恢复正常交通。发现沥青路面及附属设施受到损害的,应通过指挥中心通知有关部门尽快按规定予以修复。

4. 除雪和防冻

(1)除雪和防冻的准备:

①常年降雪地区的除雪和防冻是SMA路面冬季养护的重点,应根据当地历年气象记录资料、气象预测资料、路面结构、沿线条件等,事先制订切合实际情况的除雪和防冻工作计划,制订适用于各种不同气温、降雪量和积雪深度条件下的除雪和防冻作业规程。

②在严寒降雪季节到来之前,应按计划做好下列准备:

a. 落实除雪和防冻工作的指挥体系和作业人员,并组织必要的业务培训;

b. 维修、保养除雪和防冻作业机械,使其保持完好状态;

c. 按实际要求储备防冻、防滑材料和除雪、防冻作业工具;

d. 对路面、路肩、桥梁伸缩缝等予以整修,以便除雪机械充分发挥作用;

e. 对可变限速板、可变情报板等道路交通监控设施进行检查、维修,使其保持完好状态,以便降雪时有效实施交通控制。

③在严寒降雪季节到来后,应随时监测气象变化情况,一旦降温、降雪,立即按计划部署相应的除雪和防冻作业,特别注意桥面、坡道、匝道、收费广场等重点区段,尽量减轻积雪和冰冻对行车安全造成的危害,缩短交通中断的时间,尽快恢复公路正常交通。

(2)下雪中的除雪作业。在条件允许的情况下,应尽量采取这种方法除雪,必要时反复进行,以便及时清除路面积雪,保障交通安全。

①当雪厚大于1cm时即可开始除雪。主要是用多功能扫雪车或推雪铲推除车道上的积雪。推雪铲铲刀走向与正常行车方向相同,行驶速度为30~50km/h,当风向等条件影响驾驶员视线时,可进行适当调整,见图6-6。

图6-6 机械除雪

②当气温在0℃以上时,一般以铲为主,还可使用淡水融雪以增强铲雪效果,但时间一般控制在10:00~14:00之间,对洒水除雪路段的积雪必须清除干净。

③当气温在0℃以下时,在大、中桥等结构物上,桥头引道纵坡大于2.5%的路段以及匝道转变处半径小于500m的平面曲线范围内,应撒盐、盐砂混合料或盐水,以防冻防滑。待雪停后,撒布的盐、盐砂混合料与积雪一并清除干净。所用的盐必须采用细盐(粉状或细粒状),盐的撒布量为30kg/1 000m^2。

盐砂混合料中盐砂的质量百分比为1∶500（即$1m^3$砂中掺盐30kg），盐砂混合料的撒布量为$1m^3/1\ 000m^2$。盐水中的水盐重量百分比为10∶1，盐水的喷洒量为$100kg/1\ 000m^2$。

④在除雪过程中，要注重人机配合。主线路段以机械作业为主，人工配合，匝道段则以人工为主。在机械作业后，由人工清除所有残留积雪。另外，须特别注意不要损坏路面交通设施，见图6-7。

图6-7　人工铲除冰雪

⑤下雪中的除雪作业，应从路面左侧向右侧依次进行。对紧急停车带上的积雪，可待雪停后一并清除。除雪作业路段必须实施交通控制，可利用车载式可变情报板在除雪作业机械后30～50m处指挥车辆减速绕行，具体按有关规定执行。

（3）当降雪量较大，难以在降雪过程中清除全部积雪时，应在雪停后尽快清除路面全部积雪。

①对主线路面积雪采用两辆多功能扫地车或推雪铲同步进行，前后铲道相搭30～10cm，以不留雪埝为宜；两车相距100～150m，行车速度为30～50km/h，如图6-8所示。对机械不易全部除净的主线路面积雪和匝道收费广场处，应以人工辅助彻底扫净。

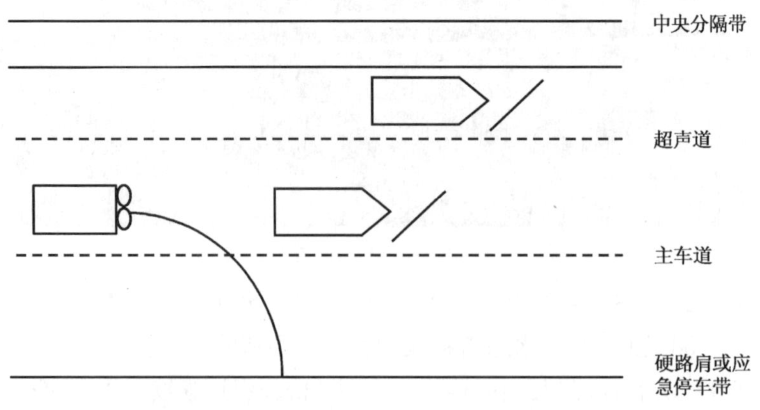

图6-8　扫雪车扫雪布置图

②路面除雪次序应按行车方向由左向右依次清除。当清至最右侧积雪时，最后铲的行进速度应适当加快，以便把积雪推入道路边坡，使路面上无积雪，防止积雪昼化夜冻，影响行车

安全。

③在有中央绿化分隔带的路段,可将超车道的积雪推入绿化带,存雪量以积雪融化不流入路面为宜。但如雪量较大时,路面积雪应向路肩方向推除,见图6-9。

图6-9 降雪量大时除雪

(4)防冻防滑措施:当路面上的压实雪、融化的雪水、未排除的雨水可能形成冰冻层时,应及时采取防冻防滑措施。盐、砂、融雪剂等防冻防滑料的撒布时间及频率,宜与除雪作业同步。

(5)作业现场的指挥协调:除雪和防冻作业须根据天气变化,不分昼夜快速进行,尽量减轻积雪和冰冻对沥青路面和正常交通造成的损害。必要时除雪机械可配备2名以上操作人员轮流操作,以保证除雪和防冻作业的速度。作业现场必须实行统一指挥,并配备可靠的通信联络设备,协调全部作业人员和作业机具按安全操作规程,有秩序地进行除雪和防冻作业,同时指挥落实与作业形式相适应的交通控制措施,以确保除雪和防冻工作顺利进行。

第二节 SMA路面养护技术

一、泛油处理

当某条高速公路的SMA路面出现泛油现象时,应及时进行处理。

一般泛油路段,可采取撒碎石(粗细集料)吸附沥青的办法,减小泛油面积。

严重泛油路段,应铣刨重铺。

二、裂缝修补

SMA路面裂缝的形式各种各样,如龟裂、块裂、纵裂、横裂和反射裂缝,其成因各有不同。但不论是哪种形式的裂缝都应及时进行修补,否则雨水将会通过裂缝进入基层,使基层甚至路基软化,造成基层、路基强度降低,最终导致沥青路面承载能力下降,进而造成路面局部或成片损坏,严重影响行车舒适性,并使路面寿命大大降低。裂缝破损属于沥青路面结构性破坏,更多的是影响沥青路面的耐久性。

1. 裂缝维修的最佳时期

裂缝的修补具有很强的时限性,安排修补时间不当,将大大影响灌缝质量和效果。裂缝维修的最佳时期为秋末深冬季节,此时裂缝宽度达到最大。此时裂缝中的填封料大部分时间只承受压缩应力,而少部分时间受相对小的拉应力作用。所以,在这样的时期进行裂缝填封,即使是采用比较差的填封料进行裂缝填封也能取得较好的防止水渗入的功效。

2. 对填封材料的要求

1)应有较高的黏结性

填封于裂缝中的修补材料在交通荷载和水损害的双重影响下,承受着各种应力应变的作用,为了弥补裂缝处原有沥青路面的强度不足,填封料自身及填封料与裂缝壁面间应形成一个整体,使填封料能够起到良好的传递拉压应力、剪应力的作用。故填封料本身应具有足够高的黏结强度,并且具有一定的抗拉强度。

2)应有一定的韧性

裂缝中的填封料在受外力作用时,为防止其变形过大或被挤出,应具有足够抵抗变形的能力;或者在夏季高温环境下,防止砂石、碎屑等不可压缩杂物嵌入裂缝的填封料中,其亦应具有一定的抗变形能力,即填封料应具有一定的韧性。

3)应有足够的弹性和延展性

填封料应具有足够的弹性,使其受拉压应力作用而产生弹性变形后能迅速恢复到原有状态。沥青路面的裂缝宽度会随着季节和环境温度的变化而不断改变,但总体趋势是裂缝不断变宽并伴有竖向位移。为了使填封料始终能够与裂缝壁面贴合并保持对裂缝的封闭作用,填封料必须具有较好的延展性,亦可称之为"跟踪性",即填封材料能跟随裂缝伸缩大小,且能追踪其伸缩移动方向。

4)应有较强的黏附性

当车辆驶近或驶离裂缝时,裂缝中的填封料起着传递剪应力的作用;同时,在动水压力和真空吸力的作用之下,很容易使填封料从裂缝中脱出。为了使填封料能传递较大的剪应力并不易从裂缝中脱出,填封料与裂缝壁面间必须具有较强的黏附性,即填封料与裂缝壁面旧料之间应具有良好的"相容性",同时填封料本身还应具有良好的"根着性"(或称渗透性)。

5)应有良好的高低温稳定性

在夏季及高温天气,为防止填封料受热流淌,溢出裂缝而被车轮带走,填封料应具有足够的高温稳定性,即在环境温度较高的情况下,填封料不流淌、塑性变形小。同时,在冬季及低温天气,为防止填封料出现脆裂而使填封裂缝失效,填封料必须具备良好的低温抗裂性,即低温环境下填封料仍具有较好的变形能力。

6)应有较高的耐老化性

裂缝中的填封料在使用过程中,由于长期暴露在大气中,在热、氧气、阳光和水等环境因素的综合作用下,填封料很容易发生性质变化,导致其各项性能劣化。为了提高填封裂缝的耐久性,防止填封裂缝较早失效,填封料应具有较高的耐老化性,在使用期内其各项性能指标应保持稳定或变化较小。

3. 维修措施

沥青路面裂缝修补方法很多,一般可根据裂缝的宽度和深度确定具体的修补工艺。

(1)在高温季节不能愈合的轻微裂缝,可采用下列方法之一进行处治:

①将有裂缝的路段用盘式铣刀进行扩缝,清扫干净后沿裂缝涂刷少量稠度较低的沥青(缝内潮湿时应采用乳化沥青),然后均匀地撒上一层直径为2~5mm的干净石屑或粗砂,最后用轻型压路机将其压入路面。

②利用红外线就地加热装置,顺着裂缝对沥青路面加热,视裂缝程度确定沥青路面加热时间的长短,一般室外温度在15~20℃时,加热1~2min即可,使沥青路面表面温度达到180℃,然后用小型压路机或振动夯进行碾压或夯实,直到裂缝消失为止。

③利用灌缝机或普通铁壶将热沥青顺着裂缝浇灌，然后用红外线加热器把灌缝的沥青加热到180℃时，沥青将渗入到裂缝中去，与原沥青路面很好地热接合，然后均匀地撒上一层直径为2～5mm的干净石屑或粗砂，冷却几分钟后即可放行通车。

(2)由于路面基层温缩、干缩而造成的纵向裂缝、横向裂缝、块状裂缝以及放射裂缝，应按裂缝的宽度分别予以处治。

①缝宽在6mm以内，可清除缝中杂物及尘土，用液化气或喷灯将裂缝壁加热至黏性状态，采用稠度较低的热沥青(缝内潮湿时应采用乳化沥青)灌入缝内(图6-10)，灌入深度约为缝深的2/3，再填入干净石屑或粗砂，并捣实，最后将溢出缝外的沥青及石屑、砂清除。

图6-10　灌缝

②缝宽在6mm以上，可采用下列方法之一进行处治：

a.灌缝法。除去已松动的裂缝边缘，或沿裂缝开槽后用压缩空气吹净，采用砂粒式或细粒式热拌沥青混合料填充、捣实，并用烙铁封口，随即撒砂、扫匀。缝内潮湿时应用乳化沥青混合料。

b.标准槽贴封法。这是沥青路面裂缝修补新技术，具体修补工艺流程如下。

第一步，选片。根据路面裂缝的宽度选择贴片规格，1cm宽以上的裂缝选用至少22cm宽的贴片；0.6～1cm宽的裂缝选用至少15cm宽的贴片。

第二步，清理开槽。使用吹风机对选择使用贴片的裂缝进行清洁，干燥处理。

第三步，灌缝。在密封胶加热温度达到188℃时，用灌缝机上自带的具有刮平装置的压力喷头将密封胶均匀地灌入槽内。灌缝分两次灌满，第一次灌入槽深的4/5，第二次灌满。裂缝表面须平整，无突起，无凹陷，无松散，无碎石或油痕、油脂及其他污物，如有坑槽，必须填补。

第四步，涂底层油。在需贴片的地方用喷涂器或毛刷涂上贴片专用底层油，由低到高，由纵到横。每升底层油涂刷面积为6.14～8.59m^2。天气气温的状况将决定底层油干燥的时间，一般为30～60min。特殊气温环境下或施工期紧张的情况下，也可采用吹风机吹干的方法加速底层油的干燥，以缩短等候施工的时间。

第五步，贴片。将贴片背面的隔离纸张揭去，有聚丙烯织物的一面朝上，以裂缝为中心线将贴片平整地贴在路面上。如遇不规则的裂缝，可用裁纸刀将贴片切断，按裂缝的走向跟踪粘贴。但在贴片与贴片的结合处，要形成 75～100mm 的重叠。

第六步，碾压。用滚筒用力碾压将贴片熨贴至地面，以确保贴片同路面结合成为一体，不能有气泡，皱褶。

第七步，开放交通。待灌缝胶冷却至常温后即可开放交通，一般冷却时间为 15min。标准槽贴封法如图 6-11 所示。

图 6-11　标准槽贴封法施工

c. 压缝法

此法适用于缝宽大于 20mm 的裂缝，如图 6-12 所示。

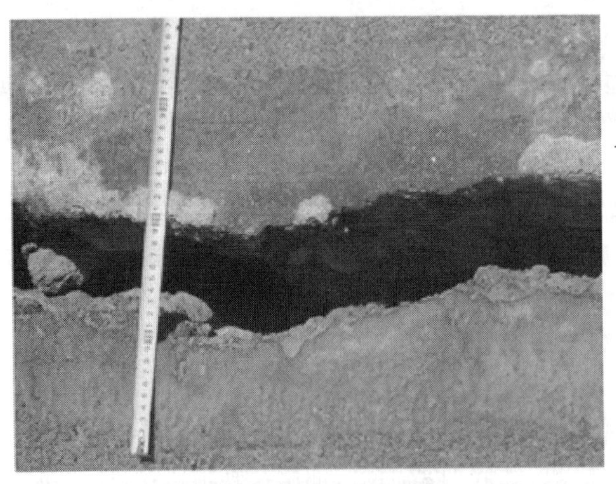

路面特大缝示意图

裂缝一侧

大缝封缝料混合物

裂缝一侧

普通充填料

图 6-12　特大缝维修

具体施工过程为：用普通材料填满特大裂缝大约至缝隙宽 1.5 倍的高度，即填充料至缝面的距离大约是缝宽的 1.5 倍。把大缝封缝料熔化后浇在缝里，并加入适量干净的矿石料，如此反复，直到缝满，并适当捣实。亦可用大缝封缝料熔化后混合石沙直接填入缝中。

对于一般大缝的处理，用大缝封缝料混合适当的细石沙后直接灌入缝中，抹平即可。

(3)因沥青性能不好、路面龄期较长或油层老化等原因出现的大面积裂缝(包括网裂),如基层强度尚好时,通过技术经济比较,可选用下列维修方法处理。

①乳化沥青稀浆封层,封层厚度宜为 3 ~6mm。

②加铺沥青混合料上封层,或先铺设土工合成材料后,再在其上加铺沥青混合料上封层。

③改性沥青薄层罩面。

④微表处,厚度宜为 1 ~1.5mm。

(4)由于土基、基层强度不足或路基翻浆等引起的严重龟裂,应先处治好基层再重作面层。

4.裂缝维修中的有关问题

1)注重沥青路面的裂缝预防

路面裂缝是 SMA 沥青路面经常发生的一种路面病害,应注重路面裂缝的预防。路面设计应满足沥青路面强度和承载能力要求,基本解决荷载型裂缝产生的问题;从设计与施工质量控制上减少温度裂缝与反射裂缝的发生。

2)施工环境选择

裂缝病害受环境温度的影响较大,处置沥青路面裂缝应选择裂缝开裂程度最大的季节进行。秋末至来年春初间裂缝开裂程度最大,最适宜灌缝施工。不可在夏季高温季节施工。

3)注重施工的环境保护

沥青路面裂缝的灌缝施工,容易造成沥青污染路面。施工时,宜在施工路段采用隔离措施,如在路面上铺彩条布、撒大白粉等隔离物,施工结束后予以清理,避免沥青污染路面。

4)龟裂维修问题

重铺不应铺在逐年加厚的软沥青层上,也不应铺在和原沥青路面结合不好、即将脱皮的沥青罩面薄层上。如存在上述情况,应将其铲除、整平后再进行铺筑。

当气温低于 10℃或路面潮湿时,不得浇洒黏层沥青,亦不得摊铺沥青面层。

三、车辙修补

车辙的处治技术包括铣刨拉毛、微表处填补、传统的铣刨加铺、铣刨再生加铺及特殊路段采用半柔性路面技术五种方法。

1.铣刨拉毛技术

铣刨拉毛技术是对沥青路面车辙隆起部位进行局部铣刨,恢复路面使用性能、提高行车安全,该方法具有施工时间短、交通干扰小、养护费用低的特点,是车辙处治的阶段性措施。

失稳型车辙通常延续段落长、车辙深度大,因此维修处理困难大。如果采用全铣刨、全置换维修工艺,工程量大,费用高,在很多情况下不适合大面积实施;如果采用热再生技术,一方面需要热再生设备,配套设备要求高,另一方面,失稳型车辙是发生在整个沥青面层,铣刨时不易分层,这样会造成不同面层材料混合,摊铺时不能保证材料级配,从而大大影响维修质量。针对这种情况,从降低车辙深度和恢复路面性能出发,可采用将车辙隆起部分铣刨拉毛、降低车辙深度的方法恢复路面使用性能,达到安全行车的要求。

车辙处治关键施工技术如下。

(1)路面开挖和清扫

测量放样,定位开挖(先切缝后铣刨开挖路面),开挖后面清扫(高压风机清扫)。为保证中下面层的黏结性,必须将下承层清扫干净。

(2)浇洒黏层油

采用快裂的洒布型阳离子乳化沥青,其技术指标符合现行规范要求。特别注意浇洒沥青油时,防止对超车道和硬路肩的污染。

(3)沥青混合料运输

沥青混合料的运输须严格按沥青路面施工规范要求。

(4)沥青混合料摊铺

①摊铺机宽度:该路段维修工程中面层宽3.75m,上面层宽4.05m,由于其宽度不一样,进行摊铺机宽度3.75m和4.00m拆卸安装的试验调整,总结分析采用宽为3.75m的摊铺机施工中、上面层,同样能满足4.00m以上面层施工。

②摊铺机就位:采且1台ABG摊铺机,用悬浮基准梁自动找平装置(雪橇)控制摊铺厚度和平整度。使雪橇行走于铝合金条上,消除原旧路面局部平整度差,保证新铺路面平整度。

③摊铺机受料:摊铺过程中,工人指挥运输车在摊铺机前10~30cm处停住,不得撞击摊铺机,更不得偏撞。卸料中运料车挂空挡,靠摊铺机推动前进,工人指挥分多次起斗卸料方式给摊铺机卸料,保证摊铺机受载均匀,摊铺稳定。

④摊铺机摊铺:摊铺机在摊铺过程中必须缓慢、均匀、连续不间断地工作。在高压实度改性沥青路面表层施工中,如摊铺速度过快,压路机碾压跟不上摊铺机的行走速度,容易导致压实度大面积不合格。

(5)沥青混合料碾压

碾压要遵循"紧跟、慢压、高频、低幅"原则。在实际旅工过程中最好采用数字式温度计测量摊铺层内温度,一旦发现偏低,及时提前碾压。要求每次记录初压温度,当发现路面钻芯取样的压实度偏高或偏低时,及时调整温度参数。中面层采用10t双钢轮振动压路机与25t重型胶轮压路机相结合。

(6)接缝处理

①横向接缝:摊铺临近结束,人工找平后再碾压,并用3m直尺检查平整度。人工挖除端部厚度不足部分,形成垂直毛接缝。接缝面在下次施工前应先行清洁、干燥及涂刷黏层沥青等处理。

②纵向接缝:由于只处治主车道,故两侧均有纵向接缝。沥青混合料摊铺采用1.15的松铺系数,人工找补细料,填补纵向接缝,小型压路机压实,保证接缝处密实、不渗水。为保证纵缝黏结性及平整度,施工完毕后于纵向缝涂刷1~2mm的薄层热沥青,可防渗水。

(7)路面检测

采取现场跟踪检测,一旦发现施工中存在问题,如压实度不足、级配不良、平整度较差、碾压不到边等,及时处理。设专人手持3m直尺,终压后测量各断面平整度,如不合格,采用双钢轮压路机及时纠正。

最后作最终检查,对施工质量进行定量检查,各项指标均要测定,针对存在的问题提出解决方法,及时改进。

2. 微表处填补技术

微表处是聚合物改性乳化沥青稀浆封层的一种形式,目前已广泛应用于道路养护工程中,现在不仅应用于路面的超薄抗滑表层,在车辙的填补方面也具有很好的作用。微表处填补车辙工艺的单位面积成本远低于传统热沥青罩面,微表处填补车辙工艺,无论从处治的宽度上、铣刨量上,还是从拌和摊铺工程量上,都远远比传统沥青混合料铣刨罩面的工作量要小,节省了人力物力。

微表处作为厚度仅为10mm左右的薄层结构,一般要求原路面有充足的结构强度,原路面强度不能满足要求时,应首先进行补强处理。原路面15mm以下的车辙采用单层微表处可以起到很好的维修效果;深度15~25mm的车辙应采用双层微表处或首先进行微表处车辙填充;深度25~40mm的车辙应采用多层微表处车辙填充;深度40mm以上的车辙,建议采用其他方法处理车辙后再作微表处罩面,见图6-13。

图6-13 微表处施工

某高速公路采用微表处填补技术,采用聚合物改性的乳化沥青作为黏结料,混合料主要由沥青、改性剂、乳化剂、添加剂、水和矿料组成。

(1)材料

①沥青:改性乳化沥青是微表处的黏结材料,其质量的好坏对实际工程的好坏有直接影响。改性乳化沥青的特性主要与乳化剂和改性剂有关。为了达到快速开放交通的要求,乳化剂必须是慢裂快凝的阳离子乳化剂,且所用的乳化剂不能对沥青性能造成影响。

②改性剂:此次选用天然胶乳PC-1468作为改性剂,施工时在现场外添加3.5%的丁苯胶乳。此方法易于计量,加入方便,具有良好的均匀性和路用性。

③乳化剂:选用MQK-1M型乳化剂。此种乳化剂纯度高,乳化效果好,拌和时间长,易于施工,正常气温下40~60min的黏结力可以达到2N·m以上,缩短了开放交通的时间。

④矿料:用于微表处的集料,必须坚硬、耐磨,不含泥土杂质,其砂当量大于65%并且其级配组成必须符合一定的级配标准。高速公路由于对抗滑性能要求较高,应采用玄武岩等硬质岩作为主集料。

(2)施工

目前,路面的车辙不完全是车轮磨耗形成的,其中大部分车辙是在超重车辆的作用下路面变形造成的,表现为W形即轮迹处下凹,轮迹两侧凸起,局部产生推移和拥包。因此,进行施工前必须对路面进行预先处理,采取的方法是,先用大型铣刨机对路面油包等高出部位进行铣刨找平。

施工前,应将准备工作做充分,除将路面清扫、铣刨等工作做好外,还应将材料、机械设备、交通管制、现场隔离等安排好。雨后路面积水未干之前不能施工;养护成型期可能降雨,不可施工;落实交通管理并有专人负责。填补车辙时为了保证黏结牢固,施工时温度不宜低于15℃。由于车辙往往较窄,因此施工时应使用特制的窄幅摊铺箱进行摊铺,车辙较深(大于

20mm)时,可分层摊铺。为了保证质量,摊铺后要及时采用胶轮压路机进行碾压。通过某高速公路的施工体验,微表处填补车辙的深度不宜大于30mm,否则容易产生变形。

(3)质量控制

微表处不同于热拌混合料,由于其黏结力主要靠乳化沥青产生,因此对矿料的级配和沥青的要求很高,对施工温度和天气情况也要求严格,因此必须经常检查,确保施工时的混合料符合设计要求。要对稀浆混合料的性能进行抽样检查。

微表处的外观质量要求表面平整、顺直、密实坚固、无松散、无划痕、无裂缝和局部料过多过少等现象,混合料无流失污染,表面粗糙,无光滑现象,纵向、横向接缝要求平顺,颜色均匀一致。

通过对河北某高速公路的实际应用可知,微表处在高速公路的车辙填补中,具有施工速度快、施工费用低、节约能源等优点,是一种安全可靠的养护方法。

3.铣刨加铺技术

传统的处理车辙的方法是将路面出现车辙部分及周围路面进行铣刨,然后进行热摊铺重新罩面,罩面后路面的路用性能往往可以得到很好的恢复,其缺点是热摊铺成本比较高,同时也不利于环保。但是当路面车辙比较严重的时候,热摊铺还是很有效的一种方法。

(1)若基层基本完好,不同层次的面层产生车辙,可铣刨路面上面层或上、中面层甚至全部面层,采用与原路面相同的材料进行摊铺面层的方法进行车辙修复。同时为了得到更好的效果,可采用改性沥青、抗车辙剂、骨架密实型沥青混合料、沥青稳定碎石或大粒径柔性基层等结构。

(2)若路基发生形变,铣刨至路基表面,对路基进行加固稳定处理后,采用与原路面相同的材料进行摊铺面层。

4.铣刨再生加铺技术

铣刨再生加铺技术的适用范围与铣刨加铺方法基本相同。根据车辙产生的不同结构层次,进行铣刨再生利用及加铺方法全面处治车辙。根据路面再生方式和拌和地点不同,沥青路面再生技术一般分为现场冷再生、现场热再生、厂拌冷再生和厂拌热再生。此技术具有节约资源、降低维修成本、保护生态环境和路面达到寿命期还可以继续再生利用的特点。

5.半柔性路面技术

半柔性路面是指将特殊级配的水泥胶浆灌入多孔基体沥青混合料空隙中,兼有水泥混凝土刚性和沥青混合料柔性的一种路面,是目前车辙处治的一项新技术。由于有水泥胶浆的灌入,半柔性路面材料抵抗车辙等永久变形的能力很强。半柔性路面材料抵抗疲劳变形的能力也优于普通沥青混合料。

半柔性路面目前广泛应用于长坡、陡坡、收费站、停车场、及匝道等特殊路段,对预防车辙有着良好的效果。

6.SMA路面车辙修补的有关问题

(1)车辙处置宜在夏季高温季节进行。此时易于车辙调查,处理比较彻底,而且夏季沥青混合料施工的环境温度良好,质量易于控制。

(2)应重视车辙的预防。自从沥青路面问世以来,防止水损坏与抗车辙的矛盾就始终存在。随着新材料的不断开发,特别是沥青质量的提高,公路界就一直围绕这一对矛盾进行着不断的协调,力求达到完美统一。建设者应该重视协调这一矛盾的两方面,不可顾此失彼。在采购优良材料的同时,应该注重配合比的控制。现行规范关于沥青混合料的设计空隙率为3% ~ 5% 的要求,是完全可以防止降水浸入的。在这样的空隙率条件下,即使降水浸入沥青路面表层,因为水的张力使自由水仅能在沥青混合料中形成水膜,阻止水的继续下渗,因而没必要加大油石比而给车辙的产生创造条件。

(3)应注重旧路沥青混合料的再生利用。而今的旧路沥青混合料多为品质优良的可用材料,要注重回收铣刨混合料,在铺筑新的沥青混合料时予以利用。

四、坑槽修补

沥青路面产生坑槽的原因是面层的网裂、龟裂,若不及时养护,在车轮荷载和水分的作用下造成路面混合料脱落而逐渐形成坑槽。基层局部强度不足,在行车作用下也易产生坑槽。坑槽的出现,一方面严重影响行车的舒适性和安全性,降低公路的服务水平和路面的使用寿命;另一方面坑槽的修补耗费大量人力、物力以及路面养护经费。在实际维修中,必须加强关键工艺的控制,提高维修质量。

(1)路面基层完好,仅面层有坑槽时可按下述方法进行维修。

坑槽修补主要是针对坑槽、局部网裂、龟裂等病害的修补和加强,同时还可对局部沉陷、拥包以及滑移裂缝等病害进行修补。通常沥青路面坑槽修补的施工工艺为:测定破坏部分的范围和深度,按“圆洞方补”原则,画出大致与路中心线平行或垂直的挖槽修补轮廓线(正方形或长方形)。槽坑应开凿到稳定部分,槽壁要垂直,并将槽底、槽壁清除干净,在干净的槽底、槽壁薄刷一层黏结沥青,随即填铺备好的沥青混合料;新填补部分应略高于原路面,待行车压实稳定后保持与原路面相平。具体的坑槽修补方法较多,一般有热补法、喷补法、热再生法 3 种方式。

①热补法:其修补工序是首先用破碎工具铲除需补部位旧路面,然后喷洒沥青黏结层,填充新混合料,并摊平、压实,如图 6-14 所示。

图 6-14　热补法工序

②喷补法:这种方法利用高压喷射方式,将乳化沥青经过喷管与输送来的集料相混合,通过控制喷管上的乳液、集料和压缩空气3个开关,把混合料均匀、高速地喷洒到坑槽中,达到密实黏结效果,无需碾压,不需沥青混合料拌和厂配合,且不受气候变化影响。

③热再生法:其修补方法是先将高效热辐射加热板放置到待补区域,使旧沥青路面软化,然后耙松被软化的沥青旧料,喷洒乳化沥青使旧料现场再生,补充新沥青混合料拌和,并摊铺、压实。这种方法可对旧料进行现场再生利用,减少了环境污染、资源浪费,降低了维修成本,进行修补作业时不受气候变化影响。

除了上述几种坑槽修补方法外,还有一些特殊的或新近发展的方法。比如采用沥青混合料预制块修补,沥青路面破损处开槽修补的尺寸应等于预制块的倍数,预制块之间的接缝用填缝料填塞。此种坑槽修补方法较为简单,修补料的配比较易控制,密实度能得到保证。

近些年来,国内外竞相研制能够全天候使用、修补工艺更易于掌握的修补料——常温(冷)拌和沥青混合料。常温拌和混合料是一种预先加热拌和、储存,常温下使用的沥青混合料,通常添加一些特殊的外加剂,以保证其路用性能在储存期间不发生变化。混合料一般袋装或桶装储存,使用方便、修补迅速,特别是在寒冷、多雨季节,在传统热补法不易开展的情况下,利用常温拌和混合料修补是一种较适宜的方法。其为美国SHRP计划进行的坑槽修补研究推荐使用的最好材料,以减少重新修补的工作量。如在修补时使用质量不佳的材料,则重复修补同一个坑槽的费用将很快抵消购买廉价修补用沥青混合料所节省的费用。因而当前趋向于在修补料中添加改性剂,研制专供补坑用的高性能改性沥青混合料,使其具有极强的抗湿性、低温和易性,增加与坑洞的黏结力。

(2)桥面沥青铺装层脱落的维修。

桥面沥青铺装层脱落属于坑槽的特殊情况。桥面铺装层等构造物产生坑槽是由于水泥混凝土与沥青铺装层的材料差异较大,层间黏结处的变形不一致,层间局部黏附性较差,并出现分层,使得沥青铺装层在车辆荷载和水的共同作用下形成剥落和脱皮,最终产生坑槽。

近几年,大多数桥面沥青混合料铺装前,采取铣刨水泥混凝土铺装层、涂防水黏结层,再铺筑沥青混合料的技术措施,层间结合明显增强,少有脱落和形成坑槽,见图6-15。

图6-15 桥面铣刨效果

(3)对交通量较小的路段,或在低温寒冷或阴雨连绵的季节,无法采用常规方法,也无条件采用合适的材料修补坑槽时,为防止坑槽面积的扩大,可采取临时性的措施,对坑槽予以处治,待天气好转后再按规范要求重新修补。

(4)若因基层结构组成不良,如含泥多、含水量过大或基层局部强度不足等使基层破坏而形成坑槽，应先处治基层，再修复面层。

(5)施工工艺流程。沥青路面的坑槽修补以传统的热料冷补方法(图6-16)为例，应至少包括以下步骤：

图6-16　坑槽修补示意图

①病害范围的调查认证。

②画线：测定破坏部分的范围和深度，按"圆坑方补"的原则，画出大致与路中心线平行或垂直的挖槽修补轮廓线(矩形)。轮廓线应包络坑槽范围，且每边至少比病害范围多出5cm。

③开槽：应沿线开凿到稳定部分。槽壁要垂直，并将槽底、槽壁浮渣清除干净。

④清扫：应采用空压机或森林灭火器清除浮土、尘埃。对边角部位宜采用钢刷清除附着物。

⑤涂刷黏结沥青：在干净的槽底、槽壁薄刷一层黏结沥青。黏结沥青可以采用乳化沥青或热沥青。涂刷要薄而匀，以使新铺沥青混合料与旧路面较好地连接。

⑥摊铺沥青混合料：在涂刷黏结沥青后随即填铺备好的沥青混合料摊铺。松铺系数采用1.25～1.3。

⑦碾压：压实尽可能采用压路机压实，在狭窄地段可以采用冲击夯或小型振动压路机、平板夯压实。

⑧修整：用细粒式沥青混合料填塞四周接缝并烙平压实。

(6)路面坑槽修补的有关问题：

①如果坑槽较深，深度>6cm时，宜采用两层或两层以上分层修补。采用两层修补时，上层应采用细粒式(AC-13)沥青混合料。下层厚度超过6cm时，可采用沥青稳定碎石(ATB)结构。分两层以上修补坑槽时，宜上一层比下一层多出15～20cm的搭接宽度，避免上下层接缝通缝。

②摊铺沥青混合料时，松铺系数可取1.25～1.3，预留3～5mm压缩变形高度。

③在涂刷黏结沥青前，应采用喷灯等对槽壁进行加热。

④若因基层结构组成不良，如含泥多、含水率过大或基层局部强度不足等使基层破坏而形成坑槽，应先处治基层，再修复面层。可参照前述有关工艺进行修补。

五、SMA路面大中修

SMA路面使用到一定年限，当不能满足功能要求时，应进行大中修。大中修的内容包括：路基稳定性检测，桥梁结构安全检查与检测，路面翻修。大修前，应进行大修工程施工图设计。

SMA路面大修的基本工序为：封闭交通、铣刨、加铺、标线施工、恢复交通，见图6-17～图6-21，铺筑完成的SMA路面效果见图6-22。

图 6-17 养护工程交通安全管制

图 6-18 SMA 路面养护铺筑

图 6-19 SMA 路面养护施工应注意保护原有的绿化工程

图 6-20　SMA 路面养护工程施工完成后及时恢复道路标线

图 6-21　养护工程施工质量检测

图 6-22　广州北环高速水泥路面加铺 SMA 路面

附录一　纤维密度的测定

木质素纤维相对密度测定的试验步骤为：

(1)称取洁净、干燥的容量瓶的质量为 $M_{瓶}$。

(2)在容量瓶中注入室温(25℃)下的水至标准刻度线,称取 $M_{瓶+水}$。

(3)取适量(10g)的木质素纤维 $M_{纤维}$,放入容量瓶中,再倒入煤油浸泡16h,然后添加煤油到容量瓶的标准刻度线(当接近标准刻度线时,改用滴管添加。注意:应使液面的凹线与标准刻度线平齐),称取 $M_{瓶+纤维+煤油}$;木质素纤维在煤油中应充分晃动,排出里面的空气。

(4)用容量瓶法测定煤油的相对密度。

$$d_{煤油} = \frac{M_{煤油+瓶} - M_{瓶}}{M_{瓶+水} - M_{瓶}} \tag{附 1-1}$$

式中：$d_{煤油}$——煤油相对密度；

$M_{煤油+瓶}$——煤油和瓶的总重；

$M_{瓶}$——瓶重；

$M_{瓶+水}$——水和瓶总重。

(5)按下式计算纤维的相对密度：

$$\rho_{纤维相对煤油的密度} = \frac{M_{纤维}}{M_{瓶+油} + M_{纤维} - M_{瓶+纤维+煤油}} \tag{附 1-2}$$

$$\rho_{纤维密度} = \rho_{纤维相对煤油的密度} \times \rho_{煤油的相对密度} \tag{附 1-3}$$

式中：$\rho_{纤维相对煤油的密度}$——纤维相对煤油的密度；

$M_{纤维}$——纤维重；

$M_{瓶+纤维+煤油}$——纤维、煤油和瓶的总重。

附录二　矿料密度测定注意事项

1. 粗集料密度测定注意点

（1）表干状态是指集料颗粒开口空隙中充满水，表面呈干燥时的状态。表干状态通过使试样吸饱水，再用拧干的湿毛巾轻轻擦去表面水渍而获得。擦干时要掌握一个度，当试样表面无明水时即认为达到了表干状态，不可过干以免将开口空隙中的毛细水吸走。具体来说，对较粗的粗集料，拧湿毛巾时不要太用劲，防止拧得太干，对较细的含水较多的粗集料，毛巾可拧得稍干些，擦颗粒的表面水时，既要将表面水擦掉，又千万不能将颗粒内部的水吸出，整个过程中不得有集料丢失，且已擦干的集料不得继续在空气中放置，以防止集料干燥。

（2）试验水温：严格讲不应限制试验水温，只要对试验结果进行温度修正即可。但由于试验规程只给出了15～25℃的水温修正系数，故试验水温要求为15～25℃，一般室温就能满足要求。

（3）恒重是指相邻两次称量间隔时间大于3h的情况下，其前后两次称量之差小于该项试验要求的精密度，即0.1%。一般在烘箱中烘烤的时间不得少于4～6h。

2. 细集料密度测定注意点

（1）试验方法比选

现行《公路工程集料试验规程》（JTG E42—2005）中规定对于粗集料，可按网篮法即T 0304—2005方法测定；对于机制砂，可按坍落筒法即T 0330—2005方法测定。

对于在机制砂如何测定毛体积相对密度方面，各研究单位还存在着不同的意见和方法。如果按照规范规定的坍落筒法测定，存在如何正确判定试样的饱和面干状态的问题，这一步主观性比较强。另外一种方法是将机制砂中筛出的2.36～4.75mm的部分集料用网篮法测定其毛体积相对密度，用测定的毛体积相对密度代替机制砂的毛体积相对密度，就这两种试验方法对机制砂的密度影响进行了试验比较，两种试验方法测得的毛体积相对密度比较见附表2-1。

两种试验方法测定结果比较　　附表2-1

测定指标	机制砂毛体积相对密度
坍落筒法	2.653
代替法	2.767

经过对两种试验方法的比较，作者认为目前采用代替法较好。

（2）试验注意点

在试验过程中应将筛出的2.36～4.75mm集料连同浅盘一起取出，稍稍倾斜搪瓷盘，仔细倒出余水后，将集料倒在拧干的湿毛巾上，用毛巾吸走从集料中析出的自由水；再用拧干的湿毛巾轻轻擦干集料颗粒的表面水，至表面看不到发亮的水迹，即饱和面干状态；在保持表干状态下，称取集料的表干质量；将集料置于浅盘中，放入105℃±5℃的烘箱中烘干至恒重，称取集料的烘干质量；分别计算密度。

3. 矿粉密度测定注意点

矿粉的表观密度试验用李氏密度瓶法测定，试验是用水置换石粉的体积，而不是煤油，用煤油测得的是真实密度。

附录三　析漏试验注意事项

谢伦堡沥青析漏试验(Schellenberg Binder Drainage Test)是德国为沥青玛蹄脂碎石沥青混合料(SMA)的配合比设计而制定的试验方法。它是为了确定沥青混合料有无多余的自由沥青或沥青玛蹄脂而进行的试脸,由此确定最大沥青用量。与飞散试验相结合,可以得出一个合理的沥青用量范围。

目前,最普遍使用的析漏测试方法是烧杯法。本文对烧杯法在试验过程各环节注意点总结如下。

(1)根据实际使用的沥青混合料的配合比,对集料、矿粉、沥青、纤维稳定剂等用小型沥青混合料拌和机拌和混合料。拌和时纤维稳定剂应在加入粗细集料后加入,并适当干拌分散,再加入沥青拌和至均匀。每次只能拌和一个试件。一组试件分别拌和 4 份,每 1 份约为 1kg。第 1 锅拌和后即予废弃不用,使拌和锅黏附一定量的沥青结合料,以免影响后面 3 锅油石比的准确性。当为施工质量检验时,直接从拌和机取样试验。

(2)洗净烧杯,干燥,称取烧杯质量 m_0,准确至 0.1g。

(3)将拌和好的 1kg 混合料,倒入 800mL 烧杯中,称烧杯及混合料的总质量 m_1,准确至 0.1g。

在此过程中应注意:在从拌锅将混合料倒入烧杯时,应用小铲将混合料分次沿烧杯壁顺势滑入烧杯。

(4)在烧杯上加玻璃板盖,放入 170℃ ±2℃烘箱中,当为改性沥青 SMA 时宜为 185℃,持续 60min ±1min。

在此过程中应注意:尽量不在放置烘箱的试验室进行其他试验,以避免外界环境的干扰而影响最终试验结果。

(5)取出烧杯,不加任何冲击或振动,将混合料向下扣倒在玻璃板上,称取烧杯以及黏附在烧杯上的沥青结合料、细集料、玛蹄脂等的总质量 m_2,准确至 0.1g。

在此过程中应注意:在称取烧杯及黏附在烧杯底的玛蹄脂质量前,对黏附在烧杯底的公称粒径为 2.36mm 以上的石料要用镊子取掉。

(6)计算。

沥青析漏损失按式(附 3-1)计算。

$$\Delta m = \frac{m_2 - m_0}{m_1 - m_0} \qquad \text{(附 3-1)}$$

式中:m_0——烧杯质量,g;

m_1——烧杯及试验用沥青混合料总质量,g;

m_2——烧杯以及黏附在烧杯上的沥青结合料、细集料、玛蹄脂等的总质量,g;

Δm——沥青析漏损失,%。

虽然烧杯法是目前世界上使用最普遍的析漏试验方法,但有专家指出,用烧杯进行沥青析漏试验的沥青混合料的厚度较大,集料层厚,沥青析漏较为困难,黏附在烧杯上的沥青量太少,宜用搪瓷盘法进行析漏试验更为准确。采用搪瓷盘测定的试验步骤为：

（1）将搪瓷盘洗净、干燥，称取搪瓷盘的空质量。

（2）将拌好的混合料称量一份（2kg）放入搪瓷盘中。此时应注意将附在拌和锅中的沥青尽量一起取出放入搪瓷盘中，使沥青用量尽量准确。均匀地摊开混合料。称取搪瓷盘及沥青混合料的总质量。

（3）将搪瓷盘平放入 170℃ ±2℃烘箱中，保持 1h。

（4）取出搪瓷盘，将沥青混合料倒扣入另一个容器中，如有碎石黏附在盘底应予取出，称取搪瓷盘及黏附的沥青质量，便可计算沥青析漏量。

附录四　VMA 计算注意事项

VMA(Voids of Mineral Aggregate)是指压实沥青混合料试件中矿料部分以外的体积占混合料总体积的百分率。合适的 VMA 既要保证有足够的沥青将集料表面裹覆并将集料之间黏结在一起,同时又要保证当温度升高时有足够的空间满足沥青的体积膨胀不产生泛油现象。它是 SMA 混合料设计最重要的体积指标之一,它直接影响 SMA 混合料的耐久性,同时对 SMA 混合料强度和高温稳定性有很高的敏感度。VMA 过大或过小都会对 SMA 混合料的路用性能产生不利影响。

按《公路沥青路面施工技术规范》(JTG F40—2004)中规定,VMA 的计算公式为:

$$VMA = \left(1 - \frac{\gamma_f}{\gamma_{sb}} \times \frac{P_s}{100}\right) \times 100 \qquad (附 4\text{-}1)$$

式中:VMA——试件的矿料间隙率,%;

γ_f——试件的毛体积相对密度,无量纲;

P_s——各种矿料占沥青混合料总质量的百分率之和,即 $P_s = 100 - P_b$,%;

γ_{sb}——矿料的合成毛体积相对密度。

经反复试验证明,对于 SMA 沥青混合料中 VMA 大小的影响因素较多,在对其进行计算时,应对计算中各环节加以控制才能取得符合实际的计算结果,主要应注意以下几点。

1. 击实温度

对于原材料和级配都不变情况下的 SMA 沥青混合料,VMA 可以理解为是试件毛体积密度 γ_f 的函数,γ_f 增大可导致 VMA 减小。而 γ_f 是试件成型方式(击实温度、击实方式、击实功)的条件性试验值。而对于目前国内沥青混合料试件的成型方式,普遍都采用马歇尔仪击实成型,其击实方式和击实功都是一定的,所以对 γ_f 影响因素最大的就是击实温度,击实温度的高低会影响 γ_f 的大小,进而影响 VMA 的大小,见附图 4-1 和附图 4-2。

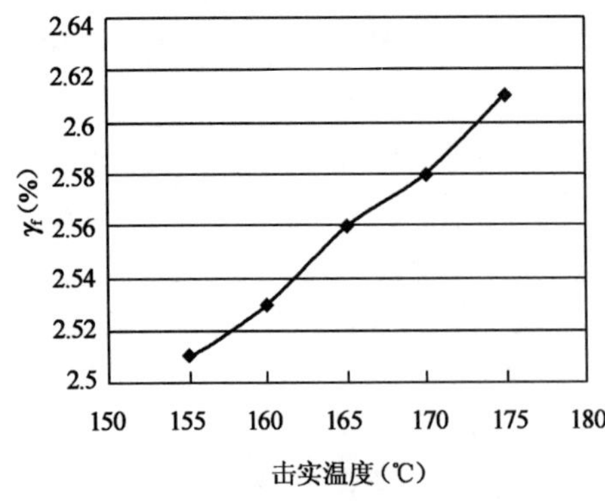

附图 4-1　γ_f 与击实温度的关系曲线图

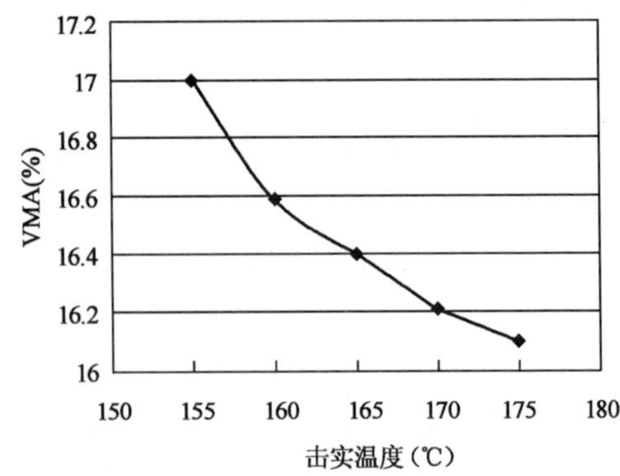

附图 4-2　VMA 与击实温度的关系曲线图

尽管试验规程中注意到了成型温度对试件密度有影响,并提出应该按照黏度—温度曲线确定成型的温度,但是,这一规定并不适用于聚合物改性沥青。因为聚合物改性沥青的黏度变化范围过大,确定的等黏温度往往过高而无法采用。附图4-2所示的结果表明,试件的成型温度对VMA产生的影响很大。击实温度升高会导致试件毛体积密度增大,VMA减小。由图可看出,击实温度从160℃升高到165℃时,试件毛体积相对密度增大1.2%,VMA降低1.1%,且击实温度在160℃时VMA能满足规范中对SMA混合料VMA不小于16.5%的技术要求。由此可知,SMA混合料马歇尔试验中,击实温度对其试验结果影响很大,试件毛体积密度对击实温度的敏感性很高。

因此,针对SMA混合料马歇尔成型试验,击实温度宜控制在155~160℃范围内。在此击实温度范围内,马歇尔成型的SMA混合料试件可最贴近现场碾压温度下SMA混合料的毛体积密度。

2. 石料的影响

(1)石料品质的影响。根据林秀贤等人的研究可知,粗集料的棱角性、针片状含量的增加,都会使VMA增大,反之,VMA会减少;细集料的棱角性即其松方空隙率如小于标准的45%,会使VMA减小;而如果棱角性大于47%,会导致VMA过大。硬的集料表现为高的VMA,但较软的集料经生产过程的磨耗,混合料变细,会使VMA降低。因此,可以看出,SMA混合料中为了保证足够的VMA,宜选取坚硬、粗糙、针片状少的石料作为原材料。

(2)石料密度的影响。由VMA的计算公式可知,VMA随着γ_{sb}的增大而增大,随着γ_{sb}的减小而减小,而γ_{sb}的大小取决于各档石料本身的密度。因此,应对各档石料密度进行反复测定确定后,再进行γ_{sb}计算。

由于细集料毛体积相对密度测试比较复杂,人为因素干扰较大,因此,我国《公路工程沥青及沥青混合料试验规程》(JTG E20—2011)规定细集料毛体积相对密度可以不测,也就是说,可采用细集料表观相对密度来代替其毛体积相对密度。细集料采用不同的两种密度对VMA的结果肯定存在一定影响。有研究表明,当细集料分别采用毛体积相对密度和表观相对密度计算压实沥青混合料矿料间隙率VMA时,采用细集料表观相对密度计算得到的VMA偏大,一般差值在0.5%以上。

综上所述,本文建议对于SMA混合料配合比设计中石料密度的测定应加以足够的重视,应经过多次试验再确定各档料的表观相对密度和毛体积相对密度。对于细集料可采用表观相对密度代替毛体积相对密度方式进行γ_{sb}计算。

3. 纤维的影响

由于纤维质量轻,在SMA混合料中要占一定空间,且在纤维的弹性效应作用下,使矿料的相互接触受阻,增大了矿料间的空隙,故纤维加入后对VMA值的影响较大。

现行《公路沥青路面施工技术规范》(JTG F40—2004)附录C中,即SMA混合料配合比设计方法中对纤维的影响有考虑,主要体现在计算SMA混合料的最大理论相对密度时规定对纤维部分的比例不得忽略,如式(附4-2)所示。

$$\gamma_t = \frac{100 + P_a + P_x}{\frac{100}{\gamma_{se}} + \frac{P_a}{\gamma_a} + \frac{P_x}{\gamma_x}} \qquad (附4\text{-}2)$$

式中:γ_{se}——矿料的有效相对密度;

P_a——沥青混合料的油石比,%;

γ_a——沥青的相对密度(25℃/25℃),无量纲;

P_x——纤维用量,以矿量质量的百分数计,%;

γ_x——纤维稳定剂的密度，由供货商提供或用比重瓶实测得到。

而由 VMA 计算公式可知，在计算 VMA 时也应该考虑纤维的部分，即体现在计算 P_s（各种矿料占沥青混合料总质量的百分率之和）时不仅要减掉沥青用量，还应减掉纤维用量，即 $P_s = 100 - P_b - P_x$（其中，P_b 为最佳沥青用量，P_x 为纤维用量）。但现行规范中对 SMA 混合料中计算 VMA 的公式中 P_s 如何取值并没有作明确说明，导致许多人员在计算 VMA 值时还按照 $P_s = 100 - P_b$（P_b 为最佳沥青用量）进行套用公式，仅在计算 SMA 混合料最大理论密度时考虑纤维部分，而在计算 VMA 时没有没有考虑纤维部分，如此就会导致计算过程不统一，计算结果不准确。经研究可知，在计算 VMA 时考虑不考虑纤维部分对 VMA 值偏差会在 0.2% 左右，对 VMA 值结果影响较大。

对 VMA 值进行计算时应考虑纤维部分，其计算公式应优化为：

$$VMA = \left(1 - \frac{\gamma_f}{\gamma_{sb}} \times \frac{P_s}{100}\right) \times 100 \qquad (附 4\text{-}3)$$

式中：VMA——试件的矿料间隙率，%；

γ_f——试件的毛体积相对密度，无量纲；

P_s——各种矿料占沥青混合料总质量的百分率之和，即 $P_s = 100 - P_b - P_x$，%；

γ_{sb}——矿料的合成毛体积相对密度。

附录五　SMA 配合比设计马歇尔试验方法注意要点

(1)试验进行前,先对烘箱、沥青搅拌锅的温度严格标定。

(2)原材料的加热规定:矿料加热时间为 4h,絮状纤维不需加热。

(3)制件时严格控制击实温度要求:矿料加热温度 180 ~ 190℃,沥青加热温度 160 ~ 165℃,混合料拌和温度 175 ~ 180℃,试件击实温度 160 ~ 165℃,双面各击实次数 75 次。

(4)混合料拌和时间控制:石料和纤维干拌 180s,之后加沥青湿拌 90s,最后加入矿粉和消石灰湿拌 90s。

(5)析漏试验方法:以烧杯法为主,在称取烧杯及黏附在烧杯底的玛蹄脂质量前,对黏附在烧杯底的公称粒径为 2.36mm 以上的石料要用镊子取掉。

附录六　SMA-13 沥青混合料配合比设计示例

本附录以西商高速公路项目路面 34 标 SMA-13 配合比设计为例,通过整套 SMA-13 沥青混合料配合比设计,以期对 SMA-13 沥青混合料配合比设计步骤及注意环节进行详细说明。

1. 沥青混合料配合比设计依据

(1)《公路沥青路面设计规范》(JTG D50—2006)。

(2)《公路工程沥青及沥青混合料试验规程》(JTG E20—2011)。

(3)《公路工程集料试验规程》(JTG E42—2005)。

(4)《公路沥青路面施工技术规范》(JTG F40—2004)。

2. 技术要求

SMA-13 混合料马歇尔试验配合比设计的具体技术要求见附表 6-1。

SMA-13 沥青混合料马歇尔试验配合比设计技术要求　　附表 6-1

试验指标	单位	项目要求值
击实次数(双面)	次	75
试件尺寸	mm	ϕ101.6×63.5
空隙率	%	3～4.5
矿料间隙率 VMA	%	16.5≤VMA≤19.0
粗集料骨架间隙率 VCA	—	≤VCA_{DRC}
沥青饱和度 VFA(%)	%	75～85
稳定度 MS	kN	≥8.0
流值 F_1	mm	—
谢伦堡沥青析漏试验的结合料损失	%	≤0.1
肯塔堡飞散试验的混合料损失或浸水飞散试验	%	≤15

考虑本项目属于重交通路段,对 SMA 路面的高温稳定性能要求较高,依据《公路沥青路面施工技术规范》(JTG F40—2004)中表 5.3.3-3 注明要求,将设计空隙率上限放宽至 4.5%,VMA 指标下限放宽至 16.5%。同时,由于本项目 SMA 路面所用原材料石质较高,坚硬不易击碎,将击实次数增加为双面 75 次。

3. 原材料质量试验

1)材料品种

(1)粗集料:采用商洛华迪石料场生产的辉长岩碎石,其规格为 9.5～16mm、4.75～9.5mm。

(2)细集料:采用蒲城自建料场生产的石灰岩机制砂,其规格为 0～2.36mm。

(3)矿粉:采用渭南蒲城自建料场生产的矿粉。

(4)消石灰粉:采用泾阳兴顺石灰厂生产的消石灰粉。

(5)木质素纤维:采用德国进口的 CFF 絮状纤维,其密度为 1.480g/cm^3。

（6）沥青：采用陕西国创沥青材料有限公司生产的 SBS（Ⅰ－C）改性沥青（基质沥青是新加坡生产的 SPC90 号）。

2）集料筛分

（1）粗集料筛分

粗集料筛分选用水洗法，试验依照《公路工程集料试验规程》（JTG E42—2005）中 T 0302—2005 试验方法进行，筛分结果见附表 6-2。

粗集料筛分结果　　附表 6-2

粒径（mm）	通过下列筛孔（mm）的质量百分率（%）						
	16	13.2	9.5	4.75	2.36	0.6	0.075
9.5～16	100	83.2	24.2	3.9	0.5		
要求值	100	80～90	10～25	0～5			
4.75～9.5		100	94.6	3.8	1.2		
要求值		100	90～100	0～15	0～5		

（2）细集料筛分

细集料筛分选用水洗法，试验依照《公路工程集料试验规程》（JTG E42—2005）中 T 0327—2005 试验方法进行，筛分结果见附表 6-3。

细集料筛分结果　　附表 6-3

粒径（mm）	通过下列筛孔（mm）的质量百分率（%）						
	4.75	2.36	1.18	0.6	0.3	0.15	0.075
0～2.36	100	86.0	53.8	34.2	18.4	9.4	8.5
要求值	100	80～100	50～80	25～60	8～45	0～25	0～12

（3）填料筛分

矿粉的筛分选用水洗法，试验依照《公路工程集料试验规程》（JTG E42—2005）中 T 0351—2000 试验方法进行，筛分结果见附表 6-4。

填 料 筛 分 结 果　　附表 6-4

填 料 名 称	通过下列筛孔（mm）的质量百分率（%）		
	0.6	0.15	0.075
矿粉	100	96.0	90.0
要求值	100	90～100	75～100

3）材料的各项试验项目及结果

试验依照《公路工程集料试验规程》（JTG E42—2005）中有关试验方法进行试验，试验结果见附表 6-5～附表 6-10。

粗集料试验项目及试验结果　　附表 6-5

检 验 项 目	实 测 值				项目要求值
	公路研究院	34 合同段	中心试验室	平均值	
集料压碎值（%）	13.6	12.6	13.0	13.1	≤20
洛杉矶磨耗损失（%）	—	19.5	12.8	16.9	≤28
表观相对密度	2.953	2.955	2.957	2.955	≥2.6

续上表

检验项目		实测值				项目要求值
		公路研究院	34 合同段	中心试验室	平均值	
吸水率(%)		0.51	0.44	0.43	0.46	≤2.0
坚固性(%)		—	2.4	—	2.4	≤12
针片状颗粒含量(%)	>9.5mm	6.6	9.2	5.5	7.1	≤10
	<9.5mm	8.7	7.6	6.4	7.6	≤15
水洗法<0.075mm 含量(%)		0.2	0.2	0.2	0.2	≤1
磨光值(PSV)		—	43.0	43.0	43.0	≥42
对沥青的黏附性(级)		5	5	5	5	5 级(改性后)
软石含量(%)		1.3	1.2	—	1.25	≤2

注:表中的表观相对密度及吸水率、水洗法<0.075mm 颗粒含量均为粒径为 9.5~16mm 的碎石。

细集料试验项目及试验结果 附表 6-6

检验项目	实测值				项目要求值
	公路研究院	34 合同段	中心试验室	平均值	
表观相对密度	2.764	2.754	2.750	2.756	≥2.5
坚固性(>0.3mm 部分)	9.4	5.4	—	7.4	≤12
砂当量(%)	—	72	71	71.5	≥60
亚甲蓝值(g/kg)	3.6	1.7	2.2	2.5	≤25
棱角性(流动时间)(s)	37.9	36.3	37.4	37.3	≥30

注:由于细集料粒径为 0~2.36mm,故砂当量只作参考。

填料试验项目及试验结果 附表 6-7

检验项目	实测值				项目要求值
	公路研究院	34 合同段	中心试验室	平均值	
表观相对密度	2.710	2.702	2.706	2.704	≥2.5
含水率(%)	0.30	0.40	0.32	0.34	≤1
外观	无团粒结块	无团粒结块	无团粒结块	无团粒结块	无团粒结块
亲水系数	0.5	0.6	0.76	0.62	<0.8
塑性指数(%)	2.6	2.4	1.7	2.23	<4
加热安定性	无变化	无变化	无变化	无变化	实测记录

消石灰粉试验项目及试验结果 附表 6-8

检验项目	实测值				项目要求值
	公路研究院	34 合同段	中心试验室	平均值	
表观相对密度	2.311	2.250	2.288	2.283	—
0.075mm 通过率(%)	98.0	97.1	92.0	95.7	90~100
含水率(%)	—	0.1	0.2	0.15	≤1
有效钙镁含量(%)	—	69.2	62.7	65.95	≥60

木质素絮状纤维试验项目及试验结果 附表 6-9

检验项目	实测值			项目要求值
	纤维供货商	34 合同段	平均值	
纤维长度(mm),不大于	均小于 6	均小于 6	—	6
表观相对密度	1.480	1.476	1.478	实测
灰分含量(%)	13.21	15.7	14.46	18 ±5
pH 值	8.01	6.6	7.31	7.5 ±1.0
吸油率,不小于	7.76	6.2	6.98	纤维质量的 5 倍
含水率(%),不大于	4.4	3.5	3.95	5

SBS(I-C)改性沥青试验项目及试验结果 附表 6-10

检验项目	实测值				要求值
	公路研究院	34 合同段	中心试验室	平均值	
25℃密度(g/cm^3)	1.028	1.029	1.024	1.027	实测
针入度 25℃,100g,5s(0.1mm)	76.2	70.0	69.0	71.7	60 ~ 80
针入度指数 PI	-0.12	-0.40	0.22	-0.3	≥ -0.4
延度 5℃,5cm/min(cm)	42.6	40.2	41.0	41.3	≥35
软化点(环球法)(℃)	82.4	83.5	94.0	82.95	≥70
135℃运动黏度(Pa·s)	2.87	2.91	2.72	2.83	1.8 ~ 3
闪点(℃)	293	310	298	300	≥230
溶解度(%)	99.7	99.3	99.9	99.6	≥99
25℃弹性恢复(%)	91.2	89.7	99.2	93.4	≥80
储存稳定性离析,48h 软化点差(℃)	1.9	2.0	1.3	1.73	≤2.5
质量变化(%)	-0.13	-0.1	-0.22	-0.15	±1.0
针入度比(25℃)	78.4	74.6	72.3	75.1	≥65
延度 5℃	31.8	28.0	22.0	27.3	≥25

注:基质沥青为新加坡的 SPC90 号。

4)小结

本次试验采用三家单位共同取样,然后进行四分法将料分成均匀的三份,分别进行各种原材料常规技术指标的检验,经检验技术指标均满足规范及细则要求。对差异略大的指标,采用剔除法,取剩余两家的数值平均。

4. 目标配合比设计

1)矿料级配合成

根据各种矿料的筛分结果,参照《公路沥青路面施工技术规范》(JTG F40—2004)及《西商高速公路路面施工细则》对 SMA-13 型混合料的级配要求进行矿料级配设计,确定各个冷料仓比例。各档料的材料密度及合成级配见附表 6-11 ~ 附表 6-19,合成级配曲线见附图 6-1 ~ 附图 6-7。

目标配合比中各种材料密度 附表 6-11

试验单位	规格	9.5～16mm	4.75～9.5mm	2.36～4.75mm	0～2.36mm	矿粉	消石灰
	比例(%)	46	32	—	12	8.5	1.5
公路研究院	表观相对密度 S_a	2.953	2.941	—	2.764	2.710	2.311
中心试验室		2.957	2.945	—	2.750	2.706	2.288
34 合同段		2.955	2.950	—	2.754	2.702	
平均值		2.955	2.945	—	2.756	2.708	2.300
公路研究院	毛体积相对密度 S_b	2.913	2.899	—	—	—	—
中心试验室		2.918	2.902	—	—	—	—
34 合同段		2.917	2.905	—	—	—	—
平均值		2.916	2.902	—	—	—	—
公路研究院	合成表观相对密度 γ_{sa}	2.899		合成毛体积相对密度 γ_{sb}		2.869	
中心试验室		2.892				2.862	
34 合同段		2.896				2.870	
平均值		2.896				2.867	

SMA-13 混合料目标配合比级配计算表—粗级配(西安公路研究院) 附表 6-12

材料			通过以下筛孔(mm)的质量百分率(%)									
			16.0	13.2	9.5	4.75	2.36	1.18	0.6	0.3	0.15	0.075
原材料级配	9.5～16mm	100%	100.0	88.8	13.8	0.3	0.3	0.3	0.3	0.3	0.3	0.3
	4.75～9.5mm	100%	100.0	100.0	99.5	12.6	0.5	0.5	0.5	0.5	0.5	0.5
	0～2.36mm	100%	100.0	100.0	100.0	100.0	86.5	61.4	41.9	27.0	16.9	6.7
	矿粉＋消石灰	100%	100.0	100.0	100.0	100.0	100.0	100.0	100.0	98.7	94.0	83.3
各种矿料在混合料中的级配	9.5～16mm	48%	48.0	42.6	6.6	0.1	0.1	0.1	0.1	0.1	0.1	0.1
	4.75～9.5mm	33%	33.0	33.0	32.8	4.2	0.2	0.2	0.2	0.2	0.2	0.2
	0～2.36mm	9%	9.0	9.0	9.0	9.0	7.8	5.5	3.8	2.4	1.5	0.6
	矿粉＋消石灰	10%	10.0	10.0	10.0	10.0	10.0	10.0	10.0	9.9	9.4	8.3
合成级配		100%	100.0	94.6	58.4	23.3	18.1	15.8	14.1	12.6	11.2	9.2
中值			100.0	95.0	62.5	27.0	20.5	19.0	16.0	13.0	12.0	10.0
级配范围要求			100	90	50	20	15	14	12	10	9	8
			—	—	—	—	—	—	—	—	—	—
			100	100	75	34	26	24	20	16	15	12

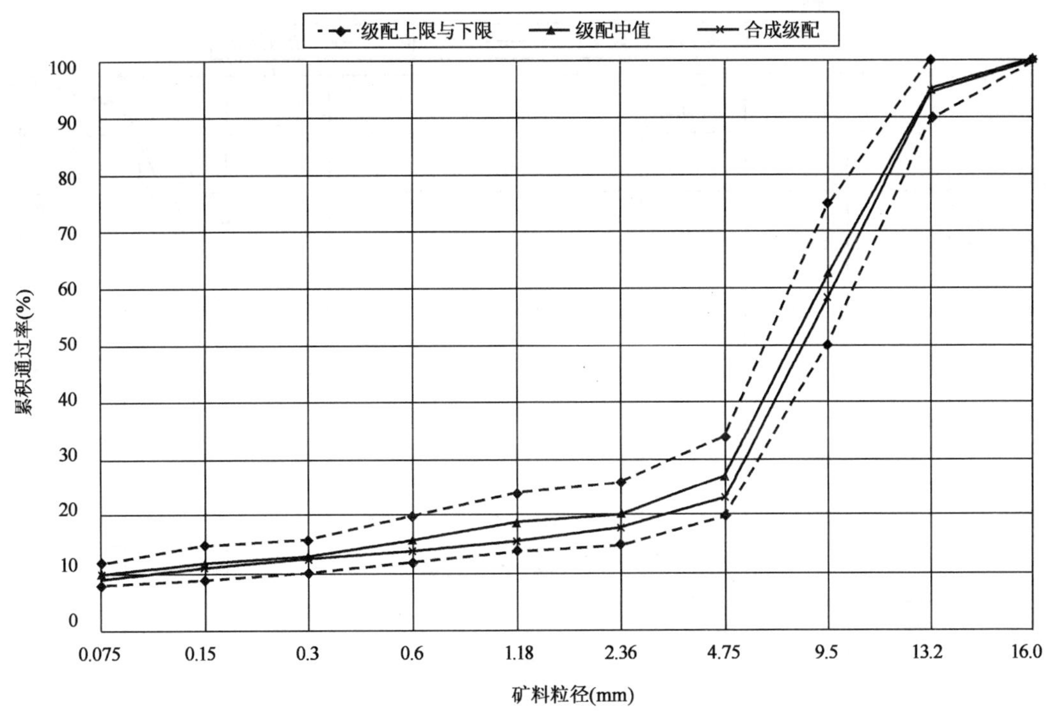

附图 6-1　SMA-13 混合料合成级配曲线图—粗级配(西安公路研究院)

SMA-13 混合料配合比目标级配计算表—粗级配(34 合同段)　　附表 6-13

材　料			通过以下筛孔(mm)的质量百分率(%)									
			16.0	13.2	9.5	4.75	2.36	1.18	0.6	0.3	0.15	0.075
原材料级配	9.5～16mm	100%	100	87.9	13.3	1.0	0.2	0.2	0.2	0.2	0.2	0.2
	4.75～9.5mm	100%	100	100	99.4	11.5	1.4	0.3	0.3	0.3	0.3	0.3
	0～2.36mm	100%	100	100	100	100	85.0	56.1	35.8	22.8	16.1	8.3
	矿粉＋消石灰	100%	100	100	100	100	100	100	100	98.9	94.3	84.1
各种矿料在混合料中的级配	9.5～16mm	48%	48.0	42.2	6.4	0.5	0.1	0.1	0.1	0.1	0.1	0.1
	4.75～9.5mm	33%	33.0	33.0	32.8	3.8	0.5	0.1	0.1	0.1	0.1	0.1
	0～2.36mm	9%	9.0	9.0	9.0	9.0	7.7	5.0	3.2	2.1	1.4	0.7
	矿粉＋消石灰	10%	10.0	10.0	10.0	10.0	10.0	10.0	10.0	9.9	9.4	8.4
合成级配		100%	100.0	94.2	58.2	23.3	18.2	15.2	13.4	12.2	11.0	9.3
中值			100.0	95.0	62.5	27.0	20.5	19.0	16.0	13.0	12.0	10.0
级配范围要求			100	90	50	20	15	14	12	10	9	8
			—	—	—	—	—	—	—	—	—	—
			100	100	75	34	26	24	20	16	15	12

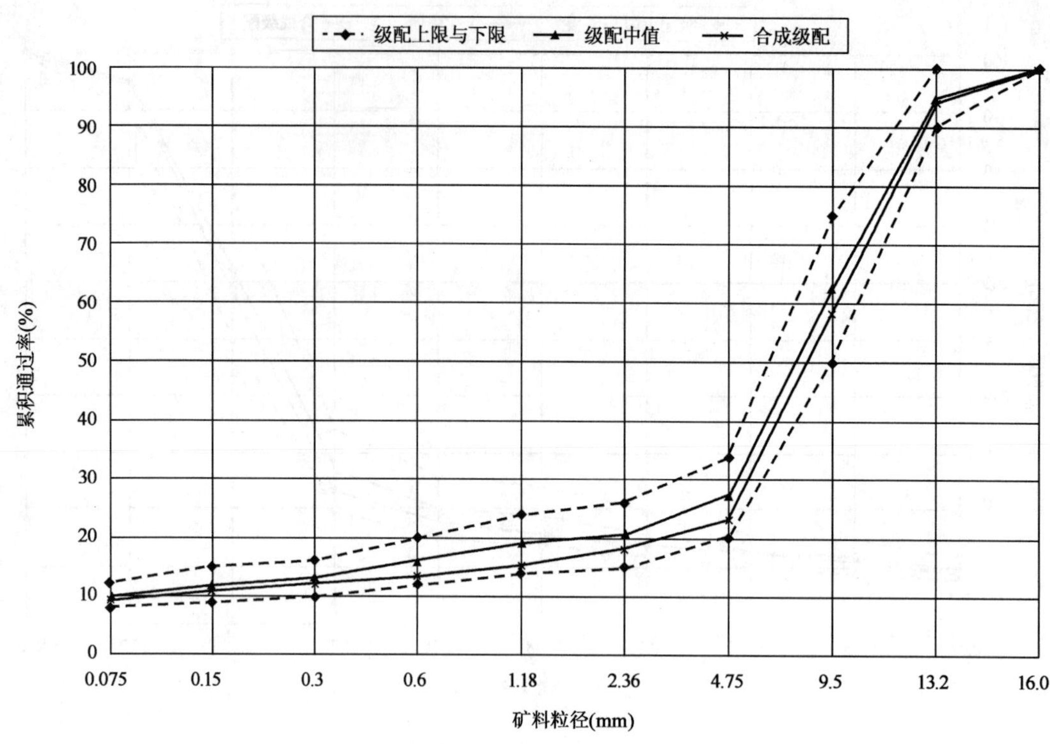

附图 6-2　SMA-13 混合料合成级配曲线图—粗级配(34 合同段)

SMA-13 混合料目标配合比级配计算表—中级配(西安公路研究院)　　附表 6-14

材　料			通过以下筛孔(mm)的质量百分率(%)									
			16.0	13.2	9.5	4.75	2.36	1.18	0.6	0.3	0.15	0.075
原材料级配	9.5~16mm	100%	100.0	88.8	13.8	0.3	0.3	0.3	0.3	0.3	0.3	0.3
	4.75~9.5mm	100%	100.0	100.0	99.5	12.6	0.5	0.5	0.5	0.5	0.5	0.5
	0~2.36mm	100%	100.0	100.0	100.0	100.0	86.5	61.4	41.9	27.0	16.9	6.7
	矿粉+消石灰	100%	100.0	100.0	100.0	100.0	100.0	100.0	100.0	98.7	94.0	83.3
各种矿料在混合料中的级配	9.5~16mm	46%	46.0	40.8	6.3	0.1	0.1	0.1	0.1	0.1	0.1	0.1
	4.75~9.5mm	32%	32.0	32.0	31.8	4.0	0.1	0.1	0.1	0.1	0.1	0.1
	0~2.36mm	12%	12.0	12.0	12.0	12.0	10.4	7.4	5.0	3.2	2.0	0.8
	矿粉+消石灰	10%	10.0	10.0	10.0	10.0	10.0	10.0	10.0	9.9	9.4	8.3
合成级配		100%	100.0	94.8	60.2	26.2	20.6	17.6	15.3	13.4	11.7	9.4
中值			100.0	95.0	62.5	27.0	20.5	19.0	16.0	13.0	12.0	10.0
级配范围要求			100	90	50	20	15	14	12	10	9	8
			—	—	—	—	—	—	—	—	—	—
			100	100	75	34	26	24	20	16	15	12

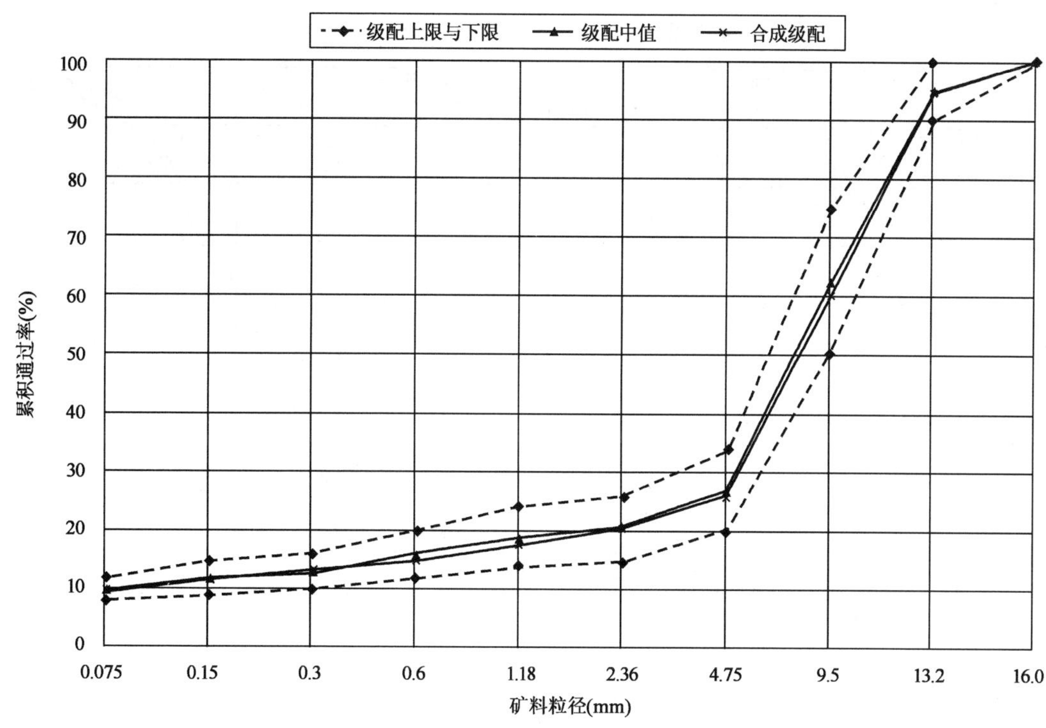

附图 6-3　SMA-13 混合料合成级配曲线图—中级配(西安公路研究院)

SMA-13 混合料配合比目标级配计算表—中级配(中心试验室)　　附表 6-15

材　料			通过以下筛孔(mm)的质量百分率(%)									
			16.0	13.2	9.5	4.75	2.36	1.18	0.6	0.3	0.15	0.075
原材料级配	9.5~16mm	100%	100	87.6	10.4	0.5	0.2	0.2	0.2	0.2	0.2	0.2
	4.75~9.5mm	100%	100	100	97.1	11.4	0.4	0.2	0.2	0.2	0.2	0.2
	0~2.36mm	100%	100	100	100	100	85.0	63.6	40.0	25.8	14.6	6.6
	矿粉	100%	100	100	100	100	100	100	100	99.0	96.0	84.9
	消石灰	100%	100	100	100	100	100	100	100	100	95.4	91.2
各种矿料在混合料中的级配	9.5~16mm	46.0%	46.0	40.3	4.8	0.2	0.1	0.1	0.1	0.1	0.1	0.1
	4.75~9.5mm	32.0%	32.0	32.0	31.1	3.6	0.1	0.1	0.1	0.1	0.1	0.1
	0~2.36mm	12.0%	12.0	12.0	12.0	12.0	10.2	7.6	4.8	3.1	1.8	0.8
	矿粉	8.5%	8.5	8.5	8.5	8.5	8.5	8.5	8.5	8.4	8.2	7.2
	消石灰	1.5%	1.5	1.5	1.5	1.5	1.5	1.5	1.5	1.5	1.4	1.4
合成级配		100.0%	100.0	94.3	57.9	25.9	20.4	17.8	15.0	13.2	11.6	9.6
中值			100.0	95.0	62.5	27.0	20.5	19.0	16.0	13.0	12.0	10.0
级配范围要求			100	90	50	20	15	14	12	10	9	8
			—	—	—	—	—	—	—	—	—	—
			100	100	75	34	26	24	20	16	15	12

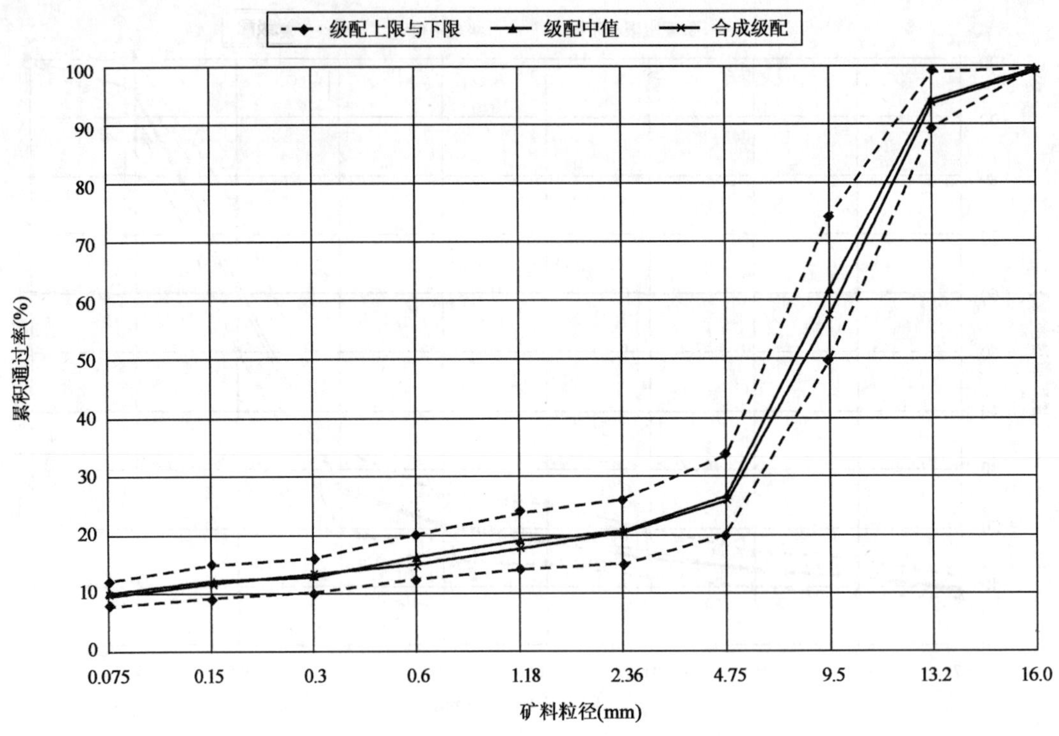

附图 6-4　SMA-13 混合料合成级配曲线图—中级配(中心试验室)

SMA-13 混合料配合比目标级配计算表—中级配(34 合同段)　　附表 6-16

材　料			通过以下筛孔(mm)的质量百分率(%)									
			16.0	13.2	9.5	4.75	2.36	1.18	0.6	0.3	0.15	0.075
原材料级配	9.5~16mm	100%	100	87.9	13.3	1.0	0.2	0.2	0.2	0.2	0.2	0.2
	4.75~9.5mm	100%	100	100	99.4	11.5	1.4	0.3	0.3	0.3	0.3	0.3
	0~2.36mm	100%	100	100	100	100	85.0	56.1	35.8	22.8	16.1	8.3
	矿粉+消石灰	100%	100	100	100	100	100	100	100	98.9	94.3	84.1
各种矿料在混合料中的级配	9.5~16mm	46%	46.0	40.4	6.1	0.5	0.1	0.1	0.1	0.1	0.1	0.1
	4.75~9.5mm	32%	32.0	32.0	31.8	3.7	0.4	0.1	0.1	0.1	0.1	0.1
	0~2.36mm	12%	12.0	12.0	12.0	12.0	10.2	6.7	4.3	2.7	1.9	1.0
	矿粉+消石灰	10%	10.0	10.0	10.0	10.0	10.0	10.0	10.0	9.9	9.4	8.4
合成级配		100	100	94.4	59.9	26.2	20.7	16.9	14.5	12.8	11.5	9.6
中值			100.0	95.0	62.5	27.0	20.5	19.0	16.0	13.0	12.0	10.0
级配范围要求			100	90	50	20	15	14	12	10	9	8
			—	—	—	—	—	—	—	—	—	—
			100	100	75	34	26	24	20	16	15	12

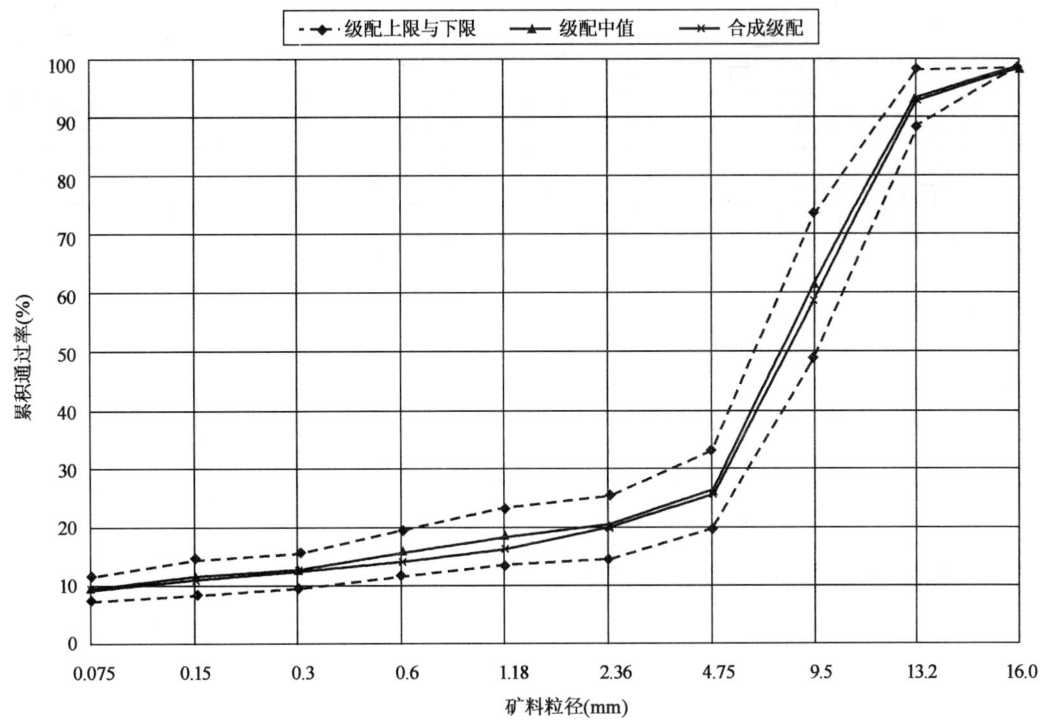

附图 6-5　SMA-13 混合料合成级配曲线图—中级配(34 合同段)

SMA-13 混合料目标配合比级配计算表—细级配(西安公路研究院)　　附表 6-17

材　料			通过以下筛孔(mm)的质量百分率(%)									
			16.0	13.2	9.5	4.75	2.36	1.18	0.6	0.3	0.15	0.075
原材料级配	9.5～16mm	100%	100.0	88.8	13.8	0.3	0.3	0.3	0.3	0.3	0.3	0.3
	4.75～9.5mm	100%	100.0	100.0	99.5	12.6	0.5	0.5	0.5	0.5	0.5	0.5
	0～2.36mm	100%	100.0	100.0	100.0	100.0	86.5	61.4	41.9	27.0	16.9	6.7
	矿粉+消石灰	100%	100.0	100.0	100.0	100.0	100.0	100.0	100.0	98.7	94.0	83.3
各种矿料在混合料中的级配	9.5～16mm	44%	44.0	39.1	6.1	0.1	0.1	0.1	0.1	0.1	0.1	0.1
	4.75～9.5mm	31%	31.0	31.0	30.8	3.9	0.2	0.2	0.2	0.2	0.2	0.2
	0～2.36mm	15%	15.0	15.0	15.0	15.0	13.0	9.2	6.3	4.1	2.5	1.0
	矿粉+消石灰	10%	10.0	10.0	10.0	10.0	10.0	10.0	10.0	9.9	9.4	8.3
合成级配		100%	100.0	95.1	61.9	29.0	23.3	19.4	16.6	14.3	12.2	9.6
中值			100.0	95.0	62.5	27.0	20.5	19.0	16.0	13.0	12.0	10.0
级配范围要求			100	90	50	20	15	14	12	10	9	8
			—	—	—	—	—	—	—	—	—	—
			100	100	75	34	26	24	20	16	15	12

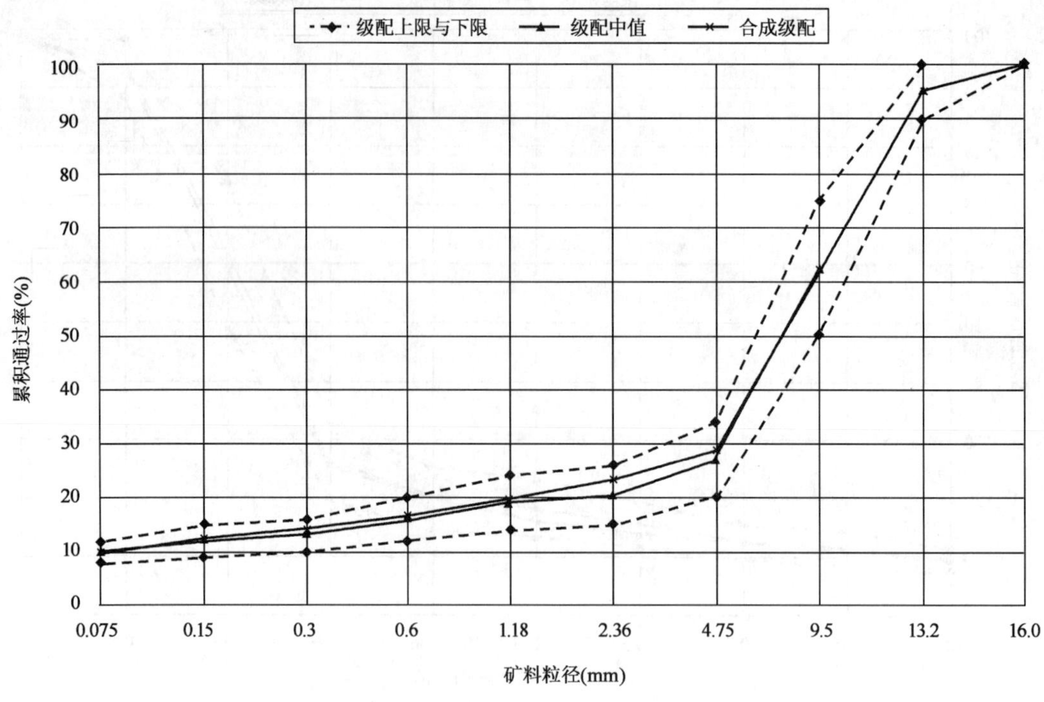

附图 6-6　SMA-13 混合料合成级配曲线图—细级配(西安公路研究院)

SMA-13 混合料配合比目标级配计算表—细级配(34 合同段)　　附表 6-18

材　料			通过以下筛孔(mm)的质量百分率(%)									
			16.0	13.2	9.5	4.75	2.36	1.18	0.6	0.3	0.15	0.075
原材料级配	9.5～16mm	100%	100	87.9	13.3	1.0	0.2	0.2	0.2	0.2	0.2	0.2
	4.75～9.5mm	100%	100	100	99.4	11.5	1.4	0.3	0.3	0.3	0.3	0.3
	0～2.36mm	100%	100	100	100	100	85.0	56.1	35.8	22.8	16.1	8.3
	矿粉＋消石灰	100%	100	100	100	100	100	100	100	98.9	94.3	84.1
各种矿料在混合料中的级配	9.5～16mm	44.0%	44.0	38.7	5.9	0.4	0.1	0.1	0.1	0.1	0.1	0.1
	4.75～9.5mm	31.0%	31.0	31.0	30.8	3.6	0.4	0.1	0.1	0.1	0.1	0.1
	0～2.36mm	15.0%	15.0	15.0	15.0	15.0	12.8	8.4	5.4	3.4	2.4	1.2
	矿粉＋消石灰	10.0%	10.0	10.0	10.0	10.0	10.0	10.0	10.0	9.9	9.4	8.4
合成级配		100%	100.0	94.7	61.7	29.0	23.3	18.6	15.6	13.5	12.0	9.8
中值			100.0	95.0	62.5	27.0	20.5	19.0	16.0	13.0	12.0	10.0
级配范围要求			100	90	50	20	15	14	12	10	9	8
			—	—	—	—	—	—	—	—	—	—
			100	100	75	34	26	24	20	16	15	12

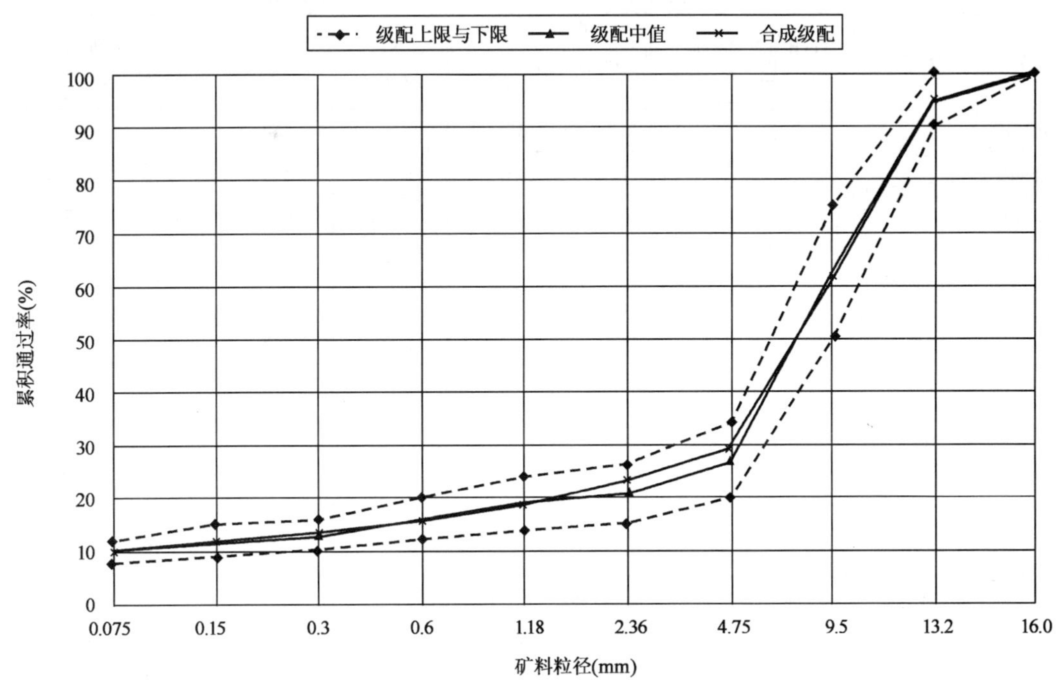

附图 6-7　SMA-13 混合料合成级配曲线图—细级配(34 合同段)

SMA-13 玛蹄脂碎石混合料目标配合比级配汇总　　附表 6-19

掺配比例		试验单位	通过以下筛孔(mm)的质量百分率(%)									
			16.0	13.2	9.5	4.75	2.36	1.18	0.6	0.3	0.15	0.075
粗级配	48:33:9:10	公路研究院	100.0	94.6	58.4	23.3	18.1	15.8	14.1	12.6	11.2	9.2
		34 合同段	100.0	94.2	58.2	23.3	18.2	15.2	13.4	12.2	11.0	9.3
中级配	46:32:12:10	公路研究院	100.0	94.8	60.2	26.2	20.6	17.6	15.3	13.4	11.7	9.4
		中心试验室	100.0	94.3	57.9	25.9	20.4	17.8	15.0	13.2	11.6	9.6
		34 合同段	100.0	94.4	59.9	26.2	20.7	16.9	14.5	12.8	11.5	9.6
细级配	44:31:15:10	公路研究院	100.0	95.1	61.9	29.0	23.3	19.4	16.6	14.3	12.2	9.6
		34 合同段	100.0	94.7	61.7	29.0	23.3	18.6	15.6	13.5	12.0	9.8
中值			100.0	95.0	62.5	27.0	20.5	19.0	16.0	13.0	12.0	10.0
级配范围要求			100	90	50	20	15	14	12	10	9	8
			—	—	—	—	—	—	—	—	—	—
			100	100	75	34	26	24	20	16	15	12

2)设计矿料级配的确定

本次试验依照《公路沥青路面施工技术规范》(JTG F40—2004)及《西商高速公路路面施工细则》要求,在工程设计级配范围内,初选粗、中、细三种级配(4.75mm 筛孔的通过率处于级配范围中值偏下 1%,也就是通过率为 26%、26% ±3% 附近),矿粉数量均为 10% 左右。纤维统一采用德国 CFF 絮状状纤维。

在初始油石比 5.9% 下成型 3 组初始级配的马歇尔试件,试验结果见附表 6-20。

SMA-13 混合料目标配合比 3 组初始级配的马歇尔试验结果 附表 6-20

试验单位	矿料比例	油石比(%)	纤维掺量(%)	粗集料间隙率 VCA_{DRC}(%)	粗集料间隙率 VCA_{min}(%)	毛体积相对密度 γ_f	空隙率 VV(%)	矿料间隙率 VMA(%)	沥青饱和度 VFA(%)
公路研究院	粗级配:48:33:9:10	5.9	0.3	40.6	35.4	2.511	4.6	17.5	73.8
34 合同段				41.1	34.2	2.498	5.0	18.0	72.4
平均值				40.9	34.8	2.505	4.8	17.8	73.1
公路研究院	中级配:46:32:12:10			41.2	36.7	2.530	3.6	16.6	78.8
34 合同段				40.8	36.1	2.521	3.9	17.1	77.0
平均值				41.0	36.4	2.527	3.8	16.9	77.9
公路研究院	细级配:44:31:15:10			41.7	37.7	2.546	2.8	16.1	82.0
34 合同段				41.1	38.1	2.538	3.1	16.3	80.9
平均值				41.4	37.9	2.542	3.0	16.2	81.5
要求值				实测	$\leq VCA_{DRC}$	实测	3~4.5	16.5≤VMA≤19	75~85

注:矿料比例顺序:9.5~16mm:4.75~9.5mm:0~2.36mm:矿粉+消石灰。

从附表 6-20 的试验结果中看到,粗、中级配符合 $VCA_{mix} < VCA_{DRC}$ 及 VMA >16.5 的要求,而中级配 4.75% 的通过率较大,故定中级配 9.5~16mm:4.75~9.5mm:0~2.36mm:矿粉+消石灰=46:32:12:10 为设计级配。

3)确定设计油石比

根据所选设计级配和初试油石比试验的空隙率结果,以 0.3% 为间隔,调整了 3 个不同的油石比,分别为 5.6%、5.9%、6.2%。马歇尔试件各项技术指标见附表 6-21 和附表 6-22。

SMA-13 混合料目标配合比不同油石比的马歇尔试验结果 附表 6-21

试验单位	矿料比例	油石比(%)	纤维掺量(%)	最大理论相对密度	毛体积相对密度	空隙率 VV(%)	矿料间隙率 VMA(%)	沥青饱和度 VFA(%)	稳定度(%)	流值(mm)	沥青析漏试验(%)	浸水飞散试验(%)	粉胶比(%)
公路研究院	46:32:12:10	5.6	0.3	2.635	2.506	4.9	17.3	71.7	10.6	2.3	0.04	6.3	1.85
中心试验室				2.629	2.511	4.5	16.9	73.4	8.8	1.8	—	—	1.89
34 合同段				2.636	2.516	4.6	17.0	73.2	9.5	1.9	—	—	1.89
平均值				2.633	2.511	4.7	17.1	72.8	10.6	2.0	—	—	1.88
公路研究院		5.9		2.623	2.530	3.6	16.6	78.9	12.7	3.8	0.08	4.1	1.76
中心试验室				2.617	2.522	3.6	16.8	78.3	9.8	2.1	0.05	4.9	1.79
34 合同段				2.624	2.521	3.9	17.1	77.0	10.1	2.0	0.07	3.2	1.79
平均值				2.621	2.524	3.7	16.8	78.1	10.9	2.6	0.07	4.1	1.78
公路研究院		6.2		2.612	2.541	2.7	16.5	83.7	12.3	4.2	0.12	2.6	1.67
中心试验室				2.606	2.538	2.6	16.5	84.0	9.1	2.5	—	—	1.71
34 合同段				2.613	2.529	3.2	17.0	81.0	10.9	2.2	—	—	1.71
平均值				2.610	2.536	2.8	16.7	82.7	10.8	3.0			1.70
项目要求值				实测	实测	3~4.5	16.5≤VMA≤19.0	75~85	≥8.0	实测	≤0.1	≤15	1.5~1.8

注:矿料比例顺序:9.5~16mm:4.75~9.5mm:0~2.36mm:矿粉+消石灰。

SMA-13 混合料目标配合比最佳油石比性能指标试验结果　　附表 6-22

试验单位	矿料比例	油石比(%)	纤维品牌掺量	动稳定度(次/mm)	残留稳定度比(%)	冻融劈裂强度比(%)	低温弯曲破坏应变(με)	渗水系数(mL/min)
公路研究院	46:32:12:10	5.9	德国 CFF 絮状 0.3%	8 223	91.6	93.3	3 551	13.6
中心试验室				7 924	92.9	96.8	—	14.9
34 合同段				8 036	92.1	96.5	—	11.1
平均值				8 061	92.2	95.5	3 551	13.2
项目要求值				≥5 000	≥90	≥85	≥3000	≤50

注:矿料比例:9.5 ~ 16mm: 4.75 ~ 9.5mm: 0 ~ 2.36mm: 矿粉 + 消石灰。

4)小结

经目标配合比设计阶段,三家单位最终确定的油石比均为5.9%,最优级配为9.5 ~16mm: 4.75 ~9.5mm: 0 ~2.36mm: 矿粉: 消石灰 =46: 32: 12: 8.5: 1.5。德国 CFF 絮状纤维掺量为沥青混合料的0.3%。

5. 生产配合比设计

1)矿料级配合成

根据目标配合比试验结果,对34合同段生产配合比进行设计。根据热料仓各矿料筛分情况,通过计算确定各矿料最佳比例。公路研究院、中心试验室、34合同段生产配合比中各种材料密度及各档料的掺配比例及合成级配见附表6-23 ~ 附表6-27,合成级配曲线见附图6-8 ~ 附图6-10。

生产配合比中各种材料密度　　附表 6-23

试验单位	规 格	11 ~ 16mm	7 ~ 11mm	4 ~ 7mm	0 ~ 4 mm	矿粉 + 消石灰粉
	比例(%)	40	31	8	11	10
西安公路研究院	表观相对密度 S_a	2.952	2.949	2.946	2.737	2.704
中心试验室		2.965	2.963	2.960	2.746	2.706
34 合同段		2.944	2.950	2.964	2.762	2.702
平均值		2.954	2.954	2.957	2.748	2.704
西安公路研究院	毛体积相对密度 S_b	2.918	2.893	2.875	—	—
中心试验室		2.928	2.910	2.904	—	—
34 合同段		2.911	2.908	2.910	—	—
平均值		2.919	2.904	2.896	—	—
西安公路研究院	合成表观相对密度 γ_{sa}	2.899		合成毛体积相对密度 γ_{sb}		2.863
中心试验室		2.902				2.868
34 合同段		2.900				2.871
平均值		2.900				2.867

SMA-13 混合料生产配合比级配计算表（西安公路研究院） 附表 6-24

材料			通过以下筛孔(mm)的质量百分率(%)									
			16.0	13.2	9.5	4.75	2.36	1.18	0.6	0.3	0.15	0.075
原材料级配	11～16mm	100%	100.0	88.0	9.4	0.1	0.1	0.1	0.1	0.1	0.1	0.1
	7～11mm	100%	100.0	100.0	89.1	3.5	0.0	0.0	0.0	0.0	0.0	0.0
	4～7mm	100%	100.0	100.0	100.0	42.8	0.1	0.1	0.1	0.1	0.1	0.1
	0～4mm	100%	100.0	100.0	100.0	100.0	81.4	51.8	39.7	17.3	9.3	5.4
	矿粉+消石灰	100%	100.0	100.0	100.0	100.0	100.0	100.0	100.0	98.8	94.3	89.4
各种矿料在混合料中的级配	11～16mm	40%	40.0	35.2	3.8	0.0	0.0	0.0	0.0	0.0	0.0	0.0
	7～11mm	31%	31.0	31.0	27.6	1.1	0.0	0.0	0.0	0.0	0.0	0.0
	4～7mm	8%	8.0	8.0	8.0	3.4	0.0	0.0	0.0	0.0	0.0	0.0
	0～4mm	11%	11.0	11.0	11.0	11.0	9.0	5.7	4.4	1.9	1.0	0.6
	矿粉+消石灰	10%	10.0	10.0	10.0	10.0	10.0	10.0	10.0	9.9	9.4	8.9
合成级配		100%	100.0	95.2	60.4	25.5	19.0	15.7	14.4	11.8	10.5	9.6
中值			100.0	95.0	62.5	27.0	20.5	19.0	16.0	13.0	12.0	10.0
级配范围要求			100	90	50	20	15	14	12	10	9	8
			—	—	—	—	—	—	—	—	—	—
			100	100	75	34	26	24	20	16	15	12

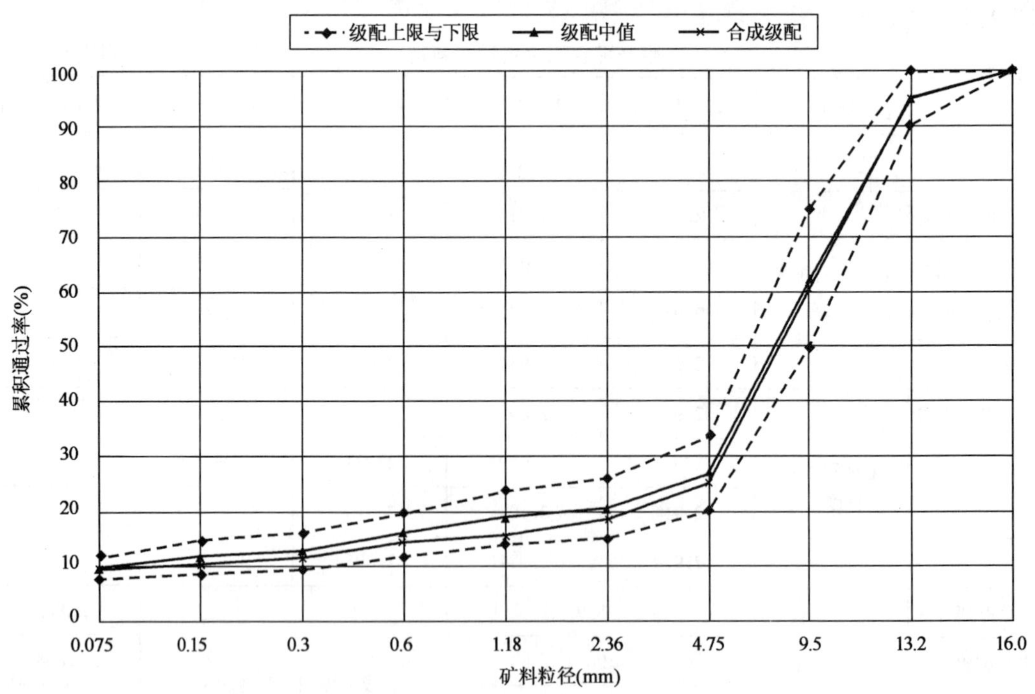

附图 6-8 SMA-13 混合料生产配合比合成级配曲线图（西安公路研究院）

SMA-13 混合料生产配合比级配计算表(中心试验室)

附表 6-25

材料			通过以下筛孔(mm)的质量百分率(%)									
			16.0	13.2	9.5	4.75	2.36	1.18	0.6	0.3	0.15	0.075
原材料级配	11～16mm	100%	100	85.6	8.7	1.8	0.2	0.2	0.2	0.2	0.2	0.2
	7～11mm	100%	100	100	96.4	5.2	1.3	0.2	0.2	0.2	0.2	0.2
	4～7mm	100%	100	100	100	41.2	3.4	0.4	0.4	0.4	0.4	0.4
	0～4mm	100%	100	100	100	99.6	78.6	50.0	33.5	19.3	9.3	5.4
	矿粉＋消石灰	100%	100	100	100	100	100	100	100	100	99.2	92.4
各种矿料在混合料中的级配	11～16mm	40.0%	40.0	34.2	3.5	0.7	0.1	0.1	0.1	0.1	0.1	0.1
	7～11mm	31.0%	31.0	31.0	29.9	1.6	0.4	0.1	0.1	0.1	0.1	0.1
	4～7mm	8.0%	8.0	8.0	8.0	3.3	0.3	0.0	0.0	0.0	0.0	0.0
	0～4mm	11.0%	11.0	11.0	11.0	11.0	8.6	5.5	3.7	2.1	1.0	0.6
	矿粉＋消石灰	10.0%	10.0	10.0	10.0	10.0	10.0	10.0	10.0	10.0	9.9	9.2
合成级配		100.0%	100.0	94.2	62.4	26.6	19.4	15.7	13.9	12.3	11.1	10.0
中值			100.0	95.0	62.5	27.0	20.5	19.0	18.0	13.0	12.0	10.0
级配范围要求			100	90	50	20	15	14	12	10	9	8
			—	—	—	—	—	—	—	—	—	—
			100	100	75	34	26	24	24	16	15	12

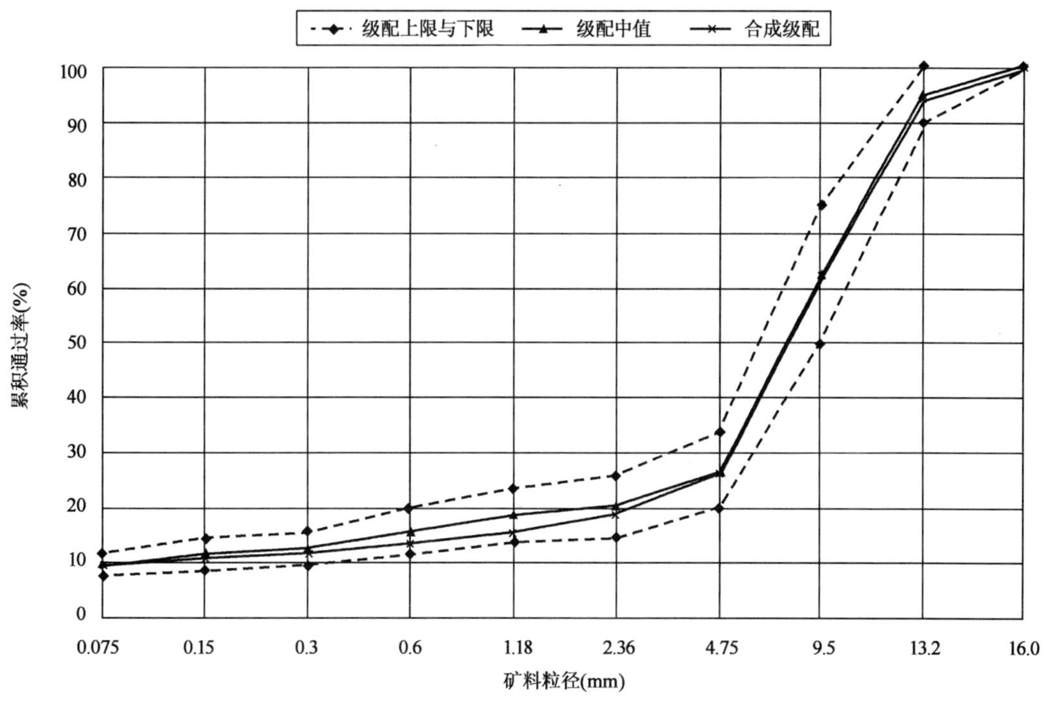

附图 6-9　SMA-13 混合料生产配合比合成级配曲线图(中心试验室)

SMA-13 混合料生产配合比级配计算表(34 合同段) 附表 6-26

材料			通过以下筛孔(mm)的质量百分率(%)									
			16.0	13.2	9.5	4.75	2.36	1.18	0.6	0.3	0.15	0.075
原材料级配	11～16mm	100%	100	87.4	6.4	1.4	0.2	0.2	0.2	0.2	0.2	0.2
	7～11mm	100%	100	100	92.9	4.4	0.8	0.1	0.1	0.1	0.1	0.1
	4～7mm	100%	100	100	100	42.8	2.6	0.3	0.3	0.3	0.3	0.3
	0～4mm	100%	100	100	100	100	82.3	53.0	32.9	21.8	10.2	6.3
	矿粉＋消石灰	100%	100	100	100	100	100	100	100	98.9	94.3	84.1
各种矿料在混合料中的级配	11～16mm	40%	40.0	35.0	2.6	0.6	0.1	0.1	0.1	0.1	0.1	0.1
	7～11mm	31%	31.0	31.0	28.8	1.4	0.2	0.0	0.0	0.0	0.0	0.0
	4～7mm	8%	8.0	8.0	8.0	3.4	0.2	0.0	0.0	0.0	0.0	0.0
	0～4mm	11%	11.0	11.0	11.0	11.0	9.1	5.8	3.6	2.4	1.1	0.7
	矿粉＋消石灰	10%	10.0	10.0	10.0	10.0	10.0	10.0	10.0	9.9	9.4	8.4
合成级配		100%	100	95.0	60.4	26.4	19.6	15.9	13.7	12.4	10.6	9.2
中值			100.0	95.0	62.5	27.0	20.5	19.0	16.0	13.0	12.0	10.0
级配范围要求			100	90	50	20	15	14	12	10	9	8
			—	—	—	—	—	—	—	—	—	—
			100	100	75	34	26	24	20	16	15	12

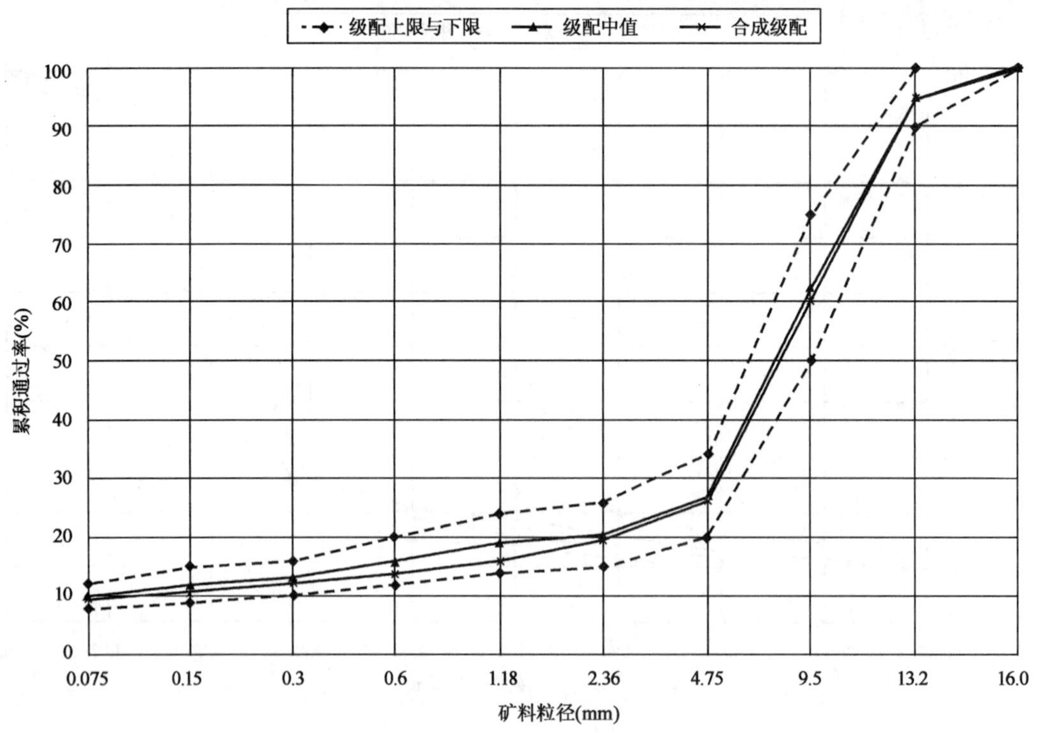

附图 6-10 SMA-13 混合料生产配合比合成级配曲线图(34 合同段)

SMA-13 混合料生产配合比级配汇总 附表 6-27

掺配比例	试验单位	通过以下筛孔(mm)的质量百分率(%)									
		16.0	13.2	9.5	4.75	2.36	1.18	0.6	0.3	0.15	0.075
40:31:8:11:10	公路研究院	100.0	95.2	60.4	25.5	19.0	15.7	14.4	11.8	10.5	9.6
	中心试验室	100.0	94.2	62.4	26.6	19.4	15.7	13.9	12.3	11.1	10.0
	34 合同段	100.0	95.0	60.4	26.4	19.6	15.9	13.7	12.4	10.6	9.2
中值		100.0	94.8	61.1	26.1	19.2	15.8	14.0	12.2	10.7	9.6
级配范围要求		100	90	50	20	15	14	12	10	9	8
		—	—	—	—	—	—	—	—	—	—
		100	100	75	34	26	24	20	16	15	12

2)成型 Marshall 试件

设计矿料级配的确定:本次试验在工程设计级配范围内,以目标配合比中设计级配为指导,选定一种生产级配,根据目标配合比选定的最佳油石比 5.9% 为中值,以 0.3% 为间隔,调整 3 个不同的油石比,分别为 5.6%、5.9%、6.2%,成型马歇尔试件,试验结果见附表 6-28 和附表 6-29。

SMA-13 混合料生产配合比马歇尔试验结果 附表 6-28

试验单位	矿料比例	油石比(%)	纤维掺量(%)	最大理论相对密度 γ_t	毛体积相对密度 γ_t	空隙率 VV(%)	矿料间隙率 VMA(%)	沥青饱和度 VFA(%)	稳定度(%)	流值(mm)	沥青析漏试验(%)	浸水飞散试验(%)	粉胶比(%)
公路研究院	40:31:8:11:10	5.6	0.3	2.633	2.515	4.5	16.8	73.3	10.1	2.1	0.05	9.2	1.89
中心试验室				2.636	2.514	4.6	17.0	72.8	8.7	1.7	—	—	1.97
34 合同段				2.635	2.516	4.5	17.0	73.4	9.8	1.8	—	—	1.81
平均值				2.635	2.515	4.5	16.9	73.2	9.5	1.9	—	—	1.89
公路研究院		5.9		2.620	2.525	3.7	16.7	78.0	12.4	2.4	0.07	5.9	1.79
中心试验室				2.624	2.523	3.8	17.0	77.3	9.7	1.8	0.07	5.1	1.87
34 合同段				2.624	2.521	3.9	17.1	76.9	10.4	2.0	0.06	4.3	1.72
平均值				2.623	2.523	3.8	16.9	77.4	10.8	2.1	0.07		1.79
公路研究院		6.2		2.610	2.538	2.8	16.5	83.3	11.3	3.0	0.09	3.4	1.71
中心试验室				2.613	2.531	3.1	16.9	81.5	9.2	2.1	—	—	1.78
34 合同段				2.612	2.533	3.0	16.9	82.2	10.9	2.1	—	—	1.64
平均值				2.612	2.534	2.9	16.7	82.9	10.5	2.4			1.71
项目要求值				实测	实测	3~4.5	16.5≤VMA≤19.0	75~85	≥8.0	实测	≤0.1	≤15	1.5~1.8

注:矿料比例顺序:11~16mm:7~11mm:4~7mm:0~2.36mm:矿粉+消石灰粉。

SMA-13 混合料生产配合比最佳油石比性能指标试验结果 附表 6-29

试验单位	矿料比例	油石比（%）	纤维品牌掺量	动稳定度（次/mm）	残留稳定度比（%）	冻融劈裂强度比（%）	低温弯曲破坏应变（με）	渗水系数（mL/min）
公路研究院	40:31:8:11:10	5.9	德国 CFF 0.3%	8 445	96.1	90.1	—	11.6
中心试验室				8 882	92.8	92.0	—	10.9
34 合同段				8 712	93.3	95.3	4 030	4.9
平均值				8 680	94.1	92.5	4 030	11.3
项目要求值				≥5 000	≥90	≥85	≥3 000	≤50

注：矿料比例：11 ~ 16mm：7 ~ 11mm：4 ~ 7mm：0 ~ 2.36mm：矿粉 + 消石灰。

3）小结

经生产配合比设计阶段，三家单位最终确定的油石比均为 5.9%，最优级配为 11 ~ 16mm：7 ~ 11mm：4 ~ 7mm：0 ~ 4mm：矿粉：消石灰 = 40：31：8：11：8.5：1.5。絮状纤维掺量为沥青混合料的 0.3%。

6. 生产配合比验证

（1）现场进行试拌，取样进行试验，根据生产配合比试验结果将德国 CFF 絮状纤维油石比确定为 5.9%，纤维掺量均为沥青混合料的 0.3%。

（2）热料仓矿料级配调整附表 6-30 所示。

矿 料 比 例 附表 6-30

粒径（mm）	4 号仓	3 号仓	2 号仓	1 号仓	矿粉
掺配比例（%）	37	33	9	10.5	10.5

附表 6-31 列出了施工单位、中心试验室对生产配合比进行的性能指标验证结果，附图 6-11 为抽提合成级配曲线图，经检验各项指标均满足西商路面细则要求。

SMA-13 混合料试验段结果汇总 附表 6-31

施工桩号	福银联络线 K20 + 320 ~ K20 + 820 右线						施工日期		2011-6-2				
检测单位	粒径（mm）		11 ~ 22mm（1 号仓）		7 ~ 11mm（2 号仓）		4 ~ 7mm（3 号仓）		0 ~ 4mm（4 号仓）		矿粉 + 消石灰		
	掺配比例（%）		37		33		9		10.5		10.5		
	检测项目	油石比（%）	筛孔（mm）	16	13.2	9.5	4.75	2.36	1.18	0.6	0.3	0.15	0.075
34 合同段	抽提结果	5.8	合成级配	100	94.3	62.3	25.0	18.3	15.5	13.1	12.0	11.0	9.6
		5.9		100	95.0	60.5	26.2	19.2	15.9	13.7	12.4	10.6	9.2
中心试验室		6.0		100	92.5	58.2	24.9	17.6	14.6	12.9	12.0	11.0	9.8
级配范围要求				100	90 ~ 100	50 ~ 75	20 ~ 34	15 ~ 26	14 ~ 24	12 ~ 20	10 ~ 16	9 ~ 15	8 ~ 12

检测单位	检测项目	油石比（%）	计算最大理论相对密度	毛体积相对密度	空隙率VV（%）	稳定度（kN）	流值（mm）	残留稳定度（%）	动稳定度（次/mm）	劈裂强度比（%）	低温弯曲（με）
34 合同段	混合料马歇尔指标试验结果	5.8	2.626	2.516	4.2	10.1	2.3	94.1	7 958	94.0	—
中心试验室		6.0	2.621	2.528	3.6	9.7	2.1	93.8	8 034	93.2	—
项目要求值		实测	计算	实测	3 ~ 4.5	≥8.0	实测	≥90	≥5 000	≥85	≥3 000

续上表

检测单位	压实度(%)		厚度(mm)	渗水系数(mL/min)	平整度 σ(mm)	构造深度(mm)
	标准	理论				
34 合同段	100.3、98.8、99.3、100.5、100.0、98.4、99.2	96.1、94.7、95.2、96.3、95.8、94.3、95.1	42、39、45、45、41、38、43	11.1、12.2、10.5、7.3、8.0、14.2、9.1	0.57	0.96、1.02、1.06、1.00
中心试验室	98.3、99.8、100.4	94.2、95.6、96.2	41、42、45	9.1、8.0、10.5	0.63	1.00、0.98、1.04
项目要求值	98	94	设计值的 -5%	≤50	≤0.7	0.8 ~ 1.3

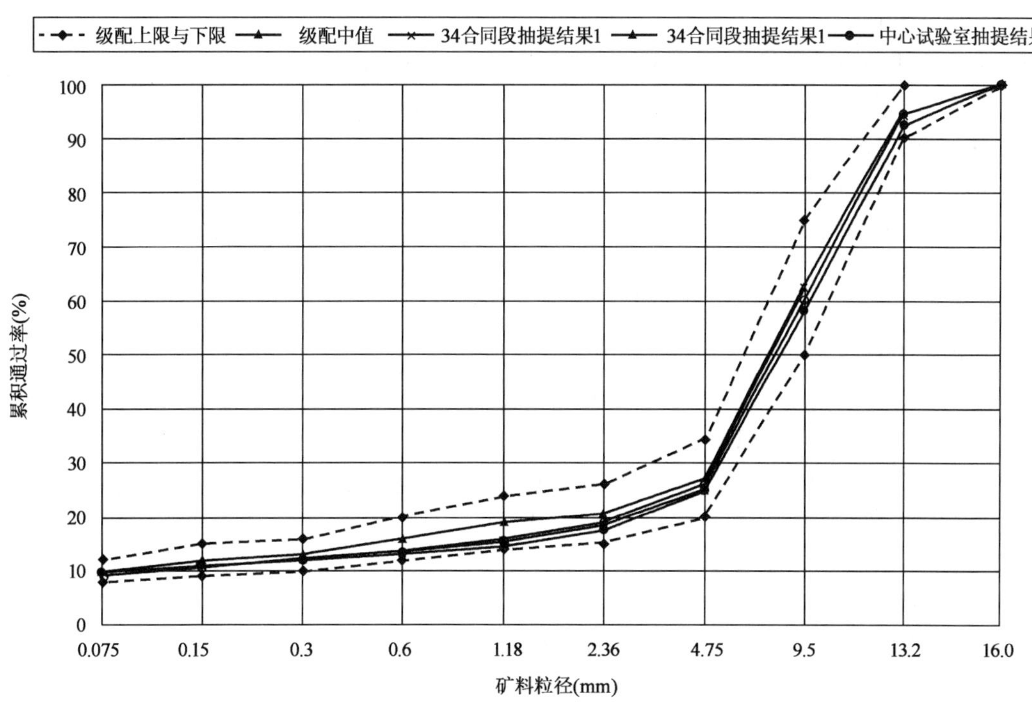

附图 6-11　抽提合成级配曲线图

参考文献

[1] 荒井孝雄.沥青混合料配合比设计[M].长春:吉林省交通科学研究所,1982.

[2] 方福森.路面工程[M].北京:人民交通出版社,1985.

[3] 林绣贤.柔性路面设计方法[M].北京:人民交通出版社,1988.

[4] 张登良.沥青与沥青混合料[M].北京:人民交通出版社,1993.

[5] 沈金安,姬菊枝.道路沥青及沥青混合料使用性能气候区划的研究[J].公路交通科技,1994.

[6] Manfred N Patrol, Teds. Vension; R. Gong Hilk, and Krey Younger. Performance Related Testing of Stone Mastic Asphalt, AAPT, 1995.

[7] J. P. Serfass and J. Sameness, Fibber-modified Asphalt concrete Characactories Application and Behavior, AAPT, 1995.

[8] Basil M. Harris and Kevin D. Stuart Analysis of mineral fillers and mastics used in stone matrix asphalt, AAPT, 1995.

[9] 赵卫平,陈跃华,译.美国沥青混合料设计研究动态[J].国外公路,1995(06).

[10] 严家伋.道路建筑材料(3 版)[M].北京:人民交通出版社,1996.

[11] 沈金安.改性沥青 SMA 沥青混合料及其在北京地区的应用[C].中国公路学会道路工程学会 1996 年年会论文集,1996.

[12] 沈金安,李福普,李舜范.首都机场高速公路沥青面层改性沥青混合料的路用性能研究[J].中国公路学报,1996.

[13] 郝培文.沥青混合料配合比设计方法研究[D].西安:西安公路交通大学,1996.

[14] 沈金安.沥青玛蹄脂碎石混合料路面[J].公路,1997,12.

[15] 沈金安.道路沥青及沥青混合料的气候分区及关键性技术指标[J].中国公路学报,1997.

[16] 沈金安,李福普,李舜范.APAO 改性沥青试验研究[J].公路,1997.

[17] 沈金安.用改性沥青 SMA 新技术整修中华第一街[J].北京公路,1997.

[18] 沈金安.论聚合物改性沥青的复杂方向[J].公路交通科技,1998.

[19] 沈金安.美国的 SMA 配合比设计方法[J].国外公路,1998.

[20] 余叔藩.SMA 路面技术在美国的发展[J].公路,1998(10).

[21] 张登良,韩森.沥青玛蹄脂碎石(SMA)混合料路用性能研究[J].西安公路交通大学学报,1998,3(13).

[22] 申爱琴,付菁.SMA 混合料组成结构、强度机理及影响因素分析研究[J].西安公路交通大学学报,1998,3(13).

[23] 李海军,吕伟民.纤维在 SMA 混合料中作用机理分析与试验研究[J].石油沥青,1998,4.

[24] 杨金泉,王京荣.改性沥青及 SMA 混合料路用性能研究[J].中国公路学报,1999,3.

[25] 沈金安.改性沥青 SMA 路面[M].北京:人民交通出版社,1999.

[26] 赵可.沥青及沥青混合料改性研究[D].西安:西安公路交通大学,1999.

[27] 余叔藩.SMA 混合料的设计与施工[J].国外公路,1999(02).

[28] 沙庆林. 沥青和沥青混合料现状[J]. 国外公路,1999,4(06).
[29] 郭忠印,王林. SMA 物理力学性能测试与分析[J]. 石油沥青,1999,13(4).
[30] 沈金安. 首都国际机场东跑道沥青面层的设计与铺筑[J]. 中国公路学报,1999(02).
[31] 贾渝,张全庚. 对我国当前沥青路面技术标准的若干看法[J]. 华东公路,1999(3).
[32] 中华人民共和国行业标准. JTJ 052—2000 公路工程沥青及沥青混合料试验规程[S]. 北京:人民交通出版社,2000.
[33] 朱梦良,张起森. SBS 改性沥青及 SMA 混合料的应用研究[J]. 中国公路学报,2000,14.
[34] 魏如喜,刘中林. SMA 混合料物理特性的研究[J]. 石油沥青,2000,14(2).
[35] 吕伟民,石红星. 沥青马蹄脂碎石混合料级配的依据[J]. 石油沥青,2000,14(3).
[36] 石红星. SMA 混合料水稳定性的试验研究[J]. 石油沥青,2000,14(2).
[37] 沈金安. 国际上对美国 SUPERPAVE 的反应及我国的对策[J]. 石油沥青,2001,15(1).
[38] 谢产庭,李军,李国祥. 首都机场西跑道改性沥青混合料施工技术及质量控制[J]. 北京建筑工程学院学报,2001(01).
[39] 沈金安. 沥青及沥青混合料路用性能[M]. 北京:人民交通出版社,2001.
[40] 林绣贤. SMA 目标配合比快速确定法[J]. 华东公路,2001(2).
[41] 吕伟民. 沥青混合料设计原理及方法[M]. 上海:同济大学出版社,2001.
[42] 卢永贵. SMA 设计方法及路用性能研究[D]. 西安:长安大学,2001.
[43] 朱梦良,张起森. SBS 改性沥青及 SMA 混合料的应用研究[J]. 中国公路学报,2001.
[44] 张争奇,覃润浦,等. SMA 混合料路用性能研究[J]. 中国公路学报,2001.
[45] 邓学钧,黄晓明. 路面设计原理与方法[M]. 北京:人民交通出版社,2001.
[46] 余叔藩. SMA 路面与设计[M]. 北京:人民交通出版社,2002.
[47] 中国工程建设标准化协会公路工程委员会. SHC F40-01—2002 公路沥青玛蹄脂碎石路面技术指南[S]. 北京:人民交通出版社,2002.
[48] 卢永贵,赵可,张登良. SMA 骨架标准研究[J]. 长安大学学报(自然科学版),2002(1).
[49] 林秀贤. HMA 和 SMA 的集料组成和 VMA 的关系[J]. 上海公路,2003.
[50] 徐培华,胡长顺. 高等级公路路面养护技术[M]. 北京:人民交通出版社,2003.
[51] 沈金安,李福普. SMA 路面设计与铺筑[M]. 北京:人民交通出版社,2003.
[52] 林绣贤. HMA 和 SMA 最佳油石比快速确定法[J]. 华东公路,2003(2).
[53] 沈金安等. 高速公路沥青路面早期损坏分析与防治对策[M]. 北京:人民交通出版社,2004.
[54] 中华人民共和国行业标准 JTG F40—2004 公路沥青路面施工技术规范[S]. 北京:人民交通出版社,2004.
[55] 王玲玲. 河北省 SMA 沥青路面使用状况调查与分析[J]. 公路交通科技,2004.
[56] 俞志刚. 沥青混合料转运车[J]. 筑路机械与施工机械化,2004(2).
[57] 乐海淳,黄星. 虹桥机场跑道采用 SMA-16 复合改性沥青混合料加罩的施工技术[J]. 上海建设科技,2006(04).
[58] 赵国荣. 高速公路沥青混合料路面透水病害防治措施研究[D]. 天津:河北工业大学,2006.
[59] 邹炜. 改性沥青 SMA 混合料在江西高速公路工程中的应用研究[D]. 长沙:长沙理工大学,2007.

[60] 李爱国. SMA路面矿料加工特性质量控制[J]. 公路,2007(07).
[61] 沙庆林. 高速公路沥青路面早期破坏现象及预防[M]. 北京:人民交通出版社,2008.
[62] 伍石生,郭平,张倩. 公路养护与抢修实用技术[M]. 北京:人民交通出版社,2008.
[63] 刘亚敏. SMA混合料水稳定性研究[D]. 西安:长安大学,2008.
[64] 王毅. 杭州湾跨海大桥改性沥青SMA混合料生产工艺与质量控制[J]. 世界桥梁,2008增刊01期.
[65] 付红霞. 谈城市沥青道路路面施工中对沥青混凝土运输车辆的管理[J]. 中国高新技术企业,2009(19).
[66] 李超. 浇筑式沥青混合料与SMA在钢桥面上的应用[J]. 科技信息,2009(29).
[67] 李爱国,栾自胜,米峻. 永咸高速公路SMA-16施工技术与质量控制[J]. 公路,2009(05).
[68] 吉林省高等级公路建设局,长安大学. 季冻区沥青路面施工离析控制技术研究[R]. 西安:长安大学,2009.
[69] 陕西省交通建设集团公司,西安公路研究所. 陕西省高速公路SMA路面材料与结构优化研究[R]. 西安:2009.
[70] 杨人凤,等. 沥青混合料生产质量控制技术及应用[J]. 公路,2009,6.
[71] 刘森. 吉林省典型高等级公路SMA路面性能及影响因素分析[D]. 长春:吉林大学,2010.
[72] 陕西省高速公路建设集团公司. 文明工地建设标准化手册(试行)[Z]. 2010.
[73] 长安大学,西商管理处. 沥青路面面层双层一次性铺筑技术研究试验路施工指导书[Z]. 2010.
[74] 李爱国. 沥青混合料转运车在大粒径沥青混凝土路面施工中的应用[J]. 公路,2009,6.
[75] 魏邦贵. 城市道路SMA沥青路面施工的技术难点及控制措施[J]. 西部探矿工程,2010(11).
[76] 张宜洛. 沥青路面施工工艺及质量控制[M]. 北京:人民交通出版社,2011.
[77] 刘逸群. 论SMA路面施工技术在城市道路建设中的应用[J]. 城市建设理论研究,2011(08).
[78] 李爱国,王选仓,尹敏. 沥青路面双层一次性摊铺施工组织与关键施工技术[J]. 公路交通科技(应用技术版),2012(03).
[79] 广东省交通运输厅,广东省交通集团有限公司. 高速公路施工标准化指南(工地建设分册). 2012,2.
[80] 李爱国,路杨,马喜才. 水泥混凝土桥面沥青铺装层渗水泛白原因分析与防治技术. 公路交通科技(应用技术版),2012,3.
[81] 李爱国,张英治,李婷婷. 基于不同结构类型的沥青混合料生产能效对比研究[J]. 公路,2009,6.
[82] 郭平. 多因素影响纤维沥青胶浆流变性能研究[J]. 广西大学学报(自然科学版),2010(01).
[83] 吴德军,郭平. 正交试验法在SMA-16配合比设计中的应用[J]. 合肥工业大学学报(自然科学版),2011(02).

后　　记

2012 年 5 月初，这本经过 2 年多的反复修改和补充完善，并经认真推敲、前后修编 6 次的《SMA 路面施工与病害防治技术》终于完稿了。

SMA 是一种非常好的路面结构类型。尽管工程前期造价相对于普通沥青路面略为较高，但其优良的抗滑、降噪、耐久等综合性能是其他路面结构所不能替代的，且后期的养护、维修费用也相对较低，这也是 SMA 路面具有强大生命力的原因。

目前，SMA 路面在我国已广泛应用。交通运输部出台的《公路沥青路面施工技术规范》(JTG F40—2004)，在我国公路建设史上第一次全面系统地对 SMA 的材料、设备、配合比设计、施工工艺、质评标准等进行了严格的规定。各省、市、自治区在实施过程中对于如何铺筑好 SMA 路面都积累了许多施工经验，许多省份根据各自的气候条件和交通状况，制定了地方 SMA 路面施工标准或施工细则，有力地促进了 SMA 路面的发展。

严格地讲，SMA 路面一般不会出现病害，之所以发生病害，主要原因是没有做好(或因自身出现泛油、离析等问题，或因路基沉陷、失稳开裂等引起次生问题)。近年来，有些高速公路在 SMA 路面铺筑中出现过一些问题，甚至出现过几公里的 SMA 路面铣刨返工的情况，教训深刻。遗憾的是我国对 SMA 路面病害的研究还不是很多、很深，相关的教科资料也不是很多。作为一个合格的建设者，不仅要懂得怎样铺好 SMA，还应该知道违反了基本要求和基本规定将会造成什么后果，即：不仅要知道怎样做，还要知道 SMA 出现病害的原因、如何防治，这也是编著本书的根本动机和出发点。

在编著的过程中，针对存在的诸多病害，我们一直在讨论研究，并寄予热切期望：在未来的中国，随着国家经济实力的进一步增强，全社会和全民的质量意识进一步提高，SMA 路面的施工必将走向标准化、规范化之路。届时，整个 SMA 施工过程应该呈现的是：合理的建设工期、规模化的石料场(碎石加工实现定点、规模、超差率极小，规格更细化)、专业化的施工队伍、精良的施工设备、标准化的施工工艺、现代化的检测手段、精细的工程管理，最终实现 SMA 路面的耐久。

本书的 4 大亮点、特点是：

1. 详细阐述了 SMA 混合料三种配合比的设计方法，并对各自的特点和不足进行了总结论述。

2. 全面总结了 SMA 路面施工各环节的技术、质量控制要点，特别是对特殊路段的施工要点进行了总结，在我国第一次全面总结了 SMA 路面精细化施工和管理要求。

3. 全面总结和系统研究了 SMA 路面常见病害的成因，并提出了对应的防治措施。

4. 在编著方式上，在文字和表格之间辅以大量的高清图片(大多数图片均为编著者多年实际拍摄)，做到了图文并茂、针对性强。

本书大量的数据来源于工程实践，来源于工地试验室，来源于科研成果和规范标准。本书在编写过程中，我们与科研、试验、施工、监理单位的许多技术人员进行了多次座谈研究，听取和采纳了他们的许多宝贵意见和建议。同时，还得到了米峻、曹可勇、栾自胜、杨人凤、张中文、马喜才、魏庆军、尹敏等许多高速公路建设项目管理、设计、科研、试验、检测单位领导、专家和同行的大力支持，我们再次表示感谢。

幼苗万顷，始有丛林，始育栋梁。值得特别说明的是，长安大学张登良教授一生在沥青路面领域俯身耕耘，时日已年逾古稀，但在审读了我们的书稿后，不顾辛劳欣然提笔作序，其严谨认真、熏陶后辈的精神让我们感动。

由于编著者水平有限，书中的错误和不足在所难免，欢迎各位领导、专家、同行批评指正。

编著者

2012 年 5 月